LA MAGIA DE LA SOLEDAD

Sonia De Haro

LA MAGIA DE LA SOLEDAD

DESCUBRE SU REGALO OCULTO

Nota a los lectores: Esta publicación contiene las opiniones e ideas de su autor. Su intención es ofrecer material útil e informativo sobre el tema tratado. Las estrategias señaladas en este libro pueden no ser apropiadas para todos los individuos y no se garantiza que produzca ningún resultado en particular. Este libro se vende bajo el supuesto de que ni el autor, ni el editor, ni la imprenta se dedican a prestar asesoría o servicios profesionales legales, financieros, de contaduría, psicología u otros. El lector deberá consultar a un profesional capacitado antes de adoptar las sugerencias de este, la integridad de la información o referencias incluidas aquí. Tanto el autor, como el editor, la imprenta y todas las partes implicadas en el diseño de portada y distribución, niegan específicamente cualquier responsabilidad por obligaciones, pérdidas o riesgos, personales o de otro tipo, en que se incurra como consecuencia, directa o indirecta, del uso y aplicación de cualquier contenido del libro.

Este libro no podrá ser reproducido, ni total ni parcialmente, sin previo permiso escrito del autor. Todos los derechos reservados.

Título: *La Magia de la Soledad*
© 2019, Sonia de Haro

Autoedición y Diseño: 2019, Sonia de Haro

Maquetación: 2019, Romeo Ediciones
Diseño de dibujos: Eladio Nuñez - Tunatun Animatoons

Imprenta: Romeo Ediciones

Primera edición: mayo de 2019
ISBN-13: 978-84-17781-25-5

La publicación de esta obra puede estar sujeta a futuras correcciones y ampliaciones por parte del autor, así como son de su responsabilidad las opiniones que en ella se exponen.

Quedan prohibidas, dentro de los límites establecidos por la ley y bajo las prevenciones legalmente previstas, la reproducción total o parcial de esta obra por cualquier medio o procedimiento, ya sea electrónico o mecánico, el tratamiento informático, el alquiler o cualquier forma de cesión de la obra sin autorización escrita de los titulares de copyright.

Índice general

Primera parte: Australia

Capítulo 1: La soledad – Morir para ser yo 35
Ejercicio. 37
Trucos de Magia para cambiar
nuestro estado de ánimo 41

Capítulo 2: La soledad de la deshumanización laboral 47
Trucos de Magia para desenvolverte
con éxito en ambientes hostiles 55
Las máscaras de la vida 62
Ejercicio. 65

Capítulo 3: La soledad del inmigrante. 69
Trucos de magia en el
proceso de emigración / inmigración. 73
Mi amigo el miedo 78
Ejercicio. 81

Capítulo 4: La soledad en el proceso de divorcio 87
Trucos de magia para la alquimia del
pensamiento. Desterrando creencias
limitantes en el proceso de divorcio 97
Las creencias que nos limitan. 103
Ejercicio. 108

Segunda Parte: Asia

Capítulo 5: la soledad del emprendedor *115*
Trucos de magia en la soledad del emprendedor 120
El GPS para el emprendimiento: tu propósito de vida . . . 123
Ejercicio 125

Tercera Parte: Regreso a Australia

Capítulo 6: La soledad en familia *133*
Trucos de magia del sentimiento
de soledad en el cuidado del hogar 142
Liberándonos de la dependencia
emocional y las cargas que no nos pertenecen 145
Ejercicio 147

Capítulo 7: La soledad tras la pérdida
de un ser querido. *151*
Trucos de magia ante la soledad
tras la pérdida un ser querido 155
Etapas del duelo 158
Mi amiga la tristeza 159
Ejercicio 160

Capítulo 8: La soledad en el proceso de envejecimiento . *161*
Trucos de magia para mejorar la calidad
de vida durante el proceso de envejecimiento 162
Nutriendo cuerpo, mente y espíritu 164
Ejercicio 179

Capitulo 9 : La soledad ante
una enfermedad o discapacidad que te limita *183*
Trucos de Magia ante la soledad de
una enfermedad o discapacidad que nos limita 186

Mi amiga la aceptación 189
Historias inspiradoras 190
Ejercicio 193

Cuarta Parte: España

Capítulo 10: La soledad en compañía 199
Trucos de magia para estar solo sin sentirse solo 204

Capítulo 11: La soledad espiritual 207
El despertar de la conciencia - La Matrix 212
Trucos de magia para trabajar en ti mismo 218
Alquimia de las emociones 231

Quinta parte: construye tu pócima.

Toma de acción en el sentimiento
de soledad: construye tu pócima 239
Sopa para la vida 243
Ejercicio dale la vuelta a la tortilla 249
Plan de acción del mago 261

Dedicatoria y agradecimientos

Este libro mágico, está dedicado en primer lugar a TI, tú que eres como yo y has llegado hasta aquí, y a todas aquellas personas que aún sufren en soledad al no ser conscientes de su tremendo potencial interno, al no saber cómo ser alquimistas de su propias vidas, de sus propias emociones y ver la gran oportunidad que se esconde en el proceso de la Magia de la Soledad.

Se lo dedico al sufrimiento, por la grandeza de su aprendizaje. Aquel que conocí y dejé atrás hace muchos años, liberándome de sus cadenas, empoderándome de mi vida.

Se lo dedico al perdón, por haber sido una herramienta tan poderosa, sana y mágica en mi proceso de transformación.

Mi agradecimiento a la sabiduría universal por haberme dado la capacidad de aprender, discernir e integrar mis propios aprendizajes a través de la maravillosa experiencia de vida y la reflexión. Gracias por hacerme consciente de que nuestro tiempo es limitado y nuestro paso por la tierra ha de servir para un bien mayor.

Gracias a todos aquellos que me habéis nutrido con vuestras sesiones, conferencias y libros inspirando y cambiando la vida a tantísimas personas potenciando su valor humano. Gracias a Mercé Roura, Deepak Chopra, Louise Hay, Osho, Krishnamurti, Antonio Carranza, Alex Rovira, Mario Alonso Puig, Tony Robbins, Stephen Covey, Bruce H. Lipton, Eckhart Tolle, Wayne Dyer, Mahatma Gandhi, y una especial mención a la Madre Teresa de Calcuta.

Agradezco a mis padres, a mi madre María José, por el amor incondicional que es capaz de ofrecer y supo enseñarnos con su ejemplo. A mi padre Carlos por su exigencia, valores y disciplina inculcados. A mi hermana Lorena por haber sido un pilar imprescindible en mi vida. A mi hermana Alba por ser ejemplo de entereza y superación. A mis sobrinos Marcos y Clara, por representar en mi vida el amor maternal de los hijos que no tengo.

Dedicar una especial mención a Raquel Coronil, y agradecimiento a mi mentora Nieves Pérez, maestra de mi camino evolutivo. Y a todas aquellas personas que han formado parte importante de mi vida, sabéis quiénes sois. Os quiero.

Gracias a todos por haber contribuido a conformar el SER que SOY.

Que este manuscrito sirva para que el mundo se llene de auténticos magos blancos, futuros brujos, que con su magia sean alquimistas de sus propias vidas y ayuden a los que les rodeen, con el objetivo de alcanzar la felicidad que todos merecemos.

Que así sea, así es!. GRACIAS, GRACIAS, GRACIAS.

Sonia de Haro.
Enfermera, mentora & coach.

la Magia de la Soledad

PRÓLOGO DE LA AUTORA

El 11 / 11 / 2011 como aquel fatídico 11- S del derrumbe de las torres gemelas, mi vida dio un giro vital llevándome a la zona cero, muriendo para llegar a ser yo, y provocando que a día de hoy, esté escribiendo estas líneas.

Apasionada de las personas y de la vida, durante 16 años he intercalado mi rol profesional entre la labor enfermera y potentes multinacionales en farmaIndustria.

Actualmente trabajo para el Imperial College de Londres. Dedico mi vida al cuidado enfermero, coaching y alquimia del pensamiento. Acompaño y tiendo mi mano a las personas en su proceso de vida con el único propósito de que encuentren la felicidad en ellos mismos sin limitaciones ni dependencias externas. Mi especialidad, la Magia de la Soledad.

Siempre me he considerado afortunada y feliz, hasta que un día, uno de esos días que de pronto te cambia la vida, caí en un pozo profundo; en una de esas llamadas crisis existenciales, pérdida de identidad y vacío interior donde el sufrimiento y la soledad, esa que no es escogida y te desgarra, se apoderaron de mi vida.

Tras años de autoconocimiento y búsqueda interior, soy alquimista de mis propios pensamientos y emociones, no hay barreras que no sea capaz de superar y me he liberado de la dependencia emocional y cargas que no me pertenecían ni me pertenecen. Todo ello gracias al descubrimiento del poderoso regalo y crecimiento que se oculta tras el fascinante proceso de la Magia de la Soledad.

¿Sabías que todas las personas experimentamos alguna vez en la vida procesos profundos de soledad?

¿Eras conocedor de que en el período de crecimiento y adultez la soledad se acentúa y está fuertemente unida a la tristeza profunda si no encuentras las herramientas adecuadas para superar el proceso?

¿Conoces a personas que no consiguen salir de la Soledad y están atrapadas en su vacío interior?. ¿Eres una de ellas?.

¿Te gustaría trascender esta epidemia del siglo XXI adquiriendo conocimientos y poderosas herramientas?

Si estás leyendo estas líneas no es por casualidad. Tu principal propósito al cambio y los que te rodean reside en estas páginas, en este libro que tienes ahora en tus manos.

Tras el sentimiento de fracaso familiar, durante cambios continuos de parejas donde no se consigue la adecuada, en períodos de pérdida de amistades o de un ser querido, cuando estás acompañado pero te sientes solo, o incluso cuando te sientes diferente a la mayoría de las personas, son momentos en los que nos podemos topar con la soledad no escogida y sentirnos perdidos, entrando en un círculo vicioso en el que no conseguimos encontrar salida.

Los conocimientos aquí descritos son tan intrínsecos del SER que también podrás conocer la soledad del despertar de la conciencia, la soledad espiritual, aquella que vivimos un 10% de las personas y nos atrapa como un tsunami hasta que conseguimos entender y aceptar su misión.

La Magia de la Solead tiene el propósito de crear un cambio de pensamiento. Al cambiar nuestro pensamiento modificamos nuestras emociones, aceptándolas, y haciendo alquimia de nuestro sentir mejorando nuestras vidas.

Este manuscrito, escrito con el alma, te ayudará a desterrar falsas creencias. Te mostrará trucos de magia, palabras potenciadoras a ti mismo, herramientas que necesitas para empoderarte, amarte, nutrirte y creer en ti.

Te liberará de la dependencia emocional y las cargas que no te pertenecen.

Apreciarás en la soledad una oportunidad de cambio, de reflexión, de crecimiento, superación y avance.

La Magia de la soledad está enfocada a toda aquella persona que sufre en soledad y no consiguen ver su grandeza. Y a aquellas personas que tienes a tu lado y quizás puedas acompañar siendo luz para ellas.

Lo que está en mí, yace en ti y lo que yace en ti, está en mí.

Sonia de Haro.
Enfermera, mentora & coach.

PRÓLOGO DE MERCÉ ROURA

La soledad... Nos han dicho tantas veces que es algo doloroso, ¿verdad? Pues en este libro vas a descubrir lo enormemente poderoso que eres cuando estás solo y aprendes a amarte de verdad. Muchas personas se sienten solas, pero pocas convierten su soledad en algo hermoso. La vida nos pone pruebas complicadas y somos nosotros quienes las convertimos en un aprendizaje. Lo que nos cambia es nuestra percepción de la vida, nuestra capacidad para ver donde parece que no hay nada. La realidad es la que es, pero en cuanto la aceptamos y decidimos sacar la magia que oculta, se convierte en un material maravilloso que nos permite crecer.

La Magia de la Soledad es la historia de cómo convertir lo duro, lo complicado, lo doloroso, lo que parece vacío en algo que nos permite subir peldaños y cerrar heridas, en algo precioso que compartir para que muchas personas puedan seguir adelante. La forma en que algunas personas miran y ven y otras pasan de largo. Es la forma de convertir tu vida sin vida en una vida plena y empezar a cambiar de forma definitiva. No importa lo que crees que eres ahora, solo es necesario que te dejes llevar por estas palabras y empieces a creer que el cambio que esperas es posible y lo es. No importa lo que ha pasado hasta hoy, todo puede dar un vuelco ahora mismo, en el siguiente minuto tu vida puede convertirse en la vida que sueñas o incluso en una vida mejor que ni siquiera te has atrevido nunca a soñar.

La soledad es un tesoro preciado en el que toda la luz y la oscuridad toman forma y salen a flote. Algunas personas saben usar la luz y otras la oscuridad. Luego hay otras que son capaces de usarlo todo para crecer y comprenden que lo que nos hace vulnerables nos hace también inmensamente fuertes.

Cuánto más miras dentro de ti más belleza y dolor encuentras y ambas cosas son necesarias para encontrar esa magia que nos permite tocar nuestros sueños.

Esta es una reflexión sobre cómo encontrar donde parece que no hay y cómo vivir mientras la vida se abre paso en ti y muchos días no sabes qué pasará ni a dónde te llevará el camino… Es una historia para descubrir que no hay camino porque el camino eres tú y la noche siempre se convierte en mañana, pase lo que pase.

Esta obra es una puerta hacia tu interior, donde siempre han estado todas las respuestas que buscas y no te has atrevido a mirar. Una puerta a tu valor real, ese valor que no reconoces porque nunca te has decidido a contemplar ni has mirado con unos ojos capaces de ver lo valioso que eres. Este libro es la clave para que empieces un camino nuevo, aunque ahora te sientas perdido y no sepas hacia dónde ir.

A veces, hay que perderse para encontrar la salida y luego descubrir que la salida era el punto de partida en realidad. Que estando solo estás inmensamente acompañado de la persona más importante de tu vida, la única persona cuyo amor es indispensable para poder seguir… Tú.

Este manuscrito es un mapa para encontrarte y descubrir que eres un ser grandioso que ha estado negándose la vida que merece.

Mercé Roura
Escritora, formadora, conferenciante.

INTRODUCCIÓN

Amado aprendiz de brujo, permíteme que te llame así a partir de ahora, ya que serás el mago constructor de tu propia vida. Desde el inicio hasta tu final, todo será un aprendizaje mágico en tu maravilloso camino evolutivo. Te iniciarás en el complejo mundo del autoconocimiento y amor incondicional hacia ti mismo, transformando todo aquello que desees cambiar.

El mago o brujo no tiene género, va más allá del femenino o el masculino. Maga o bruja es una palabra torpe, como lo hace nuestro idioma con Dios o con videntes, palabras que van más allá de un género, así que emplearemos la palabra mago o brujo tanto para los hombres como para las mujeres.

Deepak Chopra
Médico & escritor.

La Magia de la soledad, descubre su regalo oculto, es un acompañamiento en el proceso de la soledad donde se aportan *ingredientes*, de los que tú elegirás los adecuados para que realices tus propias pócimas, recetas, las que solo a ti te van bien.

En ocasiones encontrarás *trucos de magia*. Estos trucos de magia hacen el efecto de un mentor sobre el tema en cuestión. Añadimos unas gotitas de *alquimia del pensamiento* desterrando falsas creencias, verdades que tomamos como absolutas que nos limitan e impiden progresar.

Patas de cabras, murciélagos tuertos, tripas de monos, arañas bizcas, ojos de sapo, visión de búho, mi pensamiento crea la realidad, mis palabras la potencian, cuando yo cambio todo cambia y repito sin cesar........

Hechizos, palabras potenciadoras a ti mismo y frases enigmáticas se suman tras su repetición diaria al transformación alquímica y engloban el proceso de aprendizaje.

Somos brujos del siglo XXI, unimos nuestros poderes espirituales al coaching y la programación neurolingüística (PNL). En esa base fundamentamos nuestros ejercicios prácticos y talleres, imprescindibles para integrar nuestros conocimientos a través del sentir de la experiencia.

El maravilloso método del coaching y PNL me lo mostró Tony Robbins durante mi estancia en Londres.

¿Sabes qué es el Coaching?

Hay un poderoso motor dentro de cada ser humano que, una vez liberado, puede hacer realidad cualquier visión, sueño o deseo.

Anthony Robbins
Coach & mentor internacional.

Coach es una palabra inglesa que significa "entrenador" y Coaching "entrenamiento".

Es un proceso interactivo orientado en un cruce de interrogantes que permite al entrenador (coach) asistir a su entrenado (coachee), a conseguir lo mejor de sí mismo.

El coach hace que la persona pueda llegar a una determinada meta a través de sus propias habilidades y recursos con seguridad y eficacia.

Yo seré tu entrenadora, tu confidente, tu acompañante, mentora y tú quien vayas resolviendo con mi ayuda todo lo que necesites para trascender lo que ahora no te permite ser feliz.

> La calidad de las preguntas que nos hacemos y sus respuestas determinan nuestra vida.

A través de preguntas, conseguiremos que seas capaz de observar y analizar tu propia conducta y pensamientos con el objetivo de que tomes conciencia de ti mismo, entiendas para qué estás pasando por esa situación que te bloquea y los efectos que están teniendo las decisiones que vas llevando a cabo que te impiden llegar a la situación deseada para sentirte pleno y feliz.

El objetivo que desees alcanzar ha de beneficiarnos a nosotros mismos, ser algo que hagas para ti no por alegrar o complacer a los demás. Depende exclusivamente de nosotros, no de lo que no podamos cambiar. Por ejemplo, nosotros no podemos desear que haga buen tiempo, esto no lo podemos cambiar. Lo que si podemos cambiar es cómo tú reaccionas a ese tiempo, cómo tú enfocas esa situación para tu bienestar o malestar.

Iremos evaluando, cada tanto, en el camino elegido los resultados obtenidos para mantener o modificar las actuaciones. Tendrás contacto directo conmigo, si así lo sientes y deseas. No estás solo.

¿Conoces la PNL, la programación neurolingüística?

EL PNL fue creado por Richard Bandler y John Grinder en California, Estados Unidos, en los años setenta. Sus creadores sostienen que existe una conexión entre los procesos neurológicos («mente»), el lenguaje («comunicación»), y los patrones de comportamiento aprendidos a través de la experiencia («programación»), afirmando que estos se pueden cambiar para lograr objetivos concretos de la vida.

La PNL te da herramientas necesarias para que sepas cómo responder a tu entorno, cómo percibirlo y de esta forma dar los pasos adecuados para conseguir lo que te propones en tu experiencia vital.

Con la PNL idearemos y ordenaremos las acciones que vamos a realizar en nuestro proceso. Definiremos un objetivo positivo con la ayuda del coaching y lo llevaremos a la acción.

Sabremos que estamos alcanzando nuestro objetivo porque empezaremos a sentirnos mejor. Es la principal prueba de resultado, cómo tú empiezas a sentirte bien.

En la magia de la soledad, darás respuesta a tus propias preguntas, detectarás tus bloqueos y analizarás tus propias reflexiones. Nos iremos adentrando en aquello que necesitas saber y no te permite avanzar. Desarrollarás objetivos planteándote las metas que desees lograr. Revisaremos nuestras creencias limitantes y valores. Trabajarás sobre los pensamientos, las emociones y comportamientos que te limitan para obtener la actitud y resultados deseados y superarnos ante la adversidad.

El cambio se realizará desde el interior de tu SER hacia el exterior, reflejando la luz que ya yace en ti y está deseando expandirse.

Así fue cómo yo conseguí trascender la soledad y hacerme dueña de mi vida. Aunque en el coaching es necesario tener un coach (acompañante), mi propio coach era yo, las respuestas estaban en mí, como están en ti. Todo está en tu interior, solo has de saber cómo llegar a ellas. No hay pócimas mágicas, ni recetas, cada mago siente la vida según sus circunstancias personales por lo que tú serás creador de tu propia pócima, tu personal receta, la que te vale a ti.

Tony Robbins es la mayor autoridad a nivel mundial en cambio y crecimiento personal, con técnicas de PNL y coaching.

Ha asistido a personalidades de la realeza como a la princesa Lady Di, a revolucionarios como Nelson Mandela o atletas olímpicos como Michael Jordan.

Estas poderosas herramientas que ayudaron a grandes personalidades y personas, como tú y como yo en el mundo, serán nuestros ingredientes, unidos a mi experiencia vital, para que crees tu propia pócima en tu proceso de aprendizaje.

No estarás solo, yo siempre estaré contigo, guiándote en el camino.

¿Te animas? ¡¡Come on!!

INSTRUCCIONES DE LECTURA PARA ALCANZAR EL REGALO

Mi amado aprendiz de brujo, eres un diamante en bruto, pulirte está en tus manos.

Requisitos e instrucciones:

<u>Compromiso:</u> el compromiso contigo mismo es lo que te llevará al éxito. Menos del 10% de los compradores de un libro no leen más allá del primer capítulo. Tu desafío es que lo leas por completo.

El compromiso y la disciplina acabarán superando a la inteligencia del ser humano. Dos ingredientes básicos para el éxito.

Este libro no es un manuscrito al uso. *La Magia de la Soledad* es un *libro de resultados*. Se precisa perseverancia y disciplina para alcanzar los objetivos que nos propongamos, pero sobre todo fe (creer en ti) y motivación, pasión para producir un cambio en tu vida.

<u>Soledad y calma</u>: Sitúate en un sitio tranquilo y cómodo. Sin ruidos y con luz.

Si te es difícil encontrar momentos de tranquilidad, puedes usar las primeras horas de la mañana o las últimas de la noche, cuando todos duermen.

Necesitarás un espacio donde poder apoyarte e ir haciendo los ejercicios propuestos.

Paciencia: Cualquier proceso y aprendizaje conlleva un tiempo para su integración. Lee a tu ritmo pero sin prisas. De esa forma entenderás con mayor facilidad la lectura y te dará espacio para la reflexión.

Subraya: Subraya lo que consideres interesante y usa varios colores para diferenciar lo vital (lo que realmente necesitas en tu momento de vida) de lo importante (lo que te viene bien saber).

Para anotaciones lo puedes hacer en el espacio del libro, en los márgenes o libreta.

Tacha y modifica: las palabras con las que no estés de acuerdo y escribe las que sean apropiadas para ti.

Piensa: parar a reflexionar es de vital importancia para poder entender y entendernos. A lo largo del manuscrito iremos viendo cómo realizar un proceso de introspección.

Siente: sigue tu intuición. Si vas por el camino acertado, tu corazón te avisará. Si fluye, es por ahí.

Actúa: lleva tus conocimientos y aprendizaje a la práctica, a la ACCIÓN. Es ahí donde comienza la Magia.

Experimenta: Se flexible en cambiar tu comportamiento hasta alcanzar lo que desees a través de ensayo y error. Observa y siente si tu receta te está funcionando, según los resultados con los actos que estás realizando. Si es así, continúa, si no, modifica tu pócima. Quizás necesites quitar o poner otros ingredientes.

Sigue el glosario de metáforas con sus dibujos:

Ingredientes para la pócima:

Pellizcos de Sopa para la vida: son frases enigmáticas que van apareciendo en negrita durante la lectura. Nos servirán como reflexión y al recordarlas como sostén en nuestra alquimia del pensamiento.

Trucos de Magia que mueven mis sentidos: los trucos de magia son parte de la mentoría. Son una guía para ir produciendo un cambio en la psique y en el comportamiento para obtener nuevos resultados en la realización de acciones. Aunque están divididos en capítulos, hay una sinergia entre todos ellos, así que podrás usarlos en cualquier situación de soledad, no sólo en la que se especifica en ese capítulo.

Los cambios solo se producen por impacto o por repetición así que en este caso usaremos las herramientas de repetición que vamos a ir practicando durante la lectura:

Palabras potenciadoras: Es nuestro mantra personal. Representan el amor que te debes a ti mismo. Son palabras o frases potentes que generan una emoción positiva y motivadora. Nos llevarán a la toma de acción, poniéndonos en marcha para conseguir el objetivo que nos propongamos.

Al decírtelas repetidamente tienen tal impacto en ti que te impulsan a producir el cambio deseado.

Se realizan en presente, como si ya hubieras alcanzado el estado que necesitas, y en positivo.

Tras usar tu varita, ordénalas según le des mayor importancia y otorga el nº 1 a la que consideres con mayor prioridad.

Repítela diariamente durante una semana y escríbela en aquellos sitios donde te sea fácil recordarla (agenda, espejo del baño, post It en frigo etc.).

Cáscara de nueces, paja de trigo, pétalos en mi camino palabras a mí mismo crean mi destino.

Hechizos: es el deseo que enviamos al universo. Enunciarlo en positivo (el universo no entiende el NO) y actúa como si ya lo hubieras obtenido. Finalizamos el hechizo dando las gracias tres veces.

"Que así sea, así es. GRACIAS, GRACIAS, GRACIAS."

Según la ley de la atracción atraemos lo que está en nuestra mente. Cuando tenemos un pensamiento, el universo responde a él y empieza el proceso de manifestación en tu vida.

Estamos atrayendo, manifestando, y creando nuestra realidad en todo momento, cada día, a través de lo que sentimos y pensamos.

Foco en el pensamiento positivo + intensidad del sentimiento = manifestación.

Patas de cabras, murciélagos tuertos, tripas de monos, arañas bizcas, ojos de sapo, visión de búho, mi pensamiento crea la realidad, mis palabras la potencian, el universo la manifiesta, cuando yo cambio todo cambia y repito sin cesar……

Coge tu varita: usa su lápiz y escribe.

Los ejercicios están enfocados a la detección de los trucos de magia que nos sean útiles, el aprendizaje de la realización propia de palabras empoderadas y la construcción de nuestros propios hechizos para finalizar realizando nuestra personal pócima.

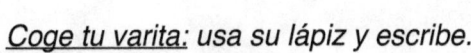 *Choca tu varita:* Es un guiño tipo "choca esos 5". Seguimos avanzando. Lo estás haciendo muy bien.

Primera parte

AUSTRALIA

Capítulo 1

La soledad
Morir para ser yo

"He estado buscándote por todo el mundo, serás una fuerza del bien y un brujo muy importante pero de momento serás mi aprendiz".

-Film aprendiz de brujo-.

Nuestro aprendizaje se inicia adentrándonos en el mundo de la soledad a través de vivencias personales e historias reales, que como tú y como yo hemos pasado, pasaremos o estamos viviendo en este momento.

En la existencia de todo individuo hay un momento en el que la vida nos pone a prueba y hemos de aprender a obtener y usar todos los recursos disponibles que estén a nuestro alcance para ser capaces de hacernos conscientes, aceptarlo y superarlo.

En esta etapa todo nos parece injusto y no nos sentimos merecedores de esos sufrimientos, y en absoluto de estados de soledad. Culpamos a los demás de nuestra situación de vida, provocándonos un sentimiento aún más destructor y desgarrador. El vacío nos hunde y el bloqueo nos ciega sin permitirnos ver la luz de la salida del túnel que nosotros mismos nos hemos creado.

La soledad es un estado interno que se puede cambiar, es un proceso por el que todos pasamos. Lo que nos diferencia a unos de otros es la capacidad de superación de las adversidades que la vida nos trae, es la forma en que nos comunicamos con nosotros mismos y damos salida y soluciones a lo que nos acontece. Si a ti mismo te hablas de forma negativa, fomentarás la ira, la furia y la tristeza. Por el contrario, si te hablas de forma amable y positiva fomentarás tu bienestar interno y autoestima.

> Si a cada situación de la vida que nos limita nos centramos en buscar la solución y el aprendizaje de la experiencia vivida, en vez de bloquearnos o hundirnos, nos iremos fortaleciendo y encontrando la salida a cada adversidad que acontezca.

Hay personas que ante un mismo acontecimiento son felices, otras, teniéndolo todo, completamente desgraciadas.

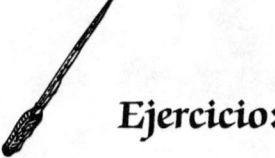

Ejercicio:

Querido aprendiz de brujo, al finalizar este ejercicio, me gustaría que lo remitieras a este correo electrónico para que pueda ponerme en contacto si así lo deseas. info@soniadeharo.com

¿Qué es la soledad para ti?

....
....
....
....

Impactos negativos del sentimiento de soledad en el organismo: depresión, aislamiento, aumento de la hormona del estrés, trastorno del sueño, elevación de la presión arterial. Mayor riesgo de mortalidad.

Nombra 5 recursos o herramientas de los que dispones a día de hoy para dejar de sentirte solo ¿Cuál has puesto en marcha? Señálalo con un círculo.

1...
2...
3...
4...
5...

¿Qué es la soledad?

La soledad, mi querido mago, es ese sentimiento donde te percibes vacío, aislado, donde no te sientes afín con la persona o grupo que te rodea. Futuros brujos al igual que tú. Todos pasamos por el mismo proceso.

Ese sin sentido de pertenencia, desconexión del mundo y carencia vital, nos hace perder el rumbo e identificarnos como incapaces de relacionarnos con los demás de una forma sana que nos aporte y nutra.

Sentirse solo no tiene el mismo significado que estar solo. El primero es un sentimiento continuo de vacío, malestar personal y emocional aun estando acompañado. Cada individuo decide si su nivel de contacto con los demás es suficiente o no. El segundo es la ausencia objetiva de compañía. No consigues personas físicas con quien estar acompañado. En ocasiones, la depresión puede haber sido desencadenada por una soledad mal gestionada.

Este tipo de soledad es una *soledad no elegida*, es una soledad que nos atormenta, aísla y entristece. Nos hace sentirnos inferiores y carentes de sentido en la vida.

Si no hay un trabajo interno, en el que detectemos nuestra emoción y estado, y este perpetúe en el tiempo convirtiéndose en un sentimiento, podemos crearnos sentimientos de pérdida y tristeza muy profundos.

El actor y comediante *Robin Williams ganador de un óscar* dijo en el año 2009:

"Solía pensar que lo peor en la vida era terminar solo, pero no lo es. Lo peor es terminar con personas que te hacen sentir completamente solo".

Robin McLaurin Williams (Illinois 1951-2014).

Robin Williams es un ejemplo de una persona brillante que en apariencia lo tenía todo, pero se sentía infeliz. Decidió suicidarse 5 años más tarde.

No es lo que nos pasa, sino cómo lo percibimos y somos capaces de darle solución.

En nuestro aprendizaje seremos alquimistas de la soledad no elegida, tomando conciencia, transformando la soledad sufrida en soledad elegida como oportunidad de vida, autoconocimiento, reflexión y superación personal.

La Magia de la Soledad es el proceso de soledad no elegida por el cual ha de pasar toda persona para su crecimiento y transformación personal con el objetivo de ser alquimista de su propia vida y convertir la soledad no elegida en una oportunidad para conocerse y aprender a amarse.

Sonia de Haro.
Enfermera, mentora & coach.

La soledad elegida es aquella que nos aporta una cierta sensación de libertad y bienestar. Nosotros elegimos aislarnos para estar tranquilos, reflexionar y hacer lo que nos gusta. Es un signo de madurez, autosuficiencia y salud.

Somos sociables por naturaleza, necesitamos interaccionar con los demás para sentirnos pertenecientes al grupo. Necesitamos AMOR, es un ingrediente fundamental para nuestro equilibrio mental y emocional.

Es en esta nueva etapa social donde prima el consumismo, la competitividad, ambición y pérdida de valores, donde la sociedad se ha vuelto epidemia de soledad, asilamiento y sufrimiento.

Todos necesitamos calor humano y sentirnos partícipes de la sociedad, y aunque se quiera vender la soledad no elegida como fortaleza y poder interior, esta para que sea así, ha de ser trabajada, sanada y elegida.

La alquimia de la soledad es un aprendizaje de autorresponsabilidad, autoconocimiento, superación personal, cambio de pensamiento y aprender a amarse a uno mismo.

Sonia de Haro.
Enfermera, mentora & coach.

 ## Trucos de Magia para cambiar nuestro estado de ánimo:

Futuro brujo, mi amado aprendiz, el pensamiento genera una emoción, abandonada en el tiempo puede cristalizar en un estado de ánimo. Hacer una buena gestión de ese diálogo interno nos sitúa en una posición muy ventajosa a la hora de afrontar los desafíos de la vida.

"La diferencia entre un rendimiento máximo y uno muy bajo no viene dado por la inteligencia o la habilidad. Viene determinado en gran medida por el estado de ánimo en el que se encuentra la mente". Así lo cree Tony Robbins, el mayor brujo sobre crecimiento personal, quien afirma que de manera consciente, mediante el uso de una serie de técnicas y herramientas, podemos tomar el control de nuestras emociones y elegir el estado de ánimo en el que queremos estar al margen de como nos afecten los acontecimientos externos.

Estado y ánimo etimológicamente provienen del latín. Estado hace referencia al "status quo" y ánimo al "alma", "espíritu". El estado de ánimo es una actitud o disposición emocional. Es la energía vital que desprende una situación emocional que permanece en el tiempo, es decir, una forma de estar.

El estado de ánimo esta relacionado directamente con las emociones pero se diferencian de estas porque son menos intensas y permanece horas, días o semanas. La emoción tiende a ser más condensada, intensa, suele durar unos minutos, no más y produce reacciones fisiológicas que podemos sentir: palpitaciones, sudoración, cambio de temperatura, tensión etc..

Un estado afecta directamente a la visión que tiene una persona ante el mundo.

Para cambiar el estado de ánimo se necesita entrenamiento. La forma de poder conseguir el estado deseado es a través de nuestro propio control interno. He aquí algunos trucos de magia que te pueden ayudar a conseguirlo:

<u>Aprender a regular tus emociones:</u> La regulación emocional es aprender cómo hacer para que las emociones que nos hacen bien perduren en el tiempo y la que nos limitan equilibrarlas. Profundizarás más sobre este aspecto en el capítulo once de tu manuscrito.

<u>Crearte rituales que anclen estados emocionales de alta intensidad:</u> La programación neurolingüística (PNL) usa técnicas para elevar y cambiar los estado de ánimo. Una de éstas técnicas es el anclaje, que ayuda a situarse en un estado emocional en concreto. Consiste en asociar un estímulo sensorial con un estado interno, emocional. Cuando repitamos el estímulo se evocará el estado emocional al que lo asociamos cuando hicimos el anclaje. El estímulo puede ser auditivo, visual o cinestésico.

Dependiendo del estado emocional que deseemos obtener, deberás usar diferentes alternativas, anclas, que te inspiren y sitúen en ese estado concreto como sentir entusiasmo, paz, tranquilidad, amor, gratitud, euforia etc. Los anclajes nos permiten acceder a nuestros recursos internos en el momento que los precisamos. El objetivo es mantenerse en un estado donde seas capaz de disponer de tus mejores trucos. Cuánto mas repitas ese estado, mas entrenarás tu mente.

Algunos anclajes que podrías utilizar son:

Auditivo : sonido o palabras.

Música que te conecta con la gratitud, el amor, el entusiasmo.

Visual : objeto, color, dibujos..

Visualiza imágenes potenciadoras que te eleven al estado deseado. Remóntate a una situación en la que estabas experimentado ese estado que ahora necesitas. Es cuestión de sentirlo.

Cinestésico : es el uso de una sensación, tacto, olor o sabor...

Por ejemplo, oler un perfume que os remonte a una situación del pasado agradable.

<u>Si cambias radicalmente tu cuerpo cambias tu estado emocional:</u> Los pensamientos que tenemos hacen que usemos el cuerpo de una manera u otra. Detrás de cada pensamiento hay una emoción. El cuerpo trasmite información no verbal al exterior y a tu mente dependiendo del mensaje que le estés transmitiendo con tu lenguaje corporal.

Modifica la posición corporal que adoptas ante la tristeza, el cansancio, la pena para dominar una situación.

¿Cuál es la postura si estas deprimido? rodillas dobladas, encorvado, mirada baja, hombros bajos, sin ganas, apático. ¿Qué sientes ante esta posición?. ¿Qué ocurre cuando cambias sólo la curvatura de la espalda de encorvada a erguida?. ¿Qué sientes?

La espalda y barbilla alta, hombros hacia atrás, mirada al frente, respiración profunda son signos de un lenguaje corporal que trasmite felicidad. A nivel interno, este estado disminuye el cortisol (hormona liberada a través del estrés) y aumenta la testosterona (hormona que eleva la energía). Esta además, te enfoca y te da potencia.

Te animo a levantarte, que pruebes ambas posiciones y comprueba cómo te sientes.

Según el estado que desees, adopta la postura que te lleve a ello. Tu mente te mandará señales completamente distintas y poco a poco tus emociones y pensamientos se alinearan a ese nuevo estado.

Cambia tu foco de atención: si algo no te agrada deja de prestarle atención. Cuando tenemos un pensamiento permanente al modificar nuestro foco de atención, nuestra mente también cambia de estado. Si te centras en acontecimientos positivos tu mente se adaptara a ello y viceversa.

Sana tu diálogo interno: la conversaciones que mantenemos con nosotros mismos son fundamentales para cambiar nuestro estado emocional. Usa el lenguaje de una forma positiva : ¿Cómo puedo con esto?

Diálogos tipo: yo soy suficiente, yo soy amada, yo soy una buena persona, merezco lo mejor, cada día estas mas guapa tienen una carga emocional positiva. En cambio conversaciones, eres un torpe, lo haces todo mal, no puedo, siempre igual generan cargas emocionales negativas.

Tomando conciencia de lo que nos decimos, es decir, dándonos cuenta, las afirmaciones a base de repetición, con el tiempo, se convertirán en creencias para nosotros. Cuando observemos nuestro diálogo y esa vocecita nos diga algo negativo que nos limita, lo ignoraremos y nos diremos que no es cierto. En cambio, el diálogo positivo lo potenciaremos con el objetivo de automatizarlo creando en el tiempo una actitud saludable para nuestra vida.

Hazte preguntas: las preguntas nos ayudan a conocernos y entender las el para qué de cada situación.

¿Crees que controlas tu estado?

¿Eres consciente y responsable de las emociones que tu mismo creas?

¿Cuando te levantas por la mañana triste o sentimiento de soledad haces algo para modificar ese estado?. ¿Qué haces para mejorar a lo largo del día para qué ese estado cambie?. Por ejemplo: intentar ponerte guapo, sacar brillo a tu escoba, tomar un desayuno que te haga sentir bien, visualizar tu día de forma positiva etc. O más bien te dejas llevar por tu estado y vas ese día medio arrastrado.

Nuestro estado emocional define nuestro presente y futuro. Creamos nuestro destino a cada momento. Aprende a elevar tu estado emocional y verás como la vida te brinda la felicidad que mereces.

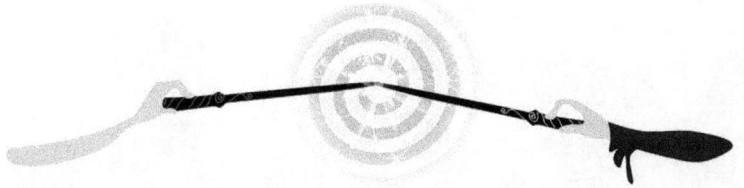

Capítulo 2

La soledad en la deshumanización laboral.

"El mundo es un libro, y quienes no viajan leen solo una página".

Agustín de Hiponia.
Santo católico.

Llevaba años viajando sola, con la simple compañía de mi escoba y mi varita, con una única ilusión, conocer este mágico y maravilloso mundo adentrándome en cada una de sus culturas.

Si hay una soledad elegida y grandiosa, es la de viajar sola descubriendo la vida con tu propia compañía. Fue mi pasión durante diez años.

Visité más de 40 países y 4 continentes. Había vivido en Francia, Inglaterra y múltiples ciudades españolas, entre ellas Madrid.

Tenía 35 años y llevaba unos años trabajando para una multinacional en un puesto de especialista de producto. En una de esas fusiones entre multinacionales me invitaron a irme a cambio de estar recibiendo la mitad de mi salario durante un año para evitar que me fuera a la competencia y así usar la información interna que yo conocía de la empresa con fines destructivos y/o lucrativos. Decidí aceptar la oferta, coger las monedas, y cumplir uno de mis sueños pendientes, *AUSTRALIA*.

Estaba cansada de la deshumanización laboral, de los sapos, culebras, trepas, pelotas, cuelga pócimas ajenas, y todas aquellos especímenes que solemos encontrarnos en determinados trabajos.

Ya venía de trabajar en 4 multinacionales más dedicadas a la venta de electro medicina, fungibles y fármacos donde acababa o perdiendo mi trabajo o yéndome yo. Así, repitiendo asignatura, una y otra vez sin ser capaz de ver el aprendizaje y señales que la vida nos suele ir enviando.

¿Sientes que la vida te está enviando señales que no consigues detectar? ¿Repites una y otra vez los mismos acontecimientos sin encontrar salida? ¿Te repites aquella frase que dice: "¡Siempre me pasa lo mismo!"? Esa frase, mi amado aprendiz, es un aprendizaje enmascarado que la vida te está diciendo:

"Por ahí nooo, atento a mis señales. Necesitas resolverlo para que no vuelva a repetirse y avances a otro nivel".

La soledad de la deshumanización laboral es aquella donde eres un simple número que haces más números para tu empresa y te usan según sirvas o seas rentable en ese momento. Es aquel ambiente tóxico donde los sapos y, culebras campan a sus anchas siendo conocidos y permitidos por la empresa.

¿Te has topado alguna vez con sapos y culebras?

Esta será tu primera prueba de magia, tu primer hechizo.

Los hechizos funcionan con el don de la palabra, la vibración o intensidad con la que la emitas y el poder de la intención.

En este momento tienes el poder para pensar en uno de ellos y con un toque de varita, lo conviertas en lo que desees.

A la de 3 repite conmigo:

"1….2…..3…….. Yo soy mago blanco, aprendiz de brujo. Yo soy amor, yo soy mi protección, yo tengo el poder de la luz y la transformación. Conviértete en aquello que crees y creas (toque de varita….AUM)."

¿En qué se ha convertido?

Se ha convertido en rata de alcantarilla.

La soledad en la deshumanización laboral es devastadora y frustrante. Te das cuenta de la situación tóxica donde has de trabajar y te sientes solo y desprotegido ante el peligro.

En los casos más mediocres hasta tu puesto depende de lo que le trasmitas a la persona que esté al mando, un jefe, no un líder. Los líderes no forman parte de esta deshumanización, están más avanzados cultural y espiritualmente. En la mediocridad no está su esencia.

> Un líder sabe cuidar y valorar a las personas de su equipo mejorando sus debilidades poniendo en práctica aquellas que necesita ejercitar, y potenciando sus fortalezas. No teme a que le hagan sombra, le gusta rodearse de los mejores para aprender de ellos. Su foco es la excelencia.

La competitividad sin valores envenena las relaciones humanas. La envidia las extermina. En empresas donde se mueven puestos por competencias de rentabilidad y en época de crisis económica esta deshumanización se acentúa más por la escasez laboral, el temor a que otros destaquen más que tú y te hagan sombra con el consecuente pánico a una posible pérdida de trabajo. Es cuando los mediocres inseguros saltan más a la luz realizando sin piedad todo tipo de artimañas. Basan su mantenimiento o ascenso laboral en la astucia y en el pisar a otros que temen le hagan sombra, estando más pendientes de los demás que de mejorarse a sí mismos.

Las empresas potentes suelen captar a talentos, personas realmente hábiles y competentes. La mayoría no salen de allí siendo los que entraron. En ocasiones es necesario por salud mental parar y preguntarnos

¿En qué me estoy convirtiendo o en qué deseo convertirme? ¿Qué tipo de persona y valores son innegociables y deseo mantener en mi vida?

Aquellos en cuyos poros iban penetrando la contaminación de la mediocridad o entraban en "la rueda del Hámster" seguían. Se acababan convirtiendo en seres que quizás nunca quisieron ser. Los que conseguían mantener su integridad y ética, no aguantaban ese ambiente deshumanizado y marchaban intentando ver luz en otro tipo de empresa, o bien su presencia emanaba incomodidad y les acaban invitando a irse con algún tipo de "mobbing[1]".

Se le llama *"rueda de Hámster"* a aquellas personas que entran en el círculo vicioso de encontrarse como en una rueda de un hámster donde se sienten sin salida. Corren y corren en círculo, asfixiados, dando vuelta sin parar y en un perpetuo estado de ansiedad. Han adquirido tantas necesidades y gastos pensando que eso les daría la felicidad, que no consiguen parar ni salir de ahí. Cuando adquieren demasiada velocidad en la rueda del Hámster, viven tan deprisa que no les da tiempo ni a parar y menos pensar. Es entonces cuando la propia vida, de repente, en forma de divorcio, ruina, enfermedad, despido, te para la rueda en seco, dándote una tremenda voltereta de campana donde ya no vuelves a ser el de antes.

---

1 Mobbing es una palabra inglesa que significa acoso. Intentan hacerte creer que estás loco, desestabilizarte mentalmente, hacerte sentir culpable de la situación que vives creando bulos con compañeros para que entre todos te miren de forma diferente y acabes siendo tú el que dejes la empresa

¿Te has sentido o sientes dentro de la rueda del Hámster?

La felicidad no está en el TENER sino en el SER. Ambos pueden ir al unísono si priorizas el SER. Si ello lo unes a evitar crearte necesidades que no precisas y valoras lo que YA tienes, podrás empezar a salir de la Rueda del Hámster.

Como narra el maestro Deepak Chopra en su manuscrito el Sendero del Mago:

"Tener, hacer, pensar y ser es el orden de la mayoría.
En cambio en el orden del buscador, del mago es
SER, PENSAR, HACER y TENER".

Es ahí cuando todo se vuelve mágico y hallamos la auténtica felicidad.

Mi querido mago, ¿has experimentado alguna vez la experiencia de un durísimo mobbing?.

En ocasiones he trabajado como enfermera en salud mental, jamás vi tanto psicópata como abundan en determinadas empresas y lugares de trabajo, principalmente en puestos de poder. ¡Sapos y culebras! ¿Pero esto existe? ¡Pensaba que los oscuros solo existían en mi mundo de magia!

Tuve que adquirir un libro de César Landaeta H. llamado "Aprendiendo de los psicópatas" para poder detectarlos y protegerme de ellos. En mi sentir y pensar no existían ese tipo de personalidades, esos mapas tortuosos mentales.

Al igual que hay personas que haciendo el bien se empoderan y se sienten aún mejor, descubrí que existen personas sin conciencia que se potencian, engrandecen, divierten al hacer el mal. Ahí se iniciaron mis trucos de magia, consiguiendo detectarlos y protegerme de las personas que nos son aptas para mi vida ni para la tuya, mi amado aprendiz.

Alejarnos de la compañía que nos desgasta emocionalmente y nos resta energía vital es un signo de amor propio. La salud no es solo la falta de enfermedad sino la cantidad de energía vital que emana de nosotros.

Tomar distancia de las relaciones tóxicas que desnutren no significa que seamos egoístas, es solamente una acción que protege nuestra salud emocional y mental. Adáptalo al trabajo, amigos y familia.

Saber acercarse al que desnutre cuando te sientas protegido y no te afecte, es una cualidad que pocos adquieren.

En el caso de la familia, donde el distanciamiento es más delicado, el secreto es no estar ni lo suficientemente cerca como para contaminarte, ni lo suficientemente lejos como para sentirnos culpables, en la justa medida está el acierto.

Encontrarás la relación indicada. Descubrirás la profesión que amas. Te convertirás en la persona que quieres ser. Ten paciencia y sigue trabajando.

Necesitamos con urgencia fomentar de nuevo valores y líderes para humanizar y sanear ambientes laborales tóxicos. No solo nos ayudará a sentirnos mejor con nosotros mismos y por ende con los demás. A nivel profesional seremos más competentes y productivos. Esto nos beneficiará y afectará no solo a ti o a mí, sino a tus hijos, a los hijos de tus hijos, entorno, familia, empresa y si se expande, a todo un país.

Cualquier sociedad desarrollada que se precie está basada en límites, valores y entornos laborales saludables.

 ## Trucos de Magia para desenvolverte con éxito en ambientes hostiles:

Saber si deseas aceptar ambientes de deshumanización en tu vida, mi amado mago blanco, es fundamental para iniciar la búsqueda de alternativas a otros trabajos. Si la situación te compensa por la remuneración que recibes, quizás una nueva escoba voladora, adquirir experiencia con tu varita, o bien porque consideras que estás de paso, te da miedo el cambio u otras causas, sería interesante desarrollar habilidades y consciencia para sentirte libre en ese ambiente y no un prisionero sufriendo a diario durante tus mínimo ocho horas al día.

Si tu necesidad es desenvolverte en ambientes tóxicos, he aquí algunos trucos de magia:

Afrontar la situación con consciencia y aceptación: Me doy cuenta de la situación tóxica de la empresa y me hago consciente de la importancia de aprender a nadar entre tiburones por propia protección y supervivencia. Acepto la situación tal cual es con la práctica diaria y la intento llevar a un lado más positivo e inteligente.

Tener claro cuál es tu objetivo: una de las formas de motivarnos o positivar el momento que estamos viviendo es tener claro cuál es nuestro objetivo en la empresa, por qué y para que estoy aquí y a donde quiero llegar. Qué deseo recibir a cambio de mi esfuerzo.

Ten presente en quién no te quieres convertir: los ambientes tóxicos donde prima la codicia y la falta de compañerismo pueden contaminarte. Tener presente en quién no te quieres convertir y reforzarte a nivel personal con gente auténtica y sana, te ayudará a nadar entre tiburones sin que te coman o te lleve la corriente.

Aferrándonos a los valores es una sana estrategia a seguir: Los valores frenan la contaminación o toxicidad del ambiente. Los valores fortalecen la integridad de la persona. Según sean tus valores así serán tus pensamientos que determinarán tu actitud y actos. Si tu actitud es negativa obtendrás resultados negativos, si tu actitud es positiva los resultados tenderán a ser positivos.

Valores	Integridad	Pensamientos	Actitud
Carácter		Acción	Resultados

Evitando corrillos aportarás salud: Quien dedica tiempo a mejorarse a sí mismo no tiene tiempo de criticar a los demás. Los corrillo de trabajo o cotilleos son insalubres. Si los evitas te harás un bien.

Saber quién es quién, desterrando caretas y descubriendo el verdadero yo:

Las caretas o máscaras es la fachada que la mayoría de las persona usamos para evitar hacer ver nuestra personalidad oculta. No siempre es un acto consciente. Es el traje con el que salimos a la calle aparentando lo que no somos. Detrás de una máscara se esconde el verdadero yo. Existen multitud de tipos de máscaras, nosotros desterraremos la máscara del manipulador, la máscara del mentiroso y la máscara de la envidia en entornos laborales. He aquí, mi amado mago, algunas técnicas para desterrarlas y saber quién se esconde realmente detrás de ese personaje:

La verdad de las personas no está en sus palabras sino en sus actos:

Observando los actos y gestos, no las palabras que vaya emitiendo, encontrarás la verdad.

Todo hechicero ha de saber que la palabra es poder y hacer hincapié en lo que se dice y cómo se dice puede cambiar tu mundo en un segundo.

La palabra es una potente arma de manipulación.

La máscara del manipulador esconde la necesidad de poder. A través de la palabra se puede confundir, redirigir mentes, inventar bulos hasta crear corrillos de trabajo para destrozar la reputación de una persona. Esto hace que otros creen foco o pongan su atención en ella mirándola con ojos de sapo, visión de entuerto, aquellos cuya intención del manipulador o destructor quiere hacer que vean.

Todo manipulador emocional se aplica a fondo para desestabilizar a su víctima a fin de sacarla de sus casillas para poder acusarle frente a otros de ser alguien inestable con el fin, además, de que se sienta culpable y pierda la confianza en él. El sentirnos inseguros nos debilita. Este es uno de los objetivos del manipulador, hacernos sentir frágiles.

Es muy común en época de crisis o cuando el trabajador es veterano en un puesto, o simplemente lo quieren despedir, la tendencia a través de la palabra de crear tensiones, bulos y mobbing (acoso laboral) para que el propio trabajador acabe abandonando su puesto de trabajo sin indemnización alguna y por la puerta de atrás creándole un gran daño psíquico y económico.

La máscara del mentiroso esconde conseguir un objetivo. Para ello usará todas las estrategias posibles que estén en su poder.

La máscara del sarcasmo es la que esconde el envidioso cuyo propósito es desprestigiar y hundir a personas competentes que le puedan hacer sombra. Intenta aparentar importante y confiado pero esconde una gran inseguridad. Suele recordar a todo el mundo lo que ha conseguido y va dinamitando los logros de otros, quitando valor a su esfuerzo. Dirá frases tipo: "tranquilo te irá bien" (después de haberte roto la varita) o "era broma" (habiéndote soltado sapos y culebras). Son de las máscaras más dañinas. Van comiendo autoestima y terreno poco a poco, sigilosamente, sin darte cuenta. *El envidioso no quiere lo que tú tienes, quiere que tú lo pierdas.* Es decir, si eres competente, intentará hacerte creer que no lo eres ridiculizando, quitándoles valor a tus logros con sutileza; si tienes una tendencia a sonreír, no soportan la felicidad ajena, la dinamitará para que la pierdas, y así sucesivamente. Intentan conocer la vida de todo el mundo para saber dónde poder atacar, es el típico cotilla.

Para aprender a leer a las personas es imprescindible observar sus actos y no solo las palabras que emiten. Los actos desenmascaran la intención de la palabra.

Pueden hacernos creer a través de la palabra que una situación no está ocurriendo, pero si observas sus actos y comportamiento lo delatarán y serás capaz de desenmascararlo. En estos casos, mi querido mago, es imprescindible creer en ti, en lo que tú ves y percibes. Haz caso a tu intuición.

Existen signos físicos, emocionales y energéticos donde puedes saber si una persona nos está intentando manipular o mentir.

A nivel físico: emoción de estrés o inquietud al hablar con las cejas hacia arriba, ver que su cuerpo se va moviendo de una forma nerviosa, signos de contradicción tipo asintiendo o negando o simplemente siendo incapaz de mantener la mirada, hacer un gesto de taparse la boca (como cubriendo las mentiras) o tocarse la nariz, el evitar una confrontación enfrentarse cara a cara son datos que nos pueden hacer sospechar sobre la manipulación o la mentira.

Nivel emocional: puedes sentir una respiración acelerada, que trague constantemente saliva o sienta necesidad de beber abundante agua, sudor, falseamiento de la emoción que te quiere hacer ver y el dato inequívoco, tu intuición. Sientes que te que está mintiendo o camelando.

Nivel energético: la energía es más elocuente que las palabras. La gente oye cómo vibras, la energía no miente, la intuición existe. Hazte caso.

Escuchando cómo habla de los demás: así hable de los demás, así hablará de ti.

Observando cómo trata a los diferentes profesionales según sus roles: Si es amable, servicial con gerentes o cargos de poder y no tanto con compañeros de trabajo o los que casi ignora, es sencillo desenmascararlo. El mediocre suele ser pelota con el poderoso y prepotente con débil.

Conociendo estrategias de manipulaciones para poder evitarlas: una estrategia, plan premeditado y estudiado con anterioridad, básica de todo manipulador es el juego de la zanahoria.

El juego de la zanahoria consiste en crearte expectativas sobre algo que te pueda interesar (subida de sueldo, petición de días libres, mejora laboral etc.). Va minando tu mente creando expectativas de darte aquello que deseas a cambio de... Este juego consiste en colocarte la zanahoria atada a tu cuerpo a través de un palo y una cuerda, la vas viendo entusiasmado pero nunca la consigues alcanzar. Cada vez que la solicitas porque hayas hecho algún logro de lo pautado, siempre hay una justificación o excusa o un "no es suficiente" o "no es el momento", de tal manera que te tenga detrás de la zanahoria años sin llegar a conseguirla nunca, pero mientras, el manipulador juega con tus expectativas, tiempo e ilusiones. La zanahoria nunca se llega a alcanzar, y si no les queda otra opción que ceder en algo, dan la migaja, el rabillo verde, ni por asomo la zanahoria. Quien promete y no cumple en un tiempo prudencial lo prometido justificándose, usando excusas o tirando balones fuera, se desenmascara rápidamente, está jugando al juego de la zanahoria.

Tácticas tipo desde inventar bulos para crear mobbing o ganarse al jefe u otros compañeros, la manipulación a través del juego de la zanahoria, la indiferencia, los silencios, el enfado, la seducción, el chantaje emocional con victimismo etc., son meras estrategias y está en ti aprender a ser audaz y astuto para poder reconocerlas y evitarlas.

Comenzando el día con una sonrisa: si has de ponerte una máscara que sea la máscara de la sonrisa. Simplemente el arquear la boca creando una bella sonrisa hasta que tus ojos hagan florecer unas maravillosas patitas de gallo hace que los neurotransmisores de la felicidad se activen. Aprender a sonreír incluso al que te cae peor de la empresa nos cambia el estado de ánimo sin darnos cuenta. Si no te sale, fuérzala, al final acabará siendo una respuesta automática. Llevar la careta de la sonrisa no solo te beneficiará a ti sino a todos, es contagiosa.

En lo que te enfocas se expande: ya eres consciente de que vives en un ambiente tóxico, deja de pensar en ello. Crea tu burbuja protectora automática y desenfócate de la toxicidad. Recuerda que ese ambiente no va contigo. Puedes visualizarte dentro de una burbuja dorada protectora de toda energía negativa y para recordar que estás en ella, usa la máscara de la sonrisa.

Crear un ambiente saludable: sin esperar nada a cambio, te hará bien. A esto se le llama egoísmo sano, sencillamente hazlo por ti.

Lo semejante atrae a lo semejante: sé lo que deseas atraer a tu vida y atraerás a compañeros similares a ti con los que te sentirás más respaldado, apoyado y menos solo. Una de las suertes de no tener un puesto directivo es que rara vez se unirán a ti por interés. Ya lo decía el gran filósofo Platón (428 a.C-348 a. C) "la verdadera amistad solo puede existir entre iguales".

El equilibrio entre la vida profesional y personal: es fundamental para una mente sana. Potencia, preserva y cuida tu vida personal. Ahí sí eliges con quien quieres estar.

Desarrolla tu actividad con excelencia y ética sabiendo que la máscara del envidioso existe: la envidia puede hacer tambalear tu puesto. Si tu foco es la mejora diaria con excelencia, ética y valores, el mediocre suele ser desenmascarado por otros y cae por su propio peso.

No pierdas la esperanza de encontrar empresas sanas: Sé optimista, aunque en todos los trabajos cuecen habas. Existen empresas más saneadas con menos porcentaje de sapos y culebras. Mientras mantengas tu integridad y actitud enfocándote en la excelencia y valores, siempre serás un buen candidato para otras potentes empresas más afines a ti.

 ## Las máscaras de la vida.

Muchas personas aparentan ser felices o que la vida le anda sobre ruedas, así sin más, sin turbulencias, conflictos, preocupaciones o problemas económicos. ¿Es realmente así?.

La mayoría aparentan algo que no son. Intentan proyectar una falsa apariencia colocándose algunas de sus mejores máscaras, generalmente aquellas que esconden con ahínco sus debilidades y carencias con el objetivo de alcanzar un propósito o meta.

El miedo juega un papel importante en la selección de las máscaras siendo el miedo a ser juzgados, el miedo a obtener la aprobación de los demás, el miedo a no pertenecer al grupo, una situación aplastante para sus vidas.

> Las máscaras de la vida son las caretas que se usan para aparentar lo que uno no es.

En ocasiones toda su existencia acaba siendo una farsa e incluso ni la propia persona se reconoce en el personaje que se ha convertido.

Más que el tiempo son las situaciones las que nos muestran quién es quién o quienes somos. Las máscaras tienden a romperse cuando nos enfrentamos a circunstancias impredecibles, estresantes o inesperadas; es decir circunstancias que salen de nuestro control. Es ahí cunado esa pérdida nos enseña el verdadero valor de algunas personas, su verdadero yo. La máscara no sólo nos desenmascara hacia los demás, en ocasiones nos deja ver una parte de nosotros mismos que desconocíamos.

No todas las máscaras son conscientes. Algunas las usamos de forma inconsciente, es decir, sin darnos cuenta. Es nuestro mecanismo de protección.

> El tiempo no cambia a las personas, la desenmascara. Nadie puede llevar una máscara perenemente. Las cosas fingidas siempre vuelven a su estado natural.

Las máscaras de la vida no sólo surgen a nivel laboral, están ahí en el día a día cada vez que nos relacionamos con personas. A un nivel más profundo esconden una herida. Se sanan cuando reconocemos y aceptamos que esas caretas que usamos nublan nuestro verdadero yo.

Las personas en esencia ya somos, no necesitamos máscaras que oscurezcan nuestro verdadero y maravilloso ser. Se sanan cuando nos aceptamos, decidimos ser auténticos y honestos sin tener la necesidad de demostrar nada a nadie, ni siquiera a nosotros mismos.

Máscara	¿Qué esconde?
Fortaleza	Escudo protector que esconde una herida
Indiferencia	Dolor interior
Todo me divierte	Vacío, tristeza y soledad interior
Controlador	Inseguridad
Persona rígida	Perfeccionismo y obsesión
Dependiente	Sentimiento de abandono Miedo a la soledad
Huidizo	Miedo al rechazo
Masoquista	Falta de amor propio Humillación
Evasivo	Miedo al sufrimiento y al rechazo
Frágil	Victima. Necesidad de que lo atiendan y cuiden
Complaciente	Necesidad de ser aceptado
El salvador	Evitar verse a sí mismo
Manipulador	Necesidad de poder
Sarcasmo	Esconde la envidia
Cotilla	Huye de su insatisfactoria vida
Furia	Tristeza.

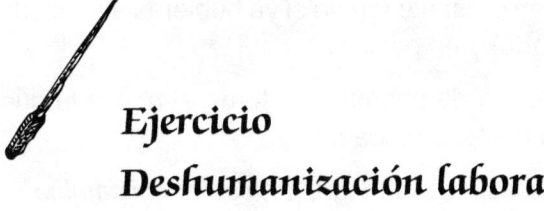

Ejercicio
Deshumanización laboral

1. Elige dos o tres tucos de magia de los mencionados que más te hayan impactado o consideres no debes olvidar. Hazles una marca que te ayude a reconocerlos de un vistazo cuando abras el libro.

2. Coge tu varita y crea tus propias palabras potenciadoras. Puedes guiarte con los ejemplos propuestos.

 Palabras potenciadoras a mí mismo.

Cáscara de nueces, paja de trigo, pétalos en mi camino palabras a mí mismo crean mi destino:

Soy consciencia y aceptación. Me siento seguro en mi lugar de trabajo.

Soy el ambiente saludable que deseo para mi empresa.

Soy un ser humano completo, creativo y lleno de recursos.

Yo soy (elige 3 valores que te definan) y esto es innegociable.

Por ejemplo: Yo soy calma, integridad y honradez.

Soy 100% responsable de mi vida, mi sentir y poder de elección.

Coge tu varita y crea tus propias palabras potenciadoras.

¿Qué frases te dirías a ti mismo que tuvieran tanto poder que te impulsaran a producir el estado que necesitas?

Realiza frases en presente (como si ya hubieras alcanzado el estado deseado) y en positivo.

Ordénalas en forma de prioridad y otorga el n° 1 a la que consideres con mayor prioridad.

Cáscara de nueces, paja de trigo, pétalos en mi camino palabras a mí mismo crean mi destino:

1. ....
2. ....
3. ....
4. ....
5. ....

3. Crea tu propio hechizo:

Patas de cabras, murciélagos tuertos, tripas de monos, arañas bizcas, ojos de sapo, visión de búho, mi pensamiento crea la realidad, mis palabras la potencian, cuando yo cambio todo cambia y repito sin cesar:

"Que en el mundo de los magos blancos, futuros brujos, se expanda su luz fomentando los valores que nos humanizan con el objetivo de un bien común y mayor, la humanidad, el compañerismo y el trabajo con foco en la excelencia. Empiezo por mí"

Que así sea, así es! Gracias, gracias, gracias.

¿Cuál es tu mantra personal hechizador?

Patas de cabras, murciélagos tuertos, tripas de monos, arañas bizcas, ojos de sapo, visión de búho, mi pensamiento crea la realidad, mis palabras la potencian, cuando yo cambio todo cambia y repito sin cesar:

....
....

....
....

Que así sea, así es! Gracias, gracias, gracias.

Capítulo 3

La soledad del inmigrante

Quería conocer Australia y el mercado asiático por si podía crear algún negocio en Cádiz y por fin lograr la ansiada independencia financiera. El mercadeo chino siempre me había causado mucha curiosidad. Se habían convertido en la primera potencia mundial de la venta y quería aprender de ellos. De Australia a Asia solo había 8h en avión, así que esa era la ocasión perfecta para conocer el mercado asiático.

Compré un curso de inglés en Perth (la Costa Oeste Australiana) para poder trabajar y estudiar 9 meses con mi visado de estudiante que te permite trabajar 20h y estudiar 20h semanales. La cuantía era importante, entre el curso y la estancia de 9 meses la inversión ascendía a unos 10.000$. Había sido previsora y disponía de economía pero nunca imaginé que la vida en Australia pudiera ser tan cara. Una simple garrafa de agua costaba 8 $ y el coste de mi habitación compartida 300$ a la semana. Mi idea simplemente era ir a mejorar mi nivel de inglés pero las circunstancias se terciaron en que me convirtiera en una auténtica inmigrante.

Cuando un inmigrante llega a Australia, lo que menos hace el país es facilitarle la vida. Los ciudadanos australianos están protegidos por ley, y ante igualdad de capacidades en un empleo, el autóctono australiano es prioritario.

Todo aquel que no tenga un nivel de inglés alto y no forme parte de la lista de las necesidades laborales del país, es decir, el tipo de empleados que necesitan cubrir (enfermeros, ingenieros, arquitectos...) está destinado a empezar completamente de cero.

Cleaner palabra inglesa que suena bien en nuestro idioma pero significa "limpiador". En Australia prácticamente todos los que llegamos sin sponsor es la labor que ejercemos. Labor muy digna, pero dura, muy dura.

Acostumbrada a restaurantes carísimos, portátil, coche, visa (todo costeado por la empresa) y de pronto verme en una situación de cleaner cuando en España, siempre habían venido chicas a limpiar a casa, fue sin duda gran una cura de humildad.

Para los españoles que estábamos allí, la mayoría con carreras universitarias y con la expectativa del gran sueño Australiano, la situación era un tanto chocante.

-¿He de ponerme a limpiar? –

-¿Yo?, ¿limpiar yo? –

Parecía que nos estábamos haciendo el harakiri (rajar la tripa en japonés). Esa situación de vida acabó siendo, al menos para mí, un gran regalo. Nos ofreció la oportunidad de parar a reflexionar y darnos cuenta de lo afortunados que fuimos y lo poco agradecidos que estábamos ante nuestra situación de privilegio en España al verla como normal en nuestras vidas. Trabajar limpiando, compartir habitación y hacer cola esperando las mega ofertas en los supermercados de productos a punto de caducar me puso de nuevo los pies en el suelo y en la realidad de la vida y de muchas vidas, entre ellas, la del inmigrante.

La soledad de inmigrante, aquel que decide dejar su país por mejores oportunidades y una mayor calidad de vida, supera la ficción. La soledad en su papel dual, acaba siendo su mayor amiga y enemiga. La necesidad de familia se acentúa y la incertidumbre, ¿qué será de mí?, se apoderan de ti.

> Los autóctonos no suelen relacionarse con inmigrantes. La soledad del inmigrante se acaba supliendo con otros inmigrantes. Acaban siendo familia porque allí es la que tienes.

Hasta que la encuentras, es posible pasar por momentos límites. Al inicio, la ausencia de apoyo y el sentimiento de "esto no es lo que esperaba" pueden llegar a hundir al más fuerte pero a medida que vas dando pasos va apareciendo en tu camino lo que necesitas para tu evolución. Vivencias que todo es posible si realmente sientes y quieres que así sea. Superas el miedo viviendo en presente porque si no actúas YA, quizás mañana no comas.

La idea del inmigrante es estar un tiempo fuera de su país para volver más adelante reforzado o intentar echar raíces en aquel nuevo que han elegido vivir. Lo que no piensa es que a lo largo de ese proceso, su vida y el mismo, como persona, cambian. En ocasiones hasta un nivel tan profundo que puedes sentirte desarraigado, no solo de tu país de origen, sino del país o sitio donde te encuentras.

La adaptación a una nueva cultura al principio es apasionante. Con el tiempo y la rutina parte de inadaptación suele ser inevitable. La añoranza, apego y amor a nuestro país de origen y familia pesan demasiado, aunque cuando vuelves a tu país, y ves lo que hay, solo deseas volver al otro. De ahí el desarraigo del país que dejaste y al que intentas adaptarte. Ni te sientes completamente bien en tu país por las carencias que te hicieron marcharte ni te sientes bien en el otro al sentir que no perteneces allí. De nuevo una dualidad, ni contigo ni sin ti.

La paradoja es que todos vamos con intención de mejorar un nuevo idioma y adentrarnos en su cultura, y la realidad es que acabamos en comuna. Los chinos con los chinos, los coreanos con los coreanos y los europeos con los europeos cada cual con el grupo más afín. La soledad hace que te rodees inconscientemente de los tuyos, personas con similares ideales, cultura y formas de vida, aquella que acabas sintiendo tu familia.

La inmigración es una fuente potencial de recursos si beneficia a las sociedades de origen como de destino. Es el caso de Australia donde solo acogen a inmigrantes que se ajusten a las necesidades demandadas por el país. Es una forma de controlar la inmigración. Los demás inmigrantes solo pueden entrar realizando costosos estudios de inglés permitiéndoles trabajar, según visado, 20h para subsistir.

En mi ignorancia tras mi experiencia australiana, no sabía que el faltar determinadas horas a mis clases de inglés podía ser objeto de deportación a mi país de origen. No era consciente de la cantidad de inmigrantes que desean vivir el sueño Australiano y no van a Australia como yo a mejorar su nivel de inglés, sino que usan el curso de inglés como puente para acabar residiendo en el país.

 ## Trucos de magia en el proceso de emigración / inmigración:

Ideas como la sensación de estar solo, el miedo a la incertidumbre, la falta de control, expectativas o nuestra integración como inmigrantes son limitaciones que nos pueden alterar el camino. He aquí algunos trucos en cuanto a creencias limitantes que podemos desterrar con un cambio de pensamiento. No hay verdades absolutas sino perspectivas según como viva cada uno su realidad.

Estoy solo: En la soledad como inmigrante te descubres en fortaleza, entereza, creatividad, resolución, puesta en marcha y amor hacia ti mismo. Sentirse solo no es igual que estar solo. El estar solo se puede suplir con compañía. El sentirse solo precisa un cambio de pensamiento, emoción y acción. Nunca se está solo porque simplemente te tienes a ti, a ti y a otros inmigrantes, que en otro país acaban siendo tu familia.

Miedo a la incertidumbre: Cuando alguien decide marcharse a otro país es porque considera que el suyo no le aporta lo que necesita para seguir avanzando.

Tener la experiencia de poder vivir en otro país es una gran oportunidad a la que pocos acceden. El miedo a lo desconocido se supera cuando sales de la zona de confort. Cuando das el salto a otro país aparece tu yo más valiente, aquel que casi desconoces de lo resolutivo que puede llegar a ser. Empiezas a descubrir en ti habilidades que desconocías y algunas las vas creando y ejercitando a la velocidad de la luz porque la necesidad aprieta. El miedo desaparece cuando te puede el aquí y el ahora, el momento presente. El tiempo es oro y no lo puedes perder. Tu pensamiento solo se centra en pasar a la acción, encontrar soluciones, saltar barreras. Desarrollas la astucia, la creatividad, la capacidad de decisión, de resolución y puesta en marcha. Volar con tu escoba será un paseo comparado con la velocidad de tus pensamientos. La toma de decisiones ante dificultades es lo que irá creando seguridad en ti mismo.

Miedo a la falta de control: El miedo es una emoción que se supera enfrentándola, no huyendo de ella.

La necesidad de tener controlado todo esconde inseguridad. La aparente seguridad, esa sensación de no se escapa nada de mi alcance, acaba convirtiéndose en sufrimiento y tensión porque nos impide soltar y tomar decisiones sentidas fuera de la mente.

La incertidumbre se va superando dando solución a los condicionantes y adversidades que vayan llegando en ese momento presente. Aunque podamos prever una serie de acontecimientos triviales, las verdaderas dificultades solo se conocen a medida que vas volando, viviendo la experiencia.

Cuando decidimos controlar, en vez de soltar y confiar, para así liberarnos de las cadenas que nos están haciendo daño, nos encadenamos aún más a las circunstancias externas y a nosotros mismos.

El control es un engaño de la mente, no existe. No hay nada que se pueda controlar al 100%, siempre se nos escapa algo. La seguridad no existe, es otra creación de la mente como el control.

Lo único seguro que hay en esta vida, es que nacemos y morimos. Lo demás está dentro del azar y el libre albedrío que todos poseemos.

Para paliar ese miedo a la falta de control se pueden tomar medidas antes de desplazarnos a un nuevo país para prevenir sorpresas. Medidas de prevención pueden ser:

Haber leído sobre el país al que deseas desplazarte: su historia, cultura, costumbres, tradiciones, política, tasa de empleo, etc...

Tener conocimientos del idioma.

Conocer si tus habilidades laborales son demandadas por el país destino.

Ocuparse de conseguir las necesidades básicas primarias antes de la llegada como son ahorros, teléfono, vivienda y si es posible el trabajo.

Cerciorarse de que todos tus documentos estén en orden y sin caducar (pasaporte, carnet de conducir, tarjeta sanitaria, tarjetas de crédito y/o débito).

Informarse sobre los requisitos de acceso a la sanidad y conocer direcciones, teléfonos de consulados del país de origen.

Altas expectativas, una vida mejor: al decidir marcharnos a otro país, solo el hecho de salir de la zona de confort y la ilusión depositada ayuda. Las expectativas por una vida mejor suelen ser mayores que lo que te acabas encontrando en realidad, aun así, el cambio, aprendizajes y *experiencia* de vida suelen ser para bien.

Solemos tener la errónea idea de que lo de afuera, lo de otros es mejor, y generalmente no es así. Difícilmente tenemos todos los conocimientos suficientes para juzgar si algo es mejor o peor. Esa dualidad es relativa. Una vez dado el salto a otro país, observar la experiencia que vamos a vivir como una oportunidad de vida y aprendizaje a la que muchos no tienen acceso, nos empoderará en los momentos de flaqueza sin esperar pensar si nuestra vida será mejor o no.

> El verdadero triunfo está en valorar y disfrutar lo que tenemos en ese momento de vida estemos donde estemos.

El inmigrante, ciudadano de primera o de segunda: elegir con consciencia al país al que vas a emigrar puede mejorar tu integración como ciudadano.

Si al país al que emigras está más evolucionado que tu país de origen, serás visto como un inmigrante, ciudadano de segunda categoría. A no ser que tengas un puesto laboral relevante tipo ministerio, alto cargo o salario o bien sea una ciudad muy cosmopolita donde lo que abunda es la figura del inmigrante y sea lo normal. En cambio, si el país al que vas está más involucionado que el de origen, al forastero se le ve con buenos ojos, como un valor añadido, un beneficio para su patria.

En ciudades cosmopolitas, multiculturales, el inmigrante se une al grupo pero frente al autóctono no deja de ser un forastero.

> Ser ciudadano de primera o de segunda dependerá de cómo tú te veas y valores, no como consideres crean los demás.

Aceptar que simplemente eres inmigrante solo te encasilla en el nivel del emprendimiento, la necesidad de evolucionar.

Las personas que deciden emigrar tienen una fortaleza y potencial interior tremendo. Su inconformismo y ganas de superación les hacen tener un carácter de avance y superación continuos.

Mi amigo el miedo

En cada experiencia oculta se esconde un tesoro.
No existen los caminos equivocados.

El miedo nos sirve para tomar medidas y adaptarnos a la nueva situación. Es una emoción natural del ser humano que nos hace ser más prudentes en nuestras decisiones y acciones.

El miedo y el amor son sentimientos que no pueden convivir. Donde hay amor no hay miedos y donde hay miedos no hay amor.

El miedo es una emoción o sentimiento que provoca angustia y te impulsa a creer que ocurrirá algo negativo, un peligro real o imaginario. Es una fabricación de nuestra mente. Es una posibilidad, no una realidad. El miedo se supera aceptando la emoción y enfrentándonos a él.

El amor es nuestra herramienta natural en esencia. Es un sentimiento potente, vivo, de intensa atracción emocional. Somos en esencia amor y cuando usamos esta potente arma del bien, nos liberamos del miedo.

Nos liberamos del miedo con el amor.

Nos liberamos del miedo a través del perdón.

Nos liberamos del miedo cuando dejamos de proyectar el pasado sobre el futuro y nos centramos en el presente.

Nos liberamos del miedo a través de la compasión hacia nosotros mismos. Te liberas del miedo creyendo en ti, amándote, primero a ti (desde el punto de vista de la realización interior) y luego a los demás.

Te liberas del miedo cuando lo afrontas, y actúas saliendo de la zona de confort.

La zona de confort es un lugar donde nos sentimos seguros y familiarizados. Nos sirve para descansar pero también para quedarnos estancados. Si queremos lograr el cambio y alcanzar el éxito es imprescindible salir de la zona de confort. Es ahí fuera, en lo desconocido donde podemos ocuparnos, accionar, aprender, avanzar y superarnos a nosotros mismos.

Requisito para salir de la zona de confort:

1. Necesitar la sensación de cambio y avance porque ya no nos hace bien mantenernos estáticos en la misma situación día tras día. Ya no somos felices ahí.

2. Encontrar la motivación que nos de fuerza para iniciar pequeños pasos para alcanzar nuestro objetivo final, avanzar y aprender para sentirnos mejor.

Somos lo que superamos y para ello hay que ponerse en marcha, actuar.

3. Usar las herramientas a nuestro alcance para llevar la motivación a la acción, como puede ser palabras potenciadoras a ti mismo. Estas palabras potenciadoras deben ir asociadas a una emoción positiva que te hagan creer en ti mismo.

Palabras empoderadas o potenciadoras:

¡Yo puedo!

¡Elijo ganar!

¡Consigo lo que me propongo!

No es necesario estar siempre fuera de la zona de confort, simplemente es salir de ella cuando una situación o emoción nos bloquea, como pude ser el miedo, sin permitirnos sentirnos bien con nosotros mismos.

Sentir miedo no es negativo, lo que es negativo es vivir conforme a ese miedo que te limita. Al afrontar y vencer los miedos desaparecen los límites.

Cuando el miedo no actúa como una emoción protectora adaptativa sino como una emoción extrema limitadora, ya no hablamos de miedo sino de pánico. En este caso hay que regular este miedo extremo relativizando, es decir, restando importancia a la la situación hasta convertirlo en un miedo adaptativo.

Las limitaciones y los miedos los creamos nosotros. Lo creas tú (mente). Si somos fieles a nosotros mismos (corazón) y dejamos de postergar en el tiempo una situación que tarde o temprano vamos a tener que afrontar. Para coger, o volver a coger, las riendas de nuestra vida, debemos actuar ya, aquí y ahora.

Tenemos el poder de elegir nuestra propia realidad y es tan real como cualquier otra. Nuestra realidad depende de lo que percibimos y de cómo lo vivimos. Nace de nuestras creencias y experiencia de vida.

El tiempo es un regalo limitado, no lo desperdicies.
Abrazando el miedo producirás el cambio.
Si crees en ti nada te detendrá.

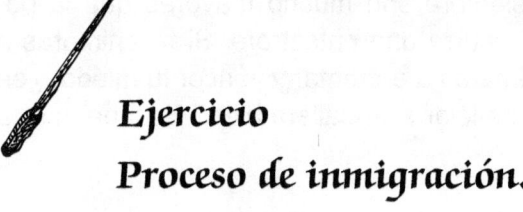

Ejercicio
Proceso de inmigración.

1. Ejercicio para llegar a la categoría de brujo aprendiendo a dominar y vencer los miedos.

Busca un sitio tranquilo que te pueda permitir parar y reflexionar.

¿Qué situación actual te está saboteando e impidiendo realizar una acción o enfréntate a algo? ¿Cuál es tu miedo? Identifícalo.

....
....
....
....

Sitúate mentalmente en aquello que quieres hacer pero el miedo te lo está impidiendo, ¿cuál sería la situación más catastrófica, lo peor que podría pasar si te enfrentaras a ese miedo haciéndolo real?

....
....
....
....

¿Qué probabilidad existe de que esa situación catastrófica se haga realidad? Escribe un porcentaje.

....

Los beneficios siempre son mucho mayores que la posibilidad de que ocurra una catástrofe. Si te animaras a hacerlo, si te animaras a enfrentar y vencer tu miedo, ¿en qué te podría beneficiar si te saliera bien? Escribe tu lista de beneficios.

....
....
....
....
....

¿Qué probabilidad existe de poder obtener ese beneficio si vences tu miedo? Escribe un porcentaje.

....
....
....

¿Qué porcentaje es mayor? ¿La posibilidad de que suceda esa posible catástrofe que está en tu mente o los beneficios de intentarlo?

....
....
....

Si realmente sucediera esa situación catastrófica, ¿qué podrías hacer para reponerte? ¿Qué enseñanza o aprendizajes obtendrías?

....
....
....

Las personas que se arriesgan y se enfrentan a sus miedos crecen con el aprendizaje de la experiencia. Para crecer hay que aprender a estar cómodos con la incomodidad, es decir, saber estar fuera de la zona de confort. Las personas que salen de su zona de confort se hacen más sabias, se impulsan hacia delante y acaban siendo más seguros de ellos mismos.

¿Crees que te compensa arriesgarte y dar el paso a enfrentarte a tus miedos? El poder está en ti, mi amado aprendiz de brujo.

1. Elige dos o tres tucos de magia de los mencionados que más te hayan impactado o consideres no debes olvidar. Hazles una marca que te ayude a reconocerlos de un vistazo cuando abras el libro.

2. Coge tu varita y crea tus propias palabras potenciadoras. Puedes guiarte con los ejemplos propuestos.

 Palabras potenciadoras a mí mismo.

Cáscara de nueces, paja de trigo, pétalos en mi camino palabras a mí mismo crean mi destino:

El miedo desaparece cuando yo tomo acción.

En soledad crezco y me libero.

Me tengo a mí y mi familia actual son personas como yo.

Soy inteligencia y adaptación. Aprendo el idioma con fluidez y me sumerjo en la cultura.

Soy actitud. Consigo todo lo que me propongo.

Coge tu varita y crea tus propias palabras potenciadoras.

¿Qué frases te dirías a ti mismo que tuvieran tanto poder que te impulsaran a producir el estado que necesitas?

Realiza frases en presente (como si ya hubieras alcanzado el estado deseado) y en positivo.

Ordénalas en forma de prioridad y otorga el n° 1 a la que consideres con mayor prioridad.

Cáscara de nueces, paja de trigo, pétalos en mi camino palabras a mí mismo crean mi destino:

1..
2..
3..
4..
5..

3. Realiza tu propio hechizo:

Patas de cabras, murciélagos tuertos, tripas de monos, arañas bizcas, ojos de sapo, visión de búho, mi pensamiento crea la realidad, mis palabras la potencian, cuando yo cambio todo cambia y repito sin cesar:

En mi experiencia como inmigrante, me conozco, crezco, valoro, aprendo, me supero. Soy valiente, me potencio y consigo todos mis objetivos.

Nunca estaré solo, me tengo a mí y a mi familia, aquellos que aquí son mis amigos.

Todo es para bien.

Que así sea, así es! GRACIAS, GRACIAS, GRACIAS.

¿Cuál es tu mantra personal hechizador?

Patas de cabras, murciélagos tuertos, tripas de monos, arañas bizcas, ojos de sapo, visión de búho, mi pensa-

miento crea la realidad, mis palabras la potencian, cuando yo cambio todo cambia y repito sin cesar:

....

....

....

Capítulo 4

La soledad en el proceso de divorcio

Trabajé unos días limpiando oficinas hasta que rápido pensé que la mejor solución para mejorar mi nivel de inglés y al menos no tener costes con el alojamiento y la comida era trabajar para alguna familia Australiana.

Demi – au pair consistía en trabajar 20 horas a la semana ayudando a una familia con sus hijos en las tareas del hogar. Las otras 20h las empleaba al estudio del inglés.

Encontré dos maravillosas familias donde el aprendizaje fue increíble e inolvidable, de las cuales, mi amado aprendiz, permíteme hacerte partícipe. Allí conocí el sentir de la soledad antes y durante un divorcio y la soledad en familia. La familia Smith con sus 3 hijos; y la familia Williams, padres de 4 hijos.

<u>La familia Smith</u>

Maestro, ¿por qué ahora siento más dolor que antes? Será porque ahora elegiste la cura en lugar de la anestesia.

Buda Gautama

Mary, 42 años. Directora de un periódico local.

Peter, 45 años. Gerente en una gran multinacional asiática.

Padres de 3 hijos: Asher, Ezra y Anne.

Mary 1,70 cm de altura, complexión grande y pelo castaño.

Amable, tremendamente trabajadora. Incapaz de poner límites a sus hijos.

Se pasaba el día cambiando los muebles de sitios y comprando. A pesar de tener dos chicas en casa para que le ayudaran, se sentía desbordada. El trabajo, el cuidado de los hijos y el status que deseaba llevar, le superaban.

Peter 1,90 cm de altura. Padre generalmente ausente por "temas Laborales". Vivía entre Australia y Hong Kong. Intentaba educar a los hijos el tiempo que llegaba a casa pero había delegado la última palabra y gran parte de la educación en Mary, y esta a nosotras.

Cuando estaba en casa, simplemente hacía lo que le ordenaba su mujer e intentaba salir a correr, sacar la basura, sacar al perro, y todo aquello que le permitiera estar fuera de su hogar. Asher de 10 años, Ezra de 8 años y Anne de 5 años, eran las criaturitas que yo tenía que cuidar.

Asher era el mayor, moreno, grandote, con mirada amenazante. Llevaba siempre esos pantalones de tiro bajo que dejan ver el elastiquillo del calzoncillo. Su rostro solía estar oculto tras el largo flequillo, negro y liso. Tenía dislexia y estaba sobreprotegido por su madre. Me odiaba. Intentaba fastidiarme todo lo que podía y más. Su madre me lo corroboraba y además le hacía gracia. Cuando limpiaba volvía a ensuciarme lo limpio al segundo. Me tiraba los chicles en la moqueta y por las noches se salía de su cama, llamaba a sus hermanos y hacían tiendas de campaña por el suelo enmoquetado de la casa que yo minutos antes había limpiado.

Ezra era el mediano. Rubio con ricitos, carita angelical. Se chupaba aún el dedo y tenía la boca algo deformada.

Parecía que le gustaba. Según su madre se había enamorado de mí.

Anne, la pequeña. Pelirroja con pequitas, rebelde indomable, con un piquito de oro que solo hacía gritar y decir palabrotas.

Vivíamos en una de las mejores zonas de la costa australiana, en frente del río Swan, una zona muy codiciada, en una lujosa casa que tenían alquilada. Casi no llegaban a final de mes, pero su ritmo de vida era altísimo. Se les iba 8000$ mensuales entre pagar colegio de niños y status. Vivían al límite.

Los chicos tenían dos cuidadoras, una de ellas yo. Iban a los mejores colegios, vestían las mejores marcas y no les faltaban atenciones ni paciencia por parte de nosotras. Anastasia, una chica ucraniana de 40 años y yo, española de 35.

A Anastasia, su varita no le funcionaba, le venía el nombre como anillo al dedo. Como su nombre propio simula, parecía "Ana(e)stesiada". No sé si era lenta para que yo hiciera su trabajo o por que le faltaba un hervor. Nunca supe la verdad.

La madre, por el sentimiento que le inundaba de culpabilidad por la falta de tiempo hacia sus hijos, intentaba remediar su ausencia proporcionándoles todo tipos de caprichos los fines de semana, únicos días donde les dedicaban algo de tiempo.

Mary no podía o no sabía organizar y calmar el caos de esos niños y la casa. Estaba completamente sumergida en su trabajo y aumentar su economía. Su lema era "si no tengo dinero, genero más", rodando cada vez más deprisa en la rueda del Hámster.

Cada día me enfrentaba a una jungla de chicles en moquetas, pintadas en paredes, chicos rebeldes y una plancha sin límites.

La casa tenía unas cristaleras enormes con vistas al río y cada vez que las limpiaba me dolían los brazos. Mi varita mágica en aquel entonces no estaba muy afinada. Para mitigarlo, imaginaba que me adentraba en la película *La vida es bella* donde de cada situación de la vida el protagonista obtenía algo positivo, así que me decía a mí misma: "al menos me ahorro el gimnasio y ejercito los brazos", y seguía limpiando tan feliz Pasar cera, pulir cera" a lo Karate kid.

La vida a veces duele, a veces cansa, a veces hiere, no es perfecta, no es coherente, no es fácil, no es eterna; pero a pesar de todo, la vida es bella.

Roberto Benigni.
La vida es bella film.

Por las mañanas iba a mis clases de inglés de 4 horas y por las tardes cuidaba de los chicos y la casa. Hice una lista básica de normas de conducta y convivencia: Tirar los chicles a la basura y no a la moqueta, dormir cada uno en su cama y no por el suelo de la casa, pintar sobre papel y no en la pared, dejar los zapatos y mochilas en el hueco de la entrada de la escalera y no por toda la casa etc. Los premiaba por la buena conducta con una peli de Harry Potter y poco a poco iban entrando en vereda aunque la situación era tremendamente desgastante.

Todos los que hemos viajado y hemos iniciado una nueva vida en otro país y ciudad alejados de nuestros familiares y amigos, hemos experimentado momentos de soledad. Cuando se tiene edad estudiantil, es relativamente fácil hacer amigos, pero a medida que nos adentramos en la edad adulta o ya somos adultos, hacer amistades cada vez resulta más difícil.

Llegar a un país extranjero con tu simple ilusión, generalmente con expectativas altas y dificultad en el idioma y darte cuenta de lo que idealizaste no se cumple, puede resultar como tirarte por encima una jarra de agua fría.

La vida familiar de Mary y Peter era un tanto compleja. Hacían vidas por separado y más que una familia unida donde se sintiera olor a hogar, parecía una familia tipo empresa donde cada uno de los progenitores tenía que aportar la economía familiar un alto capital para sustentar el alto status social y la imagen cara a la sociedad. Abarcaban todo lo superfluo excepto lo más simple y vital, el amor y el compartir momentos en familia.

Las discusiones por simplezas eran repetitivas evitaban el contacto, cada uno hacía vida por separado. No salían juntos a citas románticas, ni se complacían, más bien existía una lucha de poderes sin importar en absoluto los sentimientos ni elecciones del otro. La tensión en silencio era continua.

Los días iban avanzando, Anastasia y yo estábamos en la lucha diaria de aquellos renacuajos con padres de fines de semana apañándonosla como podíamos. Tener alojamiento y comida era un gran alivio.

Cuando por nosotros mismos no somos capaces de parar, la vida nos para de una manera u otra. Ya sea con una crisis de ansiedad, una enfermedad, un despido, un divorcio, o cualquier otro desencadenante.

Peter solía ser el sumiso. Hacía según decidiera Mary. Había adoptado el rol fácil, según él para evitar discutir. Aunque a nivel profesional era un crack de los negocios a nivel personal era un hombre inseguro. Había depositado todo su poder en Mary quedándose muy pequeñito a su lado, hasta que un día despertó.

Una noche Mary, me dijo: Sonia, ¿te apetece tomarte una copa de vino conmigo? Y le contesté: claro Mary, estaré encantada de acompañarte con esa copa.

Hasta entonces, Mary nuca había hablado mucho conmigo a parte de los temas básicos sobre los hijos. Era una mujer bastante fría y algo distante. Lo primero que pensé es que no estaba contenta y me iba a despedir.

Subimos a la segunda planta donde tenía una bella terraza con vistas al río que prácticamente nunca disfrutaba. Nos sentamos en unas bellas sillas de mimbre que hacían juego con la mesa y el decorado general exterior.

– Sonia – dijo Mary –. ¿Qué tal te fue el día?

– Bueno... ¿Y el tuyo?, ¿Qué tal?.

Se produjo un largo silencio y de pronto Mary se echó a llorar.

– Mi vida es un desastre. Me siento vacía y sola.

– ¿Por qué dices eso, Mary?. Tienes una casa preciosa en frente del río y unos hijos maravillosos y un trabajo que te apasiona.

– No mientas – dijo Mary –. Sabes que eso no es así. Quería decirte que hoy me han despedido del trabajo y mi marido me ha pedido el divorcio.

En shock permanecí en silencio.

Mary seguía llorando. Volví a llenar su copa.

– Mi marido me es infiel hace años y nuestro matrimonio ya no funcionaba. Dejamos de ser un equipo, hacer actividades en común para ser compañeros de cuarto sin conexión alguna, realmente no nos soportábamos. Intenté en ocasiones volver a él pero dejé de sentir. No quería aceptarlo y simplemente miraba hacia otro lado ignorando la realidad y dejando pasar el tiempo. La comodidad y el estatus, Sonia. En mi matrimonio me sentía sola desde hacía años, mi motivación era el trabajo, pero es que ahora, no tengo trabajo ni tampoco marido.
– (Mary seguía llorando).

– Nunca quise dar el paso por miedo a la incertidumbre, a la economía y al qué dirán. ¡Nunca encontraré a alguien! ¿Quién me va a querer con tres hijos y mis pezones que saludan a mis pies?. Ahora ambos seremos más felices al salir de esta mentira pero ¿Y mi trabajo?, ¿Qué opinará el barrio de nosotros?.

Mary, entre suspiro, paró su llanto y me miró.

– ¡Mis hijos! Por cierto, ¿cómo están?

– Bien, les leí un libro antes de acostarse. Preguntaron por ti.

Mary se echó a llorar de nuevo.

– ¿Puedes creerte, Sonia, que creo no conocer ni a mis hijos?. He estado tan sumergida en mi trabajo y mi aparente vida que me olvidé dedicarles más tiempo.

Mantuve el silencio por unos segundos.

– Mary: no te preocupes por el trabajo, eres una maravillosa periodista y tienes una gran trayectoria profesional, saldrá otro.

La pareja es transitoria, los hijos son para siempre. Ellos son tu verdadera familia. Ahora, gracias a esta oportunidad tras tu despido, podrás tener más tiempo para ti, para tus hijos y para encontrar otro trabajo que te aporte mayor calidad de vida. Todo irá bien Mary, confía.

Mary estuvo toda la noche entre llantos y risas hablándome de cómo había sido su infancia, su matrimonio, su vida.

Mientras ella me hablaba sin parar, yo la miraba con compasión y ternura sintiéndome tremendamente mal por la mirada inquisidora que había tenido hacia ella, observando solo lo superficial y no el lado profundo, el más allá de lo que no había alcanzado a ver, su historia de vida, la educación inculcada, sus creencias y todo aquello que daba lugar a su tipo de comportamiento.

> Hay una historia detrás de cada persona, una razón por la cual actúan como actúan y son como son.

Había condenado a Mary por algo que yo ni siquiera había vivido ni sentido sin pararme a pensar que cada uno sabe el dolor que carga, el peso que lleva, las dificultades que pasa y las luchas que enfrenta. Todos tenemos nuestra propia historia de vida que no corresponde ser juzgada por quien no la vivió, ni la conoce y menos sintió.

De nuevo otro baño de humildad y aprendizaje que la vida me regaló.

Mary decidió darse un tiempo para ella y sus hijos y reestructurar su vida.

No llegó a sentirse más sola de lo que se sentía en su matrimonio y afortunadamente, aunque al principio las tiranteces eran continuas, cuando solucionaron todos los temas económicos y de hijos, su comunicación era más cordial y fluida que durante los últimos años de casados.

El proceso fue arduo y doloroso. Mary pasó su duelo ante el divorcio, el tiempo que necesitó para despedirse de aquella persona a quien quiso durante años, y ya solo veía como el padre de sus hijos.

Durante un tiempo, Mary salía de noche más de lo normal y en alguna ocasión Anastasia y yo teníamos que llevarla a la cama por su estado de embriaguez. Acudía a páginas de contactos sin suerte alguna. Afortunadamente contrató a un coach y se dio tiempo para reestructurar su vida en soledad.

Peter continúa soltero. Dejó la pareja que tenía de forma extramatrimonial. Después del tsunami tras el divorcio, peleas por temas económicos e hijos hasta que consiguieron ponerse de acuerdo y los rencores se sanaron, decidió vivir en soledad y así ser libre para elegir la persona y personas que deseaba tener en su vida. Gracias a su soledad, ahora se conoce mejor, se siente más libre y seguro y es muy selectivo en el tipo de pareja que desea tener. Amplió su grupo de amistades en un club de golf y hace meditación empleando el aquí y el ahora. Vive en paz solo y no necesita tener, por el momento, más compañía que la suya y la de sus hijos, su familia. Reside en un pequeño apartamento en el centro de Hong Kong.

> Cuando perdemos el miedo a la soledad nos volvemos libres. Elegimos con conciencia a quien queremos a nuestro lado. Preferimos estar solos que mal acompañados.

La soledad tras una separación brinda la oportunidad de ser tú. Se puede decidir aprovechar ese momento para descubrirte a ti mismo, hacer las cosas que siempre quisiste y dejaste de hacer tras el matrimonio. Leer y aprender, relajarte en soledad, desarrollar nuevas manualidades y aficiones. Irte como Peter a un lugar, como un club de golf, y conocer gente diferente, renacer en tu propia vida. Por lo contrario, puedes optar por la autodestrucción, encerrarte y llorar sin querer salir, llenarte de ira y culpabilizar a tu pareja y el mundo de tu situación de vida. Echarte a la calle a trasnochar e impregnarte de alcohol o pasar de una a otra pareja por el simple hecho de no estar solo.

Cada cual elige si quiere ver su separación como una oportunidad de vida constructiva y feliz, o autodestructiva en busca de culpables. El poder está en ti mi querido aprendiz.

Un divorcio no es un fracaso. Es una etapa más de la vida que llegó a su fin. La vida está llena de oportunidades. Cuando una puerta se cierra, otra se abre. Depende de ti que el cambio sea una tragedia o una bendición.

A día de hoy Mary vive con sus 3 hijos en la misma casa y se siente plenamente feliz con su nueva pareja, Lucas, a la que no le importa que tenga 3 hijos y sus pezones miren a sus pies. Los miedos de Mary estaban solo en su mente.

No volvió a tomar cargos directivos y se dedica a escribir en casa cuentos para niños con los que está teniendo un enorme éxito.

 ## Trucos de magia para la alquimia del pensamiento. Desterrando creencias limitantes en el proceso de divorcio:

El 22 de junio de 1981, el Congreso de los Diputados aprobaba la Ley del divorcio. Este hecho supuso un vuelco cultural y un gran salto hacia un nuevo paradigma de pensamiento y forma de entender la vida para los españoles. Desde entonces, las creencias al respecto también se han ido modificando y evolucionado, pasando de percibir el divorcio como un fracaso a una etapa vivida y finalizada como parte de los acontecimientos de la vida.

Lejos han quedado aquellos tiempos en los que el matrimonio era percibido por la sociedad como un pergamino indisoluble. Hoy en día se acepta y se asume que el amor entre la pareja no tiene por qué durar toda la vida como antaño. La autonomía económica laboral de ambos sexos ha repercutido en la toma de decisiones y libertad para elegir cómo y con quien se desea compartir el resto de nuestra vida.

El divorcio conlleva un proceso de duelo que en ocasiones puede complicarse por las disputas legales y la batalla por la custodia de los hijos o los bienes materiales. Pese a ello, un divorcio se puede hacer de forma que resulte lo más saludable y positivo para ambos miembros de la pareja y el resto de la familia. La predisposición y manera de encararlo por parte de ambos magos determinará el devenir de los acontecimientos.

La toma del control de nuestros pensamientos de una manera potenciadora facilitará el proceso, ya que los pensamientos determinan nuestras emociones y, por ende, nuestros sentimientos. Nosotros decidimos qué tipo de pensamientos deseamos crear. Podemos elegirlos insanos y auto destructivos o sanos y constructivos.

<u>Nunca lo superaré / El duelo para sanar:</u> conocer el duelo tras un proceso de divorcio ayuda a comprender mejor el sentir en sus etapas. Todo pasa, solo es cuestión de tiempo y aceptación. Estar triste un tiempo es natural.

Durante el proceso del duelo tras un divorcio existe una etapa de negación donde creerás que el divorcio es evitable y sentirás querer volver. Cuando una relación termina, la mente como mecanismo de defensa ante el dolor, hace recordar vivencias positivas ignorando lo negativo y lo que te hizo terminar. Algunas parejas regresan en esa etapa hasta que trascurre el tiempo y de nuevo recuerdan todo lo que les hizo separarse (desgaste, discusiones repetitivas, falta de conexión y deseo, diferente proyección de vida) y se vuelven a separar.

Otra etapa es de ira, enfado, analizando los errores durante la relación que consideras se podían haber evitado. Estos errores serán maestros con tus próximas parejas.

Tras el enfado en el divorcio llega la etapa de la negociación donde intentarás negociar con tu pareja para echar atrás la decisión prometiendo lo que posiblemente no podrás cumplir.

Finalmente aterrizarás en la etapa de aceptación donde asumes que el matrimonio llegó a su fin para abrirte a nuevas oportunidades dejando aquella experiencia de vida en el pasado y centrándote en tu nuevo y prometedor presente. Ahora tu objetivo será la reconciliación para vivir cada uno su vida pero en armonía por el bien vuestro y el de los niños.

<u>Quedar atrapado en el pasado / Aceptar que la vida es cambio</u>: La persona de la que te enamoraste hace diez años, ya no es la que era, ni tú tampoco. Tu necesidad

de ahora no es la de antes ni la de mañana. Cada mago va evolucionando y creciendo según sus necesidades, creencias y nivel de conciencia de forma diferente. Si tu relación aprieta ya no es de tu talla. Aceptar el cambio es avanzar y abrazar la vida.

Si no tengo familia no voy a ser feliz / la felicidad es un estado interior: La familia que te acompaña no siempre es de sangre. Podemos tener amistades muy puras que nos nutran más y sean más importantes para nosotros que cualquier persona de nuestra propia familia. La felicidad es un estado interior de bien estar. No depende de agentes externos, sino de cómo tú aprendas a aceptar, dar solución a las adversidades y forma de pensamiento, es decir, depende de tu actitud mental.

Tomas Jefferson, autor de la declaración de la independencia de los EEUU en 1776 y tercer presidente americano, decía: "No es riqueza ni esplendor, sino tranquilidad y ocupación lo que da la felicidad".

He perdido a mi marido / mujer VS. la pérdida como experiencia de fortaleza y sabiduría: cuando sufrimos la sensación de una pérdida, al inicio se siente un vacío y emociones enfrentadas en una montaña rusa. Una pérdida no se cura en un día, un divorcio tampoco. Date permiso y tiempo para afrontar el proceso. En la mayoría de las ocasiones la perdida se convierte en una gran liberación y oportunidad de vida.

Un divorcio es un fracaso / un divorcio como oportunidad de nueva vida: Un divorcio es una etapa más de la vida que llegó a su fin y te brinda nuevas oportunidades. Fracasar no es divorciarse, fracasar es haber encontrado el amor y no haber apostado por él. Fracasar es permitir llevar una vida que ya no te hace feliz.

Un divorcio es una ruina / un divorcio como liberación: un divorcio económicamente puede suponer una bajada de status importante al tener al inicio mayores gastos, pero emocionalmente puede aportarte la mayor de tus riquezas y liberaciones. Liberarte de lo que ya no te nutre no tiene precio. Solo precisas tiempo de adaptación y asimilación de tu nuevo estado.

Mi pareja era mi vida / La pareja es transitoria, los hijos para siempre: Las parejas van y vienen, es ley de vida. Los hijos, nuestra verdadera familia, son para siempre.

Lo natural en el ser humano es el cambio de pareja, no la pareja para toda la vida como han ido inculcado diversas religiones. Un divorcio es hasta casi previsible antes de morirte en la vejez, si no ocurre el 90% es por dependencia económica, miedos, rara vez por amor.

Qué haré sin él / ella. El divorcio para renacer en el autoconocimiento: tras un divorcio el reencuentro con uno mismo es crucial. Ahora decides tú lo que deseas ser y hacer sin necesidad de complacer o tener que pactar con nadie más que contigo mismo.

Mis hijos sufrirán siempre / Mis hijos se adaptarán a la nueva situación: los hijos al igual que los padres necesitan un período de adaptación. El mayor o menor sufrimiento dependerá de cómo los padres gestionen su divorcio. Si los padres tratan el divorcio como una situación de cambio para mejor porque papa y mama juntos no se llevan bien, y hacen entender a los hijos que es beneficioso para la familia, los hijos lo irán gestionando de una forma más sana. Si, además en el proceso, se evitan los conflictos y el uso de los hijos para fastidiar al cónyuge. Estos se adaptarán e interpretarán que la separación de sus padres es como la de otros niños y un mayor bien estar. Los hijos no solo no se sentirán solos ni abandonados si el divorcio hace que los padres les dediquen más tiempo y amor. Suelen valorar más su presencia en el tiempo que les corresponda, en la actual vida de estar con ellos.

Dejaré la puerta abierta / Cuando una puerta se cierra otra se abre: Para poder avanzar en la vida es necesario aprender a cerrar puertas que ya no nos llenan o simplemente nos la han cerrado a nosotros. Por simple amor propio has de aceptarlo. No trates de empujarla o poner tu varita cuando te la están cerrando en tus narices, solo conseguirás su huída (no se valora al que persigue y le falta amor propio). Una relación termina porque se perdió la conexión entre la pareja. Los sentimientos no se pueden controlar, están o no están.

> Cerramos puertas que ya no nos llenan para abrir otras con color y luz, aquellas que nos aportan la felicidad que merecemos.

Media naranja / Naranja completa: ya no somos los inmaduros de los veinte o treinta años, hemos crecido y avanzado. Cuando somos jóvenes tendemos de forma inconsciente a atraer a personas diferentes que nos aportan aquello que nosotros carecemos siendo cada mago medias naranjas para unirnos en naranjas completas tras el matrimonio. En el proceso de maduración aquellas necesidades y carencias que nos aportaba la otra media naranja, nuestra pareja, las vamos adquiriendo formándonos como adultos y seres individuales convirtiéndonos por nosotros mismos en naranjas completas. En edad madura ya no atraeremos a alguien diferente sino a un igual. Ya no eres aquella media naranja incompleta, te has convertido en una naranja completa y atraerás, por ende, a otra naranja igual. Las medias las sentirás, en esta nueva etapa de vida, como una carga, un lastre. Inspírate para ser tu mejor versión y conviértete en la persona que deseas atraer para compartir tu nueva vida. Mi amado aprendiz de brujo, atraemos lo que somos.

La soledad como pesadez / La soledad como libertad: Puedes llegar a sentirte al principio solo pero quizás no más de lo que te sentías justo antes de tu separación.

El estar solos y tranquilos es un lujo que muchos desean. Aprender a estar solo sin sentirse solo es de las mayores liberaciones que podrás experimentar, mi querido mago. Este es tu manuscrito para hallar su grandeza.

Jamás volveré a casarme / Si encontrarás otra pareja: Si por el contrario deseas en un futuro una nueva relación, datos recientes de la ONU en el año 2018 revelan que existen 7.450 millones de personas en el mundo, así que no temas, entre tantos millones aparecerá la adecuada.

Cuando te sientas preparado, lo que buscas te estará buscando a ti y encontrarás a otra alma más afín que tu relación anterior y situación de vida actual.

En esta etapa con conciencia ya identificas y eliges lo que deseas y no deseas para tu vida.

Hasta llegar a ese punto, el trabajo interior, el autoconocimiento serán las llaves mágicas que abrirán todas las puertas que desees para renacer en tu nueva etapa de vida.

Las creencias que nos limitan

"Tú no eres lo que piensas. Tú piensas lo que te dicen tus creencias. Tú vives, piensas, sientes y actúas conforme a tu programación heredada. Pero tú eres muchísimo más que un programa de la mente".

Rut Nieves
Arquitecta de emociones

A Lo largo de la vida, de forma inconsciente hemos ido registrando en nuestra mente un cúmulo de imágenes, mensajes, conductas e ideas.

La familia, los amigos, la escuela, los medios de comunicación, los libros que lees o las películas que ves han sido los depositarios de la mayor parte de información que conforma nuestro sistema de creencias.

Hasta la edad de 7 años carecemos de filtros para discernir y somos esencia pura, esponjitas que absorbemos todo lo de nuestro alrededor. Es en esa etapa donde se filtran patrones y creencias que se automatizan en el subconsciente acerca de lo que somos, de lo que la vida o incluso cómo debemos vivirla. En edad adulta vamos repitiendo patrones, sin ser conscientes que fue algo absorbido en nuestra infancia. Ni siquiera nos preguntamos si estos patrones o creencias inculcados e integrados son o no los adecuados para nuestra vida adulta ya que lo que les servía a tus padres en su tiempo de vida y personalidad, quizás no te sirvan a ti en tu momento de vida actual y esencia con la que has nacido. Todo es cambio y adaptabilidad al cambio. Necesitamos desaprender para volver a aprender lo que es beneficioso para nosotros. Para sanar los patrones y creencias que no nos hacen bien, hay que hacerlas conscientes, es decir, darse cuenta.

Las creencias inconscientes (verdades que tomamos como absolutas) que no nos benefician y limitan se sanan llevándolas al consciente, es decir, dándonos cuenta de que existen para así poder cuestionarlas y cambiarla.

¿Dónde he oído esto para creer que es cierto?
¿Hasta qué punto es realmente verdad?
¿Me beneficia tener esta creencia?
¿Si tuviera otro tipo de pensamiento, obtendría un mejor resultado?
Las creencias son conexiones neuronales muy potentes.

Una creencia es un sentimiento, consciente o subconsciente, que consideramos universalmente cierto según nuestra percepción individual de lo que nos rodea y lo que somos.

El sistema de valores y creencias es algo personal que los demás no siempre comparten.

Cada cual vive su propia realidad según su mapa mental y tipo de pensamientos.

Poner en duda alguna de nuestras creencias puede desestabilizar nuestra psique ya que es algo en lo que hemos creído durante años y por esa creencia hemos tenido determinadas conductas que han afectado de forma importante a nuestras vidas. Darse cuenta de una creencia aceptada como cierta sin ser así, puede llegar a ser muy doloroso, por eso en ocasiones somos reacios al cambio.

Una creencia instaurada en la psique hace que nuestra mente limite otro tipo de conductas. Necesitamos sentir coherencia entre lo que decimos, sentimos y hacemos, es decir, pensar, decir y hacer lo mismo.

La incoherencia conlleva al desequilibrio.

Hay creencias que nos ayudan a avanzar (las que nos hacen bien) y otras que nos limitan.

Las creencias limitantes, como su nombre indica, son creencias erróneas preconcebidas que nos limitan o impiden seguir avanzando. Al identificarlas podemos realizar importantes cambios para mejorar nuestras vidas.

Ej.: Si yo creo que puedo, es que puedo y difícilmente me podrán parar; pero si creo que no puedo, estaré también en lo cierto, y no podré.

Dependiendo de nuestras creencias así serán nuestros éxitos o fracasos.

Ingredientes para cambiar nuestras creencias limitantes:

<u>Sal de tu zona de confort y conoce el potencial que hay en ti:</u> saliendo de tu zona de confort te enfrentarás a nuevos retos donde podrás experimentar nuevas visiones y experiencias de vida.

<u>Open mind (mente abierta):</u> abre tu mente a la posibilidad de otra visión de una misma cosa o situación. Relaciónate con gente diferente a ti y pregúntate por qué ellos tienen ese tipo de pensamientos o creencias. Puede ser por su

estructura o desestructura familiar, cultura, experiencia de vida etc. Estamos en la era la información a través de la informática. Busca y estudia otros conceptos u otras miradas. Replantéate que quizás tú no estuvieras en lo acertado. Si se te repite la situación, te limita o impide avanzar es que no es por ahí.

Cuestiónate tu visión sobre la realidad de las afirmaciones tajantes, tipo:

Soy muy mayor para empezar: Harrison Ford era carpintero y empezó a triunfar en el cine con Star Wars a los 35; Vera W-ang la famosa diseñadora de ropa comenzó su carrera a los 40 años. Carolina Herrera a los 42; Morgan Freeman logró su éxito a los 50; El escritor Portugués José Saramago a los 58 y quien no ha visto a señoras y señores con 80 años o más iniciando maratones, realizando ejercicios de yoga o piruetas de baile imposibles.

Ya no tengo más oportunidades: mientras sigamos vivos miles de oportunidades se cruzan en nuestro camino. Da el primer paso e irán apareciendo.

Soltera / solterona: despectivamente se ha llamado durante años a la mujer que no ha llegado al matrimonio solterona, como si no haber conseguido "cazar" a un hombre hubiera sido un fracaso. A la vista está que depende de dónde vivas y la etapa de moda que se tercie, esa misma situación se ve de diferente manera. En el sur te pueden ver como solterona pero si vives en Madrid pasas al estado de SOLTERA, SINGLE con mayúsculas y con honores.

Así pues nuestras creencias nos limitan y algunas amargan o nos hacen avanzar.

Prestar atención a las palabras que nos decimos: las palabras crean nuestro pensamiento y nuestro pensamiento, la vida que vivimos. Elimina de tu vocabulario nadie, todo, nada, siempre, nunca. Todas las palabras que suenen o sean extremas y no te ayuden a avanzar.

<u>Identifica o crea una creencia constructiva para cada creencia limitante y crear de esa creencia sana un hábito.</u>

Creencia limitante:

No estudié en la universidad y no voy a poder conseguir lo que deseo.

Creencia constructiva:

Aunque no haya estudiado en la universidad, tengo actitud y habilidades para adquirir los conocimientos que necesite para emprender proyectos que me apasionen y conseguir lo que me proponga.

Los grandes brujos como Steve Jobs, Bill Gates, Walt Disney, Mark Zuckemberg dejaron la universidad y son genios en la historia. Es la actitud y ganas de avanzar lo que hace triunfar en la vida.

<u>Considera que mereces lo mejor para tu vida.</u> No se trata de sobrevivir sino de VIVIR.

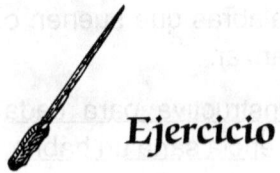

Ejercicio

1. Piensa en tres creencias (verdades que consideres ciertas) que sientas que te están impidiendo avanzar o te mantienen en el sufrimiento. Puedes guiarte por las creencias que puedes ver en los trucos de Magia en el proceso de divorcio.

A continuación, reflexiona y escribe cómo puedes variar esa creencia limitante por una creencia, otro punto de vista, otra verdad que se podría considerar como absoluta que te ayuden a avanzar.

No hay verdades absolutas, ni una única realidad, todo es relativo. Crea aquí la Magia que necesitas y está en tus manos.

Si hay alguna creencia que consideras no puedes variar porque es algo muy arraigado en tu interior, focaliza tu pensamiento en buscar soluciones y plásmalas por escrito. Usa las herramientas de las autopreguntas para ello, ¿Qué? ¿Cómo? ¿Para qué? ¿Por qué?

A lo largo de la lectura del libro, podrás ir orientándote en las posibles soluciones con los diversos trucos de magia.

Por ejemplo;

Creencia arraigada:

Nunca seré feliz.

Proceso para hallar las posibles soluciones:

¿Por qué creo que nunca seré feliz? ¿Qué me hace pensar así?

¿Qué me está impidiendo hacer la vida que deseo?

¿Qué necesito en mi vida para ser feliz?

¿Qué actos puedo hacer para conseguirlo?

2. Elige dos o tres tucos de magia de los mencionados que más te hayan impactado o consideres no debes olvidar. Hazles una marca que te ayude a reconocerlos de un vistazo cuando abras el libro.

3. Coge tu varita y crea tus propias palabras potenciadoras. Puedes guiarte con los ejemplos propuestos.

 Palabras potenciadoras a mí mismo.

<u>Al cónyuge que decide finalizar la relación</u>

Cáscara de nueces, paja de trigo, pétalos en mi camino palabras a mí mismo crean mi destino:

Soy honesto dejando de estar atado a una persona que ya no quiero.

Me merezco la oportunidad de ser feliz.

Sé que el dolor es inevitable pero todo pasa. No puedo hacer nada al respecto.

A la larga les hago un favor a mis hijos.

Agradezco con amor los años vividos como el cierre de una etapa vital en mi vida y abrazo el inicio de la siguiente.

<u>Al cónyuge que es dejado en la relación.</u>

Cáscara de nueces, paja de trigo, pétalos en mi camino

palabras a mí mismo crean mi destino:

Mi felicidad depende solo y exclusivamente de mi. Me amo.

Mejoro mi vida dedicándome más tiempo.

Suelto lo que ya me soltó. Merezco lo mejor y acepto el cambio.

Mis hijos estarán mejor en un entorno sano. Si yo no soy feliz no puedo aportarles felicidad.

Agradezco con amor los años vividos como el cierre de una etapa vital en mi vida y abrazo el inicio de la siguiente.

¿Qué frases te dirías a ti mismo que tuvieran tanto impacto que te impulsaran a producir el estado que necesitas?

Cáscara de nueces, paja de trigo, pétalos en mi camino palabras a mí mismo crean mi destino:

1...
2...
3...
4...
5...

3. Realiza tu propio Hechizo:

Patas de cabras, murciélagos tuertos, tripas de monos, arañas bizcas, ojos de sapo, visión de búho, mi pensamiento crea la realidad, mis palabras la potencian, cuando yo cambio todo cambia y repito sin cesar:

Abro nuevas puertas a todo color, aquellas que me nutren. Abrazando el presente que me llena de vida y oportunidades. Lo positivo llega a mí.

Acepto las etapas de la vida que me empoderan haciéndome más sabio y fuerte.

Así es y que así sea. GRACIAS, GRACIAS, GRACIAS.

¿Cuál es tu mantra personal hechizador?

Patas de cabras, murciélagos tuertos, tripas de monos, arañas bizcas, ojos de sapo, visión de búho, mi pensamiento crea la realidad, mis palabras la potencian, cuando yo cambio todo cambia y repito sin cesar:

....
....
....
....

Así es y que así sea. GRACIAS, GRACIAS, GRACIAS

Segunda parte

ASIA

Capítulo 5

La soledad del emprendedor

ASIA

El universo conspira a tu favor cuando estás preparado para ello.

Cada día soñaba en cómo llegar a una de esas ferias mundiales de comercio que se celebran en China y así poder conocer el apasiónate mercado asiático. Tenía especial interés en observar como negociaban los chinos a los que consideraba unos auténticos artistas de la venta, la copia y el comercio internacional, habiéndose hecho con el mercado mundial.

No tenía dinero para el viaje y el alojamiento, así que seguía haciendo cuentas para reunir lo que necesitaba para cumplir mi sueño.

Cree en tus sueños. Lo que entra en tu mente entra en tu mundo. Si fluye, es por ahí.

Una tarde, al regresar del colegio, escucho a la madre, Mary, hablar con el padre de los chicos. Tras su divorcio este decidió instalarse en Hong Kong y hablaban sobre cómo podían hacer para llevar a los chicos para pasar las vacaciones con su padre. Contratar a una azafata para el vuelo era muy costoso y necesitaban a alguien para que los acompañara.

En ese momento mi escoba me hizo un guiño y le dije: ¡YO! ¡YO! ¡Yo iré con ellos! Mary me dijo: ¿Tú quieres ir, Sonia? Es solo dejar a los chicos pero estarás sola en Hong Kong 15 días, ¿quieres?

¡¡¡SÍ, QUIERO!!!

Y así fue como el universo me regaló mi apasionante viaje y estancia durante quince días gratis en China.

¡Mi sueño hecho realidad! ¡¡Ya estaba en Chiiinaaaa!!

El padre me había buscado un alojamiento y comprado el billete, por lo que yo pude disfrutar sola de mi experiencia en Hong Kong y Guangzhou.

Querido mago, ¿Sabías que en Hong Kong hay un Disneyland Hong Kong?

Cada vez que viajaba a un sitio del mundo siempre me decía: ¿Qué cosa bonita puedo encontrar en este lugar?

Aún en las peores situaciones y lugares, siempre hay un rincón mágico.

Era 19 de abril del 2011, mi cumpleaños, cumplía 34 años. Estaba sola y decidí celebrarlo por todo lo alto, así que me fui a Disneyland Hong Kong.

¡Me lo pasé en grande!

Dormía en casa de unos amigos del padre de los niños, más bien eran trabajadores de él. Vivían en el centro de Hong Kong, una zona carísima pero la casa se caía a cachos. Me habían dejado su cama de matrimonio y ellos dormían en el sofá, algo que agradecía enormemente. Cuando miraba ilusionada al techo, se me caía la cal de la humedad que tenían y aún me sentía feliz porque estaba en Hong Kong, gratis, por la cara, disfrutando de una de las mejores experiencias de mi vida.

Cada vez que salía de la casa me los encontraba tirados durmiendo con unas uñas en los pies como galápagos, se podían usar como excavadoras, roncando a pierna suelta.

Pedí un mapa de la ciudad y pregunté por las posibles ferias internacionales que se hacían en Hong Kong. Estaba buscando una de bisutería de alta gama, ya que en aquel entonces no había gran variedad en España y el margen de beneficio era bastante alto. Imaginad que una simple pulsera podía costar menos 1 € y en España se podía vender a 25-30 €.

Iba volando sin rumbo, cuando en unos grandes almacenes conocí en una cafetería a dos españoles. Se dedicaban a construir motos mosquito. Son unas motos con batería, hibridas. Compraban las piezas allí cada seis meses y luego las construían en España. Ellos me fueron guiando sobre dónde podía encontrar la feria internacional de bisutería y cómo debía negociar en el mercado asiático. Me hablaban de "Shipping" que es el costo del trasporte. Me comentaban que hiciera mucho hincapié en este dato.

Cuando tienes una misión, un propósito, una meta, la soledad se vuelve en una bendición. Vivir desde el amor sin miedos hace que todo en la vida vaya llegando.

Mi viaje era apasionante. Conseguí localizar la feria de bisutería que buscaba en una revista de grandes empresarios que los españoles me indicaron y allí me fui con mi mochila en la espalda y unas pocas monedas en el bolsillo.

En la entrada me pidieron una certificación de empresaria Europea. Busqué a la chinita con más cara de inocente y le dije :

– I´m sorry, I lost my bags and my ID cards "(Lo siento, perdí mis maletas y mi tarjeta identificativa).

La chinita sonriente con los ojos acuchillados me dijo:

– Don´t worry. Tell me your name and company name and we will give you the ID for 3 days (No te preocupes, dime tu nombre y compañía y te daremos tu tarjeta identificativa durante 3 días).

Me inventé un nombre y email y allí estaba yo, dentro de una de las ferias internacionales más grandes del mundo y rodeada de todos los magnates.

Observaba y oía como realizaban las interminables negociaciones y las disputas por los costes. Me sorprendió que incluso vendían, lo que yo podía considerar una cutrez, y la gente las compraba. Todo se vendía y todo se compraba.

Allí no pude adquirir lo que buscaba porque me pedían grandes cantidades de un solo modelo, así que tuve que irme a la "china profunda ", como yo la llamo, Guangzhou, dónde si podía encontrar el material que necesitaba al precio que yo podía pagar y la variedad de artículos que precisaba para iniciar mi futuro negocio.

> Ponte en marcha. Primero un pie y luego el otro.
> Lo que necesitas irá llegando, pero actúa. Irás solucionando las barreras a medida que vayan apareciendo. Muévete, sin acción no hay creación.

Después de conocer el Gran Buda y pasármelo en grande por aquellas calles de Hong Kong, visitando sus bares y restaurantes de turistas por el Soho, beberme la cervecita con esas ancas de rana que no pensaba ni a lo que sabían por no vomitar e intentar disfrutar de su gastronomía, me fui derechita a mi objetivo, Guangzhou. Cabe destacar que jamás vi un pollo más extraterrestre que los pollos chinos, aparte de ver como vendían perros en el mercado y peces en estanques donde la limpieza era para estudiarla. Fue una cultura muy interesante de conocer.

Enfermé durante unos días por algo que comí pero me coincidió con la espera de mis tres días sin visado para entrar en Guangzhou, así que fueron días que me sirvieron de descanso. Me repuse rápido y me fui derechita a mi objetivo.

> Si focalizas tu objetivo, y lo sientes como tal, no habrá nada que te pare.

Preguntando llegué a unos grandes almacenes donde puede ver el material que buscaba con las cualidades que precisaba, obtener los contactos que necesitaba y comprar 15kg en bisutería.

Lo ordené estratégicamente y guardé cuidadosamente en las diferentes cajas depositando ahí no solo el material, sino todas mis ilusiones. Lo envié todo a España.

 ## Trucos de magia en la soledad del emprendedor:

La soledad del emprendedor surge cuando se aparta del mundo de la aparente seguridad de un asalariado y se siente solo ante el peligro de la autosuficiencia. Entra en el riesgo, la incertidumbre, el pago a proveedores y domingos de trabajo donde lo que espera ganar es la libertad de su propio tiempo, toma de decisiones y multiplicar ingresos.

El éxito consiste en confiar en ti y creer que no hay nada imposible: Hay algo en ti más grande que cualquier obstáculo, es tu actitud. La mayor victoria es la conquista de uno mismo, y con actitud, luchando por tus sueños, se acaban volviendo realidad.

Aprende a vender tus ideas: En ocasiones, al inicio de un emprendimiento los que te rodean intentarán dinamitar tus ideas y proyecto. Vender tus ideas es casi tan importante como tenerlas. Ten un sueño, piensa en grande, investiga tu mercado. Si sabes dónde vas nada te detendrá. En la dificultad se demuestra la grandeza.

Desengáñate, la suerte no existe, la creas tú: El pesimista ve el vaso medio vacío, el optimista medio lleno y el emprendedor va en busca de más agua. La suerte es resultado de tus decisiones y acciones, de tu esfuerzo y constancia. Es la suma de la preparación y la oportunidad. La persistencia supérala inteligencia. No hay fracaso ni éxito, solo resultados. Sigue tu sueño con ahínco y lo conseguirás.

No te compares ni emitas juicios hacia ti mismo: todo proyecto conlleva un proceso en el tiempo donde la base es el ensayo- error, es decir, poner en práctica conocimientos y aprender de los resultados. La palabra fracaso no existe en el vocabulario del emprendedor, solo aprendizaje y avance. Decisiones menos o más acertadas pero en definitiva decisiones, las tuyas. Siéntete orgulloso por cada paso dado. Recuerda en momentos de flaqueza porque quisiste ser emprendedor, todo lo conseguido y superado.

Rodearse de otros emprendedores: En un país con escasa tradición de emprendimiento, como es España, rodearse de emprendedores que hablan tu mismo idioma, tienen similares temores, preocupaciones y experiencias profesionales, nos hace sentirnos más calmados, entendidos y apoyados. Serán tu segunda familia. Normalizas tu situación con las mismas inquietudes sin sentirte un bicho raro solitario.

Ahorra tiempo: con dinero lo podemos comprar todo menos el tiempo. Observa las actitudes y gestos de las personas que admiras hasta hacerlas propias. Esa fue mi mayor enseñanza tras conocer en persona el mercado chino. Piensa hasta dónde quieres llegar y encuentra a la persona que ya lo consiguió. ¡Cópiala! Aprende del éxito de otros.. Podemos obtener lo que deseamos de varias maneras. Una es a base de ensayo y error y otra es extrayendo la información de personas que ya lo hayan conseguido. Con esta última forma nos ahorraremos años de trabajo. Si quieres marcar la diferencia, mejora lo que ella ya ha hecho.

Invierte en ti: Un coach te podrá acompañar en tu proceso e inquietudes para liberar tensiones y llegar a los objetivos que te propongas. Prepárate psicológicamente tomando consciencia de las metas a superar. Invertir ti a nivel formativo y terapéutico te ayudará en tu proceso de emprendimientos y autoconfianza.

Las dificultades se superan a medida que van apareciendo: busca soluciones a medida que aparezca un conflicto y aprende de él. La confianza se genera a raíz de la toma de decisiones. Siente, si fluye es por ahí.

Crea equipo: El encontrar trabajadores para forma un equipo es casi un idealismo. De las mayores dificultades con la que se encuentra un emprendedor es la de encontrar gente competente, con capacidad de involucración, para trabajar con él. Si deseas que un trabajador se involucre y no vaya solo a echar horas, hazle partícipe de tu negocio en forma de beneficios sociales, variables o premios por venta.

Crear equipos de confianza que te acompañen en el proceso y colaborar con empresas externas pueden hacerte ahorren tiempo y trabajo.

Afila tu máscara de cara de póker entras en el mundo de intereses y situaciones comprometedoras: El negocio es el negocio pero no olvides quien eres y en lo que no quieres convertirte.

Es más fácil morir de soledad que tirar la toalla: Una vez que el miedo se supera y el proyecto se está consolidando, es la soledad la que aprieta. Convierte tu soledad en una oportunidad de avance.

El autónomo se convierte en un multitareas con varios frentes abiertos donde gestionar su tiempo y priorizar urgencias es su día a día. Aprender a gestionar tu tiempo encontrando el equilibrio entre familia, trabajo y amigos te hará sentirte más pleno y fortalecido. Si el negocio acaba ocupando toda tu vida, es posible que la propia vida te pare bruscamente en forma de voltereta. Equilibrar negocio y familia te dará el aire que necesitas.

Cuando alguien te diga que algo no se puede hacer recuerda que está hablando de sus limitaciones no de las tuyas: no te dejes intimidar, que ellos no puedan no quiere decir que tú no puedas. Si quieres puedes. El poder está en ti.

El GPS para el emprendimiento: su propósito de vida

La soledad, cuando es aceptada, se convierte en un regalo que nos lleva a encontrar nuestro propósito de vida.

Paulo Coelho
Novelista Brasileño

Un propósito de vida es saber quién eres, de dónde vienes y hacia dónde vas. Es hallar tus dones, tener una meta, un objetivo claro y la determinación para alcanzarlo.

Vivir con propósito es vivir con consciencia, fuerza y pasión. Es aquella motivación a la que podemos acogernos aunque los acontecimientos externos en ocasiones sean oscuros. El propósito de vida es vivirla, encontrar nuestro don para nuestro bien y un bien mayor, poniéndolo al servicio de los demás. Nace del inconformismo, de querer más y mejor. Parte de la gratitud por estar vivos. No somos seres inertes, somos un todo. Una persona con propósito se vuelve más atractiva, crea luz a su vida y no ha de buscar ni depender de nadie, atrae por si misma las oportunidades y las personas necesarias para su bienestar.

El propósito de vida no siempre es remunerado pero en el caso del emprendedor es vital encontrar aquello que nos diferencia de la mayoría y por la que el mundo nos puede necesitar. Conocer antes del emprendimiento cuál es nuestro propósito de vida, es una guía fidedigna en el camino objetivo a seguir.

 **Ingredientes para encontrar tu propósito de vida:**

1. Localiza tu propósito: ¿Para qué he nacido?

2. Siente tus pasiones: ¿Qué amo hacer? ¿A qué dedico horas y no siento que el tiempo pasa?

3. Identifica tus dones: ¿Cuál es mi misión de vida? ¿Qué hago mejor que la mayoría y me resulta fácil?

4. Observa lo que el mundo necesita: ¿En qué puedo marcar la diferencia? ¿Qué soy capaz de aportar y ser pagado por ello?

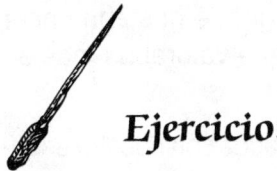 **Ejercicio:**

1. Mi amado aprendiz, el ejercicio que vamos a realizar ahora es de los ejercicios más complejos de tus juegos de magia. Requiere de un autoconocimiento profundo, y este se ha de ir trabajando durante el manuscrito. A continuación te iré proponiendo algunas preguntas base para que puedas ir orientándote en tu propósito de vida compuesto por tus pasiones, misión, dones y vocación.

Objetivo: orientarme en conocer mi propósito de vida, aquel para lo que he nacido.

He aquí una serie de preguntas orientativas que te ayudarán a encontrar tus pasiones y dones.

PASIONES: aquello que te hace vibrar alto y hace feliz.

¿Qué me encanta hacer?

¿De qué tipo de libros y programas de TV me nutro?

¿Qué es lo que más me motiva? ¿La escritura? ¿El deporte? ¿La cocina?

¿A qué actividad dedico horas sin sentir que el tiempo pasa?

¿A qué te dedicarías de forma gratuita aunque no te pagasen?

Con tu pasión o pasiones puedes estar horas y horas realizándolo sin que te des cuenta de que el tiempo pasa. En cambio, cuando realizas una actividad y no paras de mirar el reloj deseando que sea la hora para irte, es señal de que por ahí no es.

Para ayudarte a detectarlas piensa qué te gustaba hacer cuando eras niño. A qué jugabas y qué valorabas más en ese juego.

Cuando somos niños estamos identificados con nuestra esencia aún pura y no nos cuestionamos nada, somos simples. Nos gusta algo simplemente porque nos hace sentir bien.

En edad adulta, necesitamos hacernos preguntas para poder llegar a entender nuestras vidas, y es más complejo saber qué nos apasiona.

Ej.: Ayudar los demás a ser felices, pintar, hacer deporte, contar chistes, coser, buscar soluciones, hablar en público, educar a niños, la informática, aprender idiomas, analizar situaciones, cocinar, jugar a los médicos, organizar quedadas con amigos, tocar un instrumento, escribir, bailar etc.

DONES: lo que haces mejor que la mayoría y sin esfuerzo. Es innato en ti.

¿Qué es lo que se me da mejor?

¿En qué soy único y me diferencio de la mayoría?

¿Qué hay en mí innato y me es fácil realizar?

En ocasiones no somos ni conscientes de que algo se nos da especialmente bien porque lo llevamos haciendo toda la vida pero cuando estamos con un amigo u otra persona, nos damos cuenta de que él es incapaz de hacer lo que a ti te resulta muy simple.

Ej.: Números mentales, hacer un patrón, mantener la calma, arreglar un ordenador, escuchar y empatizar con los demás, enseñar a otros, vender un producto.

VOCACIÓN / MISIÓN: ¿Qué puedo yo aportar al mundo?

En mi labor, ¿qué necesidades puedo cubrir para que estén dispuestos a pagar por ellas?

Si estás buscando dedicarte a tu propósito para ganarte la vida, necesitarás saber si aquello que ofreces es necesario para sociedad y quienes estarían dispuestos a pagar por ello.

Si no es necesario para la sociedad, tendrás que averiguar si eres capaz de crear esa necesidad. Esto es muy común cuándo se desea vender un nuevo producto al mercado. El marketing es el causante de crear esa necesidad no sentida que aún no tenemos, a través de imágenes, sonidos y frases claves que te convenzan de que eso que ves y te ofrecen es fundamental para tu vida.

2. Elige dos o tres tucos de magia de los mencionados que más te hayan impactado o consideres no debes olvidar. Hazles una marca que te ayude a reconocerlos de un vistazo cuando abras el libro.

2. Coge tu varita y crea tus propias palabras potenciadoras. Puedes guiarte con los ejemplos propuestos.

 Palabras potenciadoras a mí mismo.

Cáscara de nueces, paja de trigo, pétalos en mi camino palabras a mí mismo crean mi destino:

Yo soy resultados.

Lo que creo en mi mente, creo en mi mundo.

Soy el protagonista de mi vida. Sigo mi sueño y nada me detiene.

Encuentro soluciones a cada situación.

El universo pone en mi camino todo lo que necesito para mi evolución.

¿Qué frases te dirías a ti mismo que tuvieran tanto poder que te impulsaran a producir el cambio que necesitas?

Cáscara de nueces, paja de trigo, pétalos en mi camino palabras a mí mismo crean mi destino:

1. ....

2. ....

3. ....

4. ....

5. ....

3. Realiza tu propio Hechizo. Puedes ayudarte con el ejemplo propuesto.

Patas de cabras, murciélagos tuertos, tripas de monos, arañas bizcas, ojos de sapo, visión de búho, mi pensamiento crea la realidad, mis palabras la potencian, cuando yo cambio todo cambia y repito sin cesar:

Nado en abundancia. En mi está que todo ocurra. Mis sueños se hacen realidad cuando yo tomo acción. Las barreras son aprendizajes a las que doy solución con facilidad. Todo llega a mí de forma fluida.

Así es y que así sea, GRACIAS, GRACIAS, GRACIAS.

¿Cuál es tu mantra personal hechizador?

Patas de cabras, murciélagos tuertos, tripas de monos, arañas bizcas, ojos de sapo, visión de búho, mi pensamiento crea la realidad, mis palabras la potencian, cuando yo cambio todo cambia y repito sin cesar:

....

....

....

....

....

Así es y que así sea. GRACIAS, GRACIAS, GRACIAS.

Tercera parte

REGRESO A AUSTRALIA

Capítulo 6

La soledad en familia

Evitar los problemas que necesitas afrontar, es evitar la vida que necesitas vivir.

Paulo Coelho.

Ya habían pasado los 15 días así que recogí a los niños en Hong Kong para volver a casa. Se lo habían pasado genial y estaban deseando estar con su madre y amigos.

A mi regreso, sentí que la etapa con Mary y su familia había llegado a su fin. Por mediación de una compañera Suiza de la escuela de idiomas, decidí hacer un cambio de casa y conocer un nuevo hogar.

Me apenaba dejar a Mary y a sus hijos pero sentía la necesidad de soltar y producir el cambio. Y eso hice.

Escúchate. Sigue tu corazón, tu intuición y no te equivocarás. Las vibras son reales, la intuición existe, la energía no miente. Cree en ti.

Amado aprendiz, te presento a la familia Williams:

Caroline, 43 años. Ama de casa, madre de 4 hijos. Delgada, alta, guapa, sencilla. Muy ahorrativa, gran gestora de la economía. Siempre sonriendo y con buena actitud. Mantenía el orden, hacía que los hijos se alimentarán con nutrientes sanos e hicieran ejercicio a diario. Su rol era exclusivo en el hogar. Dejó de trabajar para cuidar de su familia.

Paul, 44 años. El padre. Deportista, sonriente, ético, con grandes valores inculcados y proveniente de familia numerosa católica.

Sara, 15 años. Una bella rubia australiana que se levantaba a las 6:15 de la mañana para hacer deporte viendo el amanecer.

Rose, 13 años. Morena, perfeccionista, meticulosa, aplicada, deportista.

Dilan, 11 años. El típico australiano deportista que juega al football y todas las niñas se vuelven locas con él.

Peter, 8 años. El pequeño, un amor. Sano y fuerte.

Anne, 88 años. La abuela. Mujer con carácter y algo de demencia senil. Vivía entre el hogar y una residencia de la tercera edad "Nurse housing".

Bella, la mascota de la familia. Una pequinesa canela que estrenaba un bonito lacito al día. Juguetona, saltarina y muy cariñosa. Tenía devoción por Anne.

Era una familia ejemplar. Todos estaban educados en valores, el deporte, la limpieza y el orden. Inculcaban a sus hijos el amor y el respeto hacia los demás.

Seguían la costumbre australiana de los aborígenes, el ir descalzo cuando jugaban en el jardín. El sentido de esta tradición es sentirse más enraizados a la tierra para encontrar el equilibrio entre lo divino y lo terrenal.

Vivir con ellos era un aprendizaje continuo. Sus costumbres, el bienestar que trasmitían y la forma de educar a los hijos.

Carolina me dejaba impactada viéndola cómo controlaba a los hijos a base de hacerles sentir experiencias emocionales.

Era curioso como castigaban al hijo cuando se rebelaba. Ya ahí introducían en su cabecita la creencia de: "si no obedeces te quedarás solo". Enviaban al hijo al otro extremo de la habitación enviándole el mensaje "ahora te quedas solo". Desde pequeñito se inician creencias de si no vas a favor de la mayoría te quedas solo, fuera del grupo, no eres merecedor de amor. Ese chico quizás cuando sea mayor tenga dificultad para decir "NO", discernir con su propio criterio y estar confuso e inseguro si piensa diferente del rebaño por un temor arraigado a no ser aceptado, no ser querido y quedarse solo.

Al terminar el castigo de aislamiento, le preguntaba: ¿Qué has sentido?

Y el chico le contestaba: pena y miedo.

En otras ocasiones el proceso era el mismo en la educación de Caroline cuando un niño se portaba mal, hacerle pensar.

– ¿Qué solución vas a dar a tu mal comportamiento? Siéntate y escríbelo en un papel.

2 de mayo del 2011

Le he pegado una patada por debajo a del mesa a mi hermana y al moverla se le ha caído la comida de la boca al suelo y se ha hecho daño con el tenedor.

Acciones:

• Prometo ser respetuoso con mis hermanos.

• Respetaré el momento de la comida sin molestar a nadie.

• No pegaré a mis hermanos.

- Pediré perdón si hago daño.

Caroline, tras acabar el chico de escribir sus notas, le decía:

¡Buen chico ¡y lo mandaba de nuevo a la mesa a terminar de cenar.

Esa nota la colgaba en su dormitorio y cuando el niño repetía una acción, la madre cogía el papel y le hacía leerlo en voz alta. Cuando cumplía con lo establecido, le dibujaba una carita sonriente, cuando no, una carita triste.

Cada hijo tenía un corcho dividido en dos partes. Una con caritas sonrientes y otra con caritas de tristeza. A lo largo de la semana, Caroline iba poniendo la carita correspondiente en un lado u otro según el comportamiento del niño, y premiaba al final de la semana al hijo con más caritas sonrientes.

Era admirable la capacidad de Caroline para poner límites a los hijos y la educación que tenía cada uno de ellos.

Vivíamos en una casa a bastantes kilómetros del centro de la ciudad, en medio de la naturaleza salvaje, cercana a un río. Como sabéis en Australia, en algunas zonas, las casas están bastante separadas a kilómetros de distancia unas de otras por lo que ver a un vecino no es fácil. Me encantaba observar a los canguros saltando libremente y los árboles plenos de papagayos de colores en vez de gorriones, que es lo habitual en mi país, España. Allí estuve sumergida durante seis meses, sin televisión, sin tóxicos, nutriéndome bien y con una familia amorosa donde siempre aprendía algo de ellos.

Estaba tan feliz que mi deseo era quedarme a vivir allí un año más. Mi nivel de inglés no era suficiente y había encontrado a la familia perfecta. Solo me dedicaba a poner y quitar lavadoras. Mis rutinas de clases y horarios eran los mismos, simplemente había cambiado de familia. Sentía que vivía como una reina.

Era domingo, estaba sentada en el columpio del porche del jardín disfrutando de la cálida brisa y el silencio de la naturaleza. Caroline se acercó y se inició una conversación que jamás podré olvidar.

– ¿Te apetece una infusión, Sonia?–.

– Hola, Caroline. Sí, gracias–.

Caroline me trajo amablemente una infusión de canela en una preciosa taza con florecitas rosas de diseño inglés mientras Bella iba siguiendo todos sus pasos.

– Gracias, Caroline. Eres muy amable. Quiero aprovechar para agradecerte lo bien que os habéis portado conmigo y lo feliz que me siento. Tienes una familia fabulosa, diría que perfecta. Sois muy afortunados y yo me siento afortunada por estar con vosotros.

Caroline se rió y respondió:

–Sonia, no hay vidas perfectas, ni parejas perfectas ni hijos perfectos y menos aún familias perfectas. Es lo que a ti te puede parecer, pero gracias, nosotros estamos también muy contentos contigo.

Yo le respondí:

– ¿Cómo que no? Tu familia es maravillosa, tu marido se ocupa de los hijos, tú tienes tiempo para ti y para ellos y en vuestra casa se respira paz y armonía. No abundan familias así, pero la tuya es una de ellas.

– Yo dejé de trabajar para cuidar a mis hijos y a mi madre enferma mientras mi marido se encargaba de ir a su oficina. No siempre ha sido así, hemos tenido que aprender a construir y reconstruir nuestras vidas en diversas ocasiones. Aprender y desaprender para volver a aprender.

Lo que se ama se cuida, pero sobre todo, se construye con la dedicación diaria. Las relaciones pasan por crisis pero si hay amor, respeto y comunicación la llama se puede volver a reavivar. Paciencia, FE, perseverancia y altas dosis de AMOR por ambas partes.

Hubo una época, cuando mis hijos eran más pequeños, en la que cada día yo era más esclava de la casa y la familia y mi marido tendía a ausentarse.

Él decía que si mi función era la de estar en casa con los hijos, la de él consistía en trabajar y después de trabajar, necesitaba tener su tiempo de desconexión, y se marchaba sin más a hacer Surf.

Yo me sentía tremendamente sola y el matrimonio cada vez se fue distanciando más.

Coincidió con la enfermedad de mi madre y yo me ocupaba al completo de ella. A veces perdía el control y le hablaba mal. Me sentía tan agotada que hasta deseaba que se la llevara Dios. Pido perdón al Señor cada día por esos pensamientos, pero solo sabe la persona que cuida a una persona dependiente los pensamientos que nos llegan a pasar por la cabeza.

– No lo sabía, lo siento, Caroline. Tuvo que ser duro vivir aquella situación.

– En ocasiones me sigo sintiendo sola. A veces tengo la impresión de seguir ocupándome de todos menos de mí. Sin darme cuenta me olvido de mi misma y me siento incomprendida por mi entorno y familia.

Tuve que dar a mi marido un ultimátum para que reaccionara: o cambiaba su actitud y se hacía cargo de los hijos tras el trabajo y me ayudaba con mi madre o me divorciaba.

Paul, al ver que puse los papeles del divorcio sobre la mesa, hizo un cambio radical. Nos sentamos y estuvimos buscando soluciones sobre cómo podíamos mejorar nuestro matrimonio y la crianza de los hijos. Hablamos de sus necesidades y de las mías y cómo suplirlas.

Decidimos buscar a chicas estudiantes para que nos ayudaran con la casa a cambio de alojamiento y comida, y mi madre está en una residencia a una manzana de distancia.

Mi marido empezó a pasar más tiempo en casa. Aunque no todo el que a mí me habría gustado. Él se ocupa de los chicos y yo de las chicas. Entendió que si tras su trabajo él necesitaba descanso, yo, tras mi trabajo en casa de 24h, también lo necesitaba.

Cada cierto tiempo hacemos este trabajo de pareja porque con los años, la relación tiende a enfriarse, el sexo a debilitarse y los hijos a ocupar un lugar muy importante. Además, también tenemos nuestras necesidades personales.

– Paul es un hombre estupendo –.

– Sí que lo es. –Afirmaba Caroline.

Paul y yo somos dos personas muy conscientes de la realidad de la vida y nuestras circunstancias. Valoramos mucho la familia que hemos construido y a nosotros como pareja.

Sabes Sonia, la pareja es un trabajo del día a día donde hay que cuidarla para mantenerla. El amor es algo que va variando y es necesario aprender a cultivar y construirlo a diario por ambas partes.

Somos conscientes de que cada uno podría hacer su vida con otra persona, pero nos amamos y respetamos mucho y quizás nuestras vidas puedan ser diferentes pero no mejores.

Nuestro nutriente es el amor, el respeto y los valores que trabajamos con ahínco e inculcamos a diario a nuestros hijos.

– ¡Guau, Caroline! Qué bonitas esas frases que me has dicho. Parecen un poco de ciencia ficción.

Caroline soltó una carcajada.

– No es ciencia ficción, Sonia. Son valores y respeto hacia la persona que amamos tras años de convivencia. Nuestra familia para reforzarse va todos los domingos a misa y aprovechamos para ver a la abuela, que también llevamos con nosotros.

– ¿Podría ir con vosotros a misa?–

– Por supuesto, Sonia, Estaremos encantados y el Padre Damián también–.

– Esas flores malvas tan cuidadas y bonitas al final del jardín, ¿qué son? ¿petunias? –.

Caroline las miró con ternura y dijo: Sí, son petunias.

– Son preciosas –.

– Tengo un proyecto de aceites perfumados que me tiene muy ilusionada. Lo llamaré "aceite de petunias". Sus ojos le brillaban mientras pronunciaba el nombre de su sueño.

Aunque con mi marido no me falta de nada, tengo la necesidad de crear mi propio negocio y sentimiento de autorrealización. Aquellas flores que ves al final del jardín, las petunias, son con las que voy creando mis mezclas hasta hallar el perfume deseado. Sé que ya estoy cerca de conseguirlo. –Dijo Caroline con una tenue sonrisa de felicidad-

Caroline estaba hablándome de su proyecto cuando Rose apareció llorando.

Caroline: ¿Qué ocurre, Rose?–

Rose: Me han puesto un 9 en el examen yo merecía un 10.

– ¿Y por eso lloras, hija?–

– Sí, mamá, había estudiado mucho para obtener un 10–.

– Rose, esto ya lo hemos vivido otras veces. Ve a tu habitación y trae las soluciones que escribiste tras obtener un 9,5 en tu examen de matemáticas de hace dos semanas. ¿Recuerdas lo que hablamos? Trae el papel del corcho que lo vamos a repasar.

– Vale, mamá–.

Rose se dirigió a su cuarto y volvimos a estar solas.

– Mis hijos no son perfectos, ni deseo que lo sean. Cada uno tiene su propia personalidad y lo que le puede servir a uno, no le sirve al otro.

Educamos con nuestro ejemplo. Intentamos que sean buenos chicos, que valoren lo que tienen y consigan lo que deseen por sus propios medios y esfuerzo. Tenemos horarios regulares y normas de convivencia. Los unos nos motivamos y apoyamos en los otros, siendo conscientes de que en cualquier momento la vida puede cambiar y hemos de disfrutar el momento agradeciendo cada día la suerte que tenemos por tener la familia que hemos creado y mantenido. Aun así, Sonia, no conseguimos dar con la tecla. Mis hijos son muy diferentes, Rose es muy perfeccionista y se frustra cuando no consigue el máximo en todo. Lo he trabajado con ella varias veces pero no consigo que aprenda.

– Quizás, Caroline, ella vea en ti ese grado de perfeccionismo y exigencia.

– Vaya, Sonia, nunca había pensado en ello.

Caroline, se quedó pensativa mirando hacia sus petunias. Es cierto, mi grado de auto exigencia siempre fue muy alto y quizás Rose esté integrando lo que ve en mí en ella.

La madre de los niños, Caroline, no había estudiado y antes de ser madre se dedicaba a limpiar colegios. Su sabiduría interna y saber estar eran dignos de admiración.

 ### Trucos de magia del sentimiento de soledad en el cuidado del hogar:

Comunicar el sentimiento de soledad: Cuando el sentimiento de soledad en el hogar nos invade comunicarlo al cónyuge, familia o amigos es el inicio del encuentro de soluciones y medidas a tomar. La soledad en familia suele ser más abrumadora y destructiva que la soledad sin compañía. La tristeza empieza a apoderarse de ti y te sientes en un bucle sin salida. Tomar acción es la solución.

Aprender a fijar límites con los miembros de la familia: los límites, actitudes determinantes de lo que si permitimos y no en nuestra vida, nos estructuran y definen como personas para mantener nuestra integridad y el respeto hacia nosotros mismos. Practicar la observación de lo que toleramos nos muestra como estamos enseñando a las personas a tratarnos.

Perder el miedo a decir NO: el miedo a decir NO nos aleja de nuestro "yo auténtico" y va mermando la autoestima y seguridad en uno mismo. Se suele producir por temor al conflicto, abandono o miedo a no ser aceptado.

Si aplicamos unas gotitas de asertividad, la expresión sana de decir lo que opinamos y sentimos priorizando el amor hacia nosotros mismos, nuestra situación de vida mejorará drásticamente. Si por el contrario el miedo e indefensión se apoderan de nosotros, acabarán robándonos poder y convirtiéndonos en títeres. Está en nosotros el poder de decidir lo que elegimos para nuestras vidas.

Dedicarse tiempo como muestra de amor hacia uno mismo: amarse, darse mimos y caprichos, cuidarse y hacer de tu felicidad tu prioridad no es egoísmo, es necesario.

La definición de roles en la convivencia y repartir las tareas comunes en el hogar con consenso es fundamental para un equilibrio sano en la pareja. Ir enseñando a los hijos herramientas para que vayan siendo personas autosuficientes, responsables de sus cuidados, te irá liberando de la esclavitud. Durante la crianza los hijos nos absorben tanto que te olvidas de ti mismo. En ocasiones sentirse solo en familia es normal aun acompañado de hijos. Los temas de conversación se hacen monótonos en cuanto al cuidado del hijo u hogar por lo que plantearse buscar ayuda y momentos de desconexión son esenciales para la salud.

Las salidas con familiares o con amigos en actividades que nos agraden irá revirtiendo nuestro sentimiento de soledad.

Si deseas nutrir tu alma, ve en busca de tu propósito de vida, aquel que jamás te hará sentir solo.

Encuentra tu propósito de vida: El propósito de vida es aquello que está en ti en forma de don, te apasiona y hace sentir bien en soledad pasando horas dedicándote a ello sin ser consciente de que el tiempo pasa. El propósito de vida no depende de circunstancias externas, sino solo y exclusivamente de ti.

Liberándonos de la dependencia emocional y las cargas que no nos pertenecen.

¿Sientes que no puedes vivir sin estar pendiente de los demás? ¿Te da pánico la soledad?

¿Toleras lo intolerable por miedo a la pérdida de tu ser querido o no ser aceptado? ¿Tienes tendencia a cargar con lo que no te corresponde? ¿Te sientes culpable con facilidad?

La dependencia emocional es un estado psicológico donde otorgamos nuestra felicidad y poder interior al otro, aquel que incluso puede acabar manejando los hilos de nuestra vida.

En dependiencia acabamos siendo seres sumisos donde poco a poco nos vamos volviendo más y más pequeñitos minando nuestra autoestima.

La dependencia emocional está muy unida a la carga de responsabilidades que no nos pertenecen. Asumimos como nuestras responsabilidades sin ser conscientes que con nuestra propia carga, la que nosotros mismos nos generamos, ya es suficiente.

Nos equivocamos pensando que ayudamos a otros haciendo por ellos lo que ellos mismos deberían hacer, creyendo que sin nosotros no serían capaces de lidiar con sus vidas, sintiéndonos imprescindibles y necesitados como si fuéramos sus salvadores. Lejos de ayudarlos, los volvemos seres comodones, más inútiles y dependientes.

En edad adulta somos 100% responsables de nuestros actos y consecuentes con nuestros comportamientos. Cada ser de forma individual tiene sus propios aprendizajes y batallas que superar. Ayudar con compasión la carga de otros es algo humano, cargarla autodestructivo para nosotros e invalidante para el otro.

Somos responsables de nuestros hijos menores hasta que se hagan adultos pero eso no quiere decir que hagas por ellos, lo que ellos según su edad son capaces de aprender a hacer. Está en nosotros educarlos para su autosuficiencia, generándoles autonomía y liberación mutua.

 *Algunos de los ingredientes son:*

Aumentar nuestro nivel de autoestima: trabajar para aumentar nuestro nivel de autoestima nos permite tener mayor estabilidad emocional. Ser más atractivo a ojos de los demás y de ti mismo, te empodera y hace sentir fuerte. Mejorar las relaciones personales, permite obtener mayores logros, te desconecta de niveles de ansiedad, aporta mayor seguridad en la toma de decisiones, percibes al otro con mayor objetividad y menor idealización, aprecias los momentos de soledad, aumentas el nivel de autosuficiencia y la prioridad empiezas a ser tú.

Amor sin condicionantes: cuando hay amor no existen los condicionantes tipo "si no haces esto hay consecuencias", "si me dices no, no hago...". Cuando hay amor el respeto mutuo por las decisiones que adoptamos son valoradas y aceptadas sean o no de nuestro agrado. Discernir cuando se trata de amor o un sucedáneo nos liberará de la confusión y pérdida de tiempo con determinadas personas.

Afrontar el miedo a la pérdida: aprender a estar solos sin sentirnos solos es un requisito indispensable para perder el miedo a que alguien decida dejarnos y marcharse. Las personas pasan por nuestra vida por una etapa o periodo y se marchan cuando ya hemos aprendido lo que debíamos conocer para transcender en ese momento de nuestra vida.

Desarrollar inteligencia emocional: es la capacidad de gestionar nuestras propias emociones y comportamientos. La autorregulación de nuestros estados de ánimo, la autoconciencia de nuestras propias emociones, la automotivación en situaciones desafiantes, las habilidades sociales y empatía, situarnos en el lugar de otros, son requisitos fundamentales de una sana inteligencia emocional.

Practicar el desapego: un truco que no suele fallar cuando nos sentimos muy apegados o dependientes a alguien, es ir poco a poco distanciándonos y sintiendo como van siendo nuestras emociones. Cuando se hace de forma consciente, suave y paulatina, incorporando nuevas actividades a nuestra vida, nuestro poder interior va aumentando, sintiéndonos mejor con nosotros mismos y fortaleciendo nuestro interior.

Practicar el egoísmo sano: liberarnos de las cargas que no nos pertenecen es una prueba de amor hacia nosotros mismos y hacia la persona por la que decidimos cargar con las consecuencias de sus actos y vida alargando su proceso de aprendizaje y evolución. El tiempo que le dedicas a esas cargas que no te pertenecen es el tiempo de calidad que te quitas a ti. Devolver a cada cual lo que le pertenece y enfocarte en ti, se llama egoísmo sano y aprender a amarse.

 **Ejercicio:**

1. Tener en mente a diario nuestros logros, situaciones superadas, aquello que se nos da bien, potencia la credibilidad en nosotros mismos. Para ello, recurriremos a la memoria (tómate tu tiempo) y realizaremos listados de nuestras fortalezas para potenciar la autoestima.

Escribe 3 situaciones de cada pregunta:

¿Qué he superado o considero haber hecho muy bien y me siento orgulloso?

....
....
....

Enumera 6 fortalezas que consideras que tú posees.

....
....
....
....
....
....

Fortalezas: son nuestras virtudes, habilidades, puntos fuertes, capacidades que son innatas o se adquieren a través de la voluntad o actitud. Representan nuestros rasgos positivos de nuestra personalidad.

¿Qué se me da bien? ¿Qué me resulta fácil hacer?¿Cuál es mi mayor virtud? ¿Qué actividades me apasionan?

¿Qué hago mejor que los demás?

....

....

....

Recopila 3 elogios que suelan repetirte las personas a menudo.

....

....

....

Coge este listado y cuélgalo en algún sitio donde lo puedas ver a diario.

2. Elige dos o tres tucos de magia de los mencionados que más te hayan impactado o consideres no debes olvidar. Hazles una marca que te ayude a reconocerlos de un vistazo cuando abras el libro.

3. Coge tu varita y crea tus propias palabras potenciadoras. Puedes guiarte por los ejemplos.

Cáscara de nueces, paja de trigo, pétalos en mi camino palabras a mí mismo crean mi destino:

Confío en mí y en todos mis recursos.

Me libero de las cargas que no me pertenecen.

Construyo con amor la vida que deseo.

Amo pero más me amo a mí.

Sigo mi corazón que todo lo sabe.

¿Qué palabras o frases te dirías a ti mismo que tuvieran tanto poder que te impulsaran a producir el estado que necesitas?

Cáscara de nueces, paja de trigo, pétalos en mi camino palabras a mí mismo crean mi destino:

1. ....

2. ....

3. ....

4. ....

5. ....

4. Realiza tu propio hechizo. Puedes ayudarte con el ejemplo propuesto.

Patas de cabras, murciélagos tuertos, tripas de monos, arañas bizcas, ojos de sapo, visión de búho, mi pensamiento crea la realidad, mis palabras la potencian, cuando yo cambio todo cambia y repito sin cesar:

Afronto mi vida con decisión. La ayuda es recibida cuando la pido porque lo merezco. Soy responsable solo de mi vida y mis hijos menores y dejo las cargas de otros, aquellas que no me pertenecen, en sus manos.

Así es y que así sea. GRACIAS, GRACIAS, GRACIAS.

¿Cuál es mantra personal hechizador?

Patas de cabras, murciélagos tuertos, tripas de monos, arañas bizcas, ojos de sapo, visión de búho, mi pensamiento crea la realidad, mis palabras la potencian, cuando yo cambio todo cambia y repito sin cesar:

....

....

....

Así es y que así sea. GRACIAS, GRACIAS, GRACIAS.

Capítulo 7

La soledad tras la pérdida de un ser querido

Sé que es difícil soltar, sobre todo lo que ya nos soltó, pero es más difícil vivir amarrados a quien ya nos dejó.

Era domingo, tocaba misa y visitar a la abuela. Nos montamos en el gran monovolumen de 7 plazas gris y nos dirigimos a la residencia de Anne, la abuela octogenaria. Aquel día Anne no se encontraba bien y decidió quedarse en la residencia. Hacíamos buenas migas, así que me quedé con ella mientras los demás iban a misa.

– Hola, Anne. ¿Qué tal se encuentra hoy?–.

– Hola, mi querida Sonia. Pues me encuentro un poco triste y enfadada –.

–¿Triste, Anne?–.

– Sí. Ya llevo 2 años en esta residencia y aunque me traten bien y mi familia venga una vez a la semana, estoy harta. ¡¡Esto es un asco!! Los viejos están chochos y yo me siento sola–

—¿Sola?—

— Sí, sola y abandonada. Me he dedicado toda mi vida a mi familia y ahora me encuentro aquí. Puedo entender que Caroline tenga 4 hijos, una familia, pero yo se lo he dado todo. ¿Acaso ellos entienden cómo me puedo sentir yo rodeada de extraños empastillados y con visitas una vez la semana? ¡Peor que un perro!

Mi hija me dice que soy muy dependiente emocional y ¡Dependiente noooo! ¡Es que yo necesito estar con mi familia! Que se vea ella aquí abandonada de mayor en proceso de decrepitación y sus hijos haciendo su vida después de habérsela dedicado a ellos, a ver cómo se siente.

Decía Anne muy enfadada.

Cualquier día estiro la pata rodeada de estos viejos chochos. Yo me merezco algo mejor, no quiero acabar así.

Además, solo me quieren por mi dinero. Seguro que están deseando que la palme para cobrar la herencia. Pues como sigan así no les voy a dar ni un duro.

— Si soy un estorbo mi dinero también. Refunfuñó Anne.

— Desde que murió mi marido mi vida cambió demasiado — Exclamó con tristeza e ira Anne.

— Anne, sabes que aquí te pueden proporcionar los cuidados necesarios que Caroline en casa no puede —.

— ¡¡Y una leche!! ¡¡Excusas!! — gritó Anne.

— Mis hijos son los dueños de mi vida y yo no puedo hacer nada. — Se echó a llorar.

— Mi marido nunca habría permitido esto. Me siento muy sola sin él.

La soledad y el sentimiento de abandono en el anciano son muy comunes. Pasan por procesos de duelo tras la pérdida de personas queridas, crisis de identidad, de pertenencia y autonomía por no reconocerse en su "yo anterior" ni ser capaces de cuidar de ellos mismos. La incapacidad, la pérdida de habilidades les frustra y les llena de impotencia además de tristeza. Aunque entienden que su proceso es parte de la vida como será el de cada uno de nosotros, mi amado aprendiz. La sensación de aislamiento familiar, la muerte del cónyuge, la falta de actividades placenteras les anula aún más su autoestima y fortaleza vital para seguir viviendo con ilusión.

Tras la pérdida de un ser querido, como fue la del marido de Anne, las emociones y la confusión están a ras de piel.

La persona que fallece siempre permanece como un fragmento más de nosotros, no se olvida, vive en ti. Aprendemos a vivir con la pérdida para poder seguir viviendo. Es un aprender a morir para enseñarnos el valor de vivir.

Al inicio, tras el fallecimiento de un ser querido, las personas se acercan a los familiares para mostrarles su apoyo y condolencias. A medida que va pasando el tiempo y cada uno vuelve a su vida, nos quedamos solos ante el dolor y sentimiento de soledad. Se inicia una lucha interna entre mantener al fallecido vivo y la supervivencia de mantenerse a flote y querer seguir viviendo aunque él o ella ya no estén.

La adaptación a la nueva situación sin la presencia del ser querido, al inicio, es como querer subir una gran montaña llena de obstáculos y dificultades. Las actividades que hacíais juntos, has de aprender a hacerlas sin él.

En el caso de la pareja que llevaba años unida, se acaba creando un vínculo de dependencia y tareas compartidas. Generalmente uno de los integrantes es el que suele llevar más responsabilidad y peso a nivel familiar como pueden ser gestiones, papeleos, resolución de conflictos, organización y economía. Sí esta persona es la que fallece para el más dependiente la sensación de soledad y subir a flote es más dura. Ha de hacerse cargo de lo que durante años no hizo y hacía su pareja. Si estas necesidades las suple un familiar, el doliente se mantiene no solo en un bucle de dependencia, sino que puede quedarse encerrado en su dolor sin adquirir las habilidades necesarias para afrontar su nuevo rol y circunstancia de vida.

 ## Trucos de magia ante la soledad tras la pérdida un ser querido.

La tristeza emocional como bien estar: permitirse sentir tu dolor y estar triste es un acto de amor hacia ti mismo. La tristeza es una emoción natural que nos sirve para desahogarnos y expresar nuestro dolor, aceptar la pérdida de una persona, situación o experiencia. La tristeza nos aporta un margen de tiempo, un espacio hacia adentro para sentir, soltar. Si esta tristeza se prolonga en el tiempo de forma es entonces es cuando tenemos que preocuparnos y ocuparnos.

Expresar las emociones: Esto nos libera de enfermedades y trastornos como la depresión, irritabilidad, pérdida de apetito, insomnio, aislamiento. Encontrar a alguien con quien nos sintamos recogidos y seguros nos ayudará en el proceso.

Amarte más que nunca: En los momentos de mayor debilidad es cuando hemos de aprender a amarnos y cuidarnos más que nunca mi querido aprendiz. Como en un semáforo, cuando la luz ya está de color naranja y nuestro cuerpo nos está enviando alarmas de mal estar tipo pérdida de energía, desgana, ausencia de interés en las actividades diarias, alteraciones de la alimentación, desajustes en el sueño, debemos parar y tomar medidas inmediatas para revertirlo sin esperar a que el semáforo se ponga en rojo. Puedes hacerte preguntas a ti mismo que te den fuerzas para avanzar en el proceso.

¿Cómo crees que tu ser querido te gustaría verte?
¿Cómo deseas que sea tu vida de ahora en adelante?, ¿triste, sumergido en tu perenne dolor o viendo la luz y oportunidades que la vida te sigue brindando?

Vivir es un regalo con tiempo limitado: aquí y ahora es nuestro momento, aquí y ahora seguimos vivos. El regalo está en tus manos. Puedes hacer que tu vida pase sin más o encontrar la luz que yace dentro de ti y tengas el suficiente amor propio de darte la oportunidad de vivir. Tú eliges, mi amado aprendiz.

Conocer las etapas del duelo: toda persona que pasa por la pérdida de un ser querido atraviesa por una serie de etapas consecutivas. Aprender a ir identificarlas, te ayudará a tener presente que vas avanzando, que todo pasa, todo es transitorio. No hay milagros ni recetas mágicas para acelerar las etapas del duelo. Se requieren altas dosis de paciencia y fe en el proceso para sanar el dolor del alma.

Despídete con amor: busca un fin positivo para sus pertenencias. Es lógico querer guardar con cariño recuerdos especiales y mantener detalles con él como llevarle flores o tener una fotografía presente pero el exceso de pertenencias dificulta el proceso del duelo. Organiza sus cosas con amor y decide qué mantener en tu vida. Una donación bonita a personas queridas puede ayudarte a desapegarte y dar el paso.

Escoge un lugar, puede ser a nivel público o privado, donde te sientas cómodo y háblale desde lo más profundo de tu alma. Perdona y perdónate si consideras debes hacerlo, dile lo mucho que lo querías y agradece su presencia en tu vida. Tras el agradecimiento siente que puedes dejarle marchar. Envíale luz y amor.

Coaching de duelo: si el sentimiento de tristeza y aislamiento se alarga más de cuatro a ocho semanas y sientes que no puedes avanzar y te quedas atrapado en alguna etapa un coach puede ayudarte en el acompañamiento, como también podrán hacerlo grupos de apoyo que ya hayan o estén pasando por el mismo proceso.

En el caso de Anne, los recursos que se plantean en la sociedad para paliar esta situación inevitable en el proceso de la vejez es la creación de programas terapéuticos que prevengan todas las dificultades a las que se va a enfrentar el nuevo viudo para ayudarle en su proceso de adaptación y soledad. Dar apoyo en la educación de las nuevas responsabilidades, educar en el desarrollo de herramientas internas y afrontar la soledad como un proceso de crecimiento y cambio donde creencias, alquimia del pensamiento y actividades prevengan la aparición de pensamientos insalubres, potencien la autonomía y fomenten la participación amorosa y activa de la familia.

Etapas del duelo

• *Negación: "Esto no me está pasando".*

Al inicio hay un sentimiento de estar viviendo un sueño en el que vas a despertar y ver que lo que te ha ocurrido no ha sucedido en tu vida. Como si no fueras tú el protagonista de la película, la tragedia por la que estás pasando.

• *Ira: "Por qué a mí".*

Cuando la ira está a flor de piel por la no aceptación de la pérdida de nuestro ser querido, pueden estar enfadados y peleados con el mundo y los que les rodea hasta que su dolor interno, les permita abrazar de nuevo la vida.

• *Negociación: "cómo puedo hacer para contactar con él".*

El dolor se alivia pensando que podemos contactar con el ser querido fallecido o idealizando retroceder en el tiempo.

• *Tristeza profunda: "No consigo revertir la situación" "No puedo volver a traerlo a la vida".*

Es cuando volvemos al presente y nos topamos con la cruel realidad quedando desolados.

• *Aceptación: "Él no está y he de seguir viviendo".*

• *Avance: "Le necesito pero me necesito más a mí. He de reconstruir mi vida".*

En esta última etapa es cuando decidimos que debemos volver a salir, socializarnos, sonreír, en definitiva VIVIR.

Mi amiga la tristeza

La tristeza es una emoción normal y sana para la vida.

Una emoción pasa a ser un sentimiento cuando la dejamos fluir en el tiempo, es decir, cuando nos abandonamos a ella. Cuando esto ocurre cualquier emoción puede pasar a ser extrema. El miedo llevado a su lado extremo, ya no es miedo sino pánico, la alegría en su extremo sería manía, y la tristeza, depresión.

Es ahí cuando no debemos tanto preocuparnos como ocuparnos y tomar las medidas adecuadas para que no llegue a ser una emoción limitante.

Todas las emociones son emociones sanas en límites normales.

La tristeza es una emoción adaptativa cuando hacemos buen uso de ella. Nos permite llorar nuestro dolor y así poder asimilarlo.

Para aprender a vivir la pérdida de un ser querido es necesario conocer las etapas del duelo e identificar en cuál nos encontramos. La tristeza nos permite ir avanzando a través de ellas disminuyendo nuestro ritmo vital para ir asimilando el proceso.

Cuando llega la tristeza, hay que darle su hueco, su espacio para estar en nosotros. Se expresa con llanto, aislamiento, necesidad de soledad, contacto humano o todo aquello que nuestro sabio cuerpo, en forma de desahogo nos vaya pidiendo. Es una emoción sana que nos ayuda y acompaña en nuestro proceso de dolor.

Ejercicio:

1. Elige dos o tres tucos de magia de los mencionados que más te hayan impactado o consideres no debes olvidar. Hazles una marca que te ayude a reconocerlos de un vistazo cuando abras el libro.

2. Coge tu varita y crea tus propias palabras potenciadoras. Puedes guiarte con los ejemplos propuestos.

Cáscara de nueces, paja de trigo, pétalos en mi camino palabras a mí mismo crean mi destino:

Gracias, lo siento, perdóname, te amo.

Me permito sentir mi dolor como parte del proceso sanador. Todo pasa.

Mis hijos, familia, amigos me necesitan. Yo me necesito. Elijo vivir.

Suelto lo que ya me soltó. Te libero y te dejo ir con amor.

¿Qué frases te dirías a ti mismo que tuvieran tanto poder que te impulsaran a producir el estado que necesitas?

Cáscara de nueces, paja de trigo, pétalos en mi camino palabras a mí mismo crean mi destino:

1..
2..
3..
4..
5..

Capítulo 8

La soledad en el proceso de envejecimiento.

Busca tu paz interior y encuentra tu esencia. Cuando lo hagas sentirás que a nada le temes, ni nada te falta, porque ya te has encontrado a ti.

Sherezade
Cuento las mil y una noches.

Anne no solo vivía el sentimiento de soledad en la residencia bajo la sombra de la pérdida de su marido. Anne se sentía sola ante un cuerpo que se estaba marchitando, y sus funciones vitales debilitando. En su negatividad, veía en su familia interés económico hacia su herencia sin preocupación o atenciones en ella. Anne se sentía mayor, desprotegida y sola.

 **Trucos de magia para mejorar la calidad de vida durante el proceso de envejecimiento:**

El envejecimiento se inicia desde que nacemos y forma parte de este regalo que es la vida. A medida que los años pasan y nuestro cuerpo se va deteriorando, las etapas no suelen ser sencillas de asimilar pero está en nosotros elegir como queremos vivir ese paso del tiempo inevitable para todos.

He aquí algunos trucos de magia para mejorar nuestras vidas en el proceso de envejecimiento:

Aceptación: aceptar no es resignarse, es entender el proceso de la vida. Envejecer forma parte de ello.

Nuestro ser es tan perfecto que hasta envejecemos de forma paulatina para que nuestra psique se vaya adaptando al proceso de cumplir años. La importancia del físico se va tornando a una prioridad enfocada en la salud y el mantenimiento de la calidad de vida cuyo ingrediente indispensable es estar tranquilos.

El agradecimiento por llegar a edades maduras es un privilegio con el que otros no pueden llegar a contar.

Valorar el momento presente en el aquí y el ahora: Aferrarse al pasado trae depresión y especular sobre el futuro genera ansiedad. En el presente es el único momento donde puedes sentirte en paz.

Plasmar por escrito nuestros deseos antes de morir: Anne tenía la plena convicción de que su familia la quería por su herencia y esto le hacía sentir mal. Decidir cuáles son tus deseos antes de trasladarnos a otra vida puede proporcionar mayor calma interior.

Encontrar tu propósito de vida, aquel que te hace feliz a pesar de las mayores adversidades, mantendrá tu alma y mente saludables expandiendo la luz que emana dentro de ti potenciando tu belleza.

Ser conscientes de que la felicidad es un estado interior y no exterior: la felicidad es un estado interior que se construye a diario con nuestros pensamientos, sentimientos y acciones. No depende de algo externo. Podemos ser bellísimos y jóvenes pero infelices aun creyendo tenerlo todo; y viceversa, nuestro cuerpo puede estar envejecido pero podemos sentirnos plenos, enérgicos y felices.

Poner en marcha mecanismos que nos ayuden a sentir mejor: practicando el agradecimiento, el perdón reconciliándote contigo mismo y tus seres queridos, fomentando la paz interior, relativizando (quitando importancia) a los acontecimientos diarios buscando soluciones a los mismos. Eliminar la ira y el rencor, potenciar la risa, así como mantener emociones positivas pueden desacelerar nuestro proceso de envejecimiento. En cambio, la tensión, el estrés, las preocupaciones y las emociones negativas lo aceleran.

Nutrir nuestro cuerpo, mente y espíritu es la base para un proceso de envejecimiento pleno.

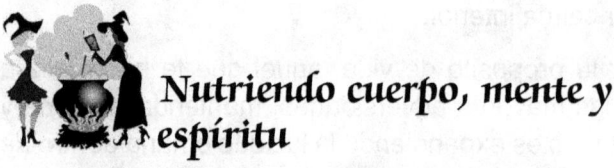# Nutriendo cuerpo, mente y espíritu

"No puedes cambiar el acontecimiento externo de modo que debes cambiar la experiencia interna".

Neadle Donald Walsch
Escritor

En el proceso de rejuvenecimiento o desaceleración del proceso oxidativo del cuerpo humano, están interconectados el cuerpo, la mente, y el espíritu. Atender uno sin los otros no es posible si deseamos sentirnos plenos de energía vital y felicidad. El cuidado de la sinergia de estos tres componentes forma parte del proceso de aprender a cuidarse, atenderse y amarse.

Nutre tu cuerpo

Nuestro cuerpo es la casa donde vivimos y es necesario limpiarla y cuidarla a diario. Una dieta balanceada mediterránea y caminar 45 minutos tres días a la semana son suficientes para mantener en buen estado nuestra máquina, este cuerpo prestado para nuestra experiencia de vida.

Los ingredientes que aquí menciono son exclusivos de magos blancos cuyo deseo es superarse y alcanzar la categoría del gran brujo, aquel que destina su vida al aprendizaje y crecimiento personal.

Ohsumi, Kousmine

Ohsumi:

"Deshazte de cosas viejas para añadir lo nuevo mediante la autofagia".

Dr. Yoshinori Ohsumi, Premio Nobel de medicina del 2016, descubrió los mecanismos de autofagia, los proceso de degradación y reciclaje esenciales para la renovación celular e identificó los genes que la hacen posible.

La autofagia (comerse a uno mismo), nuevo elixir de la eterna juventud, es el programa de reciclaje innato de limpieza y regeneración celular que todos poseemos.

La autofagia es esencial para la vida y funcionalidad de las células. Este sistema de limpieza celular, aumenta la energía, desintoxica, calma la inflamación y regenera las células.

Ingredientes para la pócima

Ayuno intermitente: la privación de nutrientes aumenta el glucagón, activador clave de la autofagia. Comer, el azúcar y las proteínas desactivan la autofagia.

Suplementos de niacina: se ingieren para disminuir los valores de colesterol alto y otras grasas, además de la retención de líquidos entre otros.

Ejercicio de alta intensidad, Crossfit:
Crossfit es un deporte de alta intensidad basado en ejercicios dinámicos, amenos, divertidos que se adaptan a la condición física de cada persona.

Crea daños leves a los músculos que posteriormente el cuerpo repara. También ayuda a liberar las toxinas tras el sudor. Vasodilatación y aumento del flujo sanguíneo. El sistema de autofagia es esencial en las células musculares y evita la entrada en senescencia irreversible.

Otros beneficios de ejercitar este deporte son:

Mindfulness: si deseas atención plena para relajar y calmar tu mente, Crossfit es el mindfulness del deporte. Te mantiene en tiempo presente, te aclara y despeja por completo.

Estiliza la figura: Se trabajan todas las partes del cuerpo.

Pierdes grasa: Es un deporte "quema grasas" por su alta intensidad. Setenta y dos horas después de entrenar tu cuerpo seguirá quemando calorías.

Mejoras la fuerza muscular trabajando con todos los músculos de tu cuerpo: se trabajan desde los grupos musculares más grandes hasta los más pequeños. Algunos ejercicios se realizan con el propio cuerpo como fondos de tríceps, dominadas, sentadillas etc.

Aumentas la resistencia: entrenas tu corazón gracias a ejercicios como el remo, sentadillas, carreras, burprees (combinas sentadillas, flexiones y salto en vertical) entre toda la gama de ejercicios disponibles.

Te motivas al conseguir tus objetivos en poco tiempo: en aproximadamente dos semanas ya empiezas a notar los resultados de tu puesta en marcha.

Ameno y divertido: los ejercicios van variando y el equipo siempre aporta al esfuerzo del compañero.

*Este maravilloso mindfulness del deporte de alta intensidad, Crossfit, lo practico de la mano de Marisol Mohamed González, pionera del Crossfit en el Puerto de Santa María (Cádiz) donde el trabajo bien hecho y el buen ambiente de equipo son su carta de presentación.

Kousmine:

"Alcaliniza y prolonga tu vida".

Dra. Katherine Kousmine (1904 – 1998), científica rusa que creía en la nutrición como medicina y realizó estudios en los que comprobó la relación entre la dieta y la enfermedad.

Su método se basa en un cambio en la alimentación a base de desintoxicación intensiva del cuerpo. La alimentación orgánica elimina los desechos, regenera el hígado y reactiva el sistema inmunitario. Los enemas limpian el intestino produciendo una mejora de la absorción de los nutrientes, prevención de enfermedades futuras, mejoría ante el dolor, aumenta la funcionalidad de los otros sistemas del organismo, elimina las mucosidades y desechos, ayuda a perder peso, desintoxica el hígado, aumenta la energía y defensas del organismo, desacelera el proceso de degeneración, aumenta la lucidez mental las emociones se equilibra

Ingredientes para la pócima según método Kousmine.

Alimentación sana y equilibrada.

Higiene Intestinal: laxantes y enemas de aceites de forma controlada por un doctor.

Dieta alcalina: alcalinizar la orina es el objetivo de la nutrición de la doctora Kousmine a través de alimentos alcalinos. Esto evita que se recurra a las reservas de las sales minerales de la dieta ácida y sus carencias.

Suplementos nutricionales: Vitamina F. La vitamina F es esencial para restaurar la barrera natural de la piel contribuyendo a la atenuación de arrugas y manchas gracias a su poder hidratante.

Fuentes de vitamina F son ácidos grasos poliinsaturados, especialmente omega 3 y omega 6. Aguacates, legumbres, pescado azul, aceites y frutos secos como las nueces, almendras y cacahuetes son los principales alimentos que lo contienen.

<u>Alimentos alcalinos:</u> los alimentos alcalinos están formados principalmente por fruta y verdura. Su pH es superior a 7, siendo un pH de 7 neutro y un pH inferior a 7 ácido.

Algas	Apio
Ajos	Dátiles
Bicarbonato de sodio	Berro
Limones (alcalino al descomponerse en el cuerpo)	Espinacas
	Escarolas
	Guisantes
Lentejas	Judías
Limas	Verdes
Nectarina	Lechuga
Cebolla	Rábanos
Caqui	Tomates
Piña	Melón
Pipas de calabaza	Sandía
Frambuesas	Brócol
Sal marina	Castañas
Espirulina	Pimentón
Albaricoques	Endivias
Fresas	Espárragos
Manzanas	Té de hierbas
Melocotones	Kiwi
Mora	Mango
Naranjas	Perejil
Pomelos	Salsa de soja
Uva	Rábanos
Almendras	Tomillo
Avellanas	

Alfalfa	Puerros
Aceitunas Maduras	Aceitunas maduras
Pimientos	Pimientos
Espárragos	Algas
Hojas de remolacha	Espinacas
Pepinos	Acelgas
Zanahorias	Endivias
Habichuelas	Berros
Coliflor	
Maíz	
Diente de león	
Rábano	
Colinabo	
Lechuga	
Cebollas	
Alcachofas	
Col	
Productos de soja	
Calabazas	
Lombarda	
Apio	
Coco	
Berenjenas	
Ajo	

Tabla de alimentos a evitar según el método Kousmine:

Pan blanco	El excesivo consumo de proteínas animales
Aceites refinados (sobre todo cuando se calientan a temperatura de 190°c para freír)	Bebidas azucaradas
	Abusar de la sal
	Azúcar blanco
Abusar de la mantequilla	Pasta no integral
	Conservas
Excitantes, aún naturales como el café, el té, alcohol y tabaco	Evitar chucherías, caramelos, bombones, dulces, galletas que no estén elaboradas con cereales integrales
Bebidas con gas	
Zumos de fruta industriales	

Okinawa, el jardín del Edén de la tercera edad.

El archipiélago japonés de Okinawa tiene la mayor concentración de ancianos centenarios del mundo. Si a este dato ya de por sí llamativo se le suma el hecho de que, además, gozan de una excelente salud, hace que este lugar sea el paraíso de la tercera edad en la tierra. Todo ello es posible gracias a la vida activa que llevan sus habitantes junto con una dieta sana.

La mayoría de sus habitantes llevan una vida independiente que se sustenta en el orden y la rutina. Se levantan temprano, en torno a las seis de la mañana, realizan las tareas domésticas y trabajan hasta el mediodía en pequeños huertos que tienen en su hogar. Es allí donde recolectan buena parte de los ingredientes que usan para preparar la comida, compuesta en su mayoría por vegetales y hortalizas, a los que añaden pequeñas cantidades de cerdo o pescado. Tras el almuerzo es hora de interactuar con vecinos y amigos. Llevan una vida social muy activa en la que impera la concordia y el buen humor. Al llegar la noche preparan la cena y se acuestan temprano. Ese ciclo se repite día tras día, dando como resultado una salud de hierro y una esperanza de vida muy superior a la media.

Ogimi es un pequeño pueblo de Okinawa, de 3.500 habitantes. Dispone de la mayor concentración de personas que sobrepasan los 100 años del mundo. Más de 90 vecinos de la localidad tienen 100 o más años. La esperanza de vida de las mujeres es de 86 años y la de los hombres 79. Apenas registran patologías cardiovasculares ni infartos. Igualmente, la incidencia de cáncer de próstata, mama (los más comunes entre la tercera edad) se sitúa muy por debajo de la media.

La espectacular longevidad de los habitantes de Ogimi ha sido objeto de estudio científico. Las conclusiones no dejan lugar a la duda: Los altos niveles de salud de estos ancianos se sustenta en varios elementos clave que conectan mente, cuerpo y espíritu: alimentación adecuada, práctica habitual de ejercicio y una vida tranquila y con sentido espiritual.

Nutre tu mente

Somos los libros que leemos, las películas que vemos, las informaciones que absorbemos. Está en ti decidir con qué quieres nutrir tu mente.

Sonia de Haro
Enfermera, mentora & coach.

La mente es un resultado de la actividad del cerebro, emerge de él. Engloba los procesos cognitivos como la percepción, la memoria, el pensamiento y la conciencia.

Siempre hemos creído que las circunstancias externas determinaban nuestro estado interior, sin embargo, la ciencia cada vez ratifica más que es la mente la que determina nuestra experiencia exterior.

Son nuestros pensamientos los que alteran nuestra realidad.

Podemos cambiar cualquier aspecto de nuestra vida modificando nuestros patrones y creencias, es decir, modificando nuestro pensamiento.

Somos creadores de nuestra propia realidad. Somos dueños de nuestra propia experiencia.

Si transformas tu pensamiento, transformas tu vida.

Ser feliz es una decisión CONSCIENTE. Depende solo de ti, del tipo de sentimiento que TÚ creas con tu pensamiento.

Los pensamientos son la materia prima de la que está hecho el universo y gobiernan nuestras vidas. Es una cualidad humana donde se almacenan las ideas representadas por la mente. Somos los pensamientos que creamos y las palabras que nos decimos.

Proceden de tus creencias inconscientes. Según sean tus creencias, así serán tus pensamientos, y según sean tus pensamientos, así serán tus sentimientos y el control y la calidad de tu vida. El pensamiento crea el sentimiento.

Los pensamientos determinan tu presente y tu presente determina tu futuro. Si estás dispuesto a cambiar tus pensamientos podrás cambiar tu vida.

> *Pensamientos sanos = sentimientos sanos = experiencias sanas.*
> *Pensamientos negativos = sentimientos negativos = experiencias negativas.*

Nutre tu espíritu

"La limpieza de nuestra casa se realiza con la limpieza de nuestro espíritu".

LO SIENTO, PERDÓNAME, GRACIAS, TE AMO

Entre los nutrientes del espíritu, amarse a uno mismo es el ingrediente principal. El primer paso para amarase a uno mismo es *abrazar el perdón*. Cuando abrazamos el perdón nos liberamos de la mía culpa e imaginarios culpables.

¿Quién no ha culpado a alguno de sus padres alguna vez de su situación de vida?

Cuando somos niños, nuestros padres son nuestros protectores, nuestros referentes. Sentimos una gran admiración hacia ellos y un profundo amor incondicional. A medida que vamos creciendo, La figura idealizada sienta sus pies en la realidad y ese amor incondicional se va evaporando y transformando en quejas y resentimientos. Los hacemos culpables de nuestras situaciones de vidas. Ahora nos pesan, nos cargan, e incluso nos molestan. El amor incondicional en ocasiones vira a un te amo pero no te soporto. Juzgando aquellos que hicieron con nosotros, lo que nos inculcaron y lo que nos mostraron, culpabilizándolos de lo que somos.

El perdón nos libera del resentimiento que no es más que arrastrar una carga del pasado que no nos permite avanzar ni disfrutar del poder presente. Cuando conseguimos perdonar y aceptar el pasado, retomamos aquel amor incondicional sanador.

Perdonar no te hace débil, te hace fuerte y sabio.

Hubo tres herramientas claves en mi vida que me ayudaron a perdonar y a tomar las riendas de mi vida.

La primera fue mi propia *autorresponsabilidad*. En edad madura ya no podemos culpabilizar a lo externo, somos los únicos responsables de lo que pensamos, sentimos, hacemos y decimos. Con todos los medios de información que tenemos a nuestro alcance, podemos desaprender para aprender lo que nos beneficia a nuestra psique, mente y espíritu y está solo en nosotros tomar acción.

La segunda herramienta fue la *aceptación a través de la compresión y compasión* de lo que había sido la situación de vida de mis padres me sanó. Empecé a investigar cómo fue su infancia, su educación y crianzas. Por qué llegué yo a través de ellos con tan solo veinte años y cómo pudieron ser sus vidas a raíz de esa tremenda responsabilidad, como es la de ser padres a tan corta edad.

Entendí, a través del amor, la empatía y la compasión, que todo lo que hicieron fue lo mejor, que en cada uno de los momentos de sus vidas y según su nivel de conciencia, fueron capaces de hacer.

¿Te has preguntado alguna vez cómo pudo ser la vida de tus padres, su infancia, crianza, aprendizaje, capacidades del momento, para poder entender hasta qué punto tenían o tienen las herramientas o capacidades necesarias para criar un hijo según hubieran sido tus deseos?

¿Sabías que no hay un solo hijo que no tenga una queja de alguno de sus progenitores?

Eres conocedor que la falta de perdón crea enfermedades e infelicidad?

La vida ya nos tambalea con las adversidades triviales de facturas, trabajo y salud donde intentamos controlar ese caballo a veces desbocado que son las emociones, como para además seguir quejosos de cómo fueron o son nuestros padres. ¿Cómo no iba a ser difícil con la responsabilidad no solo de tu propia vida, sino de criaturitas a tu cargo? ¿Quién era yo para juzgar o criticar la crianza de mis padres si no había estado en su lugar? ¿Quién eres tú para juzgarla? ¿A caso yo lo hubiera hecho mejor? ¿Acaso tú lo hubieras hecho mejor? ¿Tus circunstancias y conocimientos eran iguales que las de ellos? No hay padres perfectos pero tampoco hijos. No somos perfectos, somos humanos.

La vida es corta y larga al mismo tiempo, en ella siempre habrá sucesos que nos gusten más o menos, sean más adecuados a nuestras vidas o menos, pero es que eso es la vida, eso es VIVIR.

El arte de la vida, es aprender a vivirla. El arte de la vida es responsabilizarte de ella y coger las riendas de esos caballos desbocados que solo tú controlas y guías.

Ese es el mayor de mis deseos y propósito de este manuscrito, mi querido aprendiz de mago, que aprendas a vivirla y disfrutarla convirtiéndote en un potente brujo.

La aceptación a través de la compresión y compasión es necesaria también emplearla en uno mismo, para perdonarse y sanarse. El mía culpa hay que desterrarlo por "hice lo que pude en aquel momento de mi vida según eran mis circunstancias y de lo que era capaz de darme cuenta. A día de hoy quizás lo hubiera hecho de otra manera, pero antes yo no era la persona que soy ahora".

La tercera herramienta es un arte ancestral Hawaiano que llegó a mí a través de mi querida tía Nieves, que tanto ayuda en momentos difíciles, y me trajo de su mano a Mabel Katz, oradora y profesora del arte de Ho´oponopono.

El arte del Ho´oponopono: Ho´oponopono significa sanción mental. Es un arte ancestral de los aborígenes Hawaianos de resolución de problemas basados en la reconciliación y el perdón familiar, adaptado a día de hoy a nuestras realidades sociales y la autoayuda.

Ho´oponopono está basado en el principio de 100% responsabilidad, teniendo en cuenta que soy yo el único responsable de mi situación de vida.

Lo que viene a decir es que nosotros creamos el problema según nuestro tipo de creencias y pensamientos inmersos en nuestra memoria subconsciente.

Para liberarnos de ese conflicto interno se repite un mantra que acaba borrando los programas que están ocultos en nuestra memoria del subconsciente. Dice así:

"Lo siento mucho. Por favor, perdóname. Te amo. Gracias".

Ho´oponopono entiende que repitiendo este mantra, no solo estamos limpiando nuestra propia conciencia, sino que el efecto de tu propia limpieza, actúa sobre el clan familiar. Todo existe como una proyección del propio ser humano siendo todos uno.

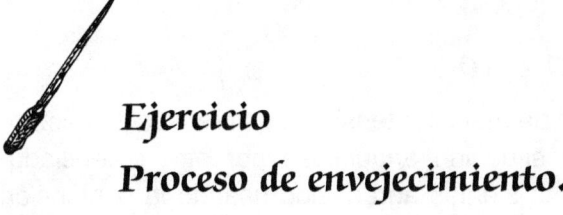

Ejercicio
Proceso de envejecimiento.

1. El agradecimiento es de las herramientas más potenciadora de felicidad, prosperidad y sanación del alma. Vamos a realizar varias pócimas para que practique el que te sea más útil.

Pócima de abundancia en gratitud.

Escribe en un pergamino todas las personas, situaciones o cosas por las que te sientas agradecido. Córtalo en pequeños trocitos de papel y dóblalo, o bien, haz una bolita. Coge un tarro grande de cristal o una bonita caja e introduce tus agradecimientos. Esa será tu base de gratitud. Al final o durante el día, anota de tres a cinco situaciones que han ocurrido por las que estás o te sientes agradecido y añades esos papelitos a tu bote. Colócalo en algún lugar visible de la casa. Imagina que estás ahorrando como en una hucha y sientes placer por poder ver la hucha llena. Irás apreciando, como si de un vaso de agua se tratase, que siempre estará más lleno que vacío. En los momentos de debilidad, abre tu hucha y lee tus ahorros, fuentes de gratitud. Úsalos como cuando has de coger ahorros de tu hucha por necesidad. En este caso serán tus nutrientes espirituales. Lee cada uno de ellos y nútrete recordando por todo lo que estás agradecido. Recuerda que el sol siempre vuelve a salir, que todo pasa. La gratitud será tu sostén para obtener destellos con los trucos de magia. Ponlo en marcha y cuéntame cómo te ha ido.

Pócima del pero

En momentos de malestar tensión o estrés, sustituye mentalmente esa situación angustiosa por otra potenciadora por la que te sientas agradecido usando la conjunción "PERO" para quitarle fuerza a la situación de malestar y positivar otra.

Por ejemplo:

Tengo pocos amigos pero los que tengo son de calidad. Gracias.

Me están saliendo canas pero gracias porque aún tengo pelo. Gracias.

Hay algunas arruguitas pero me veo estupendo a mi edad y rebosante de salud. Gracias.

Escribe aquí tus propios ejemplos para poner la pócima en práctica.

....
....
....

2. Elige dos o tres tucos de magia de los mencionados que más te hayan impactado o consideres no debes olvidar. Hazles una marca que te ayude a reconocerlos de un vistazo cuando abras el libro.

3. Coge tu varita y crea tus propias palabras potenciadoras. Puedes guiarte con los ejemplos propuestos.

 Palabras potenciadoras a mí mismo.

Cáscara de nueces, paja de trigo, pétalos en mi camino palabras a mí mismo crean mi destino:

Lo siento, perdóname, gracias, te amo.

Atraigo a mi vida abundancia y prosperidad.

Soy salud, paz, bienestar y amor.

Mi cuerpo es esbelto, prieto y glamuroso.

Me gusto, me amo, me adoro.

Coge tu varita y crea tus propias palabras potenciadoras.

¿Qué frases te dirías a ti mismo que tuvieran tanto poder que te impulsaran a producir el estado que necesitas?

Realiza frases en presente (como si ya hubieras alcanzado el estado deseado) y en positivo.

Ordénalas en forma de prioridad y otorga el nº 1 a la que consideres con mayor prioridad.

Cáscara de nueces, paja de trigo, pétalos en mi camino

palabras a mí mismo crean mi destino:

1..

2..

3..

4..

5..

4. Crea tu propio hechizo:

Patas de cabras, murciélagos tuertos, tripas de monos, arañas bizcas, ojos de sapo, visión de búho, mi pensamiento crea la realidad, mis palabras la potencian, cuando yo cambio todo cambia y repito sin cesar:

La divinidad limpia en mi aquello lo que contribuye al sufrimiento, carencias o problemas.

"Lo siento mucho. Por favor, perdóname. Te amo. Gracias".

Que así sea….Gracias, gracias, gracias.

¿Cuál es tu mantra personal hechizador?

Patas de cabras, murciélagos tuertos, tripas de monos, arañas bizcas, ojos de sapo, visión de búho, mi pensamiento crea la realidad, mis palabras la potencian, cuando yo cambio todo cambia y repito sin cesar:

………………………………………………………………………
………………………………………………………………………
………………………………………………………………………
………………………………………………………………………

Que así sea….Gracias, gracias, gracias.

Capítulo 9

La soledad ante una enfermedad o discapacidad que te limita.

Sabio es el que conoce a los demás.
Iluminado el que se conoce a sí mismo.
Fuerte es el que vence a otro.
Poderoso el que se vence a sí mismo.

Anónimo

Anne sufrió un ictus (accidente cerebrovascular) al poco tiempo de morir su marido. Tenía paralizada la zona derecha de su cuerpo y fue por lo que Caroline tuvo que internarla en una residencia al no poder hacerse cargo de ella.

Anne refería que su enfermedad de un día para otro le había cambiado completamente su vida. De ser una persona ágil y resolutiva a no poder andar, comer, ducharse y ser autosuficiente como siempre había deseado ser.

- Sonia, nadie puede entender el grado de dolor, sufrimiento, frustración, desesperanza y soledad que una persona puede llegar a sentir cuando aparece una enfermedad en tu vida que te limita.

Las personas son compasivas, están ahí un tiempo pero luego cada uno hace su vida y tú estorbas. No te lo dicen así pero sutilmente te van apartando de su vida. Ahí es cuando me di cuenta de que estamos realmente solos. Todo parece maravilloso cuando todo va bien pero cuando dejas de valerte por ti mismo, cuando aunque quieras no puedes, cuando la impotencia y sufrimiento se apoderan de ti, solo te tienes a ti, a ti y a tu economía porque sin ella no sé qué hubiera sido de mí. Esta enfermedad me cambió la vida, me hizo aferrarme más a mí misma, porque solo me tenía a mí, Sonia. Por eso, hasta que alguien no muera por mí, viviré la vida que desee vivir. Sé que hoy estoy y mañana no. Sé que yo soy la dueña de mi sufrimiento y mi consuelo y yo elijo si quiero vivir lo que me queda de vida feliz o infeliz.

Imaginas el daño tan profundo que pude sufrir ya no solo por mi incapacidad sino por la sensación de soledad y abandono por parte de Caroline. Entiendo que ella no me pudiera cuidar pero meterme aquí fue matarme en vida. Me pasaba los días llorando, mi carácter se agrió, todo me molestaba, me irritaba. Mi mente solo pensaba ¿así es como voy a vivir el final de mis días? -.

Agradezco que mi voz aún tenga sonido y fuerza para escupirles la pastilla de la calma, la agria, esa que los deja a todos con la baba por el suelo. Agradezco cada día que mi mano izquierda aún funcione, que mi pie me permita arrastrarme y aún mi comisura me permita sonreír.

Estas serán mis herramientas para cambiar lo que me quede de vida.

Durante una enfermedad que nos incapacita el sufrimiento al inicio es inevitable, tras la asimilación y aceptación, opcional. Anne tuvo que pasar por una serie de etapas donde la negatividad, el sufrimiento y rabia eran parte de su día a día.

Anne sufría porque no era dueña de su vida y decisiones al tener que permanecer en aquella residencia en contra de su voluntad tras la decisión de Caroline, pero Anne sí sabía que era dueña de su sentir, soledad y final de sus días.

Agradecía que, a pesar de haber sufrido un ictus, la vida le hubiera regalado aun la posibilidad de tener una parte de su cuerpo de la que ella si seguía siendo la dueña y podía así cambiar el transcurso de su vida.

 ## Trucos de Magia ante la soledad de una enfermedad o discapacidad que nos limita.

Mi amado aprendiz de brujo, gracias por seguir aquí en tu proceso transformador alquímico como el gran brujo que estás destinado a ser y en esencia ya eres.

Enfermedad y discapacidad no es lo mismo aunque si son conceptos estrechamente vinculados. Una enfermedad no tiene por qué causar una discapacidad, ni una discapacidad ser una enfermedad aunque si suele ser consecuencia de la primera.

He aquí algunos trucos de magia:

Comunicar nuestros sentimientos y emociones: esto no es fácil ya que en ocasiones nos podemos sentir desnudos ante otros, o incomprendidos. Aprender a expresarlos nos ayuda a evitar problemas físicos y dolor emocional.

Pedir ayuda si sentimos necesitarla: el ego juega un gran papel cuando impide que la humildad decida pedir ayuda. Ante situaciones que nosotros aún no somos capaces de manejar, la ayuda es nuestra hermana amiga. Podemos buscar y pedir ayuda a un amigo o familiar que nos aporte bien estar, así como a un profesional o asociación con personas que ya hayan pasado por una experiencia similar a la nuestra.

Conocer las etapas de duelo: cuando una enfermedad o discapacidad nos cambia la vida, sentimos una gran sensación de pérdida al igual que sucede en un proceso de duelo. Para ir asimilando la situación hasta la aceptación y transformación es necesario conocer las etapas del duelo por la que vamos a pasar (ver etapas del duelo en el capítulo 7).

Informarse cómo otros magos inspiradores han transcendido su situación: La incomprensión (tendrías que estar en mi lugar para entenderme) está unido a momentos de abatimiento y soledad (solo yo sé cómo me siento). Para trascender esta situación, conocer a personas que estén o hayan estado en nuestros zapatos, nos puede orientar para iniciar acciones y sentirnos menos solos en el proceso.

Existen millones de magos, futuros brujos que ya han iniciado su proceso alquímico de vida, así como poderosos brujos que son ejemplo de inspiración y superación personal. Conocer sus vidas y estudiar cómo han conseguido su propósito, es un buen truco para iniciar nuestro proceso motivacional.

Realizarse preguntas poderosas: las preguntas poderosas son aquellas que nos llevan al empoderamiento personal transformando nuestra psique y sentir en oportunidad y avance. Algunas de estas preguntas mágicas debieron decirse todos aquellos maravillosos magos, actuales brujos inspiradores, que ante una situación límite de la vida eligieron vivir su experiencia con amor, sabiduría y aceptación, realizando alquimia de las mismas.

> ¿Para qué estoy viviendo esta situación? ¿Con lo que soy y tengo qué puedo hacer con mi vida? ¿Qué opciones tengo? ¿Qué acciones he de llevar a cabo para conseguir mi objetivo? ¿Cómo será mi vida si no hago nada? ¿Qué hay en mí que pueda potenciar para superarme?

Palabras potenciadoras a mí mismo: A lo largo de este primer manuscrito de la trilogía la Magia de la soledad, el principal truco de magia a realizar es aprender a construir nuestras potentes palabras inspiradoras que nos potencian a la acción y el avance. Hablarnos bien es una forma de amarse y empoderarse. Eleva nuestra autoestima y confianza en nosotros mismos.

Más adelante realizarás ejercidos para crear tus propias palabras potenciadoras, ya que no hay recetas, solo tu propia construcción de pócima, palabras que a ti te resuenan y empoderan.

Ejemplo:

Yo soy un brujo inspirador como otros ganadores que apuestan por trascender sus límites en con propósito de vida.

Yo elijo ganar.

Mi amiga la aceptación

Mi amado aprendiz, ¿Sabías que aceptación no es resignación sino transformación? Magos blancos optaron por este potente ingrediente para su pócima de vida convirtiéndose en grandiosos brujos inspiradores para ellos mismos y la humanidad. Su poder es ilimitado.

Aceptar nos libera del sufrimiento, nos ayuda a buscar soluciones, te conecta con el momento presente y crea bienestar emocional, que no es otra cosa que paz interior. Desde la paz interior es de donde se toma acción.

Este potente ingrediente te hace salir de la zona de confort eligiendo vivirlo no como víctima sino como una situación dada, prueba de superación y transformación.

Se sabe que se ha aceptado un acontecimiento límite cuando el dolor emocional se calma.

El brujo es aquel que tras la aceptación de su situación de vida elige donde están sus límites y los transforma en propósito de vida.

Historias inspiradoras de superación personal

<u>Hellen Keller</u> *(1880-1968)* escritora, oradora sordo ciega estadounidense. Con 19 meses Hellen Keller sufre una enfermedad que afecta al cerebro dejándola sorda, muda y ciega. Se fue volviendo irritable y triste. Sus padres decidieron enviarle a una institutriz, Anne Sullivan, también con problemas de visión. Anne creó tal motivación en Helen que su entusiasmo fue dedicarse a prender y superar la barrera del lenguaje dedicando a ello el resto de su vida. A pesar de ser sorda y ciega, ingresó en la universidad, se graduó en inglés, francés y alemán. A día de hoy Helen sigue representando el triunfo y superación de una persona con discapacidad.

<u>Stephen Hawking</u> *(1942-2018)* fue un astrofísico divulgador británico. A la edad de 21 años sufrió esclerosis lateral amiotrófica (ELA) que se fue agravando hasta dejarle casi paralizado. En su proceso de enfermedad y desesperación y lejos de tirar la toalla, pensó a qué se iba a poder dedicar dado que su estado físico iba a empeorar cada día dejándolo en la absoluta parálisis. Sabía que solo su mente iba a permanecer sana y activa por lo que decidió hacer uso de ella como medio de supervivencia. Usó el universo que no tiene límites como propósito de vida, llegando a descubrir la existencia de agujeros negros y creando la teoría cosmológica. Su enfermedad avanzó tal nivel que tenía que usar un aparato generador de voz. Fue premiado en los príncipes de Asturias a la Concordia, galardonado con la Orden del Imperio Británico, y recibió doce doctorados honoris causa. Murió a la edad de 75 años, edad más longeva de una persona conocida con la enfermedad de ELA.

Irene villa (40 años). Periodista, escritora y psicóloga española. A la edad de 12 años tras un atentado de la banda terrorista ETA junto a su madre perdió las dos piernas y tres dedos de una mano. Su madre le dijo unas palabras que le marcaron su vida:

"Hija esto es lo que tenemos y con esto vamos a tener que vivir toda la vida. Hay dos opciones: vivir amargadas sufriendo y maldiciendo a los terroristas que tienes todo el derecho del mundo por lo que te ha pasado, o decidir que tu vida empieza hoy" Irene Villa tras estas palabras afirma: a los 12 años tenía clarísimo que había nacido sin piernas. (Datos obtenidos conferencia Irene Villa BBVA).

Actualmente es esquiadora paraolímpica, madre de tres hijos, oradora y motivadora profesional.

Teresa Perales (43 años) Es una nadadora con discapacidad, zaragozana, escritora española.

A los 19 años como consecuencia de una neuropatía perdió la movilidad de cintura para abajo. Tras unos meses duros asimiló que había perdido la capacidad de andar y se adaptó a la nueva situación. Decidió aprender a nadar y comenzar a competir como propósito de vida. Está casada y tiene un precioso hijo.

Ha ganado 26 medallas en los juegos Paralímpicos y 20 medallas en el campeonato mundial de natación. Es escritora y conferenciante motivacional. (Fuente Wikipedia).

Nick Vuijicic (36 años) Melbourne (Australia).

Cuando caiga intentaré levantarme y no podré. Lo intentaré 100 veces y aunque caiga, ¿me daré por vencido?, ¡NO! Seguiré intentándolo hasta que pueda levantarme e intentaré una y otra vez hasta que pueda hacerlo. Darme por vencido no es una opción". Nick.

Nació con el síndrome de tetraamelia y agenesia, patologías que impiden que crezcan las extremidades con normalidad. Fue objeto de burla en el colegio y despreciado por muchos. A los 8 años intentó suicidarse en la bañera de su casa. Actualmente es un pastor motivacional que recorre el mundo impartiendo conferencias inspiradoras. Está casado con una bella mujer y tiene cuatros hijos.

Cree que todos tenemos un plan determinado, aunque no sepamos aún verlo y agradece su situación vital porque gracias a no tener brazos ni piernas ha ayudado a millones de personas con su historia de superación.

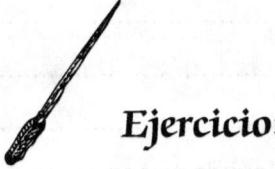

Ejercicio:

1. Elige dos o tres tucos de magia de los mencionados que más te hayan impactado o consideres no debes olvidar. Hazles una marca que te ayude a reconocerlos de un vistazo cuando abras el libro.

2. Coge tu varita y crea tus propias palabras potenciadoras. Puedes guiarte con los ejemplos propuestos.

 Palabras potenciadoras a mí mismo.

Cáscara de nueces, paja de trigo, pétalos en mi camino palabras a mí mismo crean mi destino:

Yo soy poderoso, yo soy amor.

Yo soy fortaleza y persistencia. Lo que me propongo lo consigo.

Sigo mi sueño y nada me detiene.

Encuentro soluciones a cada situación.

El universo pone en mi camino todo lo que necesito para mi evolución.

¿Qué frases te dirías a ti mismo que tuvieran tanto poder que te impulsaran a producir el estado que necesitas?

Cáscara de nueces, paja de trigo, pétalos en mi camino

palabras a mí mismo crean mi destino:

1..

2..

3...

4...

5...

3. Realiza tu propio Hechizo. Puedes ayudarte con el ejemplo propuesto.

Patas de cabras, murciélagos tuertos, tripas de monos, arañas bizcas, ojos de sapo, visión de búho, mi pensamiento crea la realidad, mis palabras la potencian, cuando yo cambio todo cambia y repito sin cesar:

La salud está en mí, el dinero viene a mí, el amor lo rodea. Nado en abundancia.

Así es y que así sea, GRACIAS, GRACIAS, GRACIAS.

¿Cuál es tu mantra personal hechizador?

Patas de cabras, murciélagos tuertos, tripas de monos, arañas bizcas, ojos de sapo, visión de búho, mi pensamiento crea la realidad, mis palabras la potencian, cuando yo cambio todo cambia y repito sin cesar:

....

....

....

....

Así es y que así sea. GRACIAS, GRACIAS, GRACIAS.

Cuarta parte

España

Capítulo 10

La soledad en compañía

Antes de que surja el despertar de la conciencia, suele haber una gran crisis, una etapa de sufrimiento y depresión donde es necesario entrar en la profunda oscuridad para renacer en la nueva luz.

Sonia de Haro.
Enfermera, mentora & coach

Actualmente los hijos de Caroline y Paul van al instituto. Caroline trabaja vendiendo aceites aromáticos que ella misma crea. Paul, el marido, también se sentía cansado de llevar todo el peso y responsabilidad económica del hogar. Además, tenía temor de que le pudiera pasar algo, una enfermedad o un accidente y su familia no pudiera subsistir económicamente, así que apoyó a su mujer en la creación de su empresa de aceites perfumados.

Anne falleció a la edad de 95 años y tras aquella conversación que tuvimos en la residencia y yo transmití a la familia, Caroline decidió llevarla de nuevo a casa contratando a una cuidadora también estudiante como yo, por lo que pudo vivir rodeada de su familia los últimos años de su vida.

Caroline y Peter siguen unidos siguiendo las mismas directrices que Caroline me enseñó aquel día en el jardín mientras Bella correteaba oliendo aquellas preciosas petunias.

Seguí en la familia Williams durante unos meses más pero mi visado de estudiante iba a caducar y para renovarlo necesitaba otra importante cuantía económica que ya, tras el cese del pago de mi anterior empresa, aunque deseaba quedarme, no me lo podía permitir. Además, mis maravillosas compras de Asia me esperaban en mi casa junto a mi familia.

Pisando suelo español, después de años ausente, regresando solo en navidades y otras festividades. Mi llegada había sido algo improvisada. Cansada, cogí un taxi y me dirigí hacia mi casa.

El sentimiento de volver a mis raíces y pisar suelo firme en España fue grandioso, estaba embriagada de emoción, hasta que a medida que iba entrando en mi ciudad un sentimiento de vacío y tristeza me iba inundando. La crisis y poderes políticos habían hecho mella. La ciudad se veía dejada, abandonada, sin vida, muerta. ¿Qué había pasado en mi ciudad? ¿Qué había pasado con su gente? El sentimiento se hacía tan profundo que dejé de observar y pensar centrándome en el deseo de la llegada a mi hogar y poder descansar.

Entusiasmada, me apresuré a pagar al taxista con ansias de bajar del coche. Noto que mi cerradura está algo forzada, quizás fuera deterioro del tiempo. Abro la puerta, veo unas cajas al final de salón. Estaban abiertas. Envié las cajas ordenaditas y con todo organizado, ahí estaba mi sueño empresarial. Había adquirido cada pieza pensando cuidadosamente en su venta, su precio y su beneficio. Todo estaba desvalijado no solo me habían robado sino destrozado gran parte de mi sueño.

Subí hacia mi habitación, mi cama olía a un perfume que no era el mío. Las sábanas estaban arrugadas.

Abrí mi terraza y toda la decoración de luces y plantas que daban ese ambiente hogareño y que tanto había cuidado, estaban destrozadas. Ropa, bolsos, zapatos tirados y robados.

Empecé a sentirme débil, confusa y sin fuerzas para hacer ni una simple llamada. Solté todo en el suelo. Tras el largo viaje, el jet-lag y ese desastre que no conseguía digerir, me tumbé en la cama evitando pensar esperando que el sueño llegara a mí.

Al día siguiente, al despertar, no recordaba bien ni dónde estaba. Di un salto de la cama para comprobar si ese recuerdo era realmente verdad o una perturbadora pesadilla. Mientras iba bajando las escaleras veía como toda mi ilusión se iba desvaneciendo.

Inicié la reconstrucción de mi casa y vida. Los días iban pasando y a pesar de estar con la familiar y el reencuentro había sido conmovedor, yo me sentía diferente, apática, fría, desconectada. Paseaba por las calles, hablaba con mi gente, estaba con mi familia, nada me llenaba, me sentía vacía. Trataban conversaciones que ni me interesaban, me parecían banales y arcaicas. Tanta ilusión por volver a reencontrarme y la desconexión era completa, hablábamos otro idioma. Algo en mi había cambiado y no era solo la pérdida de mi sueño, el destrozo de mi hogar o el estado de desempleo. Los años apartada de mi familia y gente, mi aprendizaje de experiencias de vida en ciudades multiculturales y mundo empresarial, habían causado mella en mis raíces y mi amada Andalucía. No reconocía ni a mi familia, ni amigos ni a mí misma. Yo ya no era la que fui hacía 15 años ni ellos

los que yo recordaba. A medida que iban pasando los días mi sentimiento de desconexión y soledad se iban acentuando. ¿De dónde soy? ¿A dónde pertenezco? Estaba perdida, desarraigada, desilusionada. Mantenía en la medida de lo posible el contacto social acudiendo a comidas, momentos entre familia y amigos pero a pesar de mi esfuerzo, yo me sentía profundamente sola y diferente, rodeada de todos ellos. Decidí buscar ayuda terapéutica. Ni el psicólogo, ni el psiquiatra ni el neurólogo al que acudí pensando que tuviera una patología más grave daban solución a mi caso colocándome diferentes etiquetas sin coincidir ninguna.

La soledad en compañía es una de las soledades más frustrantes y devastadoras. La sensación de tristeza profunda y vacío existencial es inexplicable. Nada te llena, nada te place, nadie te nutre. El sentimiento de insatisfacción se apodera de ti y la desconexión con el mundo es completa.

Los días, semanas y meses fueron pasando sin darme cuenta de que mi semáforo estaba pasando de naranja a rojo, aquel rojo que me estaba limitando y dejando de ser persona. Cada día iba perdiendo mi poder y abandonándome a la dejadez Empecé a ver todo gris y por mucho que me decían, yo seguía en la zona gris sin capacidad alguna para avanzar y con un vacío interior que me destruía día a día.

¿Qué hacer cuando sientes que todos te abandonan siendo tú el que se abandona? ¿Qué hacer cuando todos cambian pero tú no solo cambias sino te desarraigas, dejas de conectar y sentir? ¿Cómo salir de un agujero negro si incluso buscando ayuda, no sales de ahí? ¿Qué hacer cuando sin más pierdes el sentido a vivir y mover un dedo te cuesta la vida?

Y fue ahí, un 11/11/2011, como aquel 11-S del derrumbe de las torres gemelas cuando me topé de frente con la absoluta y abrumadora soledad, aquella que no es elegida y te aleja de todo y todos. Fue ahí cuando las palabras de *Robins McLaurin Williams* crearon mella y dieron un profundo sentido en mi vida sintiéndome en su piel. Cuando la desesperación y aquel sufrimiento ya no me estaban dejando vivir más, tocando fondo a profundidades desgarradoras, apareció ella, la soledad espiritual.

 ## Trucos de magia para estar solo sin sentirse solo:

El dolor que provoca el sentimiento de soledad puede desencadenar cambios celulares y producir enfermedades. Se trata de un malestar del alma. Un tercio de enfermedades suelen ser más emocionales que físicas.

La soledad se asocia a una mayor incidencia de enfermedades cardiovasculares y psiquiátricas. El sentimiento subjetivo de soledad aumenta el riesgo de muerte un 26%, con aislamiento de un 29% a un 32%, superando a los riesgos de muerte por depresión que ascienden a un 21% (Datos revista Perspectives on psychological science).

Estar solo es el sentimiento objetivo de estar sin compañía. Sentirse solo es un sentimiento más subjetivo, de vacío interior, autodestructivo, aun estando en compañía nos sentimos solos. La persona que elige aislarse estando solo suele cursar con un cuadro depresivo, habiendo dejado llevar su inicio de tristeza al extremo.

Para salir del sentimiento de sentirse solo, el cambio ha de ser desde el interior hacia el exterior. Se necesita indagar y trabajar sobre uno mismo eliminando creencias que nos limitan y buscando herramientas internas que nos permitan tener una vida social saludable e interior sano. Para superar el sentimiento de sentirse solo se requiere un proceso intenso de trabajo interior que parte desde aprender a regular y gestionar nuestros estados y emociones, el conocimiento de la soledad, para continuar por el propio autoconocimiento. Tras ello, poder aprender así a producir un cambio del pensamiento (alquimia del pensamiento) cuando la negatividad nos posee, para desencadenar en el amor hacia nosotros mismos, cómo es el aprender a amarnos.

Detectar nuestro propósito de vida puede ser nuestra herramienta motivadora para seguir adelante ante las pruebas más difíciles que la vida nos trae, que no son más que experiencias y aprendizaje.

<u>Conocimiento de qué es la soledad:</u> conocer el proceso de la soledad así como las emociones que la envuelven es fundamental para poder gestionarla. La soledad en si puede llegar a hundir al más fuerte pero cuando se percibe como un proceso, como es en la Magia dela soledad, la soledad es una bendición enmascarada envuelta en un regalo oculto, TÚ.

<u>Autoconocimiento:</u> el autoconocimiento es la base de la inteligencia emocional. Nos enseña que somos responsables de nosotros mismos, creadores de nuestra realidad y libertad. Conociéndonos, aprendiendo a saber quiénes y cómo somos es más sencillo integrar herramientas internas que nos ayuden a avanzar según nuestros valores, creencias y personalidad. Si quieres saber quien eres en realidad , sumérgete en ti, analízate, hazte introspección, preguntas, discierne, aprende a reconocer tus emociones y sentimientos, reflexiona, corrigete, transformate.

<u>Alquimia del pensamiento:</u> conocer la mente y sus mecanismos nos facilitará realizar alquimia del pensamiento. Consiste en transformar los pensamientos autodestructivos en constructivos y sanos con el objetivo de proporcionarnos una mejor calidad de vida y bienestar interior.

<u>Empoderamiento /amarse a uno mismo:</u> aprender a amarse a uno mismos es requisito indispensable para mantener el cambio que deseamos producir. Agradecer, el perdón, liberarse del miedo, aumentar la autoestima,

aprender a decir no, son herramientas básicas para nuestro empoderamiento.

Propósito de vida: saber cuál es tu propósito es saber hacia dónde has de dirigir tu vida. Un propósito es una sinergia entre lo que te apasiona y tus talentos, y depende exclusivamente de ti. El propósito de vida te ayuda a seguir adelante a pesar de las adversidades y acontecimientos externos.

Estas etapas con poderosos trucos, las he creado para ti, mi amado aprendiz de brujo, con la intención de potenciar tu poder interior y llegar al gran brujo que estás destinado a ser, porque ya lo eres.

Han surgido de mi propio proceso alquímico de la soledad que he querido narrar para ti. Se trabajan a un nivel más profundo en los talleres intensivos presenciales de la Magia de la Soledad y conforman cada manuscrito de la trilogía.

Aprendiendo a gestionar tus emociones

Capítulo 11

La soledad espiritual

Afortunadamente, algunos nacen con sistemas inmunes espirituales que más temprano que tarde les hacen rechazar la visión ilusoria del mundo inculcada desde el nacimiento a través del condicionamiento social. Empiezan a percibir que algo falta y comienzan a buscar respuestas dentro de sí. El conocimiento interior y experiencias externas anómalas les muestran un lado de la realidad que otros no ven, y así empiezan su viaje al despertar. Cada paso de este viaje es hecho siguiendo al corazón en vez de seguir a las masas y eligiendo el conocimiento por sobre velos de ignorancia.

Henri Bergson.
Filósofo.

La realidad de la vida, mi propia vida, aquella que nunca quise ver y se topaba de frente. La autenticidad al desnudo de las personas que me rodeaban, familia y amigos, que yo jamás había detectado, era desgarrador. ¿Cómo no me había dado cuenta de esto antes?. ¿Qué mundo paralelo había creado para no ser consciente de cómo era mi autentica realidad?. Descubrí que las personas hipersensibles, generalmente durante la infancia, antes situaciones de abrumador sufrimiento como mecanismo de defensa, nuestra mente inicia la creación de nuestra propia realidad , una realidad mas amorosa, que tu propia psique y alma si pueden asumir. En ese mecanismo de defensa interior intentas ver solo lo mejor de las personas .Aunque a veces lo ves, ignoras lo negativo, justificas sus actos sin querer ver la realidad de sus intenciones, te esfuerzas por complacer y ser amable con todo el mundo hasta puntos de priorizarlos sobre ti por evitar hacer daño y creer hacer el bien.. Hay personas a las que le ocurren lo contrario, son más frías, y en vez de huir de su propia realidad, la afrontan de frente creandose capas de corazas protectoras bloqueando su sentir.

Inicié una búsqueda interior sedienta de respuestas. En mi profunda desesperación y sin creencias religiosas, me acogí a Dios, al universo y le pedí desde lo más profundo de mi alma que me ayudara a salir de aquel sufrimiento.

> Cuando sientes que todo te abandona, Dios, el universo está contigo. Hay un plan predestinado. La vida nos va poniendo en el camino todo aquello que necesitamos saber y las personas adecuadas para nuestro proceso, entendimiento y evolución.

Empecé a atraer a mi vida mágicos manuscritos de potentes brujos que hasta entonces no conocía. Antonio Carranza (escritor y psicólogo granadino), Osho (profesor de filosofía indio), Jiddu Krishnamurti (escritor y filósofo espiritual indio), Deepak Chopra (médico y escritor sobre espiritualidad y el poder de la mente), Alan Watts (filósofo británico que estudió las filosofías orientales), Louise Hay (escritora estadounidense precursora del nuevo pensamiento), Wyne Dyer (psicólogo estadounidense), Eckhart Tolle (escrito alemán autor del poder del ahora), Cartas de Santa Teresa de Calcula, Helen Schumann (psicóloga norteamericana coautora del libro un curso de milagros, Tony Robbins (orador motivacional estadounidense), etc.

> Cuando afrontas la absoluta soledad bajo el paraguas del sufrimiento se inicia un profundo proceso de introspección y autoconocimiento.

Intentas saber quién eres, de dónde procedes, quienes son tus padres. Necesitas entender cómo has llegado a ese punto, aquel qué te ha llevado a esa situación tan devastadora. Buscas el por qué y el para qué. Te cuestionas todo intentando obtener respuestas. Ya no puedes esconder o ignorar la realidad.

> Cuando se intenta mirar para otro lado, en vez de afrontar tu situación vital, la soledad te come.

Intentas huir, tu vida se convierte en un bucle de autodestrucción y situaciones repetidas. La bebida, el trasnochar, estar con parejas por estar, la depresión y otros evasivos se apoderan de tu poder interior haciendo perderte aún más.

Leía y leía horas y horas sin poder parar. Cada día iba sintiendo que aquel vacío se iba llenando nutriendo mi alma con aquellas enseñanzas. Seguía, cada vez de una forma más acusada, atrayendo a mi vida situaciones y personas similares que vibraban igual que yo, sumergidos en aquella búsqueda continua del verdadero SER.

Ese vacío interior, mi amado aprendiz, no es otra cosa que falta de amor. Si, como oíste, falta de amor, la mayor enfermedad del mundo. No es una carencia de amor externo, sino una gran falta de amor interno, el que nos debemos a nosotros mismos, el que te debes a ti mismo. Hurgar en nuestro interior hasta llegar a la fuente que todo lo nutre despierta nuestro mayor potencial, aquel que nos trasforma la vida, el amor propio.

Aquel sufrimiento acabó convirtiéndose en una bendición enmascarada, despertando mi conciencia y cambiando las prioridades de mi vida. Aceptar la realidad y tenerme a mi por encima de todo y todos, ya no era un acto de egoísmo sino de amor a mi misma, la única persona que siempre estará conmigo, YO. Mi vida había sido perfecta, sólo necesitaba entender que debía pasar por aquel tortuoso camino para llegar a ser la persona en al que me había convertido. Había tendido la gran suerte, que en una de esas volteretas de campana que la vida te deja fuera de juego, yo había tenido la capacidad de buscar ayuda y trabajar en mi volviendo a encontrar mi centro y estabilidad. Otros, siguen dando volteretas, perdidos sin saber quienes son o en qué se han convertido , tristes e insatisfechos con sus vidas sin saber realmente por qué.

El camino del aprendiz de brujo es entender y aceptar tu situación de vida para volver a ti, a tu esencia.

Una bendición enmascarada es aquella que al inicio sientes como una gran tragedia pero esconden algo grandioso para tu vida. La soledad fué mi bendición.

Nick Vujicic basa su existencia a su propósito de vida y cree con absoluta certeza que todos tenemos un plan de vida aunque aún no lo podamos ver.

La soledad me permitió iniciar un proceso de autodescubrimiento dedicándome tiempo, espacio, reflexión para conocerme a mí misma. Saber quién era, lo que quería o no quería para mi vida, y quien quería cerca y lejos de mí. Me conectó con mi propósito de vida, aquel que me impediría volver a tener sentimientos destructivos como cualquier mortal. En soledad aprendí a realizar alquimia del pensamiento, transformando todo aquel pensamiento que me hacía mal por otro igual de real pero constructivo y nutriente. A medida que iba obteniendo resultados, ese vacío seguía llenándose permitiéndome renacer a la vida desembocando en aquello que todo lo puede y mueve el mundo, AMOR, amor hacia mí misma. Ese amor que perdemos al abandonarnos, dejarnos, dándonos a otros más que a nosotros mismos, entregando nuestro poder interior desconectándonos de nuestra esencia.

Aprendí a amarme usando las técnicas que relato en este manuscrito y con ello culminó mi proceso de soledad, aprendiendo a tenerme a mí por encima de todo y todos ante cualquier adversidad.

Sin fármacos, sin terapeutas, solo con mi compañía creando trucos de magia conmigo misma hasta hacerlos funcionar.

En soledad me hallo, en soledad me descubro, en soledad me hago fuerte, en soledad me amo, en soledad SOY.

Sonia de Haro
Enfermera, mentora & coach.

El despertar de la conciencia
La Matrix

En la oración de la unión, el alma está totalmente despierta para Dios pero totalmente dormida mientras consideras las cosas de este mundo. Así hace Dios cuando eleva un alma a la unión con él: suspende la acción natural de todas sus facultades. Dios se establece a sí mismo en el interior de esta alma de tal forma, que cuando vuelve a sí misma es totalmente imposible que dude que haya estado en Dios y Dios en ella.

Madre Santa teresa de Calcuta
Monja católica de origen Indio

Si estamos sumergidos en el mundo cada cual vive en propio su mundo pero si estamos despiertos cada cual vive en un único mundo, el mundo de la verdad.

Heráclito
Filósofo griego

Uno es consciente del placer y el dolor, el nacimiento y la muerte, la enfermedad y la tristeza, mientras se identifica con su cuerpo. Todas estas cosas pertenecen al cuerpo y no al YO. Obteniendo conocimiento, consciencia sobre uno mismo, se ve el placer y el dolor, el nacimiento y la muerte como un sueño.

Ramakrishma
Yogui y santo indio

Almas viejas, almas sensibles, en momentos límites de profundo de sufrimiento llegan a experimentar experiencias espirituales. Es el caso del famoso escritor del libro "Poder del ahora" Eckhart Tolle sintió una potente explosión de luz interna y reencuentro con su esencia.

Afirma haber experimentado un despertar espiritual a los 29 años tras pasar largos períodos de depresión tocando la línea del suicidio. Vagabundeó sin trabajo por los bancos de "Hampstead Health" en Londres sintiendo una profunda paz interior. A día de hoy es un gran escritor y maestro espiritual. (Fuente Wikipedia).

Según el Tao[2], las almas viejas representan el final de sus vidas de reencarnación. Son almas hipersensibles, maduras, de mentes inquietas. Se caracterizan por su deseo de soledad, introspección, reflexión, así como no conectar con el sistema y sociedad impuestos.

> Las personas que tienen experiencias espirituales, no están desequilibradas, simplemente no saben digerir lo que les está ocurriendo y tampoco son capaces de contarlo por temor a que lo tomen por loco.

En la cultura occidental no es común enseñar que parte de la evolución humana está el mundo espiritual, el contacto con la fuente, tu luz interior, ser, esencia. No nos enseñan que somos energía, luz en un cuerpo humano con un poder interior que trasciende cualquier fuerza.

Existen terapeutas que también han tenido experiencias místicas que ayudan a personas a trascender su proceso y hacerles entender lo que les está pasando. Es muy difícil concebir, solo con fe, si no has pasado por la experiencia, que determinadas situaciones, fuera de nuestro mundo tangible, puedan existir.

---

[2] Tao: el Tao o Dao según taoísmo, es una doctrina, principio supremo de unidad del universo, fundamento de toda existencia.

> *Somos seres espirituales viviendo una experiencia física aquí en la tierra. La tierra es el lugar de aprendizaje. La vida la escuela, la oportunidad para aprender.*

El *despertar de la conciencia* es descubrir todo el potencial humano que hay dentro de nosotros, es la apertura y transformación de la conciencia.

El que despierta cuestiona, reflexiona, discierne, sale del rebaño del sistema, se da cuenta de que hay otra realidad, va a contracorriente.

> Conciencia es darse cuenta de quién soy, de cómo funciono yo y lo que me rodea.

Al aprender a cuestionarse, detenerse en el aquí y el ahora, en el momento presente, usando el poder de la atención para comprender y comprendernos, expandimos nuestra consciencia mejorando nuestras vidas. Si no nos damos cuenta de cómo son nuestros pensamientos, de cómo funciona el sistema acabamos creando sufrimiento permitiendo que otros muevan los hilos de nuestras vidas. Siendo inconscientes generamos dolor y enfermedad.

A través del uso de herramientas que nos permitan observar nuestros pensamientos como es la introspección, meditación, el retiro para la reflexión, la conciencia se expande y al expandirse, nos darnos cuenta de lo que no nos hace bien y podemos cambiar. Es ahí cuando iniciamos la toma de las riendas de nuestras vidas, mejorándola y abrazándola. Podemos conseguir cualquier objetivo que nos propongamos con conciencia, vigilancia, atención sobre nosotros mismos. Esto requiere de trabajo y disciplina, no viene dado sin más.

Precisamos comportarnos de tal manera que nuestros actos nos inspiren y motiven. Cosas hermosas pueden salir de tus pedazos rotos cuando le das a tus pedazos rotos una oportunidad, decía Nick.

Al igual que la felicidad, no viene dada sin más, ha de conquistarse para que sea en ti. Se requiere de ejercicios de atención conscientes para hacerte llegar a ella. Ejercicios como la atención hacia tus tipos pensamientos, la forma en que te hablas, las palabras que usas, las personas con las que te rodeas.

La felicidad no viene dada sin más, se conquista para que sea en ti con la práctica consciente.

Despertar es aprender a discernir entre lo que nos educan para ser y lo que realmente somos. Es salir de la ensoñación, la Matrix de la vida.

Matrix (The Matrix) 1999 Andi Wachowsky, película protagonizada por el actor Keanu Reeves, donde humanos son esclavizados por inteligencias artificiales que roban su energía y otros, los que no han caído en manos de los robots viven en la ciudad Zion. Desde allí naves se mueven por el subsuelo entrando de forma clandestina a la Matrix, intentando captar a los que aún no han sido desconectados e intuyen que algo no es correcto en el mundo en el que viven. Según una antigua profecía, se cree que hay un salvador que acabará con la guerra, Neo (Keanu Reeves), un pirata informático que vive atrapado en la Matrix sin saberlo.

La película simula el bien y el mal. Por un lado los robots, en nuestro caso sería el sistema que nos robotiza, la inconsciencia, que nos quiere esclavizar; y por otro los humanos, en nuestro caso el despertar de la conciencia, que desean ser felices y libres escapando de la esclavitud y el sufrimiento.

Coexisten dos realidades en el film, la realidad que se construye con la sociedad (el sistema, las creencias, la creación de necesidades), y la realidad del ser, (la esencia, el de la conciencia, el de darse cuenta de las cosas). Cuando se pasa de la realidad construida por la sociedad a la realidad desde el estado del ser, la esencia, consciencia, el darse cuenta, se produce un gran impacto y transformación interior. Ya no vuelves a ser el que eras.

El despertar de la conciencia sería similar a cuando en la película se plantea la salida de Neo de la Matrix para confirmar que toda su vida fue un sueño.

Se estima un 10% de personas despiertas, el resto siguen dormidos.

No todos están preparados para el despertar, cada cual tiene su proceso y tiempos.

Es un trabajo interior individual, una vez iniciado no hay marcha atrás. El camino es el autoconocimiento y aprendizaje superando cada vez con mayor facilidad las adversidades de la vida. A medida que vayamos avanzando en el camino de la experiencia y la sabiduría la vida se nos mostrará como un regalo y oportunidad para evolucionar, fuera de la Matrix.

¿Cuál eliges?

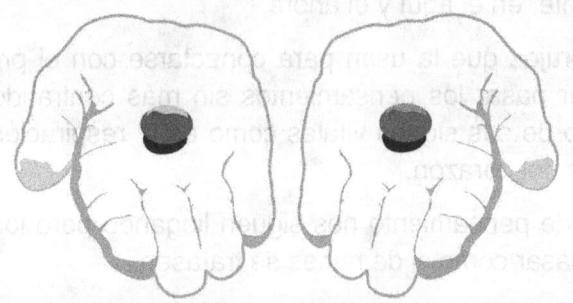

Pastilla azul: sigue igual.
Pastilla roja: transformación.

 ## Trucos de magia para trabajar en ti mismo:

Meditación: La meditación es una práctica de contemplación que se practica desde nuestros ancestros, magos y brujos como tú y como yo. Implica un esfuerzo interno para regular la mente, ponerla en orden y en calma, controlar el pensamiento y las emociones.

Meditar significa estar en silencio contigo mismo en estado presente, en el aquí y el ahora.

Hay brujos que la usan para conectarse con el presente y dejar pasar los pensamientos sin más centrándose en alguno de sus signos vitales como es la respiración o los latidos del corazón.

Miles de pensamiento nos siguen llegando pero los dejamos pasar como si de nubes se tratasen.

Yo la uso como proceso de reflexión y para encontrar las respuestas que ya están en mí, como también están en ti, mi amado aprendiz de brujo.

Puedes hacerlo durante la mañana o la noche. Busca el momento adecuando donde puedas estar contigo mismo, relajado y en paz, sin ruidos externos.

En mis años de meditación la realizo por las noches o cuando algo me perturba busco el hueco del día apropiado.

-¿Cómo lo hago maestro?-

-Hay diferentes posturas, la ideal es sentándote derecho sobre el cepillo de tu escoba, ablándalo con el truco del cojín para estar más cómodo. Puedes apoyarte en su palo para mantenerte recto, y así tu espalda se alineará mejor. Las piernas las puedes dejar estiradas o entrecruzadas, según estés más cómodo. Las manos las dejas posar sobre cada una de tus rodillas uniendo tus dedos índice y pulgar. Los ojos se mantienen un poco entreabiertos para permitir que entre algo de luz y no te duermas.

Para mí la postura de estar erguida sin apoyo es más incómoda, así que yo realizo mis meditaciones o bien apoyada en la pared o haciendo de mi escoba una silla. También te puedes tumbar sobre ella como si estuvieras plácidamente en tu cama.

La postura recta es para mantener los chacras alineados. –

-¿Qué es un chacra ?-

- Los chacras son 7 centros de energía situados en el cuerpo. Nuestros hermanos brujos, los hinduistas, afirman que su alineación permite que la energía interna fluya mejor para poder conectarnos con la sabiduría universal.

Toma conciencia de la emoción presente.

Mi amado y potente aprendiz, lo tienes todo para ser una gran brujo, maestro de maestros. Solo has de aprender pequeños trucos para convertirte en el gran brujo que ya yace en ti.

En los momentos cuando el monstruo viene a verte, no te asustes, está ahí para ayudarte a crecer. Crecer es conocerse y conocerse es aprender a amarse. ¿Sabes cuál es el primer paso para aprender a amarnos? El primer paso es la aceptación, mi amado mago blanco. Aceptación de lo que somos, sentimos y anhelamos.

Detectar y aceptar sin resistirnos a lo que sentimos en los momentos duros de la vida, nos ayuda a hacer las paces con nosotros mismos, amarnos y respetarnos.

- Siéntate y siente -. Dime, mi amado aprendiz: ¿Qué sientes?

- Me siento solo y triste.

La tristeza, mi amado mago, es una emoción natural básica que nos sirve para superar momentos donde tenemos una sensación de vacío o pérdida. Es una emoción creada para sobrevivir y pedir ayuda cuando la necesitemos. La soledad es un rencuentro con nosotros mismos. Nos permite adentrarnos en la reflexión y el autoconocimiento.

- Maestro, ¿Y cómo puedo salir de esta sensación que me hunde y duele tanto?

- Aceptándola como algo natural de la vida que pasa, porque todo pasa.

Amado aprendiz, tú y solo tú tienes el poder. Identifica, acepta y acoge tu momento de tristeza y soledad como algo momentáneo y pasajero. Nunca estarás solo porque ante todo y todos te tienes a ti.

La vida está hecha para aprender a vivirla y esto, mi amado mago blanco, empieza por ti. Cuanto más te conozcas por dentro, menos necesitarás afuera.

- ¿Pero cómo empieza por mí?

- ja, ja, ja, ja La vida eres tú y tú creas tu realidad al igual que tus pensamientos crean tu destino. La creas con las palabras que te dices a ti mismo, la creas cuando alargas la emoción constructiva como la tristeza en un sentimiento destructivo como la depresión. Creas tu realidad con los pensamientos que emites y si dejas alimentar a Pepito Grillo.

- ¿Quién es Pepito Grillo?-

- Pepito Grillo es esa vocecita que proviene de nosotros autodestructiva que nos envuelve en nuestros momentos de debilidad. Si la alimentas demasiado, te convertirás en una persona gris y sin vitalidad, pero si la identificas y la ignoras o fulminas con tu varita, alimentando la voz más poderosa y potente que tenemos, la voz de tu alma, aquella intuitiva y verdadera que nos guía, aquella que sentimos sin pensar, todo fluirá por el camino adecuado. Regla número uno: no te ates a lo que no funciona.

Siéntate y siente.

Identifica la emoción y momento presente.

Respira con calma y céntrate en tu respiración hasta que sientas que estás volviendo a tu centro.

Acepta la emoción de tristeza como una emoción más, algo natural que nace de la interpretación a la situación de vida que estamos experimentando y nos está sirviendo para desahogarnos en ese momento. Aceptar no es resignación ni conformismo, es transformarte. Has de pasar por ahí para crecer y mejorar. No te aferres, vive el cambio.

Expresa tu emoción sin miedos. Si esa emoción perdura convirtiéndose en un sentimiento, piensa qué truco de magia te ayudaría a trascender ese estado y qué te limita a hacerlo. Tu estado de ánimo es tu destino.

La vida no viene con instrucciones, ni los sentimientos con diccionario. Aquí se viene a vivir, y aprender; y así aprender a vivir.

Abraza tu momento soledad como algo puntual y toma acciones que te ayuden a sentir mejor. Aprovecha los momentos porque luego pasaran a ser anécdota.

Recuerda que todo pasa, nada es para siempre.
Quien se transforma, transforma el mundo.
Donde hay amor hay vida.

Hazte preguntas: la calidad de tu vida depende en gran medida de las preguntas que te haces. Realizándote preguntas hallarás las respuestas que solo tú sabes y están dentro de ti. Lleva al consciente las respuestas del inconsciente. Este poder interior es solo nuestro. Ni el mejor psicólogo ni terapeuta del mundo podrá jamás conocer toda información que hay dentro de ti. Siéntate en soledad y reflexiona a base de preguntas a ti mismo. Lo puedes realizar tras una meditación donde estarás en tu centro con la mente más calmada.

Las preguntas tienen la finalidad de encontrar la salida hacia tu bienestar y avance personal.

¿Qué emoción estoy teniendo?. ¿Me perjudica o me beneficia?.

Si me perjudica, ¿Qué medidas puedo tomar?.

¿Qué siento?. ¿Cuáles son las causas de este sentimiento?.

¿Cuánto tiempo lleva repitiéndose la misma situación en mi vida?. ¿Cómo se originó?.

¿Qué solución o soluciones puedo encontrar?.

¿Qué puedo aprender de esta situación?.

¿Para qué me está pasando esto?.

¿Qué tengo que aceptar o qué me está mostrando la vida que no quiero o consigo ver?.

¿Qué oportunidades puedo encontrar en esto que me está sucediendo?.

¿Soy capaz de resolverlo solo o necesito pedir ayuda?.

Auto observación: María Teresa de Calcuta dejó plasmada una frase histórica que dice así: "quien dedica su tiempo a mejorarse a sí mismo, no tiene tiempo para criticar a los demás".

Al estar focalizados en la observación de nuestro interior, dejamos a un lado lo exterior. No estamos pendientes del otro ni nos hacemos comparaciones que solo no sirven para sentirnos peor. Siempre habrá alguien en mejores circunstancias que tú, pero no olvides, que también los habrá en peores. Estando en ti, eres tú, no un plagio de otros. No estás fuera, estás en ti.

A través de la autobservación podemos darnos cuenta de las conductas, sentimientos o pensamientos que tenemos y hemos de mejorar o cambiar.

> Recuerda que cuando quito mi atención
> a lo que me perturba, desaparece.

<u>*Controlar, detectar y triturar la voz Pepito Grillo:*</u>

Esa vocecita que se nos instaura como Pepito Grillo amargándonos la vida con frases negativas que atacan a nuestra autoestima se encuentra en el inconsciente. Al repetírnosla la vamos granado en el inconsciente haciendo que nos creamos aún más las cosas que nos decimos.

Existe un truco de magia muy sencillo donde la puede hacer desaparecer.

Nos levantamos, vamos escuchando con atención los mensajes que nuestra mente nos va lanzando en forma de victimismo "por qué a mí", "nunca voy a encontrar a nadie", "baja autoestima", "te lo mereces", "no vales nada", "estás gordo, quién te va a querer", "en forma de culpa", "te pasa por lo que te pasa", "has destrozado tu vida"…… mientras que nos vamos sintiendo unos desgraciados y hundiéndonos en nuestra propia miseria. Mientras nos vamos autodestruyendo con la vocecita, de pie, estiramos la mano izquierda con la palma de la mano abierta hacia arriba. Colocamos ahí a Pepito Grillo (nuestra voz del inconsciente) y la observamos como no para de hablar y soltar basura. La dejamos que siga campando anchas castilla en nuestra mano izquierda mientras la observamos. Vamos estirando al mismo tiempo el brazo derecho con la palma abierta, también puedes hacer uso de tu varita. Y como efecto cocodrilo, ¡¡¡¡¡cata plaf!!!!, unimos nuestras palmas y la aplastamos como a un sutil gusano ¡Ñac! Te regocijas triturándola y la tiras como bola de papel a la papelera.

Palabras potenciadoras a ti mismo:

Palabras potenciadoras a ti mismo son palabras que nos empoderan, como su palabra indica, nos potencian al decírnoslas. Son mantras[3] que se integran en nuestro subconsciente a través de la repetición. Hace el efecto opuesto a la voz Pepito Grillo, a ese maltrato psicológico que nos hacemos a nosotros mismos. Estas palabras o frases al integrarlas con la repetición nos acaban produciendo un gran bienestar interior.

Es una de los mejores trucos para cambiar estados de ánimo, formas de pensamientos autodestructivos y mejorar la autoestima.

Las palabras mágicas a ti mismo se construyen como contra ataque a la voz petito Grillo. Han de formarse en positivo y en presente, como si ya fuera parte de nosotros. Una vez creadas nos las aprendemos de memoria y la repetimos en voz alta cada vez que estemos solos con la intención de que se instaure en nosotros dinamitando a la voz interior.

Pepito Grillo: " Nunca vas a encontrar a nadie ".

Palabras potenciadoras: "En este momento disfruto de la mejor compañía, la mía. En edad adulta no es cantidad sino calidad las personas que elijo como relaciones. Mi felicidad depende de mí. Me amo, me respeto y me cuido".

Pepito Grillo: "Has destrozado tu vida".

---

3 Mantra: Man - (mente) – tra (vibración). Palabra sánscrita que se refieren a sonidos en forma de sílaba, palabra o frases. La repetición interna de mantras crea una vibración positiva a nivel del sistema límbico del cerebro. Los mantras hacen vibrar las glándulas endocrinas del cuerpo en forma de ondas liberando hormonas que equilibran nuestras sustancias químicas y tienen efecto positivo a nivel emocional y de curación. Resultados de la investigación cimática del Doctor Hans Jenny, médico e investigador suizo (Wikipedia).

Palabras potenciadoras: "Elijo las mejores decisiones en cada momento de mi vida. Todo llega a mí para un bien mayor. Abrazo el cambio que me hace crecer y avanzar ".

Pepito Grillo: "Se me cae la casa encima ".

Palabras potenciadoras: "Disfruto de mí y mi hogar ahora que estoy tranquilo y sereno. Aquello que necesito llega en el momento adecuado".

Visualización positiva del pensamiento:

Imaginémonos que nuestra mente nos está taladrando con frases negativas. Aprendemos a para el pensamiento autodestructivo dándonos cuenta de lo que nos está diciendo y de cómo nos está haciendo sentir. En el momento que nos hacemos conscientes de la situación, desenfocamos ese pensamiento destructor y lo enfocamos en lago que nos agrada.

Con la magia de las velas limpiamos la energía negativa, ponemos una suave música de fondo y nos centramos en una respiración durante unos minutos. Los suficientes como para habernos sentido más tranquilos y relajados. Acto seguido imaginaos, visualizamos una situación deseada, tipo playa afrodisiaca con cocoteros y bellas magas blancas que ríen a nuestro alrededor haciendo sus trucos de magia.

Sentimos un agradable aroma a mar y poco a poco vamos sintiendo como nuestra sonrisa se va arqueando y nuestro sentir relajando.

También puedes pensar en un buen libro, un club donde te sientas bien, unas flores bonitas para tu casa, un espacio de desconexión y relax. Ahora, durante 20 segundos piensa en un recuerdo o algo que te gustaría conseguir que te haga sentir pleno, feliz. Por ejemplo: unas vacaciones en un sitio paradisiaco, tu comida preferida, un sueño que quieres alcanzar. ¿Estás listo? Toma tus 20 segundos

Imagina que ya lo tienes y siente como se va arqueado tu sonrisa y sintiéndote pleno y feliz.

Este ejercicio hará crear en tu mente imagines y sentimientos más constructivos y placenteros.

Se trata de cambiar el foco del pensamiento para que este desaparezca y lo desvías a una situación deseada o placentera y sentirlo como si en ese momento actual estuviera sucediendo.

La bioquímica de nuestro cerebro a través de conexiones neuronales mejora con sentimientos de plenitud.

<u>Auto responsabilizándote de tu vida:</u> no buscar culpables externos. Todo está en ti. Igual que lo creaste lo puedes cambiar.

Cuando uno es un niño, inmaduro e inconsciente, tendemos a culpabilizar a los demás de nuestras penas y tragedias... ya sea a nuestros padres, jefe, vecino o sistema. Al madurar, siendo adulto y consciente de sí mismo, toma las riendas de su vida, se empodera y da soluciones a los acontecimientos externos acogiéndose a su poder interior. No culpabiliza, busca aprendizajes de las experiencias, soluciones, oportunidades de avance. "Si tú cambias todo cambia".

Tú y solo tú tienes el poder.

<u>Manipulando la pantalla de tu mente:</u> Cambia tus representaciones internas, miéntete.

Ej.: Sonríe aunque no te apetezca. Esto hace crear enlaces bioquímicos en tu cerebro que te ayudará a avanzar.

Aumenta el volumen de los mensajes positivos y quítale luz y sonido a los mensajes negativos.

Halla la oportunidad y aprendizaje de cada situación, todo lo tiene.

Eliminas palabras que te limitan, bloquean, contaminen, juzguen o critiquen. Cualquier palabra que tienda a evaluarte o encasillarte de forma que no te beneficie.

"No puedo, es difícil, es imposible, pero, quizás, debería, tendría, debo, ojalá".

Sustitúyelas por: "puedo, soy capaz, es posible, quiero, sé que lo voy a conseguir".

Cuando una palabra o pensamiento no apto para tu superación y bienestar, se cuele en tus pensamientos puedes usar estas estrategias:

Esta es mi mente, no soy yo... y acto seguido...

YO SOY……….. y te llenas de alabanzas.

Agradezco tu idea pero no la compro. Y dejas pasar el pensamiento debilitante.

Cancelo e ignoro. Y llevas tu mente a otro foco: hablar con un amigo, leer un libro, darte una ducha. Toda aquella actividad que haga cambiar el foco a la mente para quitarle fuerza y atención.

Evitar estados de zona de confort emocional tóxicos: a veces, determinados estados como la depresión o tristeza, ofrece beneficios a la persona que se siente con falta de cariño. Obtiene más atención por parte de los demás, compasión, atenciones y cariño. De manera que adoptan este forma de comunicación como estado de vida natural. Tanto es así, que han acabado sintiéndose tan cómodos en él, que forma párate de su personalidad. Es con lo que se identifican y van de almas en por la vida.

En otras ocasiones, tomamos el camino fácil dejándonos llevar por lo que nos pide el cuerpo, por la pereza, y sin querer hacer esfuerzo alguno para encontrarnos mejor.

Es imprescindible ser honesto con uno mismo para descubrir para qué nos seguimos manteniendo en una misma situación.

¿Realmente no te beneficia o te está beneficiando por algún lado? ¿Qué ocurriría si siguieras en esa misma situación? Cómo te verías de aquí a 1 año? ¿Y si produjeras el cambio? ¿Cómo te verías en 3-6 meses?

Salir de la zona de confort ayuda a avanzar, a ser más resolutivo y creer en uno mismo gracias al salto que se produce. Salir de una zona confort nos sitúa en una situación de cambio donde empezamos a tener sentimientos y experiencias diferentes al dejar atrás las rutinas conocidas y enfrentarnos a nuevos retos, lo desconocido. Acogemos la incertidumbre venciendo nuestros miedos empoderándonos a nosotros mismos.

Salir de la zona de confort es realizar actos diferentes a los habituales como por ejemplo: habar con 3 desconocidos ese día. Invitar a un café a una vecina que saludas pero conoces, aléjate durante un tiempo de personas con las que no te sientes bien, llamar y reconciliarte con un familiar con el que te distanciaste por una discusión, ir al cine solo, salir a caminar, apuntarte a alguna actividad, apagar tu móvil durante unas horas, considera otras ideas de negocio o cambio de trabajo, vive solo durante 1 mes, tira lo que no uses hace 2 años o esté roto o desgastado, prueba cosas diferentes......

<u>Encuentra lo que te apasione, disfruta:</u> la pasión mueve montañas, nos hace sentir vivos. Haz las cosas porque quieres, porque lo desea, porque te apasiona, hazlo por tu bienestar.

Valorando las pequeñas cosas, los pequeños actos puedes encontrar un mayor disfrute. Sintiendo lo que te hace bien y no pasan para ti las horas del reloj realizando esa actividad, no te cansa, encontraras tus pasiones.

Las obligaciones te las autoimpones tú.

¿No crees que ya es hora de cambiar obligación por pasión?

¿Cuáles son tus pasiones?

Apasionarse es un pasaporte hacia el éxito.

Actúa: sin acción no hay reacción. La acción es el cable de todo cambio. Toma las riendas de tus emociones y tendrás las riendas de tu vida.

Activando tu mente y tu cuerpo: la lectura para el pensamiento y lo focaliza en ella, al igual que el habla. Evita hablar de tu emoción negativa, lo que se repite se acentúa.

Sal de la casa y ejercítate. Camina recto y a paso ligero.

Dúchate o date baños de agua fría, esto activará tu organismo.

Alquimia de las emociones

Una emoción es algo que nos mueve de nuestro estado habitual, llevándonos a la acción. Las emociones constituyen un proceso de adaptación del ser humano. Se pueden reconocer y gestionar, controlarlas y regularlas para guiar el pensamiento a la acción. No podemos elegir las emociones ni se puede concretar qué emoción activará un pensamiento pero si se puede elegir sobre qué pensar y sobre todo cómo actuar.

> Realizamos la alquimia de una emoción cuando la sentimos, detectamos (le ponemos un nombre) y aceptamos dejándola estar, normalizándola.

Toda emoción encierra una intención positiva. Suponen una llamada a la acción. Si hacemos buen uso de ellas se convierten en palancas que impulsan cambios profundos en nuestra vida. Si es negativa solo la usaremos para lo que nos beneficie pero no la prolongamos en el tiempo convirtiéndola en un sentimiento.

Es importante destacar que emoción y sentimiento no responden al mismo patrón. La emoción dura unos segundos. Al dejarla crecer y perdurar en el tiempo, se convierte en sentimiento. Es por ello que debemos de ocuparnos para manejar nuestras emociones y estados.

Es el caso de la tristeza (emoción) cuando nos abandonamos a ella creando un sentimiento (tristeza profunda) que puede desembocar en una patología como es la depresión.

No hay sentimiento sin emoción ni emoción sin pensamiento.

Emoción: tristeza   Prolongación en el tiempo
Sentimiento: tristeza profunda.

La emoción se genera por la interpretación de los hechos y está influida por el observador que cada persona es. Según tú interpretes la soledad, así serán tus emociones o sentimientos. Si identificas la soledad como algo triste, tenderás al hundimiento, abatimiento, pero si identificas la soledad como un proceso de reflexión, autoconocimiento, calma y bien estar con uno mismo, la emoción que te producirá será placentera. Tú eliges qué pensamiento ha de venir a tu mente cuando estás en un momento de soledad. Tú eliges si sentirte solo o simplemente estar solo.

Pensamientos sanos = sentimientos
sanos = experiencias sanas.

Pensamientos negativos = sentimientos
negativos = experiencias negativas.

No hay sentimiento sin emoción
ni emoción sin pensamiento.

Sentimiento = emoción + pensamiento.

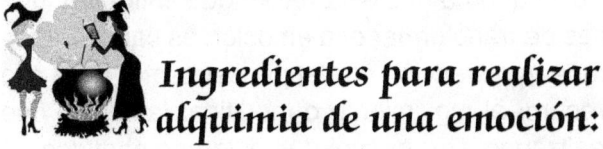
Ingredientes para realizar alquimia de una emoción:

Mario Alonso Puig, prestigioso brujo experto en el conocimiento del cerebro y la salud emocional, asegura que una estrategia fundamental para gestionar las emociones es el entrenamiento de la fortaleza mental. Y una de las maneras mas efectivas de ejercitarla es activando la sonrisa. Cuando lo hacemos, aunque sea de manera forzada, al cabo de un rato nos sentimos muchísimo mejor. Esto es consecuencia de la información que capta el cerebro de los receptores faciales.

El cerebro esta constantemente queriendo averiguar lo que nos trasmite nuestro rostro. Este caudal de información es continuo y tiene un gran impacto sobre nuestras emociones. Puig pone como ejemplo el efecto que tiene el botox al bloquear el músculo corrugador de la frente. Cuando alguien frunce el ceño, la expresión típica de enfado, preocupación o tristeza, el cerebro recibe más mensajes negativos que provocan una emoción similar. Al inmovilizar los músculos faciales, el botox impediría a la persona hacer ese gesto y con ello el sentimiento de enfado, tristeza o angustia no tendría sustento y se diluiría.

Con el gesto de sonreír pasa lo mismo. Engañamos al cerebro y las emociones que no nos producen bienestar se trasforman. Si el rostro está alegre, el cerebro cree que debe actuar en consecuencia.

Otra forma de entrenar la mente para transformar una emoción es cambiando el foco del pensamiento, ya que la emoción responde al pensamiento.

Cuando mantenemos un pensamiento negativo que genera una emoción que no nos está haciendo sentir bien, una de las formas de transformar esa emoción es cambiando a lo que le ponemos atención con el pensamiento. Para ello podemos recurrir al movimiento o modificar la acción que estamos realizando. Por ejemplo: si estamos abatidos en la cama tristes por algo que nos ha ocurrido, una forma de parar esa sensación es levantarnos de la cama y dar un paseo, leer un libro, ir a hacer deporte o ver a un amigo.

¿Para qué nos sirven las emociones?

La felicidad

Nos hace sentirnos plenos, llenos de vida. Nos motiva a seguir adelante con más fuerza.

La tristeza

Nos ayuda a gestionar la pérdida, a expresar nuestro dolor, a que éste vaya desapareciendo paulatinamente.

La ira

Nos permite expresar nuestro enfado, nos activa ante las injusticias y nos ayuda a conocernos mejor.

El miedo

Nos sirve para estar alerta ante los peligros, nos hace ser precavidos para protegernos, reaccionar o huir.

Todas las emociones son necesarias para la vida. No hay emociones buenas o malas siempre que estas se sientan en límites normales. Por ejemplo: la tristeza es una emoción que nos ayuda a sanar nuestro dolor pero si la llevamos al extremo se convierte en una tristeza profunda que puede desembocar en una patología que nos limite como es la depresión. Al igual pasa con la alegría, llevada a su extremo se convierte en manía, pero en márgenes normales es una emoción que nos proporciona felicidad y bienestar.

Trucos de magia para regular nuestras emociones

Realizamos la alquimia de una emoción cuando la sentimos, detectamos (le ponemos un nombre) y aceptamos dejándola estar, normalizándola. Los pasos a seguir para poder gestionarla son :

Reconocerla

¿Qué sensación llega a mi? Identifico y describo la emoción, le pongo nombre a lo que siento.

Comprenderla

¿Por qué me siento así? ¿Cuál es la causa? ¿Qué espero conseguir con ésta emoción?

Aceptarla

Observo mi emoción y la acepto sin juicio y sin sufrimiento. Aceptar la emoción que nos embarga significa transformación. Aceptar nos mantiene en el momento presente, nos induce a hacernos responsables de nosotros mismos y nos induce al cambio. La no aceptación provoca una lucha interna que nos bloquea y desestabiliza.

Expresarla

Es la forma en la que tras reconocer, conocer y aceptar que esa emoción esta en mi, la suelto, la dejo ir , equilibrándola. Consciente de lo que siento, decido como comportarme. Es importante saber expresarla para que el cuerpo no grite (somatice) lo que la boca calla.

En definitiva, mi amado aprendiz de brujo, toda emoción llevada a su extremo nos limita. No hay emociones buenas o malas si están reguladas en los márgenes adecuados. Aprender a gestionaras crea un mayor bienestar en nuestras vidas. Sólo depende de nosotros.

Quinta parte

CONSTRUYE TU PÓCIMA

Construye tu pócima

Toma de acción en el sentimiento de soledad

¡Enhorabuena por tu esfuerzo y haber llegado hasta aquí, mi amado aprendiz!

Serás una fuerza del bien y un brujo muy importante. Ya estás listo para realizar tu primera y grandiosa pócima.

 **Ingredientes para la pócima:**

Pellizcos de Sopa para la vida: son frases enigmáticas que van apareciendo durante la lectura. Nos servirán como reflexión y al recordarlas como sostén en nuestra alquimia del pensamiento.

Trucos de Magia que mueven mis sentidos: Nos orientaremos con los trucos de magia para hacer un cambio de estrategia de lo usado habitualmente, poniéndonos en marcha para conseguir el objetivo que nos propongamos.

Los cambios solo se producen por impacto o por repetición así que en este caso usaremos las herramientas de repetición que hemos ido practicando durante la lectura:

Palabras potenciadoras: son palabras o frases potentes que generan una emoción positiva. Al decírtelas repetidamente tienen tal impactos en ti que te impulsan a la acción produciendo el estado o cambio de deseas.

Se realizan en primera persona singular del presente, como si ya hubieras alcanzado el estado deseado, y en positivo. "Yo SOY….YO quiero…."

Tras usar tu varita, ordénalas según le des mayor importancia y otorga el nº 1 a la que consideres con mayor prioridad.

Repítela diariamente durante una semana y escríbela en aquellos sitios donde te sea fácil recordarla (agenda, espejo del baño, post It en frigo, etc.).

*Cáscara de nueces, paja de trigo, pétalos en
mi camino palabras a mí mismo crean mi destino.*

Hechizos: es nuestro deseo que enviamos al universo. Si es posible, debemos pensar algo específico y cuantificable. Enunciarlo en positivo (el universo no entiende el NO) y actúa como si ya lo hubiéramos obtenido. Finalizamos el hechizo dando las gracias tres veces.

Según la ley de la atracción: atraemos lo que está en nuestra mente.

Estamos atrayendo, manifestando, y creando nuestra realidad en todo momento, cada día, a través de lo que sentimos y pensamos.

Cuando tenemos un pensamiento, el universo responde a él y a la intensidad de la emoción (vibración) que lo genera, y es así como empieza el proceso de atracción y manifestación en tu vida.

Foco en el pensamiento positivo + intensidad del sentimiento = manifestación del deseo.

Patas de cabras, murciélagos tuertos, tripas de monos, arañas bizcas, ojos de sapo, visión de búho, mi pensamiento crea la realidad, mis palabras la potencian, el universo la manifiesta, cuando yo cambio todo cambia y repito sin cesar......

Sopa para la vida
Ingredientes:

Maestro, ¿por qué ahora siento más dolor que antes? Será porque ahora elegiste la cura en lugar de la anestesia.

1. Ponte en marcha. Primero un pie y luego el otro. Lo que necesitas irá llegando, pero actúa. Irás solucionando las barreras a medida que vayan apareciendo. Muévete, sin acción no hay creación. Tú puedes, prueba y verás.

2. La alquimia, la transformación se realiza desde dentro hacia fuera, no desde fuera hacia dentro. El día de hoy trabaja en ti mismo, y el resto de tu vida recogerás las recompensas.

3. Obsérvate, ¿Qué estás atrayendo a tu vida? Pregúntate si lo que estás haciendo hoy te enfoca al lugar en el que quieres estar mañana.

4. Activa los neurotransmisores de la felicidad. Dopamina: duerme de 7-9 horas, celebra logros a diario, ejercítate.

Oxitocina: medita, abraza, haz actos de generosidad.

Endorfina: practica hobbies, ríe, baila, canta.

Serotonina: disfruta de la naturaleza, recuerda momentos positivos, ama.

5. En lo que te enfocas se expande: enfócate en pensamientos agradables. La calidad de nuestra vida es el reflejo de nuestra mente.

6. Lo semejante atrae a lo semejante: atraemos lo que somos. Conviértete en la persona que deseas atraer a tu vida. Créate a ti mismo.

7. Las altas expectativas nos suelen defraudar. No esperes nada de nadie, disfruta del momento y la compañía.

8. Solo los que habían pasado por mi camino entendían de qué estaba hablando. Busca grupos de apoyo (asociaciones, redes sociales, webs) con situaciones similares a las tuyas.

9. Valórate, amate, empodérate aprendiendo a fijar límites y perder el miedo a decir NO y dedicándote tiempo. Tu religión es la de creer en ti mismo.

10. Hay una historia detrás de cada persona. Hay una razón por la cual actúan como actúan y son como son. Evita juzgarte y juzgar. Cada cual tiene un camino recorrido y por recorrer que como tú ha de aprender a transitar. No hay vidas perfectas. La perfección es una pulida colección de errores.

11. Superar el miedo a lo desconocido nos libera de la zona de confort. Nada que temer, cada semilla sabe cómo germinar.

12. No todo se puede controlar. Simplifica, si aprieta no es el camino, si fluye es por ahí.

13. Cuando perdemos el miedo a la soledad nos volvemos libres, como libres somos cuando mueren los apegos. Antes de permitir estar mal acompañados elegimos estar solos. Aprendemos con conciencia a saber a quién queremos a nuestro lado.

14. Tener, hacer, pensar y ser es el orden de la mayoría. En cambio en el orden del buscador, del mago es SER, PENSAR, HACER y TENER. Deepak Chopra.

15. Equilibra la vida profesional y personal. Lo que no cuidamos lo perdemos.

16. Evitar los problemas que necesitas afrontar, es evitar la vida que necesitas vivir.

17. La vida a veces duele, a veces cansa, a veces hiere, no es perfecta, no es coherente, no es fácil, no es eterna; pero a pesar de todo, la vida es bella. (Fragmento del film la vida es bella).

18. Si estás preparado, lo que buscas te estará buscando a ti y encontrarás a otra alma más afín que tu relación anterior y situación de vida actual. El universo conspira a tu favor cuando estás preparado para ello.

19. Cuando tienes una misión, un propósito, una meta, cuando aprendes a vivir en soledad sin sentirte solo, la soledad se vuelve una bendición.

20. Vivir desde el amor sin miedos hace que todo en la vida vaya llegando.

21. Si focalizas tu objetivo, y lo sientes como tal, no habrá nada que te pare. El éxito consiste en confiar en ti y creer que no hay nada imposible. La suerte la creas tú. Se construye con conciencia y atención.

22. Cuando alguien te diga que algo no se puede hacer recuerda que está hablando de sus limitaciones no de las tuyas. No te compares ni emitas juicios hacia ti mismo. Rodéate de quien te impulse avanzar.

23. Escúchate. Sigue tu corazón, tu intuición y no te equivocarás. Las vibras son reales, la intuición existe, la energía no miente. Cree en ti.

24. El cariño y el respeto si es condicionado, no es real.

Lo que se ama se mantiene con el cuidado diario. Las relaciones pasan por crisis pero si hay amor, respeto y comunicación la llama se puede volver a reavivar. Paciencia, FE, perseverancia y altas dosis de AMOR por ambas partes.

25. El propósito de vida es aquello que está en ti en forma de don, te apasiona y hace sentir bien en soledad pasando horas dedicándote a ello sin ser consciente de que el tiempo pasa. El propósito de vida no depende de circunstancias externas, sino solo y exclusivamente de ti.

26. Sé que es difícil soltar, sobre todo lo que ya nos soltó, pero es más difícil vivir amarrados a quien ya nos dejó.

27. Busca tu paz interior y encuentra tu esencia. Cuando lo hagas sentirás que a nada le temes, porque ya te has encontrado a ti.

28. Cuando todo te abandona, Dios está contigo. Y cuando Dios está contigo, apareces tú.

29. Atento a las señales. La vida nos va poniendo en el camino todo aquello que necesitamos saber y las personas adecuadas para nuestro proceso y entendimiento.

30. Somos energía vibratoria. Luz en un cuerpo humano con un poder interior que trasciende cualquier fuerza.

Tu magia está en lo que trasmites. Eleva tu frecuencia de vibración:

- Vive el presente. El pasado trae depresión y el futuro ansiedad. Tú no eres ni pasado ni futuro, tú eres AHORA.

- Perdona y perdónate: Libérate del lastre de los resentimientos, la culpa y el rencor.

- Vive con gratitud y ábrete a recibir más. La vida es aprendizaje.

- Desintoxícate: nutre tu cuerpo, tu alma y tu mente.

- Practica la coherencia: Alinea con tus principios y valores lo que piensas, sientes, dices y haces.

- Reparte amor y ayuda a los demás. El que más se beneficia es el que da porque no está en la necesidad de recibir.

- Escápate al campo y nútrete de la naturaleza.

- Aléjate de lo tóxico: la queja, el cotilleo, la envidia, negatividad...

- Limpia y ordena tus espacios: elimina aquello, objetos y ropas, que no uses o esté viejo o roto. El desorden, la suciedad y la acumulación de objetos que no uses bajan tu nivel de energía.

- Recuerda todas las cosas que has conseguido y has superado. Si pudiste una vez lo harás más. Cree y confía en ti.

- Medita, busca espacios para tu reencuentro.

- Invierte en ti. Trabaja el proceso de la Magia de la Soledad y renace a tu nueva vida. Cuando tú cambias todo cambia.

Dale la vuelta a la tortilla

Un estímulo (sentirse solo) genera un pensamiento (interpretación de lo percibido por nuestra mente) que desencadena una emoción (conjunto de respuestas neuroquímicas y hormonales que nos predisponen a reaccionar de determinada manera. Ej.: tristeza. Esta emoción hace que podamos adoptar un tipo de comportamiento (apatía, desgana) y este comportamiento genera un resultado (aislamiento, mayor hundimiento).

En nuestro ejercicio veremos cómo cambiando las preguntas que nos hacemos ante un mismo acontecimiento, nuestros resultados se transforman.

Para ello usaremos: Pensamiento, emociones, comportamiento / acciones y resultados que obtenemos con todos ellos.

El ejercicio consiste en poder percibir dos visiones de la vida: la visión o situación actual A y la visión o situación deseada B, habiendo marcado previamente el objetivo que queramos conseguir.

¿Estás preparado? ¡Come On!

Lado de la vida A:

<u>Objetivo:</u> es aquel estado o cambio relevante y prioritario que deseas alcanzar.

Coge tu varita y escribe el objetivo que deseas conseguir:

Ej.: Deseo sentirme bien cuando me siento solo.

Objetivo: ¿Qué deseas conseguir?

....
....
....
....

<u>Pensamiento / creencia limitante:</u> es aquella verdad que considera como absoluta y forma parte de tus creencias aprendidas o adquiridas que nos llevan a tener un determinado tipo de pensamiento.

Coge tu varita y escribe tu pensamiento o creencia que te impida conseguir ese objetivo:

Ej.: Creo que la soledad es mala y si estoy solo es porque me lo merezco.

Pensamiento o creencia limitante ¿Qué pensamiento te impide llegar a ese objetivo?

....
....
....
....
....

Emoción: es aquel estado de ánimo que te hace sentir de una determinada manera.

Coge tu varita y describe cómo te sientes cuando tienes esos pensamientos.

Ej.: Me siento triste y desesperanzado. Me hundo.

Emoción ¿Cómo te sientes cuando piensas así?

....
....
....
....

Comportamiento: es aquella reacción que tienes cuando piensa y sientes según la interpretación que hace tu mente del momento en el que estás viviendo.

Coge tu varita y describe cómo te comportas cuando te sientes así.

Ej.: A veces lloro. Otras me pongo a dormir o salgo a beber y evadirme.

Comportamiento / acción ¿Cómo te comportas cuando te sientes así?

....
....
....
....
....

Resultado de tu comportamiento: es lo que obtienes según has decidido comportante.

Coge tu varita y escribe tus resultados ante tu comportamiento.

Ej.: Me acabo sintiendo peor y me hundo más.

¿Qué consigues cuando te comportas así? es decir, ¿cuándo te comportas de esa manera qué resultados obtienes?

....
....
....
....

Enhorabuena, mi amado aprendiz de brujo. Sé que no habrá sido fácil. Recuerda que puedes contactar conmigo en cualquier momento.

Esta es nuestra primera visión de la situación en la que nos encontramos. Hacemos un resumen de nuestra primera visión llamada A.

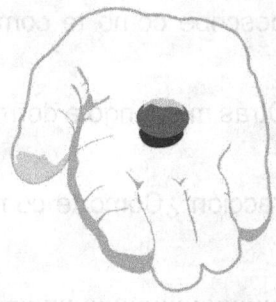

Resumen visión A

O. Deseo sentirme bien cuando me siento solo.

P. Creo que la soledad es mala y si estoy solo es porque me lo merezco.

E. Me siento triste y desesperanzado. Me hundo.

C. A veces lloro. Otras me pongo a dormir o salgo a beber y evadirme.

R. Me acabo sintiendo peor y me hundo más.

Coge tu varita y escribe tu resumen con los resultados de los apartados anteriores.

O..
....

P..
....

E..
....

C..
....

R..
....

Una vez conocida nuestra situación, damos la "vuelta a la tortilla" invirtiendo el orden de las preguntas y obteniendo otra visión, llamémosla B.

Lado de la Vida B.

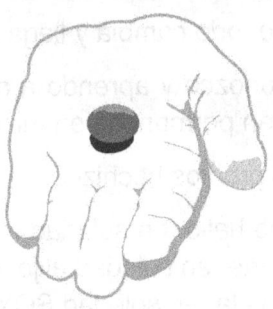

<u>Resultado que te gustaría obtener</u>

Coge tu varita y escribe el tuyo:

¿Qué resultados te gustaría conseguir que fuera diferente?, es decir ¿Qué resultado te gustaría conseguir para tu vida?

....

....

....

Comportamiento:

¿Cómo necesitas comportarte para conseguir ese resultado?

Puedes orientarte con lo aprendido en el manuscrito usando trucos de magia seleccionados durante la lectura, pensando en el tipo de comportamiento que podrías adquirir para conseguir el resultado deseado. También puedes hacer uso de la repetición de las palabras potenciadoras a ti mismo o la creación de tus propios hechizos.

¿Qué trucos de magia podrían serte útiles?

Ej.: Relativizo mi situación; Medito; Tomo conciencia de la emoción presente; Trituro la voz de Pepito Grillo; Actúo, Oigo cada mañana vídeos de motivación y crecimiento personal.

Creando palabras potenciadoras:

Ej.: La soledad es un estado interno que yo puedo cambiar.

Cuando yo cambio todo cambia y llega a mí lo que deseo.

En soledad me conozco y aprendo a amarme. Ahora soy yo quien elige quien permanece en mi vida

Construyendo tus propios hechizos

Ej.: En soledad me hallo, en soledad me descubro, en soledad me hago fuerte, en soledad elijo, en soledad me responsabilizo de mi vida, en soledad SOY.

Así es y que así sea GRACIAS, GRACIAS, GRACIAS.

Ahora es tu turno:

¿Qué trucos de magia podrían serte útiles?

(Revisa los trucos de magia del manuscrito que anotaste como preferentes y el capítulo de donde lo obtuviste).

....
....
....
....
....
....
....
....
....
....
....

Coge tu varita y construye tus propias palabras potenciadoras.

¿Qué frases te dirías a ti mismo que tuvieran tanto poder que te impulsaran a producir el estado que necesitas?

Realiza 5 frases en presente (como si ya hubieras alcanzado el estado deseado) y en positivo.

Ordénalas según necesidad o grado de importancia y otorga el nº 1 a la que consideres con mayor prioridad.

Repítela diariamente durante una semana y escríbela en aquellos sitios donde te sea fácil recordarla (agenda, espejo del baño, post it frigorífico etc.).

Cáscara de nueces, paja de trigo, pétalos en mi camino palabras a mí mismo crean mi destino:

1. ....
....
2. ....
....
3. ....
....
4. ....
....
5. ....
....

Crea tu propio hechizo, ese que a ti solo te vale.

....
....
....
....

<u>Sentimiento:</u>

¿Qué necesitas sentir o sentirte para comportarte de esa forma?

Ej.: Ilusión, confianza, ganas de superarme y vivir.

Siéntate y siente. Escribe qué necesitas sentir para comportarte de esa forma.

....
....
....
....

Pensamiento:

¿Qué necesitas pensar o decirte a ti mismo para sentirte bien?

(Puedes ayudarte con palabras potenciadoras a ti mismo).

Ej.: Sé que cuando yo cambio todo cambia.

Todo pasa, nada es permanente.

He superado otros momentos difíciles, este será uno más.

Me amo, me aprecio y me merezco lo mejor.

Las personas adecuadas llegan a mí y mientras tanto disfruto de mi soledad haciendo lo que me gusta disfrutando de mi propia compañía y la tranquilidad.

Yo y solo yo tengo el poder de cómo sentirme en cada momento. Yo tengo el poder de hacer de mí y mi vida la mejor versión.

Coge tu varita y crea tus propias palabras potenciadoras.

Cáscara de nueces, paja de trigo, pétalos en mi camino palabras a mí mismo crean mi destino:

1..
....
2..
....
3..
....

4..
....
5..
....

Muy bien, mi amado y potente mago blanco. Sé que no ha sido fácil pero estoy segura de que lo has hecho muy buen. ¡Enhorabuena!

Ahora, realizarás un resumen de los resultados de nuestro segundo punto de vista, visión deseada B.

Lado de la vida B:

Relativizo mi situación; Medito; Tomo conciencia de la emoción presente; Trituro la voz de Pepito Grillo; Actúo; Oigo cada mañana vídeos de motivación y crecimiento personal.

Construyendo mis propios hechizos:

En soledad me hallo, en soledad me descubro, en soledad me hago fuerte, en soledad elijo, en soledad me responsabilizo de mi vida, en soledad SOY.

GRACIAS, GRACIAS, GRACIAS.

Me digo palabras potenciadoras:

Me siento ilusionado, con confianza, con ganas de superarme y VIVIR.

Sé que cuando yo cambio todo cambia.

Todo pasa, nada es permanente.

He superado otros momentos difíciles, este será uno más.

Me amo, me aprecio y me merezco lo mejor.

Las personas adecuadas llegan a mí y mientras tanto disfruto de mi soledad haciendo lo que me gusta y disfrutando de mí.

Yo y solo yo tengo el poder de cómo sentirme en cada momento. Yo tengo el poder de hacer de mí y mi vida la mejor versión.

Coge tu varita y haz un resumen de la visión B.

Lado de la vida B:

....
....
....
....
....
....
....
....
....
....
....

Vistas los dos lados posibles de tu vida ¿Qué deseas elegir? ¿Tu visión A (pastilla azul) o tu Visión B (pastilla roja)?

¿Cuál eliges?

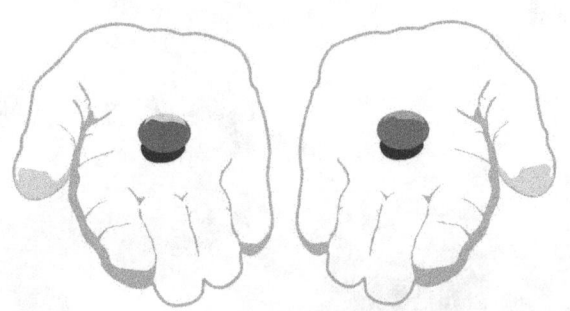

¿Estás dispuesto a pagar el precio para conseguirlo?

Píldora azul: sigue así pero recuerda que tu tiempo, ese regalo de la vida, es limitado.

Píldora roja: estás dispuesto a despertar y realizar el cambio.

Plan de acción del mago:

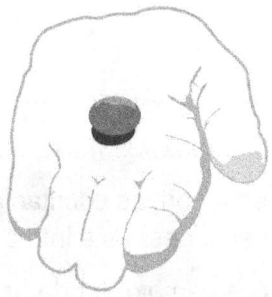

Si tu elección fue la píldora roja, ¡Enhorabuena! Estás en el lugar adecuado.

¿Qué sientes ahora al oír la palabra soledad? ¿Qué es la soledad para ti?

....
....
....
....

El siguiente paso para retomar tu poder interior es pasar a la acción.

Ahora es el momento de recolectar todos los ingredientes para tu pócima. Deberás releer los trucos de magias del manuscrito y seleccionar con calma, cual te han llegado más al alma, cuál te resuena más para poder llevarlos a la acción.

Nombra 3 recursos o herramientas de los que dispones a día de hoy para dejar de sentirte solo. ¿Cuál será el primer recurso con el que te comprometes poner en marcha? Señálalo con un círculo.

1...
....

2...
....

3...
....

Compara tu respuesta con las escritas al inicio del manuscrito y envíalas si así lo deseas a info@soniadeharo.com.

El número 5 significa cambio, fin de una etapa e inicio de otra. Nuestro plan de acción dura 5 semanas, aunque no olvides, mi amado aprendiz, que el aprendizaje de crecimiento personal dura toda una vida.

Para realizar nuestro plan de acción deberás escribir 5 trucos de magia de los descritos en el manuscrito que consideres te puedan ser más útiles.

5 palabras o frases potenciadoras que aporten pasión, movimiento, motivación a tu vida y un hechizo que de forma a tu deseo principal y vital.

Usaremos los 5 trucos de magia, una frase potenciadora a la semana que repetiremos a diario como un mantra y escribiremos nuestro hechizo en un lugar visible que podamos tener presente. Para poder recordarlo lo podemos escribir en el cristal del W.C., armario, frigorífico, agenda o zona donde te permita tenerlos presentes y usaremos un anclaje tipo anillo, cadena, llavero o similar que podamos llevar con nosotros y nos haga recordar que debemos repetirnos el hechizo y la frase potenciadora.

Nuestra elaborada y majestuosa pócima personal será puesta en marcha preferiblemente a primera hora de la mañana. Para ello, debemos coger fuerza y nutrirnos de energía realizando nuestra rutina matutina potenciadora de "La Magia de la Soledad" del plan de acción del mago preparando nuestro espíritu, mente y cuerpo.

Preparación del espíritu:

Nos levantamos agradeciendo el fantástico día que vamos a vivir y focalizamos nuestro pensamiento en situaciones agradables realizando una breve meditación donde visualizaremos el día deseado.

Realizamos nuestro hechizo de la semana, aquello que deseamos conseguir y sentimos que ya está en nosotros. Cerramos el hechizo dando de nuevo las gracias.

GRACIAS; GRACIAS; GRACIAS.

Sonreír es nuestra identidad a cada paso que damos.

Preparación de la mente:

Mientras preparamos el desayuno o en la ducha repetimos nuestras palabras potenciadoras.

....

....

....

Puedes usar el trayecto al trabajo videos audibles motivacionales o de crecimiento personal para afianzarte en el cambio que te has propuesto. Puedes encontrarlos en "YouTube". Autores como Mario Alonso Puig, Tony Robbins, Louise Hay, Deepak Chopra, Nick Vujicic, Mercé Roura, Alex Rovira, Yokoi Kenji, Vanessa Martínez, Victor Küppers, Borja Villaseca, Covadonga Pérez Lozano, Emilio Duró, entre otros, y mi compañía pueden tenderte una mano con sus conocimientos y palabras, aquellas que te ayudarán seguir avanzando a lo largo de tu día a día y camino evolutivo.

Tener presentes, por escrito, los trucos de magia a usar durante todo el día, que podrás ir variando según te vayan funcionando.

1..

2..

3..

4..

5..

Preparación del cuerpo:

Desayuno energético:

1 vaso de agua caliente con limón.

½ taza de avena con leche desnatada sin lactosa.

Un café o té al gusto.

50-100gr de salmón ahumado o aguacate con queso fresco en una rebanada de pan integral.

Será parte de la rutina y transformación diaria del mago el ejercicio, a ser posible de alta intensidad, 3 días a la semana 1 hora después del desayuno.

Sustituir a diario el ascensor por la escalera. Andar con la espalda erguida y barbilla en alto manteniendo un paso ligero.

GRACIAS; GRACIAS, GRACIAS por llegar hasta aquí y haber terminado el primer paso que te otorga la categoría de la potente y maravillosa persona que eres con la distinción de futuro brujo, maestro de maestros.

Has hecho un trabajo grandioso. Sabía que podía confiar en ti.

GRACIAS; GRACIAS; GRACIAS.

¡Te espero!

*Con amor,
Sonia.*

Si crees que este manuscrito te ha inspirado algo de valor a tu vida, me gustaría que me dejaras una reseña o crítica constructiva en Amazon o a través de mis enlaces de contacto.

Será un honor escuchar tu opinión y haré un regalo por ello a los 100 primeros magos que contacten conmigo. Mi agradecimiento es infinito.

Redes sociales:

La Magia de la Soledad

https://www.pinterest.es/SeoSocialWeb/pinterest/

https://www.facebook.com/sonia.deharo.92

https://www.instagram.com/sonia.deharo/

https://twitter.com/search?f=users&q=sonia%20de%20haro

Puedes visitar www.soniadeharo.com, escribir a info@soniadeharo.com o contactar con 0034-633309629 para lo que necesites. Te acompañaré a vivir la vida a tope.

¡Regístrate y obtén contenidos y ofertas exclusivas!

Sesión gratuita de coaching al adquirir el manuscrito de la magia de la soledad.

Descuentos en talleres presenciales intensivos.

Participación en las presentaciones de libros.

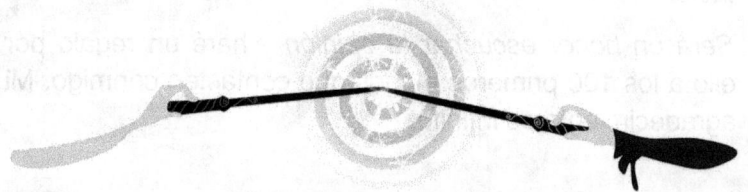

www.ingramcontent.com/pod-product-compliance
Lightning Source LLC
Chambersburg PA
CBHW071704160426
43195CB00012B/1565

Heaven's Language

As It Pleases God ®

Copyright © 2024 by Dr. Y. Bur. All rights reserved.

Visit www.RoarPublishingGroup.com for more information. No part of this publication may be reproduced, stored in a retrieval system, or transmitted in any way by any means, electronic, mechanical, photocopy, recording, or otherwise, without the prior permission of the author, except as provided by USA copyright law.

Book design copyright © 2024 by R.O.A.R. International Group. All rights reserved.

R.O.A.R. Publishing Group
581 N. Park Ave. Ste. #725
Apopka, FL 32704
www.RoarPublishingGroup.com

Published in the United States of America
ISBN: 978-1-948936-66-8
$22.88

Send *As It Pleases God* ®
Book Series and *Workbook* Testimonies, Donations, Questions, or Orders to:

Dr. Y. Bur
R.O.A.R. Publishing Group
581 N. Park Ave. Ste. #725
Apopka, FL 32704
ROAR-58-2316
762-758-2316
Dr.YBur@gmail.com

Visit Us At:
@AsItPleasesGodMovement
AsItPleasesGod

DrYBur.com
AsItPleasesGod.com

Please Donate

Please DONATE to this *Missionable Movement of God* as a GIVE-BACK to the Kingdom. Thanks for your support. Many Blessings.

AIPG Donation Link

Scan to Pay

As It Pleases God

ASITPLEASESGOD.COM

Available Titles

ASITPLEASESGOD.COM

Table of Contents

Introduction 11
Chapter One 15
   The STRAY Sheep 15
      The Give-Back 17
      The Sheepfold 19
      The Puzzle 20
      What God Hates 22
      The Power of the Tongue 26
      The Journey 28
Chapter Two 31
   Spirit and Truth 31
      The Divine System 33
      The Word of God 34
      Divine Reflection 35
      Moving Strong 37
Chapter Three 41
   Walking The Walk and Talking The Talk 41
      The Pimp Mentality 42
      Tablet of the Heart 44
      The Human Profile 45
      Stay Ready 48
      Charactorial Funnel 49
Chapter Four 51
   Divine Teachable Moments 51

    Cain's Teachable Moment 57
    Joseph's Teachable Moment 67
    Moses' Teachable Moment 80
    King David's Teachable Moment 86
    King Solomon's Teachable Moment 92
    Jonah's Teachable Moment 96
    Samson's Teachable Moment 101
    The Wrap-Up 107

Chapter Five 109
    Remaining Neutral 109
    The Reversal 112
    Cracking Open Heaven 114
    What Is Not Being Said 117
    Invisible Edifices of the Psyche 118
    Understanding The Mind 122
    The One-Up 124

Chapter Six 131
    Dualism 131
    The Unseen 136
    Divine Transformative Process 140
    Delayed Silent Treatment 142
    Placing a Spiritual Demand 161

Chapter Seven 175
    The Hole In Holiness 175
    The Benefit 178
    Divine Growth 179

Stunted Growth	186
Divine Intelligence	189

Chapter Eight 197
   Kingdom Levels 197
      Seal of Guarantee 199
      The Mission 202

Chapter Nine 205
   The Encryption of Love 205
      The Choice 206
      The Bypass of Fruits 208
      Soul Ties 212

Chapter Ten 219
   What Are We Missing Here? 219
      God's Promises 224
      The Missing Reasons 230
      Out of Service 234
      In Service 240

Chapter Eleven 247
   Heaven's Language 247
      The Difference In Languages 251
      Heart Posture 259
      To The Letter 263
      Divine Communication 266
      The Holy Spirit 268

Chapter Twelve 275
   The Triple-Braided Cord 275

The Golden Rule 278
The Mindset 279
Joined and Knitted Together 283
Understanding Spiritual Boobytraps 293
Divine Provisions 299

www.DrYBur.com

Introduction

The Spiritual Language of the Heavenly of Heavens is trying to speak. Now, the question is, 'Are you listening?' 'Are you hearing correctly?' Here again, 'Do you want to hear Heaven's Language for real, for real?' If the answer is 'yes' to any of these questions, then this book is written to help you tighten the *Triple-Braided Cord* before possessing what rightly belongs to you or to maintain what you already have.

What if our game is already tight and needs no extra assistance? Then, congratulations to you and yours. However, for those who desire to become honest with their reality and who desire to become tightly knitted and unshakable, *As It Pleases God*, let us unveil the kryptonic residue hidden in our cultural norm.

As we all know, our cultural norms shape the way societies function, influencing everything from interpersonal relationships to broader social structures that are deeply embedded in traditions, beliefs, and biases. When viewed from a Divine Perspective and through the Eye of God, our cultural norms can take on a transformative quality, revealing deeper truths about who we are, why we are, what we are not, and our connection to our Heaven on Earth Experiences.

Introduction

When feeding God's sheep, when rounding up *The Stray Sheep*, or when placing them in a Spiritual Fold, we must develop our communicative skills positively to carry the Weight of Glory in *Spirit and Truth*. Suppose we do not develop in this area. In this case, we will find ourselves rubbing people the wrong way or placing a great divide where there should be UNITY.

In addition, we will also encounter people disregarding our abrasiveness or people avoiding us to prevent further trauma, insults, or abuse. Above all, the moment they have a chance to get their lick back, they will vindictively take it, hitting below the belt and rocking us to the core! For this reason, we must master *Walking The Walk and Talking The Talk* to ensure we do not fall off our rocker when this happens or when our *Teachable Moments* present themselves.

In living our best lives, *Heaven's Language* does require us to remain neutral with certain people, places, and things to ensure we do not become biased in the area where we are getting Divine Downloads. In this book, you will learn when to hold, when to fold, and when to walk away based on your ability to understand the *Dualism* associated with the *Hole In Holiness* and the *Spiritual Elements of Love*.

Whether you find yourself loving the right or wrong way, loving the right or wrong person, or doing the right or wrong things, there is a LESSON hidden in them all. However, it is your responsibility to find it, understand it, align it, grow from it, and share it as a TESTAMENT for the next in line. Nevertheless, in doing so with the authenticity of *Heaven's Language: As It Pleases God*, you must understand the *Kingdom Level* needed to bring forth that DIAMOND from within or get your Spiritual Gold to flow properly.

Introduction

Now, the question is, *'What Are We Missing Here?'* We are missing our true selves! Unbeknown to most, we are *Diamonds In The Rough*, in need of Divine Cleansing and Reformation, *As It Pleases God*. What if we do not need cleansing or God's help? The truth is, according to our Genetic Makeup, we all have a little grunge or dirt somewhere, especially within the psyche. Regardless of whether it is hidden or open...it is there to TRAIN or PROTECT us! If we do not know this, it will hide from us, creating blindness, deafness, and muteness while making us dull, stiff-necked, and lukewarm.

Now, from the pews to the pulpit and anything in between, it is our responsibility to become PROACTIVE in this formational process and not reactive. How so? For example, we all know that a diamond cannot dig itself up, clean itself, or expose its valuable worth. As God would have it, it needs a proactive outside source to help. But in the waiting process, they are PREPARING and INCREASING their value until the time is right or they are discovered. Like clockwork with the Hand of God, we are no different!

We are the INVESTMENTS of the Kingdom of God, and we decide if we are worthy or not by our words, thoughts, beliefs, desires, actions, reactions, fruits, character, humility, and biases. In addition, it also determines our level of love, commitment, usability, and prestige in the Divine Unveiling of our Predestined Blueprint.

The bottom line is that we are here for a reason, and with the Divine Illumination from the Heavenly of Heavens, it will begin to expose the GREATNESS that is already. But still, amid all the fluff and smoke screens, you need to know what to do, how to do it, why you are doing so, where to do it, when to

Introduction

do it, and with whom, with a Divine Understanding from your Heavenly Father.

But do not worry; in this book, as Dr. Y. Bur, The WHY Doctor, my goal is to help you get your SECRET GOLD to flow in the right direction, releasing the sought-after Secret Treasures in Earthen Vessel and the emotional weight or value that is breathtaking.

So, if you are ready for your Divine Language from the Heavenly of Heavens to come forth as pure gold, transcending the human vocabulary, let us not waste time. And, whether you are precious metal, a gemstone, or both rolled into ONE, without further ado, I invite you to take my hand, *Spirit to Spirit*, as I bring you into a Spiritual Fold that will change your life, GUARANTEED.

Dr. Y. Bur

www.DrYBur.com

Chapter One
The STRAY Sheep

Do you consider yourself a sheep in the fold? Do you consider yourself one of *The Stray Sheep*? Are you requiring self-care, protection, or community? Are you seeking safety, nourishment, or replenishment? Better yet, are you a shepherd squandering your sheep? Or do you think the sheep are not in need of shepherding?

In this chapter, I will share profound information concerning *Heaven's Language* on how to expound on our *GIVE-BACK* to the Kingdom of God and how *The Sheepfold* connects to us Mentally, Physically, Emotionally, and Spiritually. More importantly, we are going to venture into unpuzzling *The Puzzle* of our lives, *As It Pleases Him*, to avoid *What He Hates*. While at the same time, understanding *The Power of the Tongue* and getting rid of *The Stray Sheep's* desires, positioning, mentality, or status.

In the day in which we live today, no one wants to be labeled as a sheep because they are seemingly obsessed with becoming the goat. Listen up; whether we want to become a goat, sheep, donkey, squirrel, or anything in between, it does not exempt us from doing what we were called to do. The moment we get into the mindset of becoming the greatest of all time without training or growth, we position ourselves to look like boo boo the fool the moment we open our mouths.

The STRAY Sheep

Is this not being a little insensitive? Absolutely not! I am not here to sugarcoat the truth; I am here to BREAK THE VEIL over the Mind, Body, Soul, and Spirit. Now, what is insensitive is not governing our mouths, thoughts, beliefs, and biases, only to inflict harm on the innocent, hurting, wounded, lost, or traumatized.

How do we bring about harm to others, especially when going for what we know? It is due to our lack of humility, the absence of self-control, unrecognizable selfishness, and a drive for dominance, power, or prestige with little or no home training or charactorial etiquette. Even if we are not the culprit, behaving badly, or we are not the ones hurting the innocent, and we get down with the okey doke without corrective measures, we are still accountable. Is this fair? If we have to ask this question, then it is fair indeed! Why? We all know right from wrong, and if we do not have the courage to stand for what is right, then we will receive our just portion. To be clear, I am not the JUDGE here; I am only the Divine Messenger.

In the Eye of God, we do not have to be the best of the best or the crème de la crème, but by golly, we do not have to treat God's sheep as if they are junkyard dogs or treat them like trash. Nor do we need to put down others to make ourselves feel better or superior to others. As the Tribe of Judah, the Root of David, in order to open the Spiritual Seals, we need Christlike Character to effectively lead in, out, around, and through the field of charted and uncharted territory with the Flock of God.

What is up with the animal metaphors? First, we as humans possess an animalistic nature, even if we pretend that we do not. Secondly, they are used to convey truth by painting a picturesque example in our mind's eye that we can relate to. Thirdly, animals do not deviate from their behaviors, characteristics, and roles in nature unless we, as humans, interfere. Fourthly, it is symbolically their give-back to the Kingdom of God that they never deviated from, like we have.

The Give-Back

So, my question to you is, 'What are you giving back to the Kingdom of God?' Is it something big, a little something, absolutely nothing, or is it all about you and yours and no more? Although we have free will in our give-back to the Kingdom of God, this is one of the reasons He deals with our heart postures through what we give, how we give, why we give, where we give, and to whom we give.

What do our heart postures have to do with giving? In the Eye of God, it gives us a bird's eye view of what and whom we are dealing with. More importantly, it is hidden in one of the Fruits of the Spirit called GOODNESS. If one does not know this, one will miss the lifesaving edifice or the backbone of the Spiritual Fruits. *"So let each one give as he purposes in his heart, not grudgingly or of necessity; for God loves a cheerful giver."* 2 Corinthians 9:7.

Above all, from the Heavenly of Heavens, and to be absolutely clear with giving back to the Kingdom of God, it is not just about money as we are conditioned to think! It is giving back your Mind, Body, Soul, and Spirit for the GOOD WORKS of the Kingdom.

Unbeknown to most, if we have a problem with giving, it is fair to say that we also have an issue with forgiving as well. How do we make this make sense? In the word forgive—it tells us exactly what to do. We must give something. If we hold on to whatever it is or is not, then REPENTING helps us to reverse the adverse effects of holding on to unforgiveness, grudges, bitterness, and hatefulness. Here is what Matthew 6:14-15 says, *"For if you forgive men their trespasses, your heavenly Father will also forgive you. But if you do not forgive men their trespasses, neither will your Father forgive your trespasses."*

The STRAY Sheep

What if they keep offending, abusing, or traumatizing us because we are so forgiving? Forgiving does not release them; it releases us from blocking the Treasures of the Kingdom. In my opinion, this is where most Believers lose their way or become a Stray Sheep. However, when using the Fruits of the Spirit and behaving Christlike gives us POWER to overcome and abound like no other.

What if we look like boo boo the fool for forgiving them? Then my question would be, 'Do you care about how you look to someone, or do you care about your soul?' In the Kingdom, it does not matter how you look to mankind; it is about how you see yourself and how God sees you! Forgive, release yourself from the negative emotions, and keep it moving in the Spirit of Excellence. *"And whoever will not receive you nor hear your words, when you depart from that house or city, shake off the dust from your feet."* Matthew 10:14. Does it really work? I am living proof!

As a Word to the Wise, the intangible GIFT of forgiveness or the formal forgiving give-back works wonders on the human psyche. So much so, that science has yet to discover its Supernatural Transformative Power according to the Heavenly of Heavens as of yet. Therefore, *"Be kind to one another, tenderhearted, forgiving one another, even as God in Christ forgave you."* Ephesians 4:32.

In addition, our give-back is also about giving our Spiritual Gifts, Talents, Creativity, and Service back to the Kingdom for the edification of the saints, sheep, or whomever God chooses, including *The Stray Sheep*. Is this Biblical? Absolutely! *"I have shown you in every way, by laboring like this, that you must support the weak. And remember the words of the Lord Jesus, that He said, 'It is more blessed to give than to receive.'"* *"Inasmuch as you did it to one of the least of these My brethren, you did it to Me."* Matthew 25:40.

The STRAY Sheep

What does all of this mean in applicable street language? It is not all about you! Your fruits are not for you...The moment you begin to consume your own fruits, the Cycle of Life reads you as a plague, attempting to chew you up and spit you out from within your very own psyche. How so? You will begin to turn on yourself while appearing right in your own eyes, while hiding the fact that you are imploding or about to explode.

The Sheepfold

In taking this matter a step further, a metaphorical sheepfold is basically our Spiritual Nesting Phase, designed to prepare us for our next phase. If one remains outside of it, the predators and victimizers are sitting and waiting for one of *The Stray Sheep* to venture out of their zone of safety.

In the Eye of God, the role of a Shepherd is to lead, protect, nurture, and care for their flock, mirroring how God interacts with us, *Spirit to Spirit*. Spiritual Leadership, or when providing Divine Guidance, is not for the faint at heart. Why? Life will test us to see what we are made of, and if we fake the funk...then our character will reflect likewise behind closed doors. What is the meaning of faking the funk? When we are pretending as if we are squeaky clean, while at the same time knowing that we need to bathe like everyone else.

John 21:15-17 shows us how serious *The Sheepfold* is in the Eye of God. *"So when they had eaten breakfast, Jesus said to Simon Peter, 'Simon, son of Jonah, do you love Me more than these?' He said to Him, 'Yes, Lord; You know that I love You.' He said to him, 'Feed My lambs.' He said to him again a second time, 'Simon, son of Jonah, do you love Me?' He said to Him, 'Yes, Lord; You know that I love You.' He said to him, 'Tend My sheep.' He said to him the third time, 'Simon, son of Jonah, do you love Me?' Peter was grieved because He said to him the third time, 'Do you love Me?' And he said to Him, 'Lord, You know all things; You know that I love You.' Jesus said to him, 'Feed My sheep.' "*

The STRAY Sheep

What if we do not know how to treat the sheep that are in a fold? We need to use the Fruits of the Spirit as a roadmap and behave Christlike. Everything else will fall into place based on this scripture: *"And let us consider one another in order to stir up love and good works, not forsaking the assembling of ourselves together, as is the manner of some, but exhorting one another, and so much the more as you see the Day approaching."* Hebrews 10:24-25.

What if we choose not to use the Fruits of the Spirit or behave Christlike? We have free will to use them or avoid them. However, we are still accountable for their use and the lack thereof. To be clear, our Spiritual Status, Understanding, Gifting, and our level of obedience or disobedience will determine the amount of accountability (such as little, moderate, high, or extreme accountability) in the Eye of God. My advice is always to do the right thing, even when it hurts, when we are rejected, when we feel ostracized, when we feel clueless, or when *The Puzzle* in life is extremely puzzling.

The Puzzle

Why do we have to deal with *The Stray Sheep*? For the record, we all were once a *Stray*. Thus, we should never turn our noses up a someone who is in this phase. Here is what Isaiah 53:6 says about this matter: *"All we like sheep have gone astray; we have turned—everyone—to his own way."* For this reason, we should NEVER dog someone out for taking a little stroll on the other side. The truth is that if we have not done so physically ourselves openly, we have definitely committed the act mentally or emotionally privately! This behavior is the reason why Romans 12:2 says, *"Do not be conformed to this world, but be transformed by the renewal of your mind, that by testing you may discern what is the will of God, what is good and acceptable and perfect."*

How is Romans 12:2 applicable to Believers who are being about our Father's Business and have it going on? Being about

The STRAY Sheep

His Business does not mean that we understand it in totality. Most often, we go with the flow or lie our way through it without admitting our puzzle is really puzzling, even if we love Him with all of our hearts. Nor does being about His Business mean that we selflessly operate *As It Pleases Him*.

Here is the deal: With Romans 12:2, the power of understanding the Spiritual Puzzle that keeps the Believer puzzled is hidden within the understanding of DUALISM. Once understood, *As It Pleases God*, our CONFORMITY and TRANSFORMATION will become better understood because it has our Spiritual Blueprint attached with specific instructions, allowing the Holy Spirit to help, guide, and correct us.

In all simplicity, in order to get to what is good, we will go through the bad, which are hidden within our Spiritual Tilling Process and Seasons. Without them, we are going to catch it royally! Why? It is where we are trained, taught, grown, nurtured, nested, pruned, and tested. No one, and I mean no one, is exempt from the Spiritual Tilling Phase, and everyone has the option to run from it due to having free will. Still, as our Predestined Blueprint would have it...We can run, but we cannot HIDE!

Secondly, to know what is acceptable, we must know what is not acceptable through the use and counterbalancing of the Fruits of the Spirit. For this reason, there is no SPIRITUAL LAW against their use. What does this mean? They WORK, and they are FOOLPROOF.

When living life or walking by the Spirit, *As It Pleases God*, here is what is required of us when it comes to acceptable characteristics of the Kingdom: *"But the fruit of the Spirit is love, joy, peace, patience, kindness, goodness, faithfulness, gentleness, self-control. Against such there is no law."* Galatians 5:22-23. If we know nothing about the Fruits of the Spirit, it is fair to say that our life's puzzle is really puzzling, even if we continue lying to ourselves. How can I make such a statement, right? For our Heaven on Earth Experiences to pan out as they should, there are certain character traits required of us. If we do not know what they are, then our life's puzzle will remain incomplete, with or without money, fame, fortune, or status. All of which occurs within the psyche of mankind, causing the straying to manifest itself, regardless of whether or not we understand, accept, or reject this process.

Lastly, to get to what is perfect in the Eye of God, we must know what He hates or what zaps His perfect works within us. For this reason, He provided an EXAMPLE for us through Jesus Christ. So, if our character is NOT lining up with that of Jesus, it means we have work to do.

What God Hates

What does God hate, especially when dealing with His sheep? Proverbs 6:16-19 shares exactly what will cause us to get a Spiritual Side-Eye from Him and what contradicts Christlike Character. They are:

- ☐ A proud look.
- ☐ A lying tongue.
- ☐ Hands that shed innocent blood.
- ☐ A heart that devises wicked plans.
- ☐ Feet that are swift in running to evil.
- ☐ A false witness who speaks lies.
- ☐ And one who sows discord among brethren.

We can pretend as if these things are copacetic in our neck of the woods, but according to Kingdom Standards, they are not. Nor can we pretend this is not happening among the brethren...it is happening, and we are normalizing it as if God is not watching.

The STRAY Sheep

As my reasonable service, allow me to Spiritually Dualize Proverbs 6:16-19, *As It Pleases God*. To be clear, I am not changing the scripture; I am only giving us an idea of Divine Expectations to bring forth our Divine Greatness through self-examination.

- ☐ Humility is expected with consistent values, getting rid of all jealousy, envy, pride, greed, coveting, and competitiveness.

- ☐ Stop lying or being deceitful with yourself and others. AUTHENTICITY is needed of us, especially when dealing with our Predestined Blueprint. Frankly, it keeps the lines from becoming blurred or seeing men walking as trees.

- ☐ Do not undermine the Word of God. ALIGN all things with it, and TEST the Spirit. Can we really test the Spirit? Absolutely! But, we must make sure we test our Spirit first. Why? If we are in the wrong Spirit or out of the Will of God, we can get the message or interpretation wrong. In my opinion, this is similar to having our wires crossed! So, beware!

- ☐ Avoid violent thoughts, words, actions, and characteristics, and speak POSITIVELY. We have the Spiritual Right to reject any negative seeds, period. Thus, we must know the difference between positive and negative words according to the dictionary and not according to our emotions, biases, or conditioning. Now, if one is not sure if a word is positive or negative, Google it! I accept zero excuses on this matter. Why? Free will disagreement, correction, or chastisement does not make a word or person negative...it is the context in which it is used. So, we should never confuse negative and positive connotations—just get an understanding of whether it is building up or tearing down.

- ☐ Avoid scheming, betraying others, or throwing people under the bus; BUILD THEM instead.

- ☐ Please do not destroy the lives of others or humiliate them. Pursue goodness, righteousness, and justice.

- ☐ Avoid disrupting the peace and unity of others. Bring harmony, love, and encouragement.

By using the Fruits of the Spirit and understanding what God hates, it cultivates a heart that aligns with His Divine Will. In addition, it also cracks open the Heavens with Divine Love, Hope, Justice, and Favor to feed His sheep.

The Divine Favor of God is among those who choose to put down the Spirit of Judgment and reach toward the higher calling of Christ Jesus. Once again, as I have said over and over, God will never send the answers to our Blessings the way we envision. Actually, He leaves room for judgment and rejection to cause us to forfeit what is designed to BLESS us with the Divine Unveiling, *As It Pleases Him*. For me, and for this very reason, I will advise that we leave no stone unturned and treat everyone kindly, leaving no one behind, wounded, or abused, especially on our watch.

When leading God's sheep, *As It Pleases Him*, here is a checklist of what is needed to Spiritually Guide while in a Spiritual Fold, sheepfold, or when straying, but not limited to such:

The STRAY Sheep

- ☐ Understand the ultimate goal or mission.
- ☐ Focus on clear, relevant, and concise content.
- ☐ Exude a commitment to them.
- ☐ Make sure to have pictorially sound information.
- ☐ Perfect your introduction and exit.
- ☐ Never leave your sheep hanging—BE CLEAR!
- ☐ Develop your storytelling skills.
- ☐ Share relevant examples or mental pictures.
- ☐ Humor is good to keep the sheep awake.
- ☐ Insulting sidebar jokes are off-limits.
- ☐ Make things interactive.
- ☐ Master the takeaway—the WHY of the story.
- ☐ Gain agreement with your sheep.
- ☐ Remain in control of your content.
- ☐ Do not apologize for sound information.
- ☐ Lead and speak with confidence, authority, and poise.
- ☐ Make sure your body language is on point.
- ☐ Ask questions, getting your sheep to think.
- ☐ Make strong eye contact with your sheep.
- ☐ Exude your passion and authenticity to help them.
- ☐ Let them know the benefits of what is in it for them.
- ☐ Make sure your positivity is known, leaving no room for doubt.

What if they feel left behind, wounded, or abused by us? When operating with integrity, good character, the Fruits of the Spirit, and this checklist, we have nothing to worry about. Why should we not worry? Once again, there is no law against the use of the Fruits of the Spirit. However, there are Spiritual Laws and Principles against all else...so, it behooves us to MASTER the use of the Fruits of the Spirit and govern our tongues accordingly.

The STRAY Sheep

Plus, if a mistake happens, we must repent, forgive, and clean up our mess to the best of our ability. Why must we clean up our own messes? If we do not, we will try to blame God and others for our recklessness or irresponsibility. Thus, we must try to use corrective measures with our words, thoughts, and deeds instead of leaving them as-is.

What do our tongues have to do with anything? Please allow me to answer this question with another. Is it not the tongue that exposes the contents of our hearts? Absolutely. Plus, according to Proverbs 18:21, *"Death and life are in the power of the tongue, and those who love it will eat its fruit."*

The Power of the Tongue

When our tongues override the Presence of the Holy Spirit with zero Spiritual Fruits attached, we can get ourselves in a pickle, putting a sour taste into the mouths of those we are entertaining. Remember, putting people, places, and things into their proper perspective is not the same as outright insulting others without asking fact-finding questions or having all the facts. More importantly, behaving recklessly with loose lips scatters the sheep, and God will not tolerate such recklessness, especially as Believers or when operating in His NAME. For this reason, *"Whoever guards his mouth and tongue keeps his soul from troubles."* Proverbs 21:23.

What if we do not need a sheepfold? When dealing with the True Shepherd, the sheepfold is required. Why? When we take an alternate route to override the Will of God or avoid putting in the work to become better, stronger, wiser, and Spiritually Tilling our own ground, *As It Pleases Him*, we are considered thieves and robbers for taking shortcuts. Clearly, I am not calling anyone names, so here is what the Bible says about this matter. *"Most assuredly, I say to you, he who does not enter the sheepfold by the door, but climbs up some other way, the same is a thief*

The STRAY Sheep

and a robber. But he who enters by the door is the shepherd of the sheep." John 10:1-2.

Do we not have free will to take shortcuts? Absolutely. However, taking shortcuts and the easy way out will cause our Spirit Man to short-circuit because we are Spiritual Beings having a human experience. How do we make this make sense? According to our Spiritual DNA, our Spirit Man must be developed from our human nature back to our Spiritual Nature. So when we take shortcuts, we miss the vital lessons needed to Spiritually Develop the Mind, Body, and Soul, *As It Pleases God.* As a result, we will begin to experience a cycle of déjà vu, repeating the same lessons with different characters.

Once we become disobedient, dull, or lukewarm in any cycle, our nature will become grafted into stealing, killing, and destroying people, places, and things Mentally, Physically, Emotionally, and Spiritually. Am I being a little judgmental? No judgment is intended, but John 10:10 says, *"The thief does not come except to steal, and to kill, and to destroy. I have come that they may have life, and that they may have it more abundantly."* All in all, when it comes to the sheepfold, we all have a choice:

- ☐ We have our way of taking life. *"But a hireling, he who is not the shepherd, one who does not own the sheep, sees the wolf coming and leaves the sheep and flees; and the wolf catches the sheep and scatters them. The hireling flees because he is a hireling and does not care about the sheep."* John 10:12-13.

- ☐ We have God's Divine Way of giving life. *"I am the good shepherd. The good shepherd gives His life for the sheep."* John 10:11.

The STRAY Sheep

According to the Heavenly of Heavens, *The Stray Sheep* belong to the sheepfold as well. Really? Yes, really! *"And other sheep I have which are not of this fold; them also I must bring, and they will hear My voice; and there will be one flock and one shepherd."* John 10:16.

We all have the right to equal justice and opportunity in or out of the Kingdom of God. Therefore, we cannot judge another man's journey because we do not know what God is using to train, prune, correct, mold, or protect us without Spiritual Discernment.

The Journey

If we live long enough, we will understand that life is indeed a Spiritual Journey, leaving no one without its touch. The difference is how we deal with it and whom we help along the way.

In the tapestry of our existence, what we do and how we respond matters in the Eye of God because it is interwoven with experiences that shape us and those around us for the Greater Good. Although there are stages, we are called to reflect, grow, and connect to God, ourselves, and others. Whether we are a stray, found, recovering, or established sheep, we will all have a story to tell. Now, if our story is not becoming the Testimony to help the next man, then what are we doing?

In our sheepestry (ancestral journey) lies an awareness, whether good or bad, joyous or painful, just or unjust, that serves a purpose. And it is our responsibility to challenge it and triumph over it. In the remaining chapters, with the Spiritual Anointing I have on my life, we (The Holy Spirit and I) are going to do the ultimate Spiritual Shakedown.

What can a Spiritual Shakedown do for Believers? It will give you Divine Insight from the Heavenly of Heavens to enrich your Spiritual Understanding of your Heaven on Earth

The STRAY Sheep

Experience in Earthen Vessel. These Divine Stepping Stones of your interconnectedness will deepen your appreciation of yourself and the woven fabrics creating your life, bringing forth your *Heavenly Language* with a sound and poise unlike any other.

As you progress in doing what you do, please take a moment to bring forth the Divine Light from within the core of your being, *As It Pleases God*. I promise that if you embrace this Divine Path according to your Predestined Blueprint, it will not disappoint you. How do I know? Ultimately, this is also my Spiritual Journey, and if you are joining me, *Spirit to Spirit*, and follow instructions...your SEAT at the Table is already prepared for your arrival.

Keep in mind that every Spiritual Journey is unique, woven from the multiple threads of our life experiences, failures, challenges, lessons, insights, struggles, revelations, growth, and triumphs. Nevertheless, we must become active participants in our NEXT, while adding God to our equational efforts. If not, life will continue with or without us, leaving us in a trail of dust.

When we prioritize God in all things, we can become guided by the Holy Spirit through the Blood of Jesus. Why is this so important for our Spiritual Journey? God has created Spiritual Systems, Concepts, Laws, and Precepts to work on our behalf. If we interject our own systems to override His, we will have issues at some point in our equational living.

Why would we have problems, especially when having free will? Taking God out of the equation of anything places us in a self-reliant position, causing us to trip up when we should be standing tall or standing tall when we need to exhibit humility. In my opinion, this particular mindset will cause us to rub God and others the wrong way. How so? Pompousness is a surefire way to invoke secret envy, jealousy, coveting, pride, and debauchery in those who despise us, wish ill will, or seek our demise. Plus, it affects our Spiritual Language in ways we may not understand.

Our verbal or non-verbal language says a lot about who we are without us having to say one word. Why is our language so important? Contrary to what most would think, listed below are a few things we should take note of when it comes down to our Spiritual Language:

- ☐ What we see affects our language.
- ☐ What we hear affects our language.
- ☐ What comes out of our mouths affects our language.
- ☐ What we think affects our language.
- ☐ Our perception affects our language.
- ☐ Our biases or culture affect our language.
- ☐ Our hidden or open traumas affect our language.
- ☐ Our denial affects our language.
- ☐ Our truth affects our language.
- ☐ Our Spiritual Gifts or Talents affect our language.
- ☐ Our Spirituality affects our language.
- ☐ Our Divine Destiny or Blueprint affects our language.

What is the purpose of knowing what affects our Spiritual Language? If we desire for *Heaven's Language* to come forth, we must master our Spiritual Language first. If not, the Heavenly of Heavens will not trust us with the Secrets, Mysteries, and Wisdom of the Kingdom of God.

Heaven's Language transcends beyond mere words, articulate vocabularies, poised pronunciations, and cultural contexts. It is a Divine Frequency going beyond human understanding that we should not play around with. Still, we all have the option to access it with the appropriate stewardship, *As It Pleases God*, and when operating in *Spirit and Truth*.

Chapter Two
Spirit and Truth

Are you living your truth, or are you living a form of truth? Are you content with lying to yourself, or have you come to expect and normalize lying to satiate your ego? Then again, are you comfortable with the truth about yourself, or would you prefer the lie instead? Now, the most important question of the day is, would you prefer to lie your way to the top or truth your way there? When it comes to speaking *Heaven's Language*, we must wholeheartedly answer these questions to ensure we are on the same page with the Heavenly of Heavens. Plus, we must have a profound WILLINGNESS to operate *As It Pleases God*.

When living by the Spirit of God, He requires us to operate in the SPIRIT and in the Spirit of TRUTH. Why must we operate in such a manner when having free will to do, say, and become whatever, whenever, whyever, wherever, and with whomever? Here is the deal: We have our will, God's Divine Will, and the will of mankind. And, yes, we do get to choose our path, but for the Elements of the Divine, we have Spiritual Prerequisites. If we opt out of them, we cannot partake of the DIVINE from the Heavenly of Heavens.

Why can we not partake of the DIVINE if we are outside of the Will of God? Unfortunately, the mismanagement and recklessness of Heavenly Secrets, Wisdom, and Treasures will do us more harm than good. How so? We will engage in tearing down the Kingdom instead of building it. Thus, we are BARRED from them and our Predestined Blueprint until we begin to Spiritually Align, *As It Pleases God*. However, we are allowed to build lesser kingdoms, but it is just not the Kingdom of Heaven. Nor can we speak *Heaven's Language* with Divine Authority that shakes us to the core.

What if we have it going on and operating in our Divine Purpose? I am not here to determine if someone has it going on or not. I am here to determine if what is going on is Godly or ungodly, righteous or unrighteous, good or bad, right or wrong, just or unjust, positive or negative, and so on.

Then again, in the Eye of God, just because we appear blessed outwardly does not mean we are operating *As It Pleases Him*. Nor does it mean we are operating at our full capacity, according to our Predestined Blueprint, and it sure does not mean we are in Purpose on purpose. Most often, we are lying to ourselves anyway! As a result, we operate in ways that seem right from our perspective but are not Spiritually Righteous, Astute, and Kingdomly.

How do I know about what seems right and what is actually right? Everything is hidden in our FRUITS. Please allow me to Spiritually Align: *"For a good tree does not bear bad fruit, nor does a bad tree bear good fruit. For every tree is known by its own fruit. For men do not gather figs from thorns, nor do they gather grapes from a bramble bush. A good man out of the good treasure of his heart brings forth good; and an evil man out of the evil treasure of his heart brings forth evil. For out of the abundance of the heart his mouth speaks."* Luke 6:43-45.

What is the pluralized makeup of our FRUITS? First, we have the option to use the Fruits of the Spirit. Secondly, we have the Fruit of our words, thoughts, desires, actions, reactions, conditioning, and traumas developing our character, along with our heart and mind postures. Thirdly, we have the

Spirit and Truth

Fruit of Duality, determining our level of obedience or disobedience, humility or rebellion, and so on, to create our own system, or to partake in *The Divine System*.

The Divine System

According to the Heavenly of Heavens, most people set out to beat the Divine System instead of working it *As It Pleases God*. Not realizing that the *Divine System* of God is foolproof. How so? Once again, it is through the Fruits of the Spirit. Here is the Spiritual Seal: *"Therefore by their fruits you will know them."* Matthew 7:20. Nevertheless, if we do not MASTER the Fruits of the Spirit, *As It Pleases Him*, we are going to miss or misjudge the presented fruits based upon our perception, conditioning, biases, thoughts, or emotions.

What if we are wise without God? Worldly wisdom and Divine Wisdom are not the same. Really? Yes, really. How would we know the difference? According to scripture, *"But the wisdom that is from above is first pure, then peaceable, gentle, willing to yield, full of mercy and good fruits, without partiality and without hypocrisy."* James 3:17. All else is questionable and must be Spiritually Tested.

Why must we TEST the Spirit in this matter? God will use anything or anyone to get a message to us, test us, train us, prepare us, or whatever. For this reason, we have a Spiritual Extracting and Converting System within us to decipher what is what and who is sent by whom. More importantly, living a life of good fruits makes this process easier, but it does not exempt us from lessons, tests, growth, deciphering, learning, and sharing. For this reason, 1 Thessalonians 5:21 says, *"Test all things; hold fast what is good."*

What if it is not good? We know where we stand, and we must still operate *As It Pleases God* without clueing them in on the fact that we have them pegged by their fruits. Instead, glean the lesson, wisdom, understanding, calibration, or whatever, and keep it moving in the Spirit of Excellence, being about our Father's Business.

On the other hand, if our Spiritual Fruits are not meeting Kingdom Standards or we are not being about our Father's Business, *As It Pleases Him*, then we have work to do, right?

The Word of God

How do we know the difference between operating *As It Pleases God* and operating to please ourselves? First, we must determine the truth versus the lie, which means we must expose ourselves to the Word of God. If not, we will begin making up stuff, having nothing to do with the Kingdom of God or our reason for being. Secondly, it will vary depending on our thoughts, actions, emotions, reactions, traumas, culture, and biases. The simplest way to pinpoint them is hidden within a few factors or by asking a few simple questions:

- ☐ Is it selfish or selfless?
- ☐ Is it exhibiting the Fruits of the Spirit or rotten fruits?
- ☐ Is it negatively consuming or positively liberating?
- ☐ Is it spoiling or edifying?
- ☐ Is it idolatrous or condemnatory?
- ☐ Is it rude, arrogant, or foul?
- ☐ Is it Christlike or worldly?
- ☐ Is it building or breaking down?
- ☐ Is it PLEASING or displeasing in the Eye of God?
- ☐ Is it thoughtful or thoughtless?
- ☐ Is it helpful or helpless?
- ☐ Is it proactive or reactive?
- ☐ Is it making us better or bitter?
- ☐ Is it fake or authentic?
- ☐ Is it initiating shamefulness or shamelessness?
- ☐ Is it forgiving or merciless?

Spirit and Truth

- ☐ Is it cruel or kind?
- ☐ Is it accepting or rejecting?
- ☐ Is it projecting fear or faith?
- ☐ Is it tarnishing or polishing?

We can go on for days with this list, but I am pretty sure this is enough to get the ball rolling in a positive direction. What is the big deal about using the above list? There is no big deal here, only Divine Illumination of the Word of God and what we are saying to ourselves when no one is looking.

Why do we need Divine Illumination, especially when we have been ENLIGHTENED as Believers? First, you must know this: *"You are the light of the world. A city that is set on a hill cannot be hidden. Nor do they light a lamp and put it under a basket, but on a lampstand, and it gives light to all who are in the house. Let your light so shine before men, that they may see your good works and glorify your Father in Heaven."* Matthew 5:14-16.

Secondly, you must also know that your light and Divine Illumination have different reflections in the Eye of God. What is the difference? One is Divine, and one is not! One has *Heaven's Language*, and the other does not! One has Spiritual Weight in the Kingdom of God, and the other does not. In Earthen Vessels, we all have access to both, and we can allow our normal light to become Divine Light. The *Divine Reflection* of how we see ourselves is needed to embrace both, *As It Pleases God*.

Divine Reflection

Why is it necessary for *Divine Reflection* as Believers? We are created in God's Divine Image, and if we do not see ourselves as such, we will self-destruct, especially when all we need is self-reflection and repentance to jumpstart our path toward Salvation.

In the *Divine Reflection* process, here is what we must know: Firstly, some need a guideline or paper trail to ensure they are on the right track with the Mind of God and from His Divine Perspective. And for the record, a Spiritual Elite in the Eye of God WILL leave a paper trail to transfer the Divine Mantle to the next generation. Why is documenting so important for Believers? We are only as good as our last words of documentation. If we do not document, the Seeds of Wisdom and Experience have a way of getting lost in the shuffle.

In contrast, the paper trail is a Divinely Illuminated path for those behind us to become better, stronger, and wiser. Is this Biblical? I would have it no other way. *"And they overcame him by the blood of the Lamb and by the word of their testimony, and they did not love their lives to the death."* Revelation 12:11. If we digress in this formality, we can create a disservice to those needing what we have to offer about how we overcame it.

Secondly, let us take it to scripture: *"If anyone among you thinks he is religious, and does not bridle his tongue but deceives his own heart, this one's religion is useless."* James 1:26. Then again, we also have *The Stray Sheep* who have not yet mastered DUALISM or understand how to reverse negatives to positives or convert a seemingly lose-lose to a win-win.

Thirdly, Divine Illumination of the Word of God is necessary to keep the Spirit of God and the Spirit of Truth flowing properly. If not, we can become deceived, resistant, stiff-necked, dull, and lukewarm while appearing right in our own eyes. Using the Bible as a sword to cut wounds into others instead of healing them, or *Moving Strong* according to Kingdom Standards and *As It Pleases God*.

Spirit and Truth

Moving Strong

The bottom line is that if we desire to Walk In The Spirit, *As It Pleases God*, we must understand that our movement is of the utmost importance to avoid moving wrong to embrace moving STRONG.

In *Moving Strong* in the Eye of God, we must remain sober-minded. Really? Yes, really! Romans 12:3 tells us: *"For I say, through the grace given to me, to everyone who is among you, not to think of himself more highly than he ought to think, but to think soberly, as God has dealt to each one a measure of faith."*

What is being sober-minded? It is becoming humbly-minded, Mentally, Physically, Emotionally, and Spiritually. For example, some people are humble outwardly, but their words, thoughts, emotions, beliefs, and biases are a force to be reckoned with. Then again, behind closed doors, when no one is looking, or when they are with their ace boon coons (their tribe), they let it all hang out, becoming double-minded in all their ways. Unfortunately, they are the folks who will switch up on us at the drop of a dime and are unstable in all their ways while consistently moving wrong. Why do they move wrong? They have become blind, deaf, or mute by the negative characteristics of envy, jealousy, pride, greed, coveting, and competitiveness, making them drunk on themselves, ungrateful, or outright selfish.

On the contrary, with sober-mindedness, we can balance our idiosyncrasies with the use of the Fruits of the Spirit, behaving Christlike, and self-correcting when erring through repentance, prayer, fasting, forgiving, and acknowledging our strengths and weaknesses with a work-in-progress mindset. Most of all, we are single-mindedly and gratefully CONSISTENT in our actions, thoughts, words, biases, and beliefs. In addition, we also focus on living in a way that reflects our deepest commitment to God, His Divine Will, and our Predestined Blueprint while *Moving Strong* for the Kingdom,

Spirit and Truth

As It Pleases Him, without losing the ability to be humorous and have good, selfless, and loving fun.

How is *Moving Strong* associated with fun? Most would think that God is uptight and serious all the time, but He is not! He is fun, and one would not know this if they did not develop a *Spirit to Spirit* Relationship with Him. Unbeknown to most, *Heaven's Language* is not serious all the time; it is penetrable all the time. Really? Yes, really! My greatest chapters are written through a Divine Word from the Heavenly of Heavens that made me chuckle. Plus, I do not hang around anyone who cannot make me laugh, period. I will kindly find an exit. Why? *"A merry heart does good, like medicine, but a broken spirit dries the bones."* Proverbs 17:22.

The bottom line is that good laughter is medicine for my soul. God knows this; therefore, He provides me with a little chuckle to get my mental wheels turning in the correct direction. Why would He make me laugh? I love to laugh, and sometimes, it is my CUE to document or capture what I am laughing about. So, before I produce on a level that most cannot with *Heaven's Language*, penetrating the core of the human psyche to bring forth the Spirit of Joy, He pours into me first, and I give it back to those in need of what I have to offer.

How do we make laughing make sense? In all simplicity, we are prewired to release certain chemicals that contribute to feelings of happiness, joy, and satiety, contributing to the flow of our *Heavenly Language*. Now, if we do not function on this Spiritual Level, we would not know the difference because our bodies will still function without it. On the other hand, those who do know and speak an authentic *Heavenly Language* understand the components of their DNA from a Spiritual Perspective.

How do we make our chemical makeup make sense when attempting to *Move Strong* as a Believer? We simply need to

Spirit and Truth

know what they are, especially when *Moving Strong* and when walking in *Spirit and Truth*. For example:

- ☐ **Endorphins** are referred to as 'feel-good' hormones to help relieve pain and promote a sense of euphoria. More importantly, laughter triggers the release of these hormones, which can elevate our moods and create a sense of joy.

- ☐ **Dopamine** is the neurotransmitter associated with pleasure and reward. Laughter can increase dopamine levels, contributing to feelings of happiness and motivation.

- ☐ **Serotonin** is our mood stabilizer, helping regulate our moods, anxiety, and happiness. Here again, laughter can boost serotonin levels, promoting a positive emotional state.

- ☐ **Oxytocin** is called the 'love hormone' that gets released during social bonding. Once again, laughter shared in social contexts can enhance feelings of trust and connection.

- ☐ **Cortisol** is a stress hormone and must be REGULATED. Too much can be dangerous for us, affecting our health, causing weight gain, sleep problems, high blood pressure, a weak immune system, mood changes, memory issues, concentration problems, digestive issues, hormonal imbalances, slow healing, skin issues, and osteoporosis. So, in this case, laughter reduces our level of cortisol, thereby lowering stress and promoting relaxation.

Spirit and Truth

Laughter is a GIFT to mankind. Without it, our lives can seemingly become a curse. Why? When life is lifing, laughter is medicine for the human psyche because it acts as a natural and enjoyable way to enhance our moods. In addition, it also fosters a sense of well-being by releasing these beneficial chemicals into the body temporarily.

Unbeknown to most, all that we need to keep our hormonal balances in check is hidden within the use of the Fruits of the Spirit. Really? Yes, really! I cannot promise a perfect bill of health, but I can GUARANTEE a perfect Bill of Peace from within the human psyche when using the Fruits of the Spirit and when behaving Christlike.

Why is moving strongly so important in the Eye of God? For some odd reason, Believers have become desensitized and blinded to their agendas and the agendas of others. How do we make this make sense? Simply put, the church is under a Spiritual Woe because our discernment faculties have been warped. How so? According to Isaiah 5:20, here is the Spiritual Woe: *"Woe to those who call evil good, and good evil; who put darkness for light, and light for darkness; who put bitter for sweet, and sweet for bitter!"*

Secondly, *"He who justifies the wicked, and he who condemns the just, both of them alike are an abomination to the Lord."* Proverbs 17:15. For this reason, if we do not Walk In The Spirit, *As It Pleases God*, we will 'get got' by the Spiritual Woes designed to zap our sanity and corrupt our character. So, let us go deeper into *Walking The Walk and Talking The Talk*, to ensure that we move strong, *As It Pleases Him*. Does it matter? Absolutely! If we do not walk or talk upright, we cannot think or get upright!

Chapter Three
Walking The Walk and Talking The Talk

Have you ever encountered a moment where your walk did not match your talk, or your talk tripped up your walk?   Better yet, have your walk set false expectations that have caused disappointment or loss that has brought shame to your name. Here again, let me ask another question: When *Walking The Walk and Talking The Talk*, what type of fruits are you leaving behind? Do you know? Do you care? Well, in this chapter, we are going to unveil how to *Walk The Walk and Talk The Talk* in a way that is PLEASING to God, using what you have in your hands to speak and take action.

The way we walk and talk says a lot about us and our Kingdom Status. Even if we are the best pretenders on Earth, our fruits will always rat us out. However, if we do not know what the Fruits of the Spirit are or how to use them *As It Pleases God*, we create a disservice to ourselves, others, and the Kingdom of Heaven.

Why do we become a disservice, especially when we are human and subject to error? We are held to a higher standard, and if we are behaving wretchedly among the brethren and with *The Stray Sheep*, our walk will become a slow strut like the Children of Israel walking in the desert in a circle, over and over. What is more, our talk will become really gibberish, qualmish, deceitful, or unpalatable, similar to the Tower of

Babel, causing the people, places, and things around us to scatter.

Moreover, if repentance and forgiveness do not occur or if we omit the use of the Fruits of the Spirit, a stumble is inevitable. Why would we stumble, especially when serving God faithfully? Faith or no faith, if our Spiritual Tools become rusty, our Spiritual Compass will be off, our Spiritual Senses will not work as they should, our Spiritual Instincts will become foggy, and our psyche will become bodacious, doing whatever, keeping us all over the place, Mentally, Physically, Emotionally, and Spiritually.

In a world where authenticity and integrity are highly valued, the last thing we ever want to do is to develop *The Pimp Mentality*. A mindset of exploitation, manipulative control, and superficial charm for personal gain can happen without us realizing it until we are in a Spiritual Chokehold, or our Bloodline is yoked to the core. So, let us talk about this...

The Pimp Mentality

In our rush to project confidence, success, and prestige, no one likes to be called a pimp or implicated as being one. To say the least, the mentality of one is among us in plain sight, doing us in and preventing our *Heavenly Language* from coming forth, *As It Pleases God*. What if we have our *Heavenly Language* already and do not have a problem in this area? Then congratulations!

My next question is, 'Do you have real Spiritual Power?' Wait, wait, wait, do not answer this question yet because a quick 'yes' is an automatic 'no' in the Kingdom of God. *"He who answers a matter before he hears it, It is folly and shame to him."* Proverbs 18:13.

What is the big deal here? I did not ask about Spiritual Power over what or with whom; therefore, a quick 'yes' should not be our answer. It should be a follow-up question of clarity and understanding. Listen, as Believers, we cannot violate the

Walking The Walk and Talking The Talk

free will of another. If we do, it is a Spiritual Violation according to the Heavenly of Heavens, and it is nothing more than witchcraft. Plus, when dealing with *Heaven's Language*, we need to know this; if not, we can 'get got' by the enemy's wiles, turning the church against itself or us against each other.

I am Dr. Y. Bur, the WHY Doctor for a reason, and we cannot get down with the okey doke when it comes to our Spiritual Power and Authority. Remember, God Almighty has an ALL-KNOWING POWER, and we are required once again to TEST the Spirit and ask fact-finding questions, especially when exuding Spiritual Power or Dominance over something or someone. Why? There is this one thing called being justified or unjustified. *"So then, my beloved brethren, let every man be swift to hear, slow to speak, slow to wrath."* James 1:19. Because *"The heart of the righteous studies how to answer, But the mouth of the wicked pours forth evil."* Proverbs 15:28.

The *Pimp Mentality* of Saul, the fast-talking demeanor of Jezebel, the soothing words of Delilah, and the superfluous ego of Samson have engrafted our Spiritual Walk with the worldly normality of adultery, idolatry, perversion, lust, abuse, and lies. Is any of this Biblical? I would have it no other way; plus, this is nothing new...the false prophets and empty oracles are doing the do on us.

What is doing the do? All it means is that they are pulling the wool over our eyes because we are not seeing clearly, we are not seeing straight, or we are engaging in folly as if God Almighty cannot see us for who we are. Here is what Jeremiah 23:14 says, *"Also I have seen a horrible thing in the prophets of Jerusalem: They commit adultery and walk in lies; they also strengthen the hands of evildoers, so that no one turns back from his wickedness."*

Walking The Walk and Talking The Talk

Tablet of the Heart

Why is *Walking The Walk and Talking The Talk* important for Believers? It helps us stay aligned with sound doctrine, *As It Pleases God*. How do we know the difference between what is sound and what is not? We must get into the Word of God for ourselves, *Spirit to Spirit*.

Listen, the Word of God is already written on the Tablet of the Heart of everyone, and once we align with our Heavenly Father, *Spirit to Spirit*, and cover ourselves with the Blood of Jesus as Spiritual Atonement, it allows our Spirit to become ONE with the Holy Spirit to bring forth what is already within.

Now, suppose we block the Word of God from within due to the lack of repentance, unforgiveness, willful disobedience, hatefulness, or debauchery. In this case, we cannot lay the blame elsewhere because what we need for our Heaven on Earth Experience is already within us. Blasphemy, right? Wrong. In the same way that we are born into this world without walking or talking, it does not mean that we are not born to walk or talk. The ability to walk or talk is prepackaged within us, and these skills must be developed. If not, they will not come forth as they should.

What if there is some form of disability? Unbeknown to most, we all have some form of known or unknown disability. Nevertheless, God will always give us something to work with. Once again, it must be developed and not limited. For the record, most often, our Spiritual Gifts will be hidden in a disability, weakness, flaw, threat, lack, or trauma. However, the instructions on how to overcome are already written on the *Tablet of the Heart*. Open the file and read it, and you will be amazed at what is already there.

According to the Heavenly of Heavens, *The Human Profile* is real, and it should not be taken for granted or disrespected. Why not? It contains your Spiritual, Genetic, and Blueprinted

Walking The Walk and Talking The Talk

Codes, similar to your computer or cellphone. Need I say more? Of course, let us go there!

The Human Profile

According to *The Human Profile*, regardless of where we are or what we are going through, our inner knowing is ready, willing, and able to develop and assist us, including our abilities, character, faith, tenacity, growth, corrective measures, and belief systems, *As It Pleases God*. For this reason, I make it no secret that I scout for the Diamonds in the Rough. Why? I see what most cannot see. What is that? WILLING POTENTIAL.

I do not look for perfection. Why not? Unfortunately, with a perfectionist mindset, it makes us weak, insecure, emotional, obsessive, growth-resistant, toxic, and vulnerable. Is this not profiling? Maybe or maybe not, but when a perfect profile is presented to me, it is only wise to read the file, right?

According to the Heavenly of Heavens, we are all a work-in-progress, which means we all have something to work on or work at. Thus, I look for a workable, trainable, and pliable heart posture to ensure we can read the Blueprinted Instructions together.

Why do I need them in order to read the Blueprinted Instructions? I cannot violate their free will, nor can I unveil what is veiled until they are ready to receive. Therefore, I must RESPECT their readiness and the lack thereof.

In addition to the other stuff, I also look for those who are willing to put in the work and can deal with setbacks, failures, and weaknesses while moving forward in the Spirit of Excellence. Are perfection and excellence the same? No, perfection is a mindset of faultlessness, and excellence is a mindset of assuming responsibility without playing the blaming game, while creating a win-win regardless, even under intense pressure.

Walking The Walk and Talking The Talk

Why must we deal with pressure in our pursuit of *Heaven's Language*? Unfortunately, God uses PRESSURE to get the Spiritual Oil out of us or to get it to flow. And, if we cannot handle the pressure or are put under too much pressure, we will break or crumble quickly, Mentally, Physically, and Emotionally. Therefore, the Heavenly of Heavens will not trust us with the Secrets, Treasures, and Wisdom of the Kingdom until we are ready.

On the other hand, if we use the Word of God to please ourselves or to manipulate instead of elevating, it will come with deception, disunity, disobedience, confusion, chaos, envy, jealousy, pride, greed, coveting, division, and competitiveness. All of these are red flags in the Eye of God, letting us know that something in our walk or talk is not right, allowing us to self-correct or step into the Spiritual Classroom before Spiritual Correction occurs. For the Kingdom's Sake, this is one of the reasons God will take note of our heart postures, examining our intentions, attitudes, and emotional state of being.

What does the heart posture have to do with *The Human Profile*? We are who we are from what is within us, not from what is outside of us. The external can sometimes reveal what is taking place from within.

Proverbs 4:23 reminds us, *"Above all else, guard your heart, for everything you do flows from it."* Simply put, outward actions are a derivative of what truly exists within us. Candidly, we can mask our true feelings or intentions, but rest assured, God sees through these façades, meeting us where we are. This is why we should always seek God's Divine Counsel on whatever with whomever. Why? Without Him, we can get it wrong.

Here is a perfect example: 1 Samuel 16:7 states, *"But the Lord said to Samuel, 'Do not look at his appearance or at his physical stature, because I have refused him. For the Lord does not see as man sees; for man looks at the outward appearance, but the Lord looks at the heart.'"*

Walking The Walk and Talking The Talk

I cannot tell you how many times people get it wrong with me based on my outward appearance. It does tell me whether or not the Holy Spirit is operating as they proclaim. In addition, it also reveals if they are operating with the Fruits of the Spirit.

In the thrust of it all, while they are busy negatively profiling me, they inadvertently open their profile for me to read clearly. Now, here is the difference: I do not judge them for getting my profile wrong. Why? First, I know that we are all subject to error, including me. Secondly, I live by this scripture: *"No weapon formed against you shall prosper, and every tongue which rises against you in judgment you shall condemn. This is the heritage of the servants of the Lord, and their righteousness is from Me, says the Lord."* Isaiah 54:17.

I extend grace and mercy to extract the story, lesson, or revelation to feed God's sheep. As a result, it sharpens my Spiritual Discernment, Wisdom, and Compass, becoming more accurate and precise. While at the same time, using the stepping stones presented to become the Cornerstone, *As It Pleases Him*. All of which is based on this victorious scripture of expectancy: *"The Lord said to my Lord, 'Sit at My right hand, till I make Your enemies Your footstool.'"* Psalm 110:1.

In so many words, God allows my enemies to train and sharpen me without them knowing what they are doing. Would you agree that they trained me very, very well on my Spiritual Journey? Wait, wait, wait, do not answer that yet...David's symbolic slingshot is on the table here.

What if Psalm 110:1 is in the Old Testament and is not applicable to this day and age? I have no qualms with that...let us use the New Testament then: *"The Lord said to my Lord, 'Sit at My right hand till I make Your enemies Your footstool.'"* Matthew 22:44. Regardless of where we are on our Spiritual Journey, this scripture or David's secret slingshot is applicable, relevant,

Walking The Walk and Talking The Talk

and on time, every time. So, it behooves us to *Stay Ready* to ensure we are ready to go from a footstool to a platform at the drop of a dime.

Besides, when your enemies come for you, opt for the LESSON and SHARE it with the Kingdom of God to build someone else up for the GREATER GOOD. I PROMISE it will change the trajectory of your life, GUARANTEED!

How can I make such a guarantee? I make this guarantee based on Spiritual Principles and how God works when we willfully build ourselves, others, and the Kingdom, *As It Pleases Him*. Nevertheless, if one needs scripture on this, Proverbs 3:5-6 says, *"Trust in the Lord with all your heart, and lean not on your own understanding; in all your ways acknowledge Him, and He shall direct your paths."* To *Stay Ready*, especially when dealing with *The Human Profile*, it is WISE to repeat this continually, *"For we walk by faith, not by sight."* 2 Corinthians 5:7.

Stay Ready

The bottom line is that trials and obstacles can be transformed into opportunities for growth and strength. Still, once again, we must *Stay Ready* on our Spiritual Journey without complaining, fussing, or fighting while becoming grateful for everything.

In *Walking The Walk and Talking The Talk*, we are required to preach the Word of God and *Stay Ready* as a Servant of the Kingdom. Why are we required to stay cued up and ready to go? If we are not ready, we will become left behind with itchy ears, tossed to and fro with every wind of doctrine.

Who am I to judge, right? No judgment intended; therefore, please allow me to Spiritually Align: *"I charge you therefore before God and the Lord Jesus Christ, who will judge the living and the dead at His appearing and His kingdom: Preach the word! Be ready in season and out of season. Convince, rebuke, exhort, with all longsuffering and*

Walking The Walk and Talking The Talk

teaching. For the time will come when they will not endure sound doctrine, but according to their own desires, because they have itching ears, they will heap up for themselves teachers; and they will turn their ears away from the truth, and be turned aside to fables. But you be watchful in all things, endure afflictions, do the work of an evangelist, fulfill your ministry."

When we Walk In The Spirit, He will advise us when we are entertaining Angels in Disguise. Then again, in my opinion, even if they are not an Angel in Disguise, we should still operate as such because the Eye of God is upon us in a way that will make us shake in our boots.

Plus, due to our lack of readiness, my heart goes out to those who are experiencing the trials of their lives and have to deal with another level of trials in the House of the Lord. To be clear, I am not speaking of any one church here. I am referring to any House of the Lord because we never know what a person is going through or has to deal with on a daily basis.

If we align ourselves with the Fruits of the Spirit, *As It Pleases God*, He will not allow us to miss the mark with His sheep. Nor will He allow us to miss our Divine Destiny or our Predestined Blueprint unless we willfully forfeit it.

Charactorial Funnel

Remember, it is through the Fruits of the Spirit that we can get our Spiritual Oil to flow, even if we are not perfect or we are a work-in-progress.

When we make a conscious effort to perfect our Spiritual Fruits, they have a built-in *Charactorial Funnel* that helps the psyche self-correct to avoid self-destructing. Here are a few items needed in the self-correcting process, but not limited to such:

- ☐ Trustworthiness and Ethical Behavior.
- ☐ Love and Honesty.

Walking The Walk and Talking The Talk

- ☐ Reliability and Integrity.
- ☐ Transparency and Consistency.
- ☐ Accountability and Respectfulness.
- ☐ Fairness and Empathy.
- ☐ Competence and Professionalism.
- ☐ Sincerity and Responsiveness.
- ☐ Open-Mindedness and Positive Attitude.
- ☐ Commitment and Authenticity.
- ☐ Good Communication and People Skills.
- ☐ Emotional and Spiritual Intelligence.

Listen, when *Walking The Walk and Talking The Talk*, the Fruits of the Spirit will teach us what mankind cannot, allowing us to use them on demand for those we encounter.

According to our Predestined Blueprint, everyone is different. Suppose we master using the Fruits of the Spirit, *As It Pleases God*. In this case, we will automatically know which ones to use at the right time, catering to multi-faceted personalities and varying emotional or trauma types who demand positive or negative attention.

What if we are rejected when using the Fruits of the Spirit? It is okay...as long as the Spiritual Fruits are used, God will give us Spiritual Credit for doing so. In addition, faithfully using them *As It Pleases Him* also opens us to Divine Wisdom, Understanding, Teaching, Trainability, and Usability. So, it behooves us to use our *Teachable Moments* for the Greater Good.

The *Charactorial Funnel* is a POWERFUL Spiritual Tool used in building successful relationships, communities, and empires that can withstand the tests of time. So, use it!

Chapter Four

Divine Teachable Moments

In your *Teachable Moments*, what are you learning? Are you paying attention to them, or do you get into your feelings? Do you know what your *Teachable Moments* are designed to do? Better yet, do you even care about them? As life is lifing, the seasons change, and the vicissitudes are upon you, do you have the tenacity to keep it moving in the Spirit of Excellence? Or do you succumb to the effects, playing the victim, playing the blaming game, or engaging in tit-for-tat?

Our *Teachable Moments* come for a reason, and it is our responsibility to understand and learn from them. If not, the cycle of déjà vu becomes inevitable, and we will find it becoming more difficult to assist *The Stray Sheep*.

Unfortunately, the straying phenomenon is often hidden under the phrase, church hurt. When, in all actuality, we can get hurt anywhere. More than likely, our disappointment or hurt is often due to some form of worldly hurt, causing us to make our way to the church anyway. Now, if we choose not to use the hurtful incident as a *Teachable Moment*, the stray can become a straddle, the straddle can become a fall, and the fall can lead us straight into the PIT!

Although we cannot save everyone; however, it is our responsibility to do our part to save the STRAY sheep. Why the Stray? In the Eye of God, they usually become the most usable because they know what it is like to experience rejection, betrayal, victimization, and being the black sheep. Besides, rejection is the best teacher that God uses to train the MOST ELITE in the Kingdom of God.

Why would He use such cruelty? Cruelty is in the eye of the beholder; however, when desiring *Heaven's Language*, the pruning process is a must for growth and transformation, *As It Pleases Him*. James 1:2-4 says to us, *"My brethren, count it all joy when you fall into various trials, knowing that the testing of your faith produces patience. But let patience have its perfect work, that you may be perfect and complete, lacking nothing."*

"And not only that, but we also glory in tribulations, knowing that tribulation produces perseverance; and perseverance, character; and character, hope." Romans 5:3-5. All in all, the Divine Refinement Process is a BLESSING if we allow it to become so.

Why is Divine Refinement necessary for Believers? We can love God with all our hearts, speaking highly of Him, and still cannot lift our voices to break a yoke, cast down, reverse the enemy's plots, or create a win-win out of a seemingly lose-lose situation.

How would we know that we lack Spiritual Power? When we are clueless about contending with the enemy's wiles, deflecting the truth about our situation, or spreading rotten and mangled fruits among our brethren. While simultaneously treating people like junkyard dogs or spreading untruths because of underlying jealousy, envy, pride, greed, coveting, competitiveness, or debauched alliances.

In addition, we also find ourselves rejecting and snubbing our noses at God's sheep just because we can, because they provide zero benefits for us. Why would this happen to a Believer? There are varying reasons, but the most common reasons are:

Divine Teachable Moments

- ☐ They appear less than us, not meeting our standards.
- ☐ They appear unpolished with nothing to offer us.
- ☐ They do not fit into the clique.
- ☐ They cannot be brainwashed or bullied by us.
- ☐ They irritate our Spirit.
- ☐ They do not buy into our idolatrous efforts.
- ☐ They appear too poshed, making us insecure, jealous, envious, covetous, or competitive.

Do we think God is pleased with this mess? Better yet, do we think that we can obtain *Heaven's Language* authentically? Absolutely not! So, why are we begging for the Keys to the Kingdom without doing a checkup from the neck up?

God is here for us all, but we must step up our game at some point. If not, He will pump the brakes on us or our Bloodline if we are not careful in correcting the correctable with integrity, doing the doable righteously, saying the sayable positively, thinking the thinkable with wisdom, and loving the lovable and unlovable, *As It Pleases Him*.

In or out of our *Divine Teachable Moments*, God does not require us to fix the problem, pass judgment, or hit someone over the head with the Bible, as most would think. That is His J.O.B. At the core of this matter, trying to do His job will prevent us from doing our part, *As It Pleases Him*.

What is our part? Our responsibility is to repent, forgive, and pray, while giving it, giving them, or giving that to Him wholeheartedly without becoming a demigod. If we do, we will find ourselves trying to fix whatever with whomever, or ignoring and deflecting the hole in us without learning, growing, and sowing back into the Kingdom when called upon.

Without being able to speak *Heaven's Language*, this may sound like a bunch of gibberish. So, let us simplify this for

Divine Teachable Moments

those with a work-in-progress mindset. In Earthen Vessels, in our *Divine Teachable Moments*, we are required to do a few things, but not limited to such:

- ☐ We must understand and state the problem or issue directly or indirectly by asking an open-ended question. We can also accomplish this by sharing a relevant story, provoking one to think or gather information.

- ☐ We must kindly advise the Spiritual Consequences, Laws, or Protocols associated.

- ☐ We must convey why it poses a problem with God or in the Kingdom. When doing so, it is always best to use ourselves as an example, speak in the third person, or use parables as Jesus did.

- ☐ We must provide a way out, a point of direction, or a proposed solution. For instance, do not just tell them what to do; show them how to do it, similar to what I am doing with this book, *Heaven's Language*.

When it comes down to Kingdom Principalities, our approach is everything. If we approach someone the wrong way, they will boot us out Mentally, Physically, Emotionally, or Spiritually, while developing a deaf ear. Now, if they allow us into their personal or headspace, we must master the ability to speak their language on their level without disrespecting them or speaking over their heads.

In our *Divine Teachable Moments*, we must learn how to maximize the opportunities given without tripping ourselves up, appearing weak, or lacking Spiritual Home Training.

Divine Teachable Moments

Frankly, if respect is lost at this point, things can go to the left really quickly.

For the Kingdom's Sake, we cannot put friendly lollygagging over doing what we have been called to do for the Kingdom, *As It Pleases God*. In our *Heavenly Language*, listed below are a few ways to remain in control of our Spiritual Platforms to advise the advisable, but not limited to such:

- ☐ We must master the ability to speak to a person calmly and without aggression or anger.

- ☐ We cannot leave them hanging. When using our *Heavenly Language*, cliffhangers are a big no-no...clarity is key.

- ☐ We cannot become gung-ho on pointing out wrongness or error. We must point out what is right about them as well.

- ☐ We must do our homework to remain Spiritually Astute and Accurate. In all simplicity, we must read, learn, and document continuously.

- ☐ We must master the ability to ask fact-finding questions or communicate effectively.

- ☐ We must transparently lead by example. If we are full of lies or corruption, it is time to step into the Spiritual Classroom for a charactorial overhaul.

- ☐ We must exhibit the Fruits of the Spirit and Christlike Character.

Divine Teachable Moments

- [ ] We must master the ability to paint pictures Mentally, Physically, Emotionally, and Spiritually, giving them the ability to follow along with their Mind's Eye. Remember, we are visual beings, and if we cannot see or envision it, more than likely, we will detach ourselves.

- [ ] We must be consistent. If we are wishy-washy, it creates doubt and distrust.

- [ ] We must step into the Spiritual Classroom to prepare before presenting while incorporating the Holy Trinity in all things and covering ourselves with the Blood of Jesus. Becoming Spirit Led, *As It Pleases God*, is indeed a surefire way into His Divine Heart.

Once our job is done, if they turn a deaf ear to us, we are exempt from the culpable negligence clause, and we are free to wash our hands, moving on to the next project. If we do not know about Spiritual Order, Consequences, Laws, and Repercussions, then with all due respect, we need to step back into the Spiritual Classroom for updates.

In dealing with *Heaven's Language*, here are a few *Teachable Moments* of how rejection and self-centeredness can break a person, family, or kingdom down or build them up, but not limited to such.

In our *Divine Teachable Moments*, and for the sake of our *Heavenly Language*, the goal of this chapter is to unveil the veiled, cracking open the Windows of Heaven on our behalf and for the sake of the innocent and naive of all things Spiritual. As Dr. Y. Bur, The Why Doctor, this was once my portion. I am not ashamed to admit I was once innocent, guilty, and naive. Now that I know better, *As It Pleases God*, I can do better, prepare better, and share better. Without further ado, it is my

Divine Teachable Moments

reasonable service to share this Divine Information with the NOW and the NEXT generation.

Cain's Teachable Moment

After Adam and Eve's expulsion from the Garden of Eden, *Cain's Teachable Moment* has set the stage for what we are dealing with in today's time, whether real or imagined. In Genesis 4:2, we begin with: *"Then she bore again, this time his brother Abel. Now Abel was a keeper of sheep, but Cain was a tiller of the ground."* According to Cain's Spiritually Blueprinted Purpose, he was given the Tiller of the Ground title. Still, he was unwilling to embrace it due to his secret envy and jealousy of his brother, Abel, the Keeper of Sheep.

Cain continually allowed the negative manifestations of his unkempt feelings to consume him, waiting for the right moment to slay his brother. In my opinion, this was not a 'just happened' moment; it was a TIMING moment. How can I say such a thing, right? Frankly, it was God who rejected his offering, not Abel. Yet, Cain became angry at his brother instead of God, which means he was looking for an excuse to play dirty. Why would he want to play dirty? He felt his brother had taken something from him or possessed what he deserved as being the elder brother.

All in all, Cain was waiting for a reasonable justification of his debauched conscience. He knew sin was lying at his door, but he chose not to overrule it, cast it down, or rebuke it. How do I know? God spoke directly to him, *Spirit to Spirit!*

God had a conversation with Cain about his inner struggles, feeding Him the Spiritual Meat he needed to overcome the temptation from within. If God took the time to query, point out his erring, and give him specific instructions in such a manner, it meant that Cain was out of the Milking Stages of his Spiritual Relationship with God. All this means is that Cain knew better! Here is what Genesis 4:6-7 says, *"So the LORD said to Cain, 'Why are you angry? And why has your countenance fallen? If you do well, will you not be accepted? And if you do not do well, sin lies at the door. And its desire is for you, but you should rule over it.'"*

After this conversation with God and another with his brother, the Words from God fell upon deaf ears, causing Spiritual Blindness and some form of Spiritual Paralysis, blocking his sense of good or proper reasoning and judgment. As a result, Cain allowed sin to consume him, killing his brother without batting an eye. Here is the scripture, *"Now Cain talked with Abel his brother; and it came to pass, when they were in the field, that Cain rose up against Abel his brother and killed him."* Genesis 4:8.

What would cause Cain to want to silence his brother? He was hoping it would re-establish his relationship with God to what it was previously before the birth of Abel. The bottom line is that he had an underlying and unresolved issue with selfishness, which was reflected in his offerings to God.

In all actuality, when Cain ROSE against his brother, it is evident that he felt beneath him for some reason. Listen to me and listen well; there would be NO reason to RISE against his brother if he did not feel inferior somehow. Blasphemy, right? Wrong! Eve imparted to Cain early on, saying, *'I have acquired a man from the LORD.'* Genesis 4:1. So, Cain subconsciously did not want anyone to take his place with Adam, Eve, and God, nor did he want to share his title, feel rejected, compared, or not meet up to God's Divine Standards because of another man.

Instead of Cain making his relationship with God great again, *Spirit to Spirit*, he interjected his desire for control, doing the unfathomable. As a result, he experienced the ultimate rejection from God after killing his brother Abel. Once capturing the aftermath of the first murder and the profound themes of guilt, consequence, and DIVINE JUDGMENT, he could not undo what he had done.

Divine Teachable Moments

From then to now, we will still see this selfish character trait in our children today, which must be corrected in the early or milking stages of development. Why must we correct this underlying behavior early? Unfortunately, it is a Seed of Deception of the 'Mine, Mine, Mine' systemic glitch designed for our children to assassinate each other without realizing what they are doing until the deed is done. More importantly, it is imperative to do a preservation title check to ensure we are not slaying our brothers and sisters who are above or beneath us.

The identity crisis that Cain fell victim to is now running rampant among us today in plain sight. But hear this: Regardless of how we feel, we are accountable for our behaviors, thoughts, words, beliefs, biases, actions, or reactions, positively or negatively, and we have authority over them as well. If we do not take authority, *As It Pleases God*, it can cause our *Teachable Moments* to become Bloodline Snares.

Due to Cain's unguarded responses, unchecked emotions, denial, defiance, and as a consequence of his actions, he was MARKED as a wanderer in Genesis 4:9-12. In addition, it was also an indication of guilt, judgment, grace, and mercy intertwined into a *Divine Teachable Moment* for us, reminding us of our responsibility to others, the consequences of our actions, thoughts, beliefs, behaviors, anger, jealousy, envy, pride, coveting, and competitiveness, and how we are responsible for making wise choices. Plus, it also encourages us to repent, forgive, and selflessly restore our lives, *As It Pleases God*.

Based on Cain's *Divine Teachable Moments*, our human emotions and moral failures do not give us an excuse to fake the funk or destroy the lives of others without any remorse. And, according to the Heavenly of Heavens, just because we have grace, we should not abuse the Spiritual Systems designed to save us.

Divine Teachable Moments

For example, a Spiritual Mark, regardless of how it came about, can also be our Spiritual Fold. Blasphemy, right? Wrong! It does not matter how we feel about where we are in life, where we are going, or our level of Spirituality; our Seasons of Transformation are predicated on a FOLD, which is often referred to as a sheepfold.

How is it possible for God to Spiritually Mark a person? God not only places a Spiritual Mark on people, but He will also place it on a place at His discretion, or He may place it on a thing, such as with the Ark of the Covenant, for various reasons. And if we are not Spiritually Astute, we may become oblivious to the Spiritual Marking, especially if we are Spiritually Blind, Deaf, or Mute.

What does a FOLD have to do with our transformational process? Most often, we do not speak about a FOLD because we do not understand it outside of our personal use, such as folding clothes, folding towels, folding a napkin, folding our arms, etc. Think about it for a moment; the Power of a Fold determines our neatness, astuteness, carelessness, or sloppiness. On the other hand, the Power of a Fold can also become our confidant or our worst enemy as well. How is this possible? A FOLD can be a covering or bend, Mentally, Physically, Emotionally, or Spiritually.

From a Spiritual Perspective, a FOLD holds a lot of weight. Is this Biblical? Of course, it began in Genesis 4:15, *"And the LORD said unto him; therefore whosoever slayeth Cain, vengeance shall be taken on him sevenfold. And the LORD set a mark upon Cain, lest any finding him should kill him."*

What does Cain's Mark have to do with us? In all simplicity, if we think for a minute that we do not have a MARK, then we are sadly mistaken. We all have a reason for being, and if we do not know what it is, then our Spiritual Mark or Fold may feel like a prison sentence. Listed below are a few types of

Divine Teachable Moments

individuals who will experience this type of feeling, but not limited to such:

- ☐ Those who are in waiting or a holding pattern for Divine Purpose.
- ☐ Those who have gone astray or been misled by another.
- ☐ Those who are defiant but usable.
- ☐ Those who are knowingly or unknowingly naive.
- ☐ Those who are misunderstood or blacksheeped.
- ☐ Those who are traumatized Mentally, Physically, Emotionally, Spiritually, or Financially.
- ☐ Those who have been neglected, ostracized, and abused.
- ☐ Those who are Marked for the Kingdom but not yet ready.
- ☐ Those who are stuck in the mud, who are in need of a trustworthy hand to pull them out.
- ☐ Those who have failed but are in need of guidance on how to create a win-win.
- ☐ Those who are oblivious to the Word of God.
- ☐ Those who have been outright deceived.

We often put a lot of effort into dissecting the Mark of the Beast, not realizing the Mark of Self, better known as the Mark of Self-Righteousness. Am I pulling for straws here? Absolutely not. Social media has gone absolutely bonkers, especially with those who are attempting to make their MARK off of someone's downfall, tragedy, pain, or shame.

Here is what we overlook as it relates to our FOLDS: If someone is trying to curse us, they will make their requests known to their god in writing. Then, they will place a justified or unjustified FOLD on that request with the necessary sacrifice to TRANSFORM or THWART our Destiny to violate our free will or the Will of God.

Divine Teachable Moments

Suppose we do not understand this Spiritual Gesture or the Spiritual Violation involved. In this case, we will lack the ability to UNFOLD ourselves, reverse it, cast it down, plead the Blood of Jesus, activate the Holy Spirit, or Spiritually Enforce recompense for a few reasons, but not limited to such:

- ☐ We are not in the know, *As It Pleases God*.
- ☐ We are out of Purpose on purpose.
- ☐ We do not know our Spiritual Rights.
- ☐ We do not know Spiritual Protocols.
- ☐ We are misbehaving.
- ☐ We are violating the free will of others.
- ☐ We are not exhibiting the Fruits of the Spirit.
- ☐ We are looming curses over the lives of others.
- ☐ We do not know how to call out one who broke a Spiritual Law against our free will!
- ☐ We are very combative and chaotic.
- ☐ We are very selfish or manipulative.
- ☐ We do not have faith in God, nor do we trust Him.

Amid *Cain's Teachable Moments*, and due to our Spiritual Cluelessness, the ungodly and unrighteous are secretly laughing and mocking the Godly. While seemingly getting away with their waywardness and debauched efforts. For this reason, we must maximize our ability to pray, repent, forgive, fast, use the Fruits of the Spirit, behave Christlike, cover ourselves with the Blood of Jesus, usher in the Holy Spirit, and CRY OUT, while declaring the Spiritual Violations involved.

Why must we go through all of this to unfold a fold? First, if we desire for God to come down to see about us, we must CRY OUT to Him, pleading the Blood of Jesus. Secondly, character assassination is real, and if we DO NOT get a grip on this matter, when our brother's blood cries out from the ground, God will NOT respond to the outcry. Why not? If we are behaving like the enemy, then there is no reason to cry out over spilled milk until we willfully do our part in cleaning up our own mess. Conversely, if we are covered Spiritually, we have nothing to worry about because *"He that received seed into the good ground is he that heareth the word, and understandeth it; which also beareth fruit, and bringeth forth, some a hundredfold, some sixty, some thirty."* Matthew 12:23.

Whereas, on the other hand, if we are Spiritually Bent Over, this is the time to worry. What is the reason for worrying? Being Spiritually Bent or Spiritually Sick is not what God had in mind for us. The woman with the issue of blood was bent over for twelve years in Luke 8:43-48 until her Season came when she touched the hem of Jesus' garment. Had she not reached out for her healing, doing her due diligence, she would have remained in her condition.

Regardless of where we are, what we are going through, or our condition, we must Spiritually Prepare or Till our own ground first without coveting others. Why must we Spiritually Till our own grounds as Believers? Is this not being selfish? First, God did not make a mistake in our reason for being. Secondly, it has a Spiritual Marking there, which is designed for us to learn, grow, and sow back into the Kingdom. Thirdly, it becomes selfish if we consume our own fruits after the Spiritual Tilling Process or becoming the Tiller of the Ground without activating the Law of Reciprocity or Seedtime and Harvest to become the Keeper of the Sheep.

You see, God established these two Spiritual Titles with Cain and Abel in the Book of Genesis, and they have not lost their POWER, unless we refuse to use them, *As It Pleases Him.* Once again, here is what Genesis 4:2 says, *"Then she bore again, this time his brother Abel. Now Abel was a keeper of sheep, but Cain was a tiller of the ground."* When we operate in Purpose on purpose, we activate our Spiritual Marking, Covering, or Protection by default. If we do not have them whatsoever, it means we are not in Purpose on purpose, we are not aligning with the Will of God, we are operating in outright disobedience, we are unrepentant, we have unforgiveness residing within our heart and mind, we lack humility and kindness, or we are operating in some form of idolatry.

The individuals who hold the TRUE POWER from the Heavenly of Heavens possess an extraordinary humility and unwavering kindness, genuine compassion, and a selfless Spirit. Without aggression and dominance, they can call forth a Legion of Angels at the drop of a dime with unparalleled ease for pressing matters. To the untrained eye, they are often cloaked in the guise of ordinary people, existing in the shadows.

To say the least, in a culture that often equates success with visibility and power with loud proclamations, the ONES with Divine Power, *As It Pleases God*, will never appear like who they are until we cross the line of Spiritual Demarcation or undermine their Spiritual Level. In *Cain's Teachable Moment*, whether we are operating with Spiritual Discernment or not, know this: *"Do not forget to entertain strangers, for by so doing some have unwittingly entertained angels."* Hebrews 13:2.

What makes the ONES with the Spiritual Power, *As It Pleases God*, so powerful? They are in RIGHT STANDING with God, *Spirit to Spirit*, obediently doing what they were PREDESTINED to do. When we are being about our Father's Business for real, for real, He will PROTECT His Divine Mission against anyone or anything that proposes to be above Him or attempts to outdo Him. Why would God step in, especially when the fight is already fixed? It makes a Believer out of them, letting them know that He is REAL...He is ACTIVE...He is in CONTROL...and He is WATCHING.

Divine Teachable Moments

According to the Heavenly of Heavens, those who are Spiritually Marked by God are automatically placed in a FOLD or sheepfold. Frankly, this is why we find them to be loners. Do I have proof to back this statement up? Without fail, I would have it no other way. *"You, Lord, in the beginning, laid the foundation of the earth, and the heavens are the work of Your hands. They will perish, but You remain; And they will all grow old like a garment; Like a cloak, You will FOLD them up, and they will be changed. But You are the same, and Your years will not fail. But to which of the angels has He ever said: 'Sit at My right hand, till I make Your enemies Your footstool.' Are they not all ministering spirits sent forth to minister for those who will inherit salvation?"* Hebrews 1:10-14. With every footstool, *As It Pleases God*, there will be a FOLD!

Here is the deal: Regardless of whether we understand a FOLD or not, there is protection, recompense, prosperity, blessings, and curses in it. As a matter of fact, it is a powerful gesture the enemy will use to attempt to curse us or turn us against ourselves because the enemy understands the sheepfold better than we do. If the enemy can get us to wander away from the sheepfold, we can 'get got' due to our lack of understanding, disobedience, dullness, or underlying pompousness.

Most often, it is due to our lack of understanding that we do not request RECOMPENSE for someone unjustifiably cursing our hands or stealing from us. What does this mean? Let us take it to scripture: *"Verily, verily, I say unto you, He that entereth not by the door into the sheepFOLD, but climbeth up some other way, the same is a thief and a robber."* John 10:1.

In the Eye of God, we have the right to demand restitution for unjustified ill will toward us from 1-Fold to 1000-Fold. Is this Biblical? Yes, it is. Here is the recompense for the Children of Israel in Deuteronomy 1:11, which says, *"May the LORD God of your fathers make you a thousand times more numerous*

Divine Teachable Moments

than you are, and bless you as He has promised you!" However, we must ensure we are not the culprit! Why is this so important in the Eye of God? It is a Spiritual Violation to request recompense when we are guilty of the same infractions; therefore, we must make sure our hands are clean and our hearts are pure. Is this really happening? Absolutely. All we need to do is check our thoughts, actions, reactions, biases, words, and prayers!

In *Cain's Teachable Moment*, we do not want to become the enemy of God in any way, shape, or form. He has given us the free will to serve whatever, whomever, and however we so desire. Nonetheless, when it comes down to the Spiritual Fold or sheepfold, this is a hands-off zone of Spiritual Sacredness.

The bottom line is that if an encroachment is not warranted, we should not play around with fire, especially on Holy or Marked Ground. Why not? The fire will consume us and everything we own until the generational curse is reversed or our Bloodline is annihilated. Is this not a bit harsh? Maybe or maybe not, but it is not wise to play with fire, especially in God's Territory. We may not know whether or not the Fourth Man is in the fire based on our human analysis or personal agenda.

Just ask Shadrach, Meshach, and Abednego about the fiery furnace that was turned up seven times hotter than normal in Daniel 3, as they came out unharmed, unsinged, and not smelling like a bit of smoke. The Divine Sovereignty of God will deliver us, even in the most dire of circumstances, especially when exhibiting unwavering faith, trust, patience, obedience, and the Fruits of the Spirit.

If respect is not developed or we attempt to hurt a person God has Spiritually Marked, we will have a problem with Him, or we may become His enemy. Frankly, there is NO EXCEPTION to this rule, especially if we are engaging out of spite or due to a bruised ego! Is this Biblical? Of course, it also

Divine Teachable Moments

describes the cause as well. It says, *"Where do wars and fights come from among you? Do they not come from your desires for pleasure that war in your members? You lust and do not have. You murder and covet and cannot obtain. You fight and war. Yet you do not have because you do not ask. You ask and do not receive, because you ask amiss, that you may spend it on your pleasures. Adulterers and adulteresses! Do you not know that friendship with the world is enmity with God? Whoever therefore wants to be a friend of the world makes himself an enemy of God."* James 4:1-4.

Joseph's Teachable Moment

Joseph's *Teachable Moment* in Genesis 37 is riddled with betrayal, jealousy, envy, pride, competitiveness, and the profound debauched implications of familial relational woes. It also contains a complex interplay of a Dream of Divine Greatness, Divine Transformation, and how God can Divinely Change the trajectory of our lives at the drop of a dime.

With an unfailing desire to keep dreaming, regardless of how life appeared to the naked eye, Joseph's story is endowed with Spiritual Principles, Precepts, and Tools that we can use and apply to our daily lives in real time. As his story stands as a beacon of hope and resilience, there are a lot of hidden nuggets of Divine Wisdom that must be unveiled to keep us from getting derailed by familial obstacles and uncertainties.

In the tapestry of the Biblical Narrative about Joseph's brothers rejecting him, we often overlook the fact that he also egged them on. How so, especially when they were older and more mature than him? In a quest for a meaningful existence, while in a competition for status and affection, Joseph, being a kid, is doing what kids do. For the most part, he engaged in intentionally provoking his older brothers and escalating familial tensions. With his childish provocations, he was also a little catty in how he went about seeking validation and riling them up.

At first glance, it is easy to believe that Joseph is an innocent victim. In my opinion, he was a victim to a certain extent, but he was not innocent by a long shot. Yet, to fully understand these multifaceted interactions and the favoritism plague, we must consider Joseph's charactorial behaviors. Therefore, it is only wise for us to embrace compassion and understanding for all parties involved, especially when running on familial emotions.

You see, in *Joseph's Teachable Moments*, I must say that he learned this cattiness and assertiveness from someone, his mother perhaps, his father for sure, and from his brothers, of course. Frankly, he was giving them back what they were putting out. To be clear, he is not the villain here, but he is definitely not the saint in this matter. So, let us go deeper.

Joseph was able to get away with his folly, leaning into his teasing methods all the more, while mastering his boasting ideologies and finetuning his defensive techniques to secure his place in his father's heart. In contrast, his brothers were not as close to their father. As a result, they were chastised more for their folly because they were older and more mature than him. So, it is easy to see how they would get a little perturbed with him, exposing the dichotomy of good versus evil.

How do we make good versus evil make sense in *Joseph's Teachable Moments*? First, he used his father's favoritism as a form of leverage for superiority and manipulation, instead of doing what is right. Secondly, with this underlying privilege, he also used slick remarks to taunt them while bragging as if they were beneath him or not on his level. Thirdly, he shared a dream about ruling over them, as if he were a facetious demigod, igniting contention in his familial relations. Instead of Joseph keeping such dreams to himself, he shared them openly without considering their feelings. With the tools of

Divine Teachable Moments

agitation already in motion, he undoubtedly made his brothers feel belittled and inferior, especially when their mothers were not their father's first choice of women.

So, in order to level the playing field, get Joseph out of the way, and deal with their underlying resentment, his brothers conspired against him to rid themselves of the headache endured from a spoiled brat.

As Divine Intervention would have it, he was not killed by his brothers, but he was thrown into a pit to suffer by his brothers, who had an uncanny desire to get rid of him, once and for all. Here is where Joseph's brothers threw him into a pit in Genesis 37:23-26: *"So it came to pass, when Joseph had come to his brothers, that they stripped Joseph of his tunic, the tunic of many colors that was on him. Then they took him and cast him into a pit. And the pit was empty; there was no water in it."*

After stripping Joseph of his coat and placing him in a pit, he CRIED OUT for help. Like clockwork, God had a ram in the bush, allowing Reuben and Judah to have compassion on him. They were not 100% innocent in this matter. Nor were they operating with clean hands and a pure heart; however, they did not allow the other brothers to take his life. So, they concocted a plan to avoid the shedding of blood, to prevent a similar event to what happened with Cain and Abel in the Book of Genesis.

In a web of deceit, they decided to put an end to Joseph's taunting, once and for all. Reuben, the eldest, and Judah recognized the gravity of their actions. They decided to sell him to their cousins, the Ishmaelites, to avoid a brotherly betrayal ending in bloodshed and dire consequences.

In choosing life over death, selling Joseph off was designed to show him what enslavement and being taunted feel like from his own family. Although the Ishmaelites were distant family members, but still, they were family indeed. And here again, they sold him into slavery in Egypt for the highest price tag.

Can one imagine being at the mercy of his own flesh and blood and being sold like common goods on the market? In my opinion, this had to be extremely traumatizing, going from being the favorite child to being auctioned off like a piece of meat.

Even though Joseph's *Divine Teachable Moment* leads to redemption, reconciliation, forgiveness, charactorial refinement, and the saving of his family, it does not negate the fact that they had unresolved family issues. Clearly, no family is perfect, nor is there one without fault; however, in his story, we do find him learning, growing, and understanding his point of erring, self-reflecting, and shaping his character to ensure that he does not repeat the same cycle over. While at the same time holding on to his dreams and ambitions, enduring adversity and persevering to become the crème de la crème, regardless of whether he was in Potiphar's house, the jailhouse, or the palace.

More importantly, this story exudes the importance of fairness and equality in how we treat others, regardless of whether we are the victim, victimizer, instigator, or bystander. Clearly, the pain of rejection and betrayal can weigh on one's psyche; however, it does not stop God, our Predestined Blueprint, or our Divine Purpose as long as we remain FAITHFUL, WILLING, and OBEDIENT.

The best example, according to scripture, is in Genesis 39 when Potiphar's wife was swirling accusations of Joseph for mocking and primitively assaulting her, which landed him in prison. In all actuality, she was the culprit of the deceptive measures due to her unresolved feelings of rejection from Joseph, and her underlying, hidden dissatisfaction with her husband. Still, it was easier for her to blame Joseph, instead of assuming responsibility for her acts of infidelity!

Divine Teachable Moments

By Joseph refusing to feed into the lust of the eyes, the lust of the flesh, and the pride of life, ruining his integrity and reputation with God and Potiphar, his wife sought revenge to ruin his life instead. Although in the end, all things work together for Joseph's good and for training purposes. From the outside looking in, to see this play out in real time must have been devastating for him. Unfortunately, deceptive lies have a way of attempting to silence us, zapping our Blessings and Birthrights, especially if we play dirty like the ones trying to bury us.

In the Eye of God, the lying, deceptive behaviors of deflection have continued to permeate our culture from generation to generation, leaving a trail of victims placed in some form of Mental, Physical, Emotional, and Spiritual Prison as a form of spite. Nor do they know how to use the Word of God in their favor, *As It Pleases Him.*

Why would someone ruin the life of an innocent person? The reason may vary from person to person, situation to situation, trauma to trauma, and so on. Still, it is linked to the inability to handle or understand rejection, a form of conditioning, refusal to acknowledge wrongness, to cover their tracks, or masking willful acts of debauchery. All of which leads to all other negative character traits and behaviors, contradicting the Word of God.

In reflecting on *Joseph's Teachable Moment*, God will TEST our ability to handle rejection before Kingdomly Commissioning us according to our Divine Blueprint. Why would He do this to us? The enemy will attack us in our places of weakness or areas of mockery, and if we are not strong enough to withstand the enemy's wiles, it is back to the Spiritual Classroom for another round or dose until we get it right.

What do we need to get right in our personal *Teachable Moments* as Believers? Being that we have a different Soul Print, Mind Print, Spirit Print, and Blueprint, it will vary from person

Divine Teachable Moments

to person. In addition, it will also depend on our areas of trauma, rejection, weaknesses, disobedience, biases, fears, lusts, pompousness, insecurities, or whatever is feeding our hidden desire to be more than we are, especially in the Eye of God or when it is contradicting His Word. For this reason, in the Kingdom, humility and positive character building are required of us!

Nonetheless, here is what we must understand from the life of Joseph, but not limited to such:

- ☐ Joseph was secretly tortured by the inner turmoil of being laughed at for what God told him in a dream by his father and brothers. Sad to say, but when people do not believe in our dreams, it becomes a hard pill to swallow.

- ☐ He was rejected by his siblings, depriving him of the fellowship of family and a backbone of support of familial love. All of which forced him to grapple with feelings of inadequacy and heartbreak.

- ☐ Joseph was stripped of his coat of many colors of Divine Favor and deprived of a close-knit family filled with laughter and shared experiences.

- ☐ He was denied his Birthright of brotherly love as he grappled with a great sense of loss. As a result, his ability to take possession of his Divine Inheritance was temporarily crushed.

- ☐ Joseph was thrown into slavery to stifle his sense of freedom, while having to deal with the painful reminder of being thrown into a pit like a junkyard dog.

Divine Teachable Moments

- He was lied on and thrown into prison to cage his creativity. Although it did not stop him from his creative measures, the thought of crashing and burning built his faith in God all the more.

- Joseph was discredited and used for his Godly Talents. The feelings associated with being used in such a manner made him more determined to rise from the ashes of rejection.

- He had to deal with others looking down upon him to zap his self-esteem, especially when they were less gifted and talented than him.

- Joseph felt forgotten about in prison after interpreting the dreams of fellow prisoners. Even though he was a trusted inmate, it still caused him to doubt God in his moments of despair and temporary hardship.

- He had to maintain his hope and faith in the arrival of better days ahead as God stepped in to unveil his Divine Mission.

- Joseph was traumatized and trained by a life he was not accustomed to living, giving him a reason to give up on himself. However, he did not. Instead, he worked on himself to become better, stronger, and wiser, *As It Pleased God.*

Yet, after all of the atrocities suffered, did it work? Who knows how Joseph really felt other than Joseph himself? But I will say this, from my perspective, when his Gift was called upon, he

Divine Teachable Moments

came to himself. Unscripted, Unadorned, Unashamed, and Uncoerced, Joseph stepped into action.

In Genesis 41, Joseph interprets Pharaoh's dreams and devises a plan to prepare for the upcoming famine. He suggests that Pharaoh appoint someone to oversee the process of storing food during the seven years of plenty, so there would be enough to sustain the people during the seven years of famine. Pharaoh and his advisors then discussed and implemented this plan, promoting Joseph to the forefront. Here again, the question is, 'Do you think you are any different from Joseph?'

The bottom line is that when God gives us instructions, we must do our part and use what is between our two ears. How?

- ☐ Embrace challenges.
- ☐ Seek feedback.
- ☐ Strive for improvement.
- ☐ Become unafraid of failure.
- ☐ Document instructions.

Everything is an opportunity to learn, grow, and sow back into the Kingdom of God. We cannot become complacent regardless of how life appears to the naked eye.

The Gift that God polished up in Joseph's time of enslavement and isolation drove out his arrogance, pride, cattiness, privilege, etc. At the same time, he ushered in the Fruits of the Spirit to allow his Divine Gift to make room for him, setting Him before men in high places and saving his people.

In the Eye of God, the show must go on; thus, we cannot give up on ourselves regardless of how people, places, and things appear to the naked eye. Always remember that rejection is usually God's Divine Protection, Preparation, or Testing

Divine Teachable Moments

Classroom, especially if we are rough around the edges like I once was.

I am from the backwoods country, so I was painstakingly rough around the edges, but GOD! Yes, I said, but GOD! Even though I had a lot of work to do, as you can see, He did not disappoint. The crème de la crème of Spiritual Poshness from the Heavenly of Heavens granted me a double portion for my charactorial overhaul. For this reason, I do not settle for excuses, especially when I am providing the roadmap on a silver platter with proven results, techniques, and experiences that are foolproof.

From the pit of betrayal to the pinnacle of power, if you do not PREPARE in your pit phase, you can forfeit your rights to whatever with whomever in the palace. Really? Yes, really! Unfortunately, it is in this phase that most people settle or choose wrong due to impatience, peer pressure, false expectations, or lustful desires instead of just preparing, *As It Pleases God*. But of course, this is not you, right?

In the same way that Joseph became the Overseer in Potiphar's house and the Keeper of the jail. Eventually, both the Overseer and Keeper of Egypt in the Book of Genesis, preserving God's sheep, you can do likewise. Yes, you can become an Overseer, the Keeper, and then both simultaneously, *As It Pleases God*, if you keep moving in the Spirit of Excellence and Obedience, regardless of the evildoers and the naysayers.

As Seers and Keepers in the Kingdom of God, in Earthen Vessels, we must stay on ready with our Spiritual Antennas on full alert as a Doer. Why must we remain Spiritually Alert? We are the Divine Vessels that God uses to feed, nurture, train, and guide His sheep.

As Kingdomly Doers, we do not know when God will speak, when the Holy Spirit will nudge us, when we must step into action to feed, save, or guide God's sheep, or when the enemy will rise up out of our own house. More importantly, when operating in the Spirit of Excellence, we do not want to miss our Spiritual Cues, especially when God trusts us to complete a particular MISSION.

God knows the intents or wounds of the heart, and for Joseph to internally heal, he activated a Spiritual Principle hidden within, positively restoring another, placing a Spiritual Seal on the Law of Reciprocity. Simply put, wherever he landed, regardless of the conditions or circumstances surrounding him, he found a way to solve problems. As a Word to the Wise, God loves a cheerful problem solver who willfully activates the Law of Reciprocity.

Can someone place a Spiritual Seal on the Law of Reciprocity? We do it all the time, not realizing what we are doing. Here is the Spiritual Seal: *"While the earth remains, Seedtime and harvest, Cold and heat, Winter and summer, And day and night Shall not cease."* Genesis 8:22. Why does this not say the Law of Reciprocity? This Divine Exchange System is referenced in the Bible as Seedtime and Harvest. Moreover, when participating in this Divine Exchange System, we cannot miss our cues.

What is the purpose of NOT missing our Spiritual Cues? We do not want to lose Divine Favor, Provisions, Covering, and Wisdom from the Heavenly of Heavens. Nor do we want to become Spiritually Blind, Deaf, or Mute for becoming a stiff-necked individual, doing our own or the wrong thing, casting false prophecies, instigating doom and gloom amongst the masses, or misleading God's sheep. Here is what Proverbs 3:33 wants us to know: *"The curse of the LORD is on the house of the wicked, but He blesses the home of the just."* Unfortunately, this is why rewards, bribes, followers, and likes have now become the governing factors on what comes out of our mouths, our behaviors, or what moves us. We can justify, rationalize, and Spiritualize this all we like, but our seeds, fruits, and roots DO NOT lie! They never have and never will.

Divine Teachable Moments

As a result of uncorrected and unregulated clickbait, we are missing our Spiritual Cues from our Heavenly Father. While at the same time, not knowing whether we are coming or going, as negativity tries to paralyze us. Based on the Law of Spiritual Duality, it is our responsibility to counteract negativity with positivity, turning our wrongs to right, injustices to just, evils to good, and so on. If not, the Spiritual Yoke will begin to choke us and everything connected to us with a domino effect, primarily behind closed doors. Regardless of our money, fame, fortune, status, or the lack thereof, this Spiritual Law is in effect like the Law of Gravity, and it does not take a rocket scientist to know right from wrong...the psyche already knows.

Suppose we have desensitized ourselves to knowing the different between right and wrong. In this case, it will inadvertently tighten the Spiritual Yoke, putting us in a state of Spiritual Psychosis (a state of paranoia). Is this real? It is as real as the oxygen we are breathing right now. It is just that most people do not talk about this publicly, as the psyche does a number on them.

Why would a Spiritual Yoke develop in such a manner, especially when we are Believers? The Elements of Life is reading us as a plague; therefore, the Vicissitudes, Cycles, and Seasons will make their best attempts to awaken us from our slumber or eliminate the plague to reset itself. Remember, the Earth is Divinely Designed to heal itself, and if we are made from dirt, then this includes us!

Above all, the conscience of mankind is nothing to play around with. It is pre-coded for righteousness. Here is what Matthew 5:6 says, *"Blessed are those who hunger and thirst for righteousness, for they shall be filled."* Conversely, if we hunger and thirst for unrighteousness, we defy the Genetic Code, and emptiness will occur. As a matter of fact, the longings associated with emptiness will fight us from the inside out, releasing all types of hormones prompting us to self-correct. If we refuse to do so, we will require outer stimulants for a quick fix to help us appear balanced, while we continue to lie to ourselves.

The bottom line is that we need the Holy Trinity (The Father, Son, and Holy Spirit) to fix the hole in us. Here is what John 4:13-14 shares with us: *"Jesus answered and said to her, 'Whoever drinks of this water will thirst again, but whoever drinks of the water that I shall give him will never thirst. But the water that I shall give him will become in him a fountain of water springing up into everlasting life.'"*

If we think we can accomplish this feat of fixing ourselves on our own, then have at it...the cycle of déjà vu is waiting on our return. Even Jeremiah 2:13 warns us about our brokenness: *"For My people have committed two evils: They have forsaken Me, the fountain of living waters, and hewn themselves cisterns—broken cisterns that can hold no water."* If we think for a moment, we can beat the Divine System set forth from the Beginning of Time, then get ready for the ultimate beatdown from the inside out. Joseph's brothers experienced this for what they spitefully did to him, and we are not any different.

How do I know Joseph's brothers were experiencing an internal beatdown? First, the conscience will do what it is designed to do: That is, convict us of our wrongdoings. Secondly, in Genesis 45:5, Joseph said: *"But now, do not therefore be grieved or angry with yourselves because you sold me here; for God sent me before you to preserve life."*

To be clear, I do not wish an internal beatdown upon anyone, because we all have free will. As the Divine Messenger of the Most High God, I must inform those who have a willing ear to hear, Thus Saith The Lord, about our underlying intents, motives, and deeds.

Divine Teachable Moments

We often use the story of Joseph as a story of triumph, but we must also use it as a Divine Blueprint of PROACTIVENESS and LEVERAGE. How do I get proactiveness and leverage from Joseph? While Joseph was in his father's house, he was learning, understanding, and preparing. When Joseph was sold into slavery, ending up in Potiphar's house; here again, he was again learning, understanding, and preparing. When Potiphar's wife lied about Joseph, landing him in prison, he was still learning, understanding, and preparing. He did not know what God was going to do or how, but he remained on the proactive learning curve, building the leverage needed to facilitate his Blueprinted Purpose.

Suppose we do not learn, understand, prepare, and grow. In this case, we can become God's Chosen Elect in a famine depending upon someone else's provisions, subjecting ourselves to all types of cruelty and abuse for not having what we should have prepared for.

For the record, I am not here to point the finger; through many experiences, I can bring forth such Divine Information for such a time as this. Rest assured that my famine seasons have prepared me with the Divine Wisdom to facilitate the process of getting us Mentally, Physically, Emotionally, Spiritually, and Financially ready for whatever, with whomever. And then, training the next in line, passing the Torch of Wisdom, allowing the next generation to become better, stronger, and wiser without tripping over themselves, like I once did.

Like Joseph, my gruesome battle scars are real. Even though, by the Grace of God, I do not look like what I have been through, if I can prevent others from making the same frivolous mistakes, then so be it. Thus, with the *As It Pleases God*® Movement, and my personal *Divine Teachable Moments* as The WHY Doctor, we leave no WILLING man behind. While at the same time, providing the AWARENESS needed to make informed decisions with a proper understanding of the Spiritual Cues from the Heavenly of Heavens.

So, my question today is, 'What if Joseph had missed his Spiritual Cues?' 'Would you be here today?' Now, being that you are here and being that you have the rundown of *Joseph's Teachable Moments*, pick up your cross and WALK in humility with your head held high, letting nothing or no one stop you from dreaming and doing what is right.

From this point onward, know this: Your Divine Destiny is calling your name. Will you answer the call, or will you hang up?

Moses' Teachable Moment

Moses faced many *Teachable Moments* of rejection containing PROFOUND WISDOM for us to glean, taking us from out of slavery or our current situation to the palace, then from the palace to the desert for training, and from the training ground to Spiritual Leadership with the Divine Authority from the Heavenly of Heavens.

To be clear, just because we are in a leadership position, it does not mean we have Divine Authority from the Heavenly of Heavens. Why do we not have it, especially when we are taught to name it and claim it? We must be Spiritually Trained, Tested, and Commissioned, *As It Pleases God*. Without being Divinely Trained, *As It Pleases Him*, we can misstep or become misguided easily, worshipping golden calves and engaging in idolatry while appearing right in our own eyes.

In dissecting Moses' *Teachable Moments*, Pharaoh initially rejected Moses' birth by attempting to wipe out all of the newborn male babies through what we now call infanticide (Infant Homicide) to weaken the Hebrew population. But through Divine Intervention, it did not stop him from getting into the palace to become trained right under his nose with his own method of operation. It is just like God to use the enemy

Divine Teachable Moments

as stepping stones to train, prepare, nest, and nurture us to do what we are called to do. But let us digress for a moment and get back to Moses' *Teachable Moments*.

The struggle of rejection marked Moses' early life as he struggled with his identity. He was born to Hebrew parents but raised in the Egyptian palace. So, he experienced life in two worlds, granting him leverage to know the difference between the two.

His awareness of his people's suffering led him to take drastic action, ultimately resulting in his flight to Midian after killing an Egyptian who was mistreating a Hebrew. This act of violence and the ensuing rejection he faced from the Egyptians and his own people set the stage for his complex relationship with leadership and an identity crisis.

Moses rejected himself with his insecurities related to being slow in speech (stuttering), causing him to attempt to self-sabotage. But God was not having it—so He sent his brother, Aaron, to assist.

As life would have it, the fear of rejection can inhibit one's ability to fulfill a Divine Calling. But hear me and hear me well; no one or nothing can stop the Divine Will of God but us! From me to you, take your stutter and whatever else you have going on, give it to God, and leave it there. Once again, your Spiritual Gift or Predestined Blueprint may be hidden in your idiosyncrasies. More importantly, it is through self-acceptance with a Work-In-Progress or the Lord-Will-Provide Mentality that God will send Divine Support at the right time. Nevertheless, when that time comes, you must be willing to RECEIVE.

When leading the field, *As It Pleases God*, it may not be the most popular position to hold, especially if we are truly and authentically about our Father's Business. However, like Moses, we must remain COMMITTED to the Divine Mission, even when faced with challenges, when having spit in our eyes, or when getting knives placed in our backs. If we cannot handle this, it is an indication that we are not ready for *Heaven's Language*.

Why can we not handle *Heaven's Language* as Believers, especially when opting out of challenges and dealing with contention? When speaking on behalf of the Kingdom, we cannot water down the Word of God because it may come with a little fire, thunder, and lightning. In all simplicity, *"For the word of God is living and powerful, and sharper than any two-edged sword, piercing even to the division of soul and spirit, and of joints and marrow, and is a discerner of the thoughts and intents of the heart."* Hebrews 4:12. When handed this Divine Mantle, we must speak the truth in love, but sometimes, the truth can cut, and some people do not like correction.

Now, for me, I am not going to risk losing my Spiritual Gifts or my *Heavenly Language* for not sharing what is RIGHT in the Eye of God. I kindly say what needs to be said while choosing my words carefully and positively. Why would I approach it in such a manner? When the Heavens have my back, I make sure my delivery is on point, and my heart posture is in correct standing. In addition, as icing on the cake, I also do it with the Fruits of the Spirit while behaving Christlike to ensure I have REAL Spiritual Reinforcement when I open my mouth with the power and precision of God's Divine Word.

What is the point of knowing this information, primarily when we can hear God for ourselves? Hearing God, obeying Him, standing on or delivering the Word of God, and Pleasing Him have different Spiritual Postures, and we must know where we are at all times. If not, we can 'get got' when we are stuck in one posture while God is moving in the other.

For example, when I speak on behalf of the Heavenly of Heavens or when in the Move of God, *As It Pleases Him*, I do not need to defend myself...All of Heaven MUST have my back. If

Divine Teachable Moments

one does not know this, they cannot place a Spiritual Demand on it. As a result, they retreat and become passive to men and not OBEDIENT to God Almighty. As a *Trainable Moment*, this is one of the reasons why God placed Moses in Midian for Spiritual Training. More than likely, this is why we are in our desert experience as well.

When the Heavens Speak or when speaking *Heaven's Language*, obedience is required. Thus, we must deal with our insecurities and inadequacies to ensure that we do not forfeit our Divine Mantle prematurely. Plus, if we need help with something or someone, just ask God for guidance on the matter and document the findings as an act of obedience; it keeps us from forgetting instructions. Even when people doubt what God is saying, it is not our responsibility to make them believe. Simply say what needs to be said when Divinely Authorized to do so, and keep it moving in the Spirit of Excellence.

The moment we find ourselves trying to convince people or player-hate, it is a sign of unsurety. So, beware of this behavior because it can lead us to the dark side due to the violation of free will. The bottom line is that we cannot force things on people, nor should we use negative forecasting to disable someone.

We have the same Spiritual Authority that Moses possessed; however, we must know how to tap into it without tapping out. Surrendering our Spiritual Power to an ungodly governing authority with the potential of mass manipulation and destruction is an insult to the Kingdom of God. For this reason, we must know and understand God for ourselves with a *Spirit to Spirit* Relationship.

In this *Teachable Moment*, know this: By disrespecting who God placed in charge, who He has given specific instructions to, or projecting ill will as a form of retaliation, we will eventually cause ourselves to shake in our boots. Why would a shaking occur? It is designed to rattle the psyche of mankind.

Divine Teachable Moments

How do we make this make sense? Unfortunately, it is a deafening but silent trumpet from within to let us know that the man-made or erected walls will come down, similar to the Walls of Jericho.

Without faith, unity, and collective action toward God's Divine Promise, Plan, or Instructions, the Spiritual Walls will keep us blocked, oppressed, and like crabs in a bucket. For me, it is about time for this ungodly behavior to come to a complete halt for the sake of the Kingdom of God.

With all due respect, if we tell the truth, we tend to reject God more than He rejects us. Really? Yes, really! The moment we stop lying to ourselves, the truth will avail itself for correction. Here is a question from God: *"Then the LORD said to Moses: 'How long will these people reject Me? And how long will they not believe Me, with all the signs which I have performed among them?'"* Numbers 14:11. When we reject the Messenger or the Teacher sent with a Divine Message from the Heavenly of Heavens, we reject God Himself. Blasphemy, right? Wrong. *"He who hears you hears Me, he who rejects you rejects Me, and he who rejects Me rejects Him who sent Me."* Luke 10:16.

The moment someone says to me that they have never rejected God, I do not believe them. Why would I doubt them, especially if I do not know them from the inside out? First, doubt and rejection will happen to us all. Once this happens, here is what James 1:5 advises: *"If any of you lacks wisdom, let him ask of God, who gives to all liberally and without reproach, and it will be given to him."* Secondly, we will all go through this phase, determining what we value or devalue based on our free will. Here is what 2 Corinthians 6:14 points out to us: *"Do not be unequally yoked together with unbelievers. For what fellowship has righteousness with lawlessness? And what communion has light with darkness?"* Lastly, we cannot determine what we want unless we decide on what we do not want to establish boundaries.

Divine Teachable Moments

Here is what Proverbs 4:23 says, *"Keep your heart with all diligence, For out of it spring the issues of life."*

Rejecting God has been in our nature since the Garden of Eden, and it is not going anywhere anytime soon. Due to the Law of Spiritual Duality, we must make a conscious choice to choose Him above all else. What is the purpose of making a conscious choice to choose God? Our Mind, Body, and Soul can jump the track the moment we are pressured, rejected, or insulted. In essence, what is in us will come out, primarily when the Holy Trinity is not actively present in our lives, or when we have made a conscious choice to govern ourselves without Him. On the Spiritual Journey of faith, for this very reason, God will use some sort of desert experience (a period of hardships and trials) to purify us from the desire for fish, leeks, and onions of enslavement.

As the Israelites wandered in the wilderness, despite the oppression, bondage, and enslavement they experienced in Egypt, they were still yoked, Mentally, Physically, Emotionally, and Spiritually. How so, when they are clearly not in Egypt? They did not realize that the cravings for their old ways, their old lifestyles, their old mindsets, and their past were preventing them from their truest freedom. So what do they do? They take their aggressions out on Moses, the Divine Vessel God used to deliver them from themselves.

In our Desert Experiences, we cannot cling to what is familiar. Why not, especially when having free will? It can prevent Spiritual Growth and can also thwart our *Heavenly Language* from coming forth.

You see, resisting God is equated to resisting your Divine Destiny or rejecting your Predestined Blueprinted Purpose, especially when He is guiding you to a Land of Milk and Honey. For this reason, Matthew 7:6 warns us about what can happen if we do: *"Do not give what is holy to the dogs; nor cast your pearls before swine, lest they trample them under their feet, and turn and tear you in pieces."* When you are tattered and torn to pieces out of disobedience, rebellion, or having a stiff neck to the Will of God and His Divine Plan, the clean-up process can get quite gruesome. Thus, Ephesians 5:15-16 advises: *"See then that you walk circumspectly, not as fools but as wise, redeeming the time, because the days are evil."*

With God's Promises, never give up...our Divine Blueprint is here to serve us with Supernatural Provisions, containing a Gravitational Pull beyond human comprehension. In due time, as a Tilling Self-Starter, it will yield. We must LISTEN to the Voice of God, making it imperative to develop a *Spirit to Spirit* Connection. We do not want to become like Moses, who struck the rock when God told him to speak to it.

Keep in mind that simple acts of disobedience may seem small in our eyes, yet paramount in the Eye of God. It is always best to obey to avoid suffering dismay! Picturesquely, we would never walk into a Judge's Courtroom exhibiting disorderly behavior or disrespect towards them. If we do, we will have ourselves thrown into jail so fast that it will make our heads spin without a jury.

To take this in reverse for a moment, when Moses struck the rock twice with his staff in Numbers 20, he was punished by God. As a consequence of his actions, he was not allowed to enter the Promised Land due to his lack of trust, his uncontrollable anger, his disobedience, as well as his self-righteous ability to idolize himself, as opposed to acknowledging that it is God working through him to bring forth such miracles. Based on *Moses' Teachable Moment*, we must tap into what is already, while Divinely Aligning ourselves to become diligently proactive, NOT reactive.

King David's Teachable Moment

David, although chosen by God, is one of the most celebrated as being a shepherd, a giant slayer, a warrior, a king, a poet, and

Divine Teachable Moments

a lover. However, amid all of his accolades, he faced more rejection than we could care to imagine, making the *Divine Teachable Moments* phenomenal.

One of the more distressing aspects of his early life was the sense of rejection that he experienced, particularly from his own family. This rejection played a significant role in shaping David's character due to his yearning for love, attention, and closeness. How do I know? In many of his psalms, we find expressions of deep emotional pain, reflecting a desire for intimacy and affirmation. Unfortunately, these desires contributed to him having a slew of women at his beck and call to satiate his hidden and open longings.

It is King David's weaknesses that set the stage for a life marked by challenges, resilience, and eventual greatness. Amid all this, he took his known and unknown qualms to God, developing a deep connection with Him, *Spirit to Spirit*. In addition, he also found ways of channeling his pain into leadership, artistry, creativity, and astuteness to leave a legacy of information for us to glean. In my opinion, King David had two specific types of moments we want to target:

- ☐ Heart Moments
- ☐ Respectable Moments

They both give us a bird's eye view of why He was after God's own heart.

Heart Moments

Most ask, 'What was so special about King David, especially with a flawed track record?' Could it be that his feet were not swift at running to evil? Could it be that he was willing to correct his conscience, *As It Pleased God*? Could it be that He knew the Voice of God and obeyed it? No one truly knows

Divine Teachable Moments

besides God, right? However, David left us with enough information to glean.

God rewards obedience, courage, and humility with a work-in-progress mentality. David never stopped working on himself; he was locked in on becoming stronger, wiser, and more astute daily without settling for defeat.

When genuinely dedicated to the Kingdom of God, our heart posture becomes laser-focused on what PLEASES God while quickly repenting over our hiccups. According to *Heaven's Language*, let us look at WHY King David was after God's Heart.

- ☐ David sincerely believed in God Almighty, trusting His plan without reservation.
- ☐ He repented, asking for forgiveness when he sinned, and asked for proactive forgiveness not to sin.
- ☐ David was dedicated to prayer, worship, and his *Spirit to Spirit* alone time with God.
- ☐ He was very obedient, even when it was difficult.
- ☐ David showed mercy and kindness to his enemies, even though He had a lot of blood on his hands and would take a man out at the drop of a dime.
- ☐ He was very caring for the people of God.
- ☐ David had a heart for justice, integrity, and righteousness.
- ☐ He understood his need for God's help and guidance amid his imperfections.
- ☐ David was a man of courage and bravery, doing what needed to be done.
- ☐ He deeply loved God's Word, meditating on it day and night.
- ☐ David had a humble and reasonable heart with a willingness to serve others, even as a King.
- ☐ He trusted in God's provision and protection.

Divine Teachable Moments

- [ ] David was a man of vision and creativity.
- [ ] He left a legacy of faith and devotion to God, documenting his encounters.
- [ ] David was a man of wisdom who sought to understand God's ways.
- [ ] He was a man of humility who recognized his weaknesses and shortcomings.
- [ ] David was a man of compassion who proactively cared for the needs of others.
- [ ] He was a man of loyalty who remained faithful to God and his people.
- [ ] David was a man of love who demonstrated God's love to others.
- [ ] He was a man of vision who saw beyond the present circumstances to God's plan.
- [ ] David was a man of creativity who used his talents and abilities for God's glory.
- [ ] He was a man of leadership who inspired others to follow God.
- [ ] David was a man of generosity who gave generously to God's work.
- [ ] He was a man of gratitude who thanked God for His Divine Blessings.
- [ ] David was a man of hope who trusted in God's promises for the future.
- [ ] He was a man of patience who waited on God's timing.
- [ ] David was a man of peace who sought to resolve conflicts in God's way.
- [ ] He was a man of joy who celebrated God's goodness.
- [ ] David was a man of perseverance who endured trials and hardships.
- [ ] He was a man of purity who sought to live a HOLY life before God.

Divine Teachable Moments

- ☐ David was a man of justice who sought to right wrongs in God's way.
- ☐ David was a man of unity who brought people together for God's purposes.
- ☐ He was a man of determination who never gave up on God's plan.
- ☐ David was a man of understanding who discerned God's will for his life.
- ☐ He was a man of encouragement who lifted others up in their faith.
- ☐ David was a man of boldness who stood up for God's truth.
- ☐ He was a man of faithfulness who remained loyal to God and his people.
- ☐ David was a man of holiness who pursued righteousness before God.

By no means was King David perfect, but his good outweighed his bad. And the same applies to us. Our good deeds must carry Spiritual Weight to supersede the dead weight of our imperfections, weaknesses, or shortcomings. Therefore, in your Spiritual Journal, make sure you document your good and bad deeds. Why? Awareness is one of the keys to God's Divine Heart, and cluelessness is a lock.

Respectable Moments

Even King David knew, in the Eye of God, it was an abomination to take King Saul out; therefore, he had to RESPECT him, even though David disagreed with his method of operation. For those who think it is cool to insult those who God has IN CHARGE, let me break it down in Kingdom Terminology. The same SWORD we use as our tongue is used to judge our house, so BEWARE! Blasphemy, right? Wrong.

Divine Teachable Moments

As God has given us Spiritual Dominion, there are Spiritual Rules of Engagement for a person IN CHARGE and one who is NOT! This Spiritual Principle applies to Believers and non-believers alike...here is the SPIRITUAL WARNING **Saith the LORD**:

"Now it happened afterward that David's heart troubled him because he had cut Saul's robe. And he said to his men, 'The LORD forbid that I should do this thing to my master, the LORD's anointed, to stretch out my hand against him, seeing he is the anointed of the LORD.' So David restrained his servants with these words, and did not allow them to rise against Saul. And Saul got up from the cave and went on his way. David also arose afterward, went out of the cave, and called out to Saul, saying, 'My lord the king!' And when Saul looked behind him, David stooped with his face to the earth, and bowed down. And David said to Saul: Why do you listen to the words of men who say, 'Indeed David seeks your harm?' Look, this day your eyes have seen that the LORD delivered you today into my hand in the cave, and someone urged me to kill you. But my eye spared you, and I said, 'I will not stretch out my hand against my lord, for he is the LORD's anointed.' Moreover, my father, see! Yes, see the corner of your robe in my hand! For in that I cut off the corner of your robe, and did not kill you, know and see that there is neither evil nor rebellion in my hand, and I have not sinned against you. Yet you hunt my life to take it. Let the LORD judge between you and me, and let the LORD avenge me on you. But my hand shall not be against you. As the proverb of the ancients says, 'Wickedness proceeds from the wicked.' But my hand shall not be against you." 1 Samuel 24:5-13.

Our agenda versus God's Agenda cannot be overlooked, downplayed, or manipulated, even if we have cheated through the system our whole lives. For this reason, we must stop playing with Spiritual Governing Orders we do not understand. If one thinks they are exempt from how David handled this Spiritual Matter, let me be the first to say, 'We are NOT!'

According to the Ancient of Days, the same Spiritual Rules applied back then to a man after God's own heart apply to us right now. Why? We have gotten out of control with the vehicles of disrespect. When we cannot respectfully and rationally think for ourselves, discerning between right and wrong, our Spiritual Signals or Arrays from the Heavenly of Heavens can get mixed up or develop mangled interferences.

What does one thing have to do with another? Once again, we are Spiritual Beings having a human experience. If we cannot RESPECT who is in charge in the earthly realm, we will DISRESPECT the Heavenly, even if we proclaim to love God with all our hearts, minds, and souls. What if we do? I am not judging the level of love; I am determining if one is fit for the Kingdom Accolades, Wisdom, Treasures, Secrets, Promises, Heaven's Language, or the UNVEILING of our Divine Blueprint.

In the same way, the Children of Israel wandered in the desert for forty years for ungratefulness and disrespectfulness; we are subjected to the same occurrence, even if we love and adore God. In this *Teachable Moment*, we have a choice of Divine Inclusion or Exclusion.

King Solomon's Teachable Moment

As we move along with father and son relations, we are not done yet! This saga takes us to the Wisest Man documented in the Bible, named King Solomon, the son of King David. What does this have to do with anything? Well, once again, it is family drama at its best. We are dealing with the lack of *Self-Control* that would turn a Wise Man into exhibiting traits of a fool, a mocker, or the simple. Blasphemy, right? Wrong! He

Divine Teachable Moments

inherited this lust from his father and mother, festering to another level when left untamed, unresolved, and ignored.

Here is the deal: In 1 Kings 11:1-2, it says, *"But King Solomon loved many foreign women, as well as the daughter of Pharaoh: women of the Moabites, Ammonites, Edomites, Sidonians, and Hittites—from the nations of whom the LORD had said to the children of Israel, 'You shall not intermarry with them, nor they with you. Surely they will turn away your hearts after their gods.' Solomon clung to these in love."*

Sadly, King Solomon ignored the WISDOM of God and the teachings of his parents. How? He did not exhibit *Self-Control*, allowing the lust of the eyes, the lust of the flesh, and the pride of life to consume his better judgment.

The longing of the human psyche is a force to be reckoned with, especially when power, money, sex, status, fame, and love are involved. Nevertheless, listed below are a few brewing GENERATIONAL CURSES and willful idolatry he allowed into his Bloodline, but not limited to such:

- ☐ He openly engaged in intermingling with his cousins, the Moabite and Ammonite women, the descendants of Lot, which continued the generational curses from Sodom and Gomorrah.

- ☐ He openly engaged in intermingling with his cousins, the Edomite women, the descendants of Esau, which continued the generational curse of disobedience.

- ☐ He openly engaged in intermingling with the Sidonian women, the descendants of Canaan, the grandson of Noah, linked to the generational curse of Canaan.

- ☐ He openly engaged in intermingling with the Hittite women, the descendants of Canaan, the son of Canaan, who is the grandson of Noah, linked once again to the generational curse of Canaan.

All in all, no one is immune to the negative impacts associated with the lack of *Self-Control* and generational curses. If we do not think generational curses are real, then think again! Now, to break any form of generational curse, we must control the flesh, and the bodily desires will go into dormancy.

Nevertheless, if we feed them Mentally, Physically, and Emotionally, they will grow stronger with time, affecting our Bloodline with specific fruits or character flaws instead of Kingdom Benefits. More importantly, here is what yours truly, King Solomon, tells us in Proverbs 4:1-5, *"Hear, my children, the instruction of a father, and give attention to know understanding; for I give you good doctrine: do not forsake my law. When I was my father's son, tender and the only one in the sight of my mother, He also taught me, and said to me: Let your heart retain my words; keep my commands, and live. Get wisdom! Get understanding! Do not forget, nor turn away from the words of my mouth."*

We must cast down vain imaginations while teaching our family how to do likewise. If not, the penetration can become fierce, especially when we have to fight against our own for righteousness in the Eye of God. What does this mean? Our biggest enemy or most profound kryptonite is within us, our families, or those we know and have grown accustomed to being around. For example, when a child trusts and believes God for deliverance from a Bloodline Curse, and the parents continue to loom curses over the Divine Destiny of the child, it puts them into a Spiritual Gridlock instead of Spiritual Liberation.

What is a Spiritual Gridlock? Gridlock is when good parents are conditioned to parent their children how they were

Divine Teachable Moments

raised out of custom, not realizing they are under a generational curse. Due to the parents' negligence, the loomed curses are attempting to penetrate their offspring. As a result, they become Spiritually Weak, fighting against the secret or open curses of someone they love.

Everyone has their story, but with much respect to all, Spiritual Gridlock happens when the parents lack the understanding of 'What' they are doing or the damage it may cause to their offspring. Due to this oversight, a parent with good intentions never gets an understanding of *'Why'* they are cursing their own, *'How'* to become better, *'Where'* to go to receive help, and *'When'* to draw the line in the sand on their behaviors. As a result, the Bloodline Curse continues as a Spiritual Gridlock. Why? Their child became too traumatized to contend with the Stones of Wickedness, so they joined in to do likewise on their own, keeping the negative cycle going or becoming locked into the cycle.

From the Ancient of Ancients, if we do not unlock the negative debauched Grid, the lock will trap our Bloodline until someone steps up to the plate, saying 'NO MORE,' while regrafting their fruits from negative to positive, bad to good, unjust to just, wrong to right, cursed to blessed, and so on.

In the same way that a Negative Grid runs deep, a Spiritual Grid with the Fruits of the Spirit and Christlike Character runs deeper into the Well of Wisdom, Favoritism, Blessings, and Greatness. Really? Yes, really! Therefore, if we allow *Self-Control* to work on our behalf, there is no limit on what we can achieve, enabling our Bloodline to achieve even more.

Now, before moving to the next *Teachable Moment*, while writing it, I must admit there were all types of temptations pulling at me from everywhere, testing my level of *Self-Control* as well. Yet, I had to press through, enduring the vile attempts of the wolves in sheep's clothing without blowing my cover, ensuring this vital information gets to those in dire need of it.

Divine Teachable Moments

But of course, I was not surprised; our fruits must be TESTED. Why? It helps us avoid the problematic feelings of failure or having rotten fruits spoil the whole bunch of good fruits.

How do we self-check our own fruits? We must involve the Holy Spirit in building ourselves from the inside out because He knows more about us than we do. Yet, here are the instructions from the Bible: *"But you, beloved, building yourselves up on your most holy faith, praying in the Holy Spirit, keep yourselves in the love of God, looking for the mercy of our Lord Jesus Christ unto eternal life."* Jude 1:20-21.

Jonah's Teachable Moment

Although the Book of Jonah is very short, it is packed full of awesome *Teachable Moments* that will revamp the way we think about life and our ability to fast. Fasting is not often spoken about in the Book of Jonah because we are so focused on Jonah's faith; however, my spin will take us in a direction that will revolutionize how we perceive Jonah from now on.

As we all know, Jonah ran from God because he did not want to save the people of Nineveh, whom he presumed to be heathens due to their idol worship. The people of Nineveh did not know anything about the true God. They only knew what they were taught by their Forefathers, which was to worship idols, as well as to war and conquer, capitalizing on their wickedness daily.

Nevertheless, due to their perplexed waywardness, Jonah decides to do the opposite of what God instructed him to do. So, he runs away from his God-Given Mission, boarding a ship headed to Tarshish.

Due to his disobedience by not following God's instructions to go to Nineveh, a big storm arose, tossing the ship to and fro. It is funny how God has a way of turning our lives and those of the people supporting our rebellious behaviors upside down.

Divine Teachable Moments

Then again, it is mind-boggling how He brings certain things to a complete halt until we align with His Divine Will and Ways of doing things.

Okay, let me take that back...it is not funny when it is happening to us, but it is definitely an eye-opener when it does happen. From my many experiences, God will shake Heaven and Earth to get us in place or align us with our God-Given Purpose to keep us on schedule as He did with Jonah.

Now, getting back to the story, the sailors felt like someone on the ship was to blame as the storm continued to rage out of control. As they panicked, fearing the ship being torn to smithereens, Jonah was on the ship, SLEEP. Can one imagine sleeping on a ship when it is about to capsize?

Was Jonah sleeping out of depression, sleep out of fear, sleep out of neglect, sleep because he did not want to pray, or sleep because he did not want to deal with his acts of disobedience? This brings me to a scripture in Proverbs 20:13, *"Do not love sleep or you will grow poor; stay awake, and you will have food to spare."* Jonah, being able to sleep through this ordeal comfortably, is a prime example of how we can grow poor Mentally, Physically, Emotionally, and Spiritually in a state of mediocrity, running from doing what we were called to do.

Jonah was a Man of God; if God told him to go to Nineveh, do we think for a minute, he did not know the storm was coming? Or do we think he did not know God would track him down? He knew! In my opinion, this is why he was sleeping! Regardless of the reason why he was sleeping in a storm as such, when he was confronted with praying for God's help, he refused to do so. That was a dead giveaway regarding Jonah's motives and heart posture.

For the most part, as a Woman of Wisdom, it was totally disrespectful for Jonah to get innocent people involved in his mess. When a man is guilty, and their conscience is convicting them, it is definitely more comfortable to sleep on people, places, and things deserving our attention. For this reason, if we are wrong or disobedient regarding something or someone, we need to OWN IT! Trust that the truth always has a way of surfacing when we least expect it.

After the sailors had cast lots to their false gods to find out who was the cause of their dilemma, they realized it was Jonah running from God Almighty. This shook the sailors up more so than the storm itself. They tried to spare him, but there was no use; the storm kept raging. Eventually, Jonah was thrown overboard to save the lives of the innocent. But lo and behold, the God he was running from rescued him.

What did God really rescue him from? Did God rescue him from drowning? Did God rescue him from the predators of the sea? Or did God rescue Jonah from himself? Wait, wait, wait, let me ask this question: 'Did Jonah bring this upon himself?' 'Was this self-inflicted?' The true answer to these questions will forever remain between Jonah and God.

As we pick up on the known details, God allowed him to be swallowed up in the belly of a fish for three days and three nights. Which, in my opinion, was a **FORCED FAST**. This experience was God's way of saving him from himself by giving him time to think about a few things and an opportunity to change his perception of people. Here are a few things we can glean from Jonah:

- ☐ It gave him time to realize he could not run away from God, nor could he run away from his God-Given PURPOSE.

- ☐ It gave him time to think about his acts of disobedience or his acts of sin, which made him no better than the next person.

Divine Teachable Moments

- [ ] It gave him time to recognize his selfishness, and he was not operating in the Spirit of Love, nor was he exhibiting the Fruits of the Spirit.

- [ ] It allowed him to repent, ask for mercy, and pray.

- [ ] It gave him time to think about whether or not God was going to save him.

- [ ] It gave him time to think about how he was thrown overboard and abandoned, similar to the way he ran off, abandoning the people of Nineveh.

- [ ] It gave him a bird's eye view of how the people of Nineveh needed to be saved from their sins, similar to the way God was saving him from his.

- [ ] It gave him an understanding that we have all sinned and fallen short.

- [ ] It gave him an opportunity not to judge God's Divine Will and Ways of delivering His people from destruction.

- [ ] It gave him the opportunity to OWN his issues and not run from them.

- [ ] It gave him the ability to understand the owner of God's Divine Grace and Mercy.

- [ ] It gave him the opportunity to wake up to the reality of understanding we all deserve the Love of God.

Divine Teachable Moments

As Jonah cried out in the belly of the fish, he renewed his relationship with God, and the fish spewed him out on dry land. He went to Nineveh to preach and proclaimed a fast to prevent their obliteration in forty days. As a result, they repented, wore sackcloth, fasted, and cried out to God.

According to scripture, God saved them; however, Jonah secretly wanted their demise. But, due to their ability to fast, repent, and turn from their wicked ways, God's grace and mercy fell upon them regardless of how Jonah felt.

It is amazing that when Jonah was in need of God's help, he repented, prayed, and did what God asked him to do after a three-day **FORCED FAST**. Then he turns around and gets upset about God not destroying Nineveh, when they went on a **VOLUNTARY FAST**. In my opinion, this was a double standard for Jonah! God forced him to fast for deliverance out of the belly of the fish. Whereas the people of Nineveh voluntarily fasted for their deliverance. Were they not entitled to the same grace and mercy extended to him? Absolutely, a fast is a fast as long as we repent and pray.

God is a just God, regardless of how we feel or how others feel about us. He rewards our sacrifices, whether in the belly of a fish, partaking in the idolatry of our Forefathers, or when battling for our faith. It does not matter where we are, where we are from, or what we have going on; our Heavenly Father is the same yesterday, today, and forever.

To add insult to injury, Jonah had the nerve to get upset about a plant dying overnight, as opposed to the obliteration of human lives. The mindset of Jonah was irreversibly tainted beyond human comprehension. Jonah failed the PEOPLE TEST God sent him. After this, unfortunately, we do not hear anything else about Jonah.

The mind-germ of religion can indeed taint our relationship with our Heavenly Father and His prized creation, which is

Divine Teachable Moments

human life. Remember, *"We are created a little lower than Angels, and we are crowned with glory and honor."* Psalms 8:5.

According to the Heavenly of Heavens, we must always wish our enemies well, regardless of whether we feel they deserve God's Divine Grace and Mercy. Spiritually Speaking, He loves everyone, regardless of our creed, deed, or need, and He will TEST the contents of our hearts through how we treat and relate to ourselves and others, especially when no one is looking.

Now, the question is, 'Are we in a *Teachable Moment*, or are we in a Testable Moment?' Choose wisely because the Spirit of Jonah is amongst us, zapping our *Heavenly Language* as we speak! Protect It, Protect It, Protect It at all costs; we are going to need it to make sure we do not symbolically board a ship to Tarshish, Mentally, Physically, Emotionally, or Spiritually.

Samson's Teachable Moment

In this moment, be it male or female, we do not want to rest our heads in the wrong places or on the wrong laps. For example, in Judges, Chapters 13-16, Delilah is a woman with whom Samson falls in love. Little did he know, she was also working with the Philistines to try to capture him. In one instance, Samson fell asleep with his head in Delilah's lap, and she used the opportunity to cut off his hair, which was the source of his strength. This act ultimately led to Samson's capture and downfall.

As our potential capture or downfall is upon us, Mentally, Physically, Emotionally, or Spiritually, let us talk about *Samson's Teachable Moment* in depth. It is by far loaded with Divine Wisdom, making us rethink what we are thinking and restructure our approach.

In the Book of Judges, Samson was Spiritually Marked by God with Supernatural Strength in his hair. In order for

Divine Teachable Moments

Samson to operate in his GIFTING, he was required to follow Divine Protocol and Instructions. As a part of the Spiritual Covenant, he could not drink strong wine, cut his hair, or reveal the secret behind his Spiritual Power.

Yet, in all of Samson's victories, even killing a lion with his bare hands, he somehow became Spiritually Defiant. He insisted on marrying a Philistine woman despite his parents' objections.

As a result, he had a few defeats with the matters of the heart, especially when his wife betrayed him by telling his secret to a riddle. Plus, she was also given away to his best man as a wife by her father. From my perspective, this *Teachable Moment* was a big hit below the belt and a blow to Samson's ego. How do I know? The betrayal and failed expectations sent him on a destructive rampage.

Samson became filled with an overwhelming desire to seek revenge on the Philistines, which took his mind all the way to the left. I cannot imagine the mindset of someone who would tie up foxes and set their tails on fire to destroy someone's livelihood, fields, and crops. In my opinion, Samson was very perturbed after this whole ordeal; he was not thinking right, he was not exhibiting Godly behavior, and he set out to destroy innocent lives. His vicious pranks hurt not only the Philistines but also his people.

Can one imagine losing everything due to the fires he set ablaze, being killed, or better yet, being beaten to death with a jawbone? And all of this for what? A broken heart! We can say he was still grieving; we can say he was mad at God; we can say a lot of things, but his behavior spoke volumes. Although Samson had a Spiritual Covenant with God, which gave him abnormal strength, his abuse of power, as well as his behavior, warranted a checkup from the neck up.

The truth of the matter is that his perception of love, as well as the presumed lack, caused his heart to bleed in ways that

Divine Teachable Moments

became somewhat overwhelming for him. Why would his heart become overwhelmed? As a Spiritual Vessel that has a certain time-sensitive Destiny, whenever we become arrogant, disobedient, or develop a deaf ear to God, rest assured, a Spiritual Arrow will come targeted for the heart. Keep in mind that love is Spiritual in nature, and as a form of redirection or correction, the heart becomes the Spiritual BULLSEYE! Samson was not exempt from this Spiritual Arrow, and neither are we!

Here is the deal: Samson violated his own conscience, he was ashamed, and he was Spiritually warned about this woman. Yet, he did not heed to any form of advice because the lust of his eyes, the lust of his flesh, and his egotistical pride of life got the best of him. So much so that he forgot all of his home training while forgetting about God as well as his God-Given Mission.

Can we really throw away everything God has blessed us with for the longing for love? The answer is yes. It happens all the time; this is why we are thoroughly TRIED and TESTED before walking into our Predestined Blueprint.

Samson refused to surrender to the Will of God after his first bout with love; he continued to do his own thing as if he were Mr. Untouchable. Out of this unrectified longing from within, he met Delilah, whom the Philistines sent to extract his secrets. She possessed something he was not able to find in any other woman.

In *Samson's Teachable Moment*, Delilah would not allow him to get away with being evasive as he had with other women. She was able to get him to communicate with her, cracking the shell of his emotions and getting his inner child to speak openly. With those bottled-up emotions, we can say that he lost his sense of reasoning and discernment.

Samson was hurting, tired, and exhausted from fighting because he was always on the defense and on guard. But when it came to Delilah, he rested. At this moment in his life, he rested his head in the wrong place.

There are times when the strong get weak due to the onset of the issues of life; consequently, if we do not have on the Whole Armor of God, we can become a victim. If we, like Samson, are wounded badly enough while refusing to heal or to continue in our folly, we may rest our heads in the lap of the enemy. Only to have our strength taken away from us just for being human! However, Delilah did all the right things to Samson for money and power, which are the wrong reasons.

On the one hand, she gave him peace, and on the other hand, she ensnared him. In my opinion, this is how Delilah was able to seduce him mentally and emotionally. Even though she used her seduction in the wrong way through waywardness, she gave Samson what he wanted while getting what she wanted. What did Delilah get? She got the secret behind his power.

How could Samson, who is GIFTED as such, go down by the gentle hands of a woman? Let me say this: Everyone was afraid of Samson due to his uncanny behavior. They did not want to associate themselves with someone who would kill at the drop of a dime, who would seek revenge by setting their livestock on fire, or who could kill animals with their bare hands while not giving their behavior a second thought. I know I would personally run for cover without taking a second look. As a result, this made him secretly lonely. If this were not the case, he would not have been showing out like a two-year-old having a temper tantrum.

Meanwhile, Delilah was the only woman who was able to get him to calm down and laugh. She was the only one who was able to reach his inner child. And from my perspective, she was the only one who brought JOY to his heart. With this being said, when we get a person to laugh in our arms, it is really easy to capture their heart! Really? Yes, really!

Divine Teachable Moments

Laughter is indeed medicine for the weary soul, for the just and unjust alike; we just need to use it in the right way. How do I know that she got him to laugh? He kept joking around and tricking her, as she kept joking around, tricking him by saying, 'The Philistines are coming.' It sounds like they were having fun to me.

As I discussed this story with a friend, he said, 'Samson did not know she was trying to betray him.' I advised him that I begged to differ. Samson knew what she was doing because when she inquired about his strength, he kept giving her the wrong answer. Samson's ability to keep tricking her definitely reveals he knew beyond a shadow of a doubt. In the carnality of it all, he willingly became Spiritually Blind and Deaf because she was giving him what he thought he needed.

The most important takeaway from the downfall of Samson is that as he engages in her folly, he becomes more and more Spiritually Disobedient. As a result of giving her the secret to his strength, he was captured by the Philistines; they cut his hair, put out his eyes, and enslaved him by putting him in a millstone to grind grain. What an insult to someone who only wanted to love and be loved.

We often negatively look at seduction. It becomes very positive when it is understood and appropriately used from a Spiritual Perspective, *As It Pleases God*. Respectfully speaking, all women are born with some form of seduction—it may go unnoticed; however, it is there! In this *Teachable Moment*, the phrase *"Bone of my bone and flesh of my flesh,"* found in Genesis 2:23, captures a profoundly intimate bond that unites a male with a female, having the potential to symbolically make our inner child leap from within.

When someone can make our baby leap, it is an indication of a shared essence that intertwines their identities and typically involves understanding, respect, and reverence for their individuality, desires, goals, and dreams. We must be on the up and up, *As It Pleases God*; if not, it can take us down if we are pleasing ourselves with Him nowhere in our equational efforts.

Often enough, we as women are only focused on seducing a man physically; in my opinion, this is not the proper way of doing so. We are the rib of a man, the strength to submissively stand by his side, not on his head, not behind his back, and not on his feet.

In *Heaven's Language*, we as a whole need to become stimulated Mentally, Physically, Emotionally, and Spiritually in a teamified effort with a safe place to lay our heads, rooted in admiration and genuine affection. If not, we will become a reflection of Samson, looking for love in all the wrong places, getting our strength zapped for laying our heads in the wrong lap.

As a forewarning, never seduce a person physically into committing. Why? It is a recipe for disaster. Seduction gets old when a person does not have the proper Emotional, Mental, or Spiritual support to sustain a seduced commitment.

According to *Heaven's Language*, here is the proper order: We must surrender our will under God, first and foremost. Secondly, stimulate the mind positively. Thirdly, stimulate the emotions. And, lastly, through our Divine Alignment, the body will come to us by default without having to beg, fight, manipulate, or trick people into loving us.

If our *Heaven's Language* is out of this order, we will find ourselves backtracking when God has given us the option to get it right the first time. Or to prevent the issues of Samson from appearing in our lives.

If we have fallen by the wayside in some way, we must assume total responsibility. Then, we need to become like Samson in the grinding mill with a plan. According to the Heavenly of Heavens, this will give us the ability to gain

Divine Teachable Moments

strength in silence and to make a comeback to take our rightful position, *As It Pleases God*.

Unfortunately, *Samson's Teachable Moments* came through strength, betrayal, and redemption, as well as the consequences of straying from one's vows. It behooves us to *Remain Neutral* and bring God into the equation of all things, *Spirit to Spirit*.

The Wrap-Up

These *Teachable Moments* demonstrate how rejection can profoundly impact one's life and mission, but many also illustrate how faith and perseverance can lead to the fulfillment of God's Divine Purpose.

The moment someone says to me that they have never rejected God, I do not believe them. Why would I doubt them, especially if I do not know them from the inside out? It happens to us all, and we will all go through this phase, determining what we value or devalue. Listen, rejecting God has been in our nature from the Garden of Eden, and it will not go anywhere; therefore, we must make a conscious choice to choose Him above all else. What is the purpose of making a conscious choice to choose God? Our Mind, Body, and Soul can jump the track the moment we are pressured, rejected, or insulted. In essence, what is in us will come out, primarily when the Holy Trinity does not adequately govern us.

Is it fair for Believers to suffer or endure rejection? Frankly, in the Eye of God, it is absolutely fair. If we cannot survive this one particular character trait, we will become limited in the Kingdom. Why would this happen? If we cannot handle rejection, we will become WEAK and SENSITIVE, falling for the okey doke or engaging in frivolous folly.

Once again, here is what we must know about rejection on any level: *"He who hears you hears Me, he who rejects you rejects Me,*

Divine Teachable Moments

and he who rejects Me rejects Him who sent Me." Luke 10:16. We as Believers should never take rejection personally. But if we do, we can lose ground in Kingdom Business or Formality.

Why would we lose ground, especially when we are human? Our humanness is not an excuse to have a free fall with the Mind, Body, or Soul. They must be put under the subjection of the Holy Spirit and covered by the Blood of Jesus with a fully repentant, forgiving, and merciful heart posture. If we cannot trust our emotions or cannot control them at the drop of a dime, what makes us think that God will trust us with the Treasures of the Kingdom?

Chapter Five
Remaining Neutral

According to the Heavenly of Heavens, we must always remain NEUTRAL in all situations and circumstances to glean what needs to be conveyed to the MASSES and to safeguard our *Heavenly Language*. When we are on Divine Assignment, we cannot worry about what others think of us or how they feel about our Divine Mission and Blueprint. Furthermore, we cannot jump ship and avoid the Divine Call. We must develop the tenacity to do what needs to be done and say what needs to be said with kindness, respect, and *As It Pleases God*, which also means we must know when to keep our mouths shut!

Is this not a bit rude to advise someone to keep their mouth shut? Possibly, but according to scripture, it clearly says, *"He who has knowledge spares his words, and a man of understanding is of a calm spirit. Even a fool is counted wise when he holds his peace; when he shuts his lips, he is considered perceptive."* Proverbs 17:27-28. If a fool knows when to keep silent, we must do likewise, if not better, while maintaining our purity and integrity, *As It Pleases God*.

What if we choose not to govern ourselves accordingly? Our thoughts, beliefs, actions, desires, and words can cause our fruits to become putrefied. Is this Biblical? Absolutely! *"Dead flies putrefy the perfumer's ointment, And cause it to give off a foul odor; So does a little folly to one respected for wisdom and honor. A wise man's*

Remaining Neutral

heart is at his right hand, But a fool's heart at his left. Even when a fool walks along the way, He lacks wisdom, And he shows everyone that he is a fool." Ecclesiastes 10:1-3.

On the other hand, when we get into our feelings and cannot do our jobs, God will find those who will do what they are called to do, say what needs to be said, or move in the Spirit of Obedience, being about His Business.

Why do we need to focus on being about our Father's Business and doing what we are called to do? When rebuke is needed, we cannot shy away from pointing out the necessary factors to preserve the MOVE OF GOD.

What do we need to do to become prepared for this MOVE, *As It Pleases God*? First, we must begin with our people skills, displaying the Fruits of the Spirit. Secondly, we must develop our character to ensure we can remain consistent in our attitudes, emotions, thoughts, beliefs, actions, desires, and words. Thirdly, we must become extremely obedient to avoid blocking the Voice of God or allowing people to get into our heads with ungodliness or folly. Fourthly, we cannot insult others, period.

Insulting others publicly or privately will cause us to get a side-eye from God. Why would we get a side eye? God has given us a pristine gift of communication, and if we cannot find the right words to say to feed His sheep, *As It Pleases Him*, He will pump the brakes on Divine Spiritual Downloads.

Are our Spiritual Gifts not without repentance? We all have Spiritual Gifts from the Heavenly of Heavens, but if we are veiled, we cannot gain access until we are Spiritually Unveiled, *As It Pleases God*. However, we can pretend to operate in our Spiritual Gifts because He is giving us a taste of it. Then again, He may use us for a short period of time to do what needs to be done with Kingdom Limits. But, behind closed doors, the truth is revealed. How so? It is often detected in our level of peace, patience, kindness, love, understanding,

Remaining Neutral

communication, goodness, obedience, people skills, proactiveness, and so on. Keep in mind that no one is perfect, and we are all a work-in-progress, but we must know what is required of us from the Heavenly of Heavens.

Why do we need to know this information about remaining neutral, being veiled, or being unveiled? If we do not know, we give the enemy leverage for not knowing what we should know, for not doing what we should do, or for not reversing what must be reversed. We cannot leave the negative as is. We must contend and reverse the dualism to regain our Divine Power. If not, we allow the enemy to feast on what rightly belongs to us. What belongs to us? DOMINION! Blasphemy, right? Wrong.

Here is the Spiritual Decree: "*Then God said, 'Let Us make man in Our image, according to Our likeness; let them have dominion over the fish of the sea, over the birds of the air, and over the cattle, and over all the earth and over every creeping thing that creeps on the earth.' So God created man in His own image; in the image of God He created him; male and female He created them. Then God blessed them, and God said to them, 'Be fruitful and multiply; fill the earth and subdue it; have dominion over the fish of the sea, over the birds of the air, and over every living thing that moves on the earth.'*" Genesis 1:26-28.

Now, if we prefer to dumb ourselves or life down, if we choose not to be fruitful and multiply, or if we choose not to subdue, then have at it. But for me and my house, I will reverse, cancel, multiply, or subdue it or them at the drop of a dime to protect me and mine. While simultaneously covering whatever it is or is not with the Blood of Jesus and invoking the Divine Presence of the Holy Spirit.

Why such conviction on this matter? To protect my BLOODLINE, my Predestined Blueprint, and the Promises of God, I have the Spiritual Right to do so. And, being that I am in Purpose on purpose, doing what I am called to do, *As It*

Remaining Neutral

Pleases God, I have the Divine Right to call in Spiritual Reinforcement to assist or protect me and mine. On the other hand, if I do not know what my Purpose is or is not, if I do not know that I have Divine Dominion, or if I am operating in outright disobedience, then I cannot place a Spiritual Demand on what I do not know or understand.

Nevertheless, from this point onward, we cannot proclaim that we do not know that we either REVERSE or RELINQUISH our Divine Rights to the Promises of God. What does this mean in layman's terms? In the Kingdom of God, we are required to reverse all dualism from negative to positive, wrong to right, unjust to just, bad to good, loss to win, and so on. If we choose not to reverse it, then we can leave ourselves open to relinquishing our Divine Power to the enemy. In my opinion, this is similar to Adam and Eve getting escorted out of the Garden of Eden for not taking the time to reverse the insinuations of the enemy.

The Reversal

The moment we think we are not possessed by something, we are wrong. Even if we think we are right, perfect, or pristinely polished, we are all dealing with some sort of Spiritual Issue from within. Although lusts, habits, weaknesses, flaws, disabilities, idiosyncrasies, power, money, pompousness, or whatever may camouflage them, they still exist. How do I know? It is the training ground God uses for our Predestined Blueprint, or it invokes our Gifts, Callings, Talents, Creativity, Skills, Passion, or Purpose. Really? Yes, really!

If we have any form of negative habit, rest assured, it is Spiritual. If one does not believe this, then try to give up the habit cold turkey and watch how it will fight back. We do not have to wait for someone to cast out the Spirit of Negativity; we can do this ourselves, *As It Pleases God*. The scripture says,

Remaining Neutral

"If I with the finger of God cast out devils, no doubt the kingdom of God is come upon you." Luke 11:20.

When dealing with Divine Illumination, to effectively cast out Devils, we need God Almighty involved in our equational efforts first. Secondly, we must be able to repent, fast, forgive, and pray. Thirdly, we need the Blood of Jesus for our Spiritual Atonement. Fourthly, we need the presence of the Holy Spirit. Lastly, we must make our best attempts to exhibit the Fruits of the Spirit and behave Christlike. Without them, we are limited in what we can do, say, become, cast out, or illuminate in our own strength.

Why do we become limited as Believers? Please allow me to answer this question with another. If we behave like the enemy, how is it possible to judge, condemn, or cast out what we are in partnership with? Then again, with all due respect, would this not make us look like hypocrites?

Above all, if we do not prepare ourselves, *As It Pleases God*, here is what can happen: The exorcists attempt to cast out the evil spirit by invoking the name of the Lord Jesus, whom Paul preaches. *"And the evil spirit answered and said, 'Jesus I know, and Paul I know; but who are you?' Then the man in whom the evil spirit was leaped on them, overpowered them, and prevailed against them, so that they fled out of that house naked and wounded."* Acts 19:15-16.

Unfortunately, this illustrates the danger of engaging in Spiritual Warfare unequipped and without a genuine and personal relationship with our Heavenly Father, *Spirit to Spirit*. Meanwhile, in any event, it is only wise to cover ourselves with the Blood of Jesus and have the Holy Spirit on full alert at all times to help us become a Cornerstone of Greatness, being able to *Crack Open Heaven* at any given moment.

Remaining Neutral

Cracking Open Heaven

When we think about *Cracking Open Heaven*, we often think that it is far-fetched or unattainable when it is all about our approach to the Heavenly of Heavens. For example, when we approach our parents, we must approach them with respect. If not, we suffer the consequences, right?

What if we do not have consequences for disrespecting our parents? If our parents do not have physical measures of correction established, there are Spiritual Measures set in place for the lack of respect. Here is what we must know about this matter: *"Children, obey your parents in the Lord, for this is right. 'Honor your father and mother,' which is the first commandment with a promise: 'that it may be well with you and you may live long on the earth.'"* Ephesians 6:1-3. In addition, *"Children, obey your parents in all things, for this is well pleasing to the Lord."* Colossians 3:20.

Respect is required for *Cracking Open Heaven*, obtaining *Heaven's Language*, and PLEASING God. What if our parents do not deserve respect? Unfortunately, that is not our call. Why not? Please allow me to answer this question with another. Do we think for a minute that God made a mistake in choosing our parents? He placed us there for a reason, and if we do not positively learn from it, grow from it, and become better, stronger, and wiser to help the next person, we cannot blame them. Nor can we deny them the respect that is required of us.

What is the big deal about respect, especially when we have free will to respect whomever we please? If we can outright disrespect our parents without remorse or correction, we will disrespect God and the Kingdom. *Cracking Open Heaven* and obtaining *Heaven's Language* will be prohibited until repentance, forgiveness, and correction occur. Plus, our Divine Blueprint will remain VEILED.

What if we are living our best lives without God, without our Divine Blueprint, and knowing nothing about *Heaven's Gate*

Remaining Neutral

or *Language*? I would say congratulations! Whatever is working for you, by all means work it! But for those who need a breakthrough from the core of their being, listen up as we go deeper.

When *Remaining Neutral* and approaching the *Cornerstone of Greatness*, we are better able to *Crack Open Heaven* in a way that is conducive to our Spiritual Well-being if we place God first.

When moving to and from anything or with anyone, we must pride ourselves on what is emitted FROM us and what we absorb TOWARD us. What is the purpose of doing so? In the Divine Reign of God readily upon us, He watches us from His Divine 'To and Fro' Efforts of loyalty or foolery.

Often enough, we hear about Satan's *'To and Fro' Efforts* in the Book of Job, but it is only a smart move of the enemy pilfered from God Almighty. Did the enemy really steal the *'To and Fro' Concept* from Him? Absolutely. The enemy uses recycled information, strategies, concepts, and precepts with an uncertain twist of fear and doubt to get us to second-guess ourselves or get the mind bouncing around with negative chatter.

With the *'To and Fro' Efforts* Divine Principle stemming from the Ancient of Days, it is still determining the internal wars, rumors of war, or fraternal peace amid all, even as we Spiritually Sleep on ourselves without realizing it. Blasphemy, right? Wrong! Here is what we must know: *"For the eyes of the LORD run to and fro throughout the whole earth, to show Himself strong on behalf of those whose heart is loyal to Him. In this you have done foolishly; therefore, from now on you shall have wars."* 2 Chronicles 16:9. Knowing this helps us to Spiritually Submit to the Will, Works, and Vision of God Almighty, according to our Predestined Blueprint, without falling into the state of Spiritual Omission or Error.

Remaining Neutral

Can we really fall into Spiritual Omission or Error without knowing it? Absolutely. It happens all the time and with everyone; if not, there would be no need for repentance, forgiveness, grace, and mercy. Nor would we need the covering of the Blood of Jesus or the guidance of the Holy Spirit.

We should stop with this perfection hoopla or casting people into the Pit, especially when everyone has the right to seek and work out their own Salvation. *"Therefore, my beloved, as you have always obeyed, not as in my presence only, but now much more in my absence, work out your own salvation with fear and trembling; for it is God who works in you both to will and to do for His good pleasure."* Philippians 2:12-13.

What comes out of our loins is a direct reflection of who we are, regardless of how we sugarcoat or mask it. More importantly, to avoid Spiritual Omission or Error, we must understand that the unseen is more powerful than the seen. And if we are not operating with the Fruits of the Spirit and behaving Christlike, *As It Pleases God*, there will be an insurmountable amount of mistakes that could have been avoided.

Why would we make a lot of mistakes as Believers? We did not use a Spiritual Mirror or Test ourselves according to the Spirit. Please allow me to Spiritually Align: *"Examine yourselves as to whether you are in the faith. Test yourselves. Do you not know yourselves, that Jesus Christ is in you?—unless indeed you are disqualified."* 2 Corinthians 13:5.

When *Cracking Open Heaven*, and when dealing with suffering due to just or unjust causes, repeat this over and over: *"My God shall supply all my needs according to His riches in glory by Christ Jesus."* Philippians 4:19. Will this work for us? Absolutely. In addition, when we give thanks in a situation, circumstance, or event, it allows the TEACHER to present us with whatever is needed to facilitate the lesson, test, or corrective measures.

Remaining Neutral

What Is Not Being Said

As the questions of life arise, we will be presented with options to do something, say something, or become something. According to the Ancient of Days, we must know the difference in the presentation of them all. Here is why: God may want us to pay attention and not act upon something prematurely. He may want us to remain silent, gathering or storing information for a later date of use. Then again, He may use it as preparation for something or someone.

To better know when to act, speak, evolve, revolve, or dissolve amid the crossroads of life, we need the presence of the Holy Spirit. If *Heaven's Language* is fully activated from within, we will not have an issue with our next move, next thought, next behavior, or next whatever.

What Is Not Being Said is that we have a say in the matter. Listen, life is lifing for a reason, depending on what we said or did not say and what we did or did not do, positively or negatively. In the Eye of God, it is imperative to remain on the positive side of the spectrum, exercising Divine Discernment to ensure our Heavenly Backup works in our favor and not against us.

Why would the Heavenly of Heavens work against us? When we are out of the Will of God and attempting to circumvent His Divine Plans for another person who is in Purpose on purpose, Spiritual Reinforcement steps in to shut us down. Unfortunately, it lets us know who is really running the show.

Due to our interbred or uncorrected selfishness, God will make an example out of us, especially when we think we have more influence or power than Him, the Divine Creator of it all. The funny thing about Him is that He will allow us to get away with so much, making us think that we are more than we are.

Remaining Neutral

Once we begin to feel as if we are untouchable, the Divine Hand of God swoops down with the ultimate smackdown that our grandmother's washing powder cannot wash off.

If we choose to selfishly speak and not listen, if we choose to selfishly intervene rather than observe, if we choose to selfishly move as opposed to being still, if we selfishly choose to hurt or abuse others instead of healing them, or if we choose to selfishly destroy people without building them, we can. We have free will to choose to do what we do, say what we say, and become whatever we desire. *What Is Not Being Said* is that the Wrath of God is not something we dare to contend with.

As I pull back the Heavenly Veil, the moment we begin to normalize playing demigods, refusing to listen, we bring the fierce winds of Spiritual Reckoning upon us in ways that will make us shake in our boots. Just remember, all actions will be judged, and righteousness will prevail in the end. Until then, it is imperative to begin self-correcting and understanding *Dualism*, NOW!

Clearly, I am not sharing this information to scare you; I am saying what needs to be said to ensure you are prepared for what is coming. God's Divine Love, Mercy, and Grace are readily available to all; still, you must align your life with the Fruits of the Spirit and behave Christlike to ensure you are in right standing with the Heavenly of Heavens. At the same time, in *Remaining Neutral*, you must also understand the *Invisible Edifices of the Psyche* to make sure you do not turn on yourself without knowing it.

Invisible Edifices of the Psyche

In understanding the psyche, *As It Pleases God*, we definitely need to think inside, outside, around, through, over, and under

Remaining Neutral

the box. According to the Heavenly of Heavens, the psyche is the soulish realm or core of our being. In addition, it also encompasses the complex interplay of the invisible edifices of the mind, will, desires, and emotions that can be symbolically separated from each other. Each of these soulish elements, while distinct, forms an intricate matrixed network, defining our thoughts, motivations, character, biases, mindsets, heart postures, and behaviors.

In essence, this multifaceted construct can only come from God Himself, which Science has yet to defrag in totality. Why not? It is Spiritually Guarded and Encoded to ensure we do not make ourselves demigods to override His Creative Design or DNA Construct. While at the same time, safeguarding our psychological existence.

The moment we try to outsmart God, instead of duplicating man's construct, we will inadvertently create a soulless monster or robot. Why does this happen? Once again, the moment we attempt to outsmart God, He will change the Spiritual or *Heaven's Language* on us. In my opinion, this is similar to what happened with the Tower of Babel found in Genesis 11:1-9.

When attempting to crack the code on the soul or the psyche of mankind without Spiritual Permission or Commission from the Heavenly of Heavens, we will face confusion, division, and scattering internally. With all due respect, this is why psychiatrists need their own personal psychiatrists unless they approach this matter from a Spiritual Perspective, *As It Pleases God*.

For the record, when tapping into the realm of the psyche of another or playing mind games, some issues are not normal; they are demonic. And, if we are not Spiritually Trained to deal with this matter, the possession can transfer to teach us a lesson. For this reason, we should not engage in sleeping around, picking up all types of soul ties. Unfortunately, this is

Remaining Neutral

where a lot of misunderstandings come into play with the confusion of personal languages or relational efforts.

In understanding the *Invisible Edifices of the Psyche*, the soul is the invisible core or heart of our being, residing within the pit of the belly, similar to a fruit having a seed in the middle. In my opinion, it is more like a file cabinet, storing everything, including our intentions, traumas, hurts, pains, unforgiveness, true feelings, our WHY, and hiding stuff at its whim. In fact, this is where we experience the sinking feeling when shocked or the tenacious butterflies when nervous.

What is the way to differentiate between the soul and the mind? They are not in the same place and have different functions. Plus, it is possible to sell our souls and still be in the right frame of mind. Nevertheless, please allow me to align: *"For what profit is it to a man if he gains the whole world, and loses his own soul? Or what will a man give in exchange for his soul?"* Matthew 16:26. Conversely, we can lose our minds and still have our souls intact.

If we take this a step further, if we lose the Breath of Life to our souls in the earthly realm, the mind cannot remain. The bottom line is that if we lose our mind and soul simultaneously, we will cease to exist without life support. Without life support or a will to live, according to Spiritual Laws, the body must return to the dust, and the Spirit must return to its MAKER. Blasphemy, right? Wrong. *"Then the dust will return to the earth as it was, And the spirit will return to God who gave it."* Ecclesiastes 12:7. *"For what happens to the sons of men also happens to animals; one thing befalls them: as one dies, so dies the other. Surely, they all have one breath; man has no advantage over animals, for all is vanity. All go to one place: all are from the dust, and all return to dust."* Ecclesiastes 3:19-20.

The Breath of Life connects us to this Heaven on Earth Experience. How is this possible, especially when knowing nothing about this type of connection? Unfortunately, this is how the enemy deceives and prevents us from connecting to the psyche as we should. *"God, who made the world and everything in it, since He is Lord of heaven and earth, does not dwell in temples made with hands. Nor is He worshiped with men's hands, as though He needed anything, since He gives to all life, breath, and all things. For in Him we live and move and have our being."* Acts 17:24-25, 28.

Here is the Divine Decree: *"Let everything that has breath praise the Lord. Praise the Lord!"* Psalm 150:6. If we use the Breath of Life to praise everything besides the MAKER of it, the Cycle of Life will attempt to reset or heal itself by any means necessary. Frankly, it will do what it is designed to do and invoke the VICISSITUDES within the Mind, Body, and Soul. Then again, it may place us in a Cycle of Déjà vu.

So, it is only wise to understand the psyche from a Divine Perspective to ensure we get everything that rightly belongs to us without beating around the bush. In the Eye of God, we do not have to be tossed around by the enemy for not knowing how we were created, making it imperative to *Understand the Mind*.

Why must we know about the mind, soul, will, or emotions? They play a vital role in our actions, thoughts, and decisions on a moment-by-moment basis, while determining the state of our well-being. If we do not know about them, external influences can distort our perception and lead us astray. Once this happens, we give the enemy an opportunity to get into our heads instead of being able to get them out of it, or justifiably flipping the script, *As It Pleases God*. By being in the know about them, we are better equipped to fend off negativity, biased coercion, ungodly infiltration, and ungoverned manipulation. Moreover, we can revamp our narratives and take control of our lives, taking it from selfishness to selflessness, *As It Pleases God*. Once we begin positively *Understanding The Mind*, we can change the trajectory of our lives for the Greater Good with grace, clarity, and poise that will become undeniable as the Crème de la Crème from the Heavenly of Heavens.

Understanding The Mind
The mind is a hidden, invisible edifice residing within the core of the brain that cannot be seen, touched, felt, tasted, or traced to preserve the SECRETS of mankind. Why is it hidden, especially as Believers? First, if it were locatable, mankind would attempt to alter or extract the Divine Secrets, overriding God Almighty. Plus, He has to reserve something for Himself.

Secondly, this portal is how we communicate with ourselves through thinking, chatting, analyzing, feeling, seeing, tasting, smelling, touching, calculating, and so on. This process is our way of downloading or rejecting information before inputting it into the soul at our discretion. Pictorially, this is similar to choosing between whether we are going to deposit money in the teller machine or not.

Thirdly, it is what we use to EXTRACT and CONVERT information, positively or negatively. In addition, it is through the mind that we counteract negatives into positives or vice versa, creating a win-win or lose-lose situation before making it into reality. Remember, our actions do not make it into reality unless they go through the mind first, through a thought, idea, or contemplation.

Lastly, this is where we embrace PEACEFULNESS before it makes it to the soul based upon the Divine Authority and Blood of Jesus. Really? Yes, really! Philippians 4:7 says, *"And the peace of God, which surpasses all understanding, will guard your hearts and minds through Christ Jesus."*

In reality, the mind is linked to our consciousness (awareness or alertness) with three main components:

☐ The Conscious Mind.

Remaining Neutral

- ☐ The Preconscious Mind.
- ☐ The Unconscious Mind.

How do we know the difference? The **Conscious Mind** is the part of the mind that is aware of one's thoughts, surroundings, and sensations at any given moment. Frankly, this is how we perceive and interact with the world around us.

The **Preconscious Mind** refers to the part of the mind that lies between the conscious mind and the unconscious mind. In all simplicity, this contains thoughts and memories that are not currently at the forefront of our consciousness. Still, it can be easily accessed and brought to the surface when needed with TRIGGERS. In my opinion, this is similar to jogging our memory with pictures, notes, words, calendars, journals, or connecting the dots.

The **Unconscious Mind** contains the thoughts, memories, and desires that are not directly accessible to the conscious mind due to repression, denial, trauma, or forgotten information. However, they can still influence our behaviors and emotions because they are filed within the soulish realm or in the Bloodline, shaping our character, thoughts, words, beliefs, biases, and fruits.

In addition, the mind is what the conscience (Spiritual Compass) uses to communicate with us through our senses, giving us glimpses or painting pictures. Unfortunately, this is where most get confused. Being conscious (keeping our memories in place) is not the same as the conscience (keeping our integrity intact).

Plus, this is how God communicates with us from the Heavenly of Heavens, speaking and giving mental playbacks, information, or visions. Above all, it is through the mind that we HEAR Him. How is this possible? Unfortunately, this is God's Genetic Code that cannot be broken...this is why the

Remaining Neutral

Bible tells us to guard the MIND and TONGUE. If we do, *As It Pleases Him*, we will always have a WAY OUT without having to say one word! Really? Yes, really! *"No temptation has overtaken you except such as is common to man; but God is faithful, who will not allow you to be tempted beyond what you are able, but with the temptation will also make the way of escape, that you may be able to bear it."* 1 Corinthians 10:13.

When *Understanding The Mind* the way God intended from the Beginning, as it relates to our Divine Design and *As It Pleases Him*, it gives us *The One-Up* in or out of the Kingdom of God. Above all, to understand the Mind of God, we must first understand ours. Why is understanding our minds a prerequisite for understanding the Mind of God? First, we were created in His Divine Image. In all simplicity, what is in Him is in us, and all we need to do is tap in according to the Spiritual Principles and Protocol set forth by the Heavenly of Heavens.

Secondly, the sacred constructs of the mind are reserved for those who are willing to put in the work through prayer, fasting, repentance, meditation, gratefulness, forgiveness, and positive reflections of humility, servanthood, and integrity. When embracing this Divine Understanding, I know it sounds like a lot to do, but once they are used, *As It Pleases God* and in our *Spirit to Spirit* Relations, they will become second-nature, I promise!

The One-Up

Now, getting to the will and emotions of man are basically our choosers and feelers that provoke or calm both, making us obedient or disobedient, good or bad, right or wrong, just or unjust, and so on. For this reason, we need the Fruits of the Spirit to guide us before allowing negativity to penetrate the Mind or Soul.

Remaining Neutral

For the record, to eliminate all the confusion among Believers, please allow me to give you a ONE-UP. According to the Heavenly of Heavens, the soul is not the head or brain, nor does it reside there. Thus, the mind is not the soul, nor does it reside in the belly, but they work together in concordance with the soul as the psyche.

Pictorially, this is similar to the hand, which has a palm, fingers, and a thumb—they all work together as the hand, with different functions as ONE. Although understanding them can become complex without Spirituality, for *Heaven's Language*, I will break it down with downright simplicity.

The psyche of man is nothing to joke around with...it has a vice grip with adjustable jaws that will not release us until we learn how to contend, *As It Pleases God*. The relationship between the psyche and God Almighty is a deeply personal and subjective one, shaped by one's individual beliefs, experiences, traumas, choices, conditioning, biases, environment, actions, thoughts, words, and perspectives.

It is the psyche that warrants us to go back and forth between good and evil, right and wrong, just and unjust, positive and negative, and so on, causing us to become internally confused or exhausted while not knowing or understanding the real difference between them. How can we not know? We are blocked by jealousy, envy, pride, greed, coveting, competitiveness, ungratefulness, hatefulness, rudeness, and debauchery. All of these attributes cover up our something else, allowing the psyche to remain in control of the Mind, Body, and Soul as the Spirit lays dormant. Meanwhile, appearing to have it all together in the public eye, but behind closed doors, we let it all hang out.

In the Eye of God, the psyche of man is an interconnected system of the Mind, Body, and Soul that influences and is influenced by all aspects of our being. Thus, we cannot correct one without the other, and if we break one, it affects the other,

Remaining Neutral

requiring BALANCE between them all. Proverbs 23:7 says, *"For as he thinks in his heart, so is he."*

For example, ignoring the body can lead to physical illness, addictions, habits, and lusts, which can, in turn, affect the mind and soul. Similarly, disregarding the mind can lead to mental illness, confusion, and scatteredness, which can affect the body and soul. With this DNAtical interconnection of the psyche, it is often misunderstood, misinterpreted, or underestimated while fighting for its territory.

Why would the psyche fight for territory? It connects us to the SPIRIT. Once the Spirit is AWAKENED, *As It Pleases God*, the psyche can be tamed! *"For the word of God is living and powerful, and sharper than any two-edged sword, piercing even to the division of soul and spirit, and of joints and marrow, and is a discerner of the thoughts and intents of the heart."* Hebrews 4:12. If the Spirit is not AWAKENED to become ONE with the Holy Spirit, then the psyche remains in control, doing whatever, whenever, however, wherever, whyever, and with whomever, lacking self-control or resisting any form of restraints.

To add insult to injury, it is the human psyche that attempts to second-guess God or make Him appear overbearing, defiant, or violent by deflecting. How does the psyche deflect? Through mental chatter, negative thoughts, vile perceptions, player hating, adverse mental playback, rehashing trauma, and so on. There is no one way when it comes to the psyche; it will use any and everything to remain in control.

In *Heaven's Language*, it is imperative to know the Spiritual Dualism or the opposites relating to good and evil, right and wrong, just and unjust, positive and negative. If we do not know the difference, we can 'get got' and turn on ourselves without knowing it. For this reason, 2 Corinthians 10:5 advises us: *"For the weapons of our warfare are not carnal but mighty in God for pulling down strongholds, casting down arguments and every high thing*

Remaining Neutral

that exalts itself against the knowledge of God, bringing every thought into captivity to the obedience of Christ, and being ready to punish all disobedience when your obedience is fulfilled." 2 Corinthians 10:4-6.

Now the question remains, 'Is God violent?' No, but the seed of our psyche is, and He will allow violent things to happen! In the Beginning, God did not create us in violence; it was allowed into the psyche through the Adam and Eve Experience.

Violence is carried out through mankind, and so is Divine Peace. For this reason, we must tame our psyche, *As It Pleases God* and not to please ourselves. If not, the warring of our members is inevitable. Blasphemy, right? Wrong. *"Where do wars and fights come from among you? Do they not come from your desires for pleasure that war in your members? You lust and do not have. You murder and covet and cannot obtain. You fight and war. Yet you do not have because you do not ask. You ask and do not receive, because you ask amiss, that you may spend it on your pleasures. Adulterers and adulteresses! Do you not know that friendship with the world is enmity with God? Whoever therefore wants to be a friend of the world makes himself an enemy of God."* James 4:1-4.

How do we recognize a violent psyche or an enemy of God? It varies from person to person, situation to situation, or mindset to mindset. The first indicator will reside in their fruits and words. The second is Spiritual Discernment; without it, we will get things wrong or walk around like we have two left shoes. Why would this happen, especially when we are Believers? *"But the natural man does not receive the things of the Spirit of God, for they are foolishness to him; nor can he know them, because they are spiritually discerned. But he who is spiritual judges all things, yet he himself is rightly judged by no one."* 1 Corinthians 2:14-15.

Remaining Neutral

With *The One-Up*, we must pay attention, listen, learn, and grow with God at the forefront, preferably with our Blueprints in hand or operating in total obedience to the Will of God. What if we are not perfect in our walk? No one is perfect, and we are all on a learning curve and are a work-in-progress. So, *"Do not fear those who kill the body but cannot kill the soul. But rather fear Him who is able to destroy both soul and body in hell."* Matthew 10:28.

Our Mind, Body, Soul, and Spirit speak to communicate interactively, causing the Vessel of God to work in unison. If one breaks the communication chain, it is reflected in how we feel, think, behave, and what we say or do. So, from my perspective, we must pay close attention to our vicissitudinous signals. The Vicissitudes of Life are real, and if we do not pay attention, we can become sideswiped, stepped on or over, yoked, or soul-tied, period.

Once we genuinely connect to the Holy Trinity (The Father, Son, and Holy Spirit) as a Spiritual Vessel, it is His responsibility to clue us in on what to say, when to say it, where to say it, how to say it, why to say it, and, more importantly, the unction to plead the 5th.

Now, on the other hand, if we are vexing people or we have to play psychological mind games, we must step back into the Spiritual Classroom. Why must we go back to the Spiritual Classroom? Our Spiritual Language has become worldly, especially when our words cut wounds into the heart of man instead of healing them. What is the big deal? Our Christlike Character should set an example for others to do likewise, but this should be a red flag for us if someone avoids mirroring us or hates to see us coming.

As followers of Christ, we must live by example, positively, and serve as a beacon of hope for others. What if we do not know what to do to become a beacon of hope? Acts of kindness work well. Authentic expressions of love work better.

Remaining Neutral

Exhibiting genuine compassion will never fail. And bringing peace to the hearts of those we encounter is second to none. We do not need a big agenda; we can begin with the simple things for the Spiritual Growth of the psyche and work our way up, building Christlike Character.

Many of us may envision doing the Will of God as being a complex practice or ordeal, but it is not unless we make it so. In the Eye of God, our Spiritual Growth lies in the elements of simplicity. Suppose we begin with small, intentional steps, *As It Pleases God*, while operating *Spirit to Spirit* to become better, stronger, and wiser daily. In this case, the authentic reflection of Christ will become evident in the way we walk, talk, behave, and speak.

Regardless of how God is painted in a worldly setting, the simple acts of kindness, patience, compassion, gratitude, and love go a long way. As a Word to the Wise, if we would take a little time to pause and center ourselves with the Word of God, while humbly praying, repenting, and forgiving consistently, the Divine Shift will begin to occur within the psyche. As we build ourselves in this manner, we will notice the positive shifts with our inner chatter (our self-talk), in our habits, in our character traits, and most of all, in our interactions with others. With this intentional approach, we can indeed turn ordinary situations or encounters into extraordinary ones.

Before moving to the next chapter, *Dualism*, we must understand that our psyche is very fickle. If we do not take the time to understand, nurture, and correct it, *As It Pleases God*, we will find it becoming resistant and selfish by nature, causing secret or open Spiritual Anguish and Blindness. What does this mean? We will begin to fight against ourselves with our thought patterns, perceptions, habits, lusts, and biases, drawing more toward the negative and dark side of life for comfort. In a world filled with these types of complexities, we must know the difference between the good, the bad, and the indifferent to ensure we can reverse engineer what needs to be reversed, cast down what needs to be cast down, and usher in what is conducive to our well-being and the Greater Good of mankind.

More importantly, in the *One-Up* and with the Spiritual Tools we already possess, we must master our ability to discern the nature of situations, circumstances, events, and actions within us and around us. While simultaneously identifying the actions, thoughts, beliefs, values, desires, patterns, or ideologies in need of a little positive tweaking or updating. By using this Divine Awareness that is already built into the psyche while understanding the WHY, we can address what needs to be addressed, dismantle what needs dismantling, strategize on what needs changing, differentiate our guises of indifferences, and embrace what needs our undivided attention, making room for our *Heavenly Language* to come forth as pure gold, *As It Pleases God.*

Chapter Six
Dualism

Do you know what Spiritual Dualism is or is not? Do you know how to use Spiritual Dualism, *As It Pleases God*? Are you aware of the impact that it has on your life or how it affects those around you? Contrary to popular belief, the nature of Spiritual Dualism is as real as breathing oxygen, connecting us to the Breath of Life and *Heaven's Language*.

What does *Heaven's Language* have to do with Spiritual Dualism? Spiritually Speaking, it has everything to do with it. When speaking on behalf of the Kingdom of God, it is imperative to know the primitive basis of creation. For example, we are created in God's Image, which means we possess His Divine Character Traits, and if we are behaving unlike Him, we need to know it, right? Therefore, when we are an Ambassador for the Kingdom, we must represent God accordingly and *As It Pleases Him*.

Do we have the power to reverse dualism, even if we are not Spiritual? Absolutely! We do it all the time, but in the wrong order. For example, we make the positive a negative, the right a wrong, the just an unjust, the good a bad, the win a loss, and so on. Unfortunately, the mind is very fickle, and we have to make it obey us and not allow it to rule over us with the negative or debauched side of things.

Dualism

Before going any further, let me explain: Spiritual Dualism deals with opposing forces of good and evil, Spirit versus matter, or light versus darkness, but is not limited to these examples. The dualistic framework does not discriminate, and it provides a lens through which individuals can navigate moral and ethical thoughts, beliefs, desires, actions, words, and character traits that cause us to seek out a Spiritual Connection with our Heavenly Father. If this connection is not developed, *As It Pleases Him*, it will create a longing from within the human psyche and a tug-of-war from within. All of these can create charactorial instability that we do not often address openly. Still, it sometimes causes us to forfeit our Spiritual Dominion or our basic dominion.

At the core of our being, we cannot embark on Spiritual Dominion until we understand our worldly dominion to ensure we put people, places, and things into their proper perspective. In all simplicity, if we do not make a conscious effort to align ourselves with the virtues of the good and to embody qualities such as love, compassion, kindness, honesty, integrity, and humility, we can engage in Spiritual Error without realizing it.

How do we know if we are operating in Spiritual Error when NOT understanding dualism? In the Eye of God, the lack of understanding will appear as anger, fear, hatefulness, frustration, a short temper, complaining, ungratefulness, aggression, divisiveness, and impatience, breaking the bonds of love, unity, honesty, fairness, and respect.

According to the Heavenly of Heavens, we have dominion over our Heaven on Earth Experiences, and if we choose not to enforce this, then who should we blame? The bottom line is that we should become acquainted with the opposite of whatever to ensure we do not adapt our minds to the negative side of dualism.

Dualism

The struggle between good and evil can be seen in our daily decisions, reactions, thoughts, words, desires, and beliefs. If we adapt to the negative or evil, we will see men walking as trees with many obstacles blocking us. Simply put, our discernment will be off as we base things on feelings and not facts, as the Holy Spirit lays dormant in our folly, while blindness, deafness, muteness, dullness, and a stiff neck become our portion.

We cannot relinquish our Divine Dominion to the enemy because we remain in the milking stages of Spirituality, especially when we should be on Spiritual Meat. The truth is that most people think they are on Spiritual Meat because they attend church on Sunday, but I am here to say that God is requiring more from us from the pews to the pulpit.

What if we do not choose Spiritual Meat? We have free will to step up our game, live in lack, operate in slack, or remain in mediocrity. Nevertheless, we cannot come crying to Him when the enemy hangs us out to dry or yokes our loved ones to the core.

Here is the deal: We cannot pick and choose when we are using milk or meat. We must become consistent across the board to ensure that we become STEADY in the way we operate or think in Earthen Vessels and on our feet. While at the same time, setting a guard over our mouths to ensure we are feeding God's sheep and not insulting them with our ungoverned antics.

What is the big deal about milk or meat, as long as we are getting fed? The worldly offense will put us on defense with our heart postures to the point where we are playing cat-and-mouse or tit-for-tat games with the psyche. Plus, with the right touchdown of a Jezebel or Delilah Spirit without Divine Discernment, *As It Pleases God*, it can cause our milk or meat to rot, becoming putrid. Can this really happen to us? It happens all the time...we just do not admit it due to shamefulness or arrogance. For this reason, we need the Holy Spirit to guide us,

Dualism

the Blood of Jesus to cover us, and the Fruits of the Spirit to develop our character. With this Divine Combination, we will not have a problem feeding God's sheep properly.

What if we are not feeding God's sheep correctly? Unfortunately, our culture will become seemingly cultic with a TWIST of Religion and idolatry, causing God's sheep to stray out of the sheepfold due to our Spiritual Negligence.

How is it possible to become Spiritually Negligent, twisted, or idolatrous when we are truly serving God? It happens all the time on anything or anyone we relate back to without knowledge, understanding, or by not putting people, places, and things into their proper perspective, *As It Pleases Him*. For the record, this is how we get the word Religion from the word Religio...whatever we relate back to can become our culture, twist, elevation, downfall, or destruction. According to the Heavenly of Heavens, this primarily happens when we are not trained on what to do, why to do, where to do, how to do, when to do, and with whom.

Then again, it can also happen when we find ourselves playing patchwork, plug-and-play, or guesswork with Kingdom Formality or lying about the HOLE in our souls. Here are a few things to do to aid in keeping full, avoid feeling empty, or provide balance to our dualism, but not limited to such:

- ☐ Show unselfishness by putting others' needs before your own.
- ☐ Demonstrate compassion by showing kindness and empathy to those in need.
- ☐ Practice empathy by understanding and sharing the feelings of others.
- ☐ Be generous with your time, resources, and support.
- ☐ Care for others' well-being and show genuine concern.

Dualism

- ☐ Be thoughtful in your actions and considerate of others' feelings.
- ☐ Show consideration for others by being mindful of their needs and feelings.
- ☐ Help others in need without expecting anything in return.
- ☐ Display sympathy by showing compassion and understanding towards others' hardships.
- ☐ Be gracious in your interactions and show kindness and courtesy.
- ☐ Be polite and respectful in your communication and actions.
- ☐ Provide support to those who are going through challenging times.
- ☐ Strive to understand others' perspectives and be open-minded.
- ☐ Practice patience in dealing with others and their circumstances.
- ☐ Contribute to charitable causes and support those in need.
- ☐ Show love and affection towards others in a genuine and caring manner.
- ☐ Display a tenderhearted and gentle approach in your interactions.
- ☐ Be benevolent and act with kindness and goodwill towards others.
- ☐ Be friendly and approachable, fostering positive connections with others.
- ☐ Demonstrate selflessness by prioritizing the well-being of others.

Dualism

Of course, we may know everything on this list; sometimes, we need a little reminder, especially when life is lifing with zero mercy or *The Unseen* chokehold.

Why does life have no mercy with a chokehold effect? Here is what we must know about Spiritual Dualism: *"No one can serve two masters; for either he will hate the one and love the other, or else he will be loyal to the one and despise the other. You cannot serve God and mammon."* Matthew 6:24.

More importantly, 1 John 2:15-16 gives us a forewarning on this matter. It says, *"Do not love the world or the things in the world. If anyone loves the world, the love of the Father is not in him. For all that is in the world—the lust of the flesh, the lust of the eyes, and the pride of life—is not of the Father but is of the world."* When willfully giving to them, it allows *The Unseen* to deal with what we have hidden within the psyche, putting us into a Spiritual Coma. So, let us go deeper into this matter.

The Unseen

The mysteries that lie beyond the veil of the physical world are not something we should dismiss or take for granted. Unbeknown to most, *The Unseen Realm* and *Spiritual Dualism* are intertwined in a profound and meaningful way, trumping human reasoning. How are they intertwined? Simply put, it operates like a triple-braided cord with the existence of two dimensions, the physical and Spiritual or physical and non-physical. They interact and influence each other as two cords, while the human body in Earthen Vessels becomes the third one, with or without our permission. Here is what 2 Corinthians 4:7 tells us: *"But we have this treasure in earthen vessels, that the excellence of the power may be of God and not of us."*

Do we not have free will in the matters of *The Unseen*? We do have free will over our choices and the allowance or dismissal of possessions. Nevertheless, when it comes to *The*

Dualism

Unseen Realm and *Spiritual Dualism* as such, the moment we took our first Breath of Life, it became an automatic AGREEMENT to exist here, ushering in Cause and Effect or Seedtime and Harvest amongst other physical and Spiritual Laws. Isaiah 64:8 says it best: *"But now, O Lord, You are our Father; we are the clay, and You our potter; and all we are the work of Your hand."*

The bottom line is that if we respect the Creator and the Laws of the Land, they will respect us. If we break them or think we are above them, especially Spiritual Laws, they will break us in more ways than one, making an example out of us from the inside out and with generational curses. Really? Yes, really! *"Does not the potter have power over the clay, from the same lump to make one vessel for honor and another for dishonor?"* Romans 9:21.

In my opinion, *The Unseen Realm* and *Spiritual Dualism* are like NOT having control over our breathing or heartbeat; it comes with a Bonding Agreement for our existence. Does God really control these things? According to scripture, *"For we know that if our earthly house, this tent, is destroyed, we have a building from God, a house not made with hands, eternal in the heavens."* 2 Corinthians 5:1. *"Then the dust will return to the earth as it was, and the spirit will return to God who gave it."* Ecclesiastes 12:7.

In navigating the complexities of life, when we seek to speak *Heaven's Language*, we must understand both the physical and Spiritual. If not, we will get confused, scared, or scattered due to the lack of understanding of WHO is speaking, causing us to operate in Spiritual Error.

According to the Heavenly of Heavens, *The Unseen* Realm of the Spirit exists beyond the physical into a dimension rich with Spiritual Significance and Mysteries. All of which go unnoticed in our day-to-day lives due to our conditioning, adaptive faculties, or dismissiveness.

The deeper truths from the Heavenly of Heavens are not limited to just dreams, visions, knowledge, insight, support, or

Dualism

rationalization. It is the Divine Presence of the Holy Spirit, helping us to function in real-time, enabling a flow of Divine Guidance, Answers, Wisdom, Understanding, Connection, Love, and Healing.

As relational humans, we tend to base everything on the tangibles of what we can see with our naked eyes. Whereas in the Realm of the Spirit, we play by a different set of rules with zero surprises, while providing guidance, protection, and insight. Most often, the only time we get surprised by *The Unseen* is when we do not operate in the Spirit, *As It Pleases God.* For the sake of mankind, Colossians 3:2 requests this of you: *"Set your mind on things above, not on things on the earth."*

What can setting our minds on what is above do for us as Believers? Once we are fully aware that we are Spiritual Beings having a human experience, our conscience calibrates better. Also, it sends us warnings and red flags through our senses, even when dealing with inner struggles or traumas.

In the *Unseen Realm* of the Spirit, the Bible tells us, *"For the flesh lusts against the Spirit, and the Spirit against the flesh; and these are contrary to one another, so that you do not do the things that you wish."* Galatians 5:17. Without God, our Heavenly Father, *The Unseen* war from within can become overwhelming. So, the lies we tell ourselves about the underlying selfishness, pride, and immorality must stop to redirect our lives toward righteousness and HOLY LIVING.

Here is my question: 'Do you know that you are chosen? Do you feel that you are chosen? Do you need proof that you are chosen?' Here is proof: *"But you are a chosen generation, a royal priesthood, a holy nation, His own special people, that you may proclaim the praises of Him who called you out of darkness into His marvelous light."* 1 Peter 2:9.

Why must we understand *The Unseen* when we are chosen? It prevents us from getting blindsided by what we did not see

Dualism

coming. Here is what 2 Corinthians 4:18 advises: *"So we fix our eyes not on what is seen, but on what is unseen, since what is seen is temporary, but what is unseen is eternal."* Once again, in the same way that God moves *'To and Fro'* doing what He does, so does the enemy or the forces of evil. *"For our struggle is not against flesh and blood, but against the rulers, against the authorities, against the powers of this dark world and against the spiritual forces of evil in the heavenly realms."* Ephesians 6:12.

How do we make *The Unseen* make sense? First and foremost, we are Spirit first, which gives us an opportunity to connect to our Heavenly Father, *Spirit to Spirit*, inviting self-examination and reflection on one's actions and motivations. Is this Biblical? Of course, it is. *"Be diligent to present yourself approved to God, a worker who does not need to be ashamed, rightly dividing the word of truth."* 2 Timothy 2:15.

Secondly, *The Unseen* in the Christian Experience helps us put people, places, things, and ourselves into proper perspective according to God's Will, Way, and Divine Blueprint. In addition, it also helps us acknowledge the battle between the flesh, understand the struggle, and find encouragement to move forward in the Spirit of Excellence. In Spiritual Growth and Reflection of *The Seen* and *Unseen* alike, James 1:22 says, *"But be doers of the word, and not hearers only, deceiving yourselves."*

Thirdly, it can help us avoid or rise above bouts of anger, deal with reckless rage, give us strength against diseases or other maladies, and assist in waging war against things money cannot buy. Nevertheless, when rising above, know this: *"Now faith is confidence in what we hope for and assurance about what we do not see."* Hebrews 11:1.

Lastly, it also provides hope, helping us to help ourselves amid generational oppression and yokes, *As It Pleases God*. Here is what we must know: *"For those who live according to the flesh set their minds on the things of the flesh, but those who live according to the Spirit, the things of the Spirit. For to be carnally minded is death, but to be spiritually minded is life and peace."* Romans 8:5-6.

Divine Transformative Process

The pursuit of renewal and transformation is nothing new. Actually, it is imprinted in our DNA as a part of who we are, what we are becoming, why we do what we do, where we engage, and with whom we find comfort in doing so.

According to the Heavenly of Heavens, in the *Divine Transformative Process*, we are accountable for doing our part in or out of the Kingdom of God. We were not sent to bring forth our Heaven on Earth Experience without Spiritually Tilling our own grounds. All this means is that we must put in the work, making the appropriate changes or adjustments to facilitate our next step.

If someone says that we DO NOT have to do anything but believe, it is outright deception or a lack of understanding. Once again, Romans 12:2 says, *"And do not be conformed to this world, but be transformed by the renewing of your mind, that you may prove what is that good and acceptable and perfect will of God."*

How can our minds transform without our willful participation? It cannot! It is a Spiritual Violation to manipulate the mind without our willful participation. Plus, being that we are not robots, it violates our free will to *Spiritual Dualism!*

Simply put, the transformative process needs some form of ACTION from us, period! Unfortunately, it is for this reason that we are in the state we are in today. We want instant everything without taking heed to the sweat of our brow, sitting on our hands doing nothing, or expecting life to be handed to us on a silver platter.

Dualism

In the Eye of God, we are ACTIONABLE beings. For example, if we do not read the Word of God for ourselves, we will not know what it is saying to us. As a result, we develop itching ears, waiting for someone to tell us what it says to make us feel good, to make us feel better about ourselves, or to bogusly justify our lack of intentionality when it comes to operating *As It Pleases God* or engaging *Spirit to Spirit*.

Listen, Ephesians 4:22-24 instructs: *"That you put off, concerning your former conduct, the old man which grows corrupt according to the deceitful lusts, and be renewed in the spirit of your mind, and that you put on the new man which was created according to God, in true righteousness and holiness."* To put off your former conduct, you must take action positively to avoid becoming corrupt. To renew and put on the new man, you must also take action to continue to operate in RIGHTEOUSNESS and HOLINESS.

Above all, to continue to lie to ourselves and others takes intentional action as well. So, *"Do not lie to one another, since you have put off the old man with his deeds, and have put on the new man who is renewed in knowledge according to the image of Him who created him."* Colossians 3:9-10.

To be clear, this is not all about righteous doing or the 'You are right, and I am wrong scenarios.' It is also about renewing ourselves, using the Fruits of the Spirit, behaving Christlike, putting on the Whole Armor of God, submitting to the Holy Spirit, and covering ourselves with the Blood of Jesus. Nobody, and I mean nobody, can do this for us.

Why do we need to do this for ourselves, especially when operating in righteousness? Although we are Heirs of Grace, an agreement must take place, even if we are a child in reality or a child of the Kingdom. Why must this occur? Once again, we were not created as robots, subjecting us to this reminder: *"Remind them to be subject to rulers and authorities, to obey, to be ready for every good work, to speak evil of no one, to be peaceable, gentle, showing all humility to all men."* Titus 3:1. In doing what we do, *As It Pleases God*, we must also know to avoid dissension in our transformative phases: *"Not by works of righteousness which we have done, but according to His mercy He saved us, through the washing of regeneration and renewing of the Holy Spirit."* Titus 3:5.

What if we face foolery when transforming, *As It Pleases God*? We must avoid those who are designed to distract, confuse, or scatter us with fallacies, compromise, pointless arguments, divisive behaviors, negative insults, or a smooth-talking play on words. Here is what Titus 3:9-10 says, *"But avoid foolish disputes, genealogies, contentions, and strivings about the law; for they are unprofitable and useless. Reject a divisive man after the first and second admonition."*

As a commitment to ourselves, we must align our actions, words, and thoughts with our Heavenly Father to emulate Christlike qualities, shedding our old selves and embracing a life of purpose, passion, freedom, and love. More importantly, we do not need to look far for this because it is already within. The key is not to silence it or use *Delayed Silent Treatment* as a weapon.

Delayed Silent Treatment

In an age where communication has reached unprecedented levels, puzzlingly, many find themselves grappling with a profound, intentional, or forced silence. When a cultivated quietude permeates our interactions, this power shift of giving and receiving silence leads us to question the sharable common denominator or the lack thereof.

In mastering *Heaven's Language*, God will allow our silence deficit or *Delayed Silent Treatment* to manifest to understand the necessity of authentic communication while providing protection, resurrection, correction, or connection. Please

Dualism

understand that when dealing with the psyche, there are a few hindrances, but not limited to such:

- ☐ The lack of quietness, where we are disrupted by constant noise, impaired focus, or digital interruptions, can hinder us.

- ☐ Too much silence, forced silence, or being ignored due to bad blood, relationship strain, or lack of commonality can hinder us.

In light of our personal articulation of language challenges, the importance of quietness cannot be overstated, calming the Mind, Body, Soul, and Spirit. In contrast, *Delayed Silent Treatment* is understated or goes unaddressed by certain cultures, disrupting the Mind, Body, and Soul, requiring us to depend on our Spiritual Relations for the counterbalancing of the psyche.

What does all of this counterbalancing stuff mean with the *Delayed Silent Treatment*? When using *Heaven's Language* or not, when *Delayed Silent Treatment* is presented to us, we need God to fill in the gap through our *Spirit to Spirit* Relations with Him. Nonetheless, suppose we do not know how to interject our Spiritual Relations in such a manner through prayer, worship, and meditation. In this case, we will function at a deficit, playing pretend as if it is not affecting the psyche. Then again, we can indeed grieve the Holy Spirit without realizing what we are doing.

How can we possibly grieve the Holy Spirit, especially when operating in the Spirit of Righteousness as Believers? Whether we are Believers of the Faith or not, we can inadvertently grieve the Holy Spirit through our thoughts, actions, words, biases, or choices that are unpleasing to God, our Heavenly Father.

Dualism

Here is what Ephesians 4:30 states: *"And do not grieve the Holy Spirit of God, by whom you were sealed for the day of redemption."*

If we are not using the Fruits of the Spirit or behaving Christlike, it is easy to grieve the Holy Spirit and stunt our Spiritual Growth, unintentionally. All of which can cause us to function in a Spiritual Deficit, especially when we neglect Spiritual Discipline or neglect having a *Spirit to Spirit* Relationship with God, our Heavenly Father. If we are harboring or allowing rage, hate, unkindness, bitterness, unforgiveness, negatively judging, resentment, or allowing neglect to take root in our hearts, we can grieve the Holy Spirit easily. In addition, if we engage in sinful behaviors, giving in to the lust of the eyes, the lust of the flesh, and the pride of life for personal gain or selfish measures, here again, the grieving can occur.

As a Word to the Wise, when we are unaware of what we are doing and why, we will notice anxiety, fear, confusion, dullness, lack of humility, or unrest creeping up within the psyche. To avoid functioning at a Spiritual Deficit in the counterbalancing process, it often requires self-examination, repentance, reconciliation of the problem, engagement in the solution, positive change, the ability to help others, and sometimes the proper documentation of whatever must occur for Kingdom Usage for the Greater Good.

How does functioning at a Spiritual Deficit affect us when dealing with *Delayed Silent Treatment* without a counterbalance? Here is where *Spiritual Dualism* comes into the picture: When operating in a deficit in the Eye of God, we will most often function in an immoral or idolatrous state without knowing it, or we will outright make wrong choices.

For instance, we will opt for immoral counsel over Godly Counsel. We will accept an arrogant demeanor over a kindhearted one. We will accept improper conduct over righteousness. We will run toward temptations rather than

Dualism

running from them. We will openly embrace the bad over the good. We will open our hearts to people, places, and things contradicting the Will of God over what is in His Divine Will.

What is the purpose of counteracting negatives with positives? If negativity remains without a positive counteraction, we become imbalanced by default. For example, if the pH balance in our hair is off, it creates an imbalance leading to unhealthiness within the hair's root, spreading outwardly to the hair shaft. If not rectified accordingly, in due time, this imbalance will eventually display our inner condition outwardly for all to see. In addition, it will outright affect the growth of our hair on a sliding scale, determining what we can or cannot do with our hair.

With the pH sliding scale, the improperly gauged oil flow in the hair follicle will cause our hair to become too oily, weighing it down or causing limpness. In contrast, the lack of it causes it to become too brittle, resulting in some form of breakage. Amid all, in doing our part in counteracting a negative with a positive in our hair's pH balance, regulating it between 4.5 to 5.5, our hair is then adequately equipped to do the rest, or better yet, it will heal itself.

How insulting is it to compare our hair with all things Spiritual, right? In all due respect, what is coming out of the head is just as important as the head itself. In the Eye of God, if we become self-defiant, selfish, or lack self-control while outright negating Spiritual Truths, this cliché will apply: *'If we kill the head, the body dies by default.'*

Spiritually Speaking, Psalm 19:14 gives us the cheat code on what to say to our Heavenly Father to proactively balance our Spiritual pH before engaging in anything or with anyone. *"Let the words of my mouth and the meditation of my heart be acceptable in Your sight, O Lord, my strength and my Redeemer."* Besides, human intervention cannot contend with Divine Intervention, *As It Pleases God*. So, it is always best to approach life from a Spiritual

Dualism

Perspective to avoid creating a deficit within oneself or grieving the Holy Spirit.

Our *Delayed Silent Treatment* phenomenon prompts inquiry by those experiencing the sting of outcasthood. What is outcasthood? Outcasthood refers to the state or condition of being an outsider, being considered an outcast, or being excluded from a particular group, gathering, or society. It often involves feelings or the reality of alienation, marginalization, or estrangement, regardless of whether we are in or out of a relationship.

Suppose one is dealing with *Delayed Silent Treatment*. In this case, unfortunately, they often become used by those with an agenda, differing beliefs, varying lifestyles, fluctuating interests, shifting mindsets, unwise thoughts, divergent goals, or opposing backgrounds. Moreover, those experiencing outcasthood may struggle to find acceptance, experience bouts with discrimination, or are constantly challenged with isolationary factors of judgment.

If our language becomes one of silence, how do we proceed? Should we continue to abide by quietness, or do we take steps to challenge it? The dangers arising from neglecting to communicate with our loved ones are painstakingly astounding and traumatizing for those who are not equipped or properly prepared in this area. The ability to express thoughts, desires, and feelings clearly plays a crucial role in maintaining connection and understanding. Still, we cannot force ourselves on others.

What if your *Heaven's Language* is silence, then what do you do? Do you continue to practice silence, or do you do something about it? Is the Spirit of Silence working for you, or is it working against you? Or do you even know? Are people trying to shut you up because they fail to understand you?

Well, according to the Heavenly of Heavens, this is what God has to say about this matter. We, as a people, are called

Dualism

to step up our game with our people skills. What if we are ignored? If we are ignored, it means we need to pay more attention. What if we are paying attention, and they desire for us not to pay attention and walk away from us? If someone walks away from us, it does not mean we abort the mission; we must keep moving forward in the Spirit of Excellence.

For example, when Noah was instructed to build an Ark in Genesis chapters 6-9. He, too, was advised to abort the Divine Mission of God. He was mocked and laughed at, yet he remained faithful, obedient, and focused with God's Divine Mercy in hand.

Amidst this immoral chaos, Noah was dead-set on heeding the Voice of his Heavenly Father with tenacity and perseverance. In addition, he was rejected and ignored with the ultimate Silent Treatment by those who were enjoying their lives and mocking him as if he were off his rocker. In Noah's Spiritual Counterbalancing System, he listened closely to the still, small voice from within for Divine Instructions while others outside his family were selfishly parlaying and doing their own thing without a conscience.

Sometimes, when God speaks to us, we do not hear Him speaking because His Divine Voice is silently speaking through the actions, reactions, thoughts, beliefs, desires, and idiosyncrasies of others. Now, the question is, 'Can you hear Him?' 'Do you want to hear?' Or, 'Have you developed a deaf ear to Him?'

When dealing with *Delayed Silent Treatment*, it is first manifested in the Spiritual Realm before it makes its way into reality. According to *Heaven's Language*, we must use a Spiritual Approach and Protocol to ensure we do not use a manmade approach to Spiritual Matters.

Are we not already Spiritual Beings having a human experience, making Spiritual Matters irrelevant? Clearly, we are Spiritual Beings in Earthen Vessels, but we are not

Dualism

manmade. We are God Created, which makes us relevant in or out of the Kingdom of God. Ephesians 2:10 tells us: *"For we are His workmanship, created in Christ Jesus for good works, which God prepared beforehand that we should walk in them."*

According to the teachings articulated in *Heaven's Language*, the unseen is more powerful than the seen. In the Eye of God, we must RESPECT all things Spiritual, even if we lack understanding of it, them, that, or Him. How do I know this? According to 2 Corinthians 4:18, it clearly says: *"While we do not look at the things which are seen, but at the things which are not seen. For the things which are seen are temporary, but the things which are not seen are eternal."* This respectable intersection of Spirituality and real life has become more prominent than ever in the Eye of God, requiring authenticity and a deeper connection, *Spirit to Spirit*.

For the record, when dealing with *Delayed Silent Treatment* or not, our *Heaven's Language* transcends the limitations of earthly communication on any level. It is our responsibility to press for more than what we are given, similar to extracting oil from an olive. How do we extract oil from an olive when it comes to information, understanding, knowledge, and wisdom, especially when dealing with the *Delayed Silent Treatment*? In the Eye of God, there is no one way set in stone due to our varying differences, backgrounds, traumas, tendencies, perceptions, biases, and cultures.

After becoming ONE with the Holy Trinity, I do have a few *Heaven's Language* tips for Spiritual Extracting amid our *Delayed Silent Treatment*, but not limited to such:

- ☐ Extract with **INTENTIONALITY** through prayer, worship, repentance, forgiveness, and meditation with authentic engagement. Romans 12:2 says, *"And do not be conformed to this world, but be transformed by the renewing of*

Dualism

your mind, that you may prove what is that good and acceptable and perfect will of God."

- ☐ Extract the *As It Pleases God* **MINDSET**. If we give our mindsets to God, for real, for real...He will help us guard our thoughts, actions, reactions, and biases through the conscience and senses. Proverbs 16:3 says, *"Commit your works to the Lord, And your thoughts will be established."*

- ☐ Extract the **WHY**. We must know and understand our reasons for doing what we are doing. If we do not know, then it is time to get in the know! Luke 14:28-30 has the best explanation of why we must remain in the know: *"For which of you, intending to build a tower, does not sit down first and count the cost, whether he has enough to finish it? Lest, after he has laid the foundation, and is not able to finish, all who see it begin to mock him, saying, 'This man began to build and was not able to finish.'"*

- ☐ Extract the **WORD OF GOD** amid whatever or with whomever. 2 Timothy 3:16-17 says, *"All Scripture is given by inspiration of God, and is profitable for doctrine, for reproof, for correction, for instruction in righteousness, that the man of God may be complete, thoroughly equipped for every good work."*

- ☐ Extract the **ALIGNMENT**. We must become ONE with the Word of God while using the Fruits of the Spirit. Colossians 3:23-24 says, *"And whatever you do, do it heartily, as to the Lord and not to men, knowing that from the Lord you will receive the reward of the inheritance; for you serve the Lord Christ."*

Dualism

- [ ] Extract the **THOROUGHNESS**, engaging in fact-finding Q & A Sessions with ourselves and others. Proverbs 4:23 says, *"Keep your heart with all diligence, For out of it spring the issues of life."*

- [ ] Extract with **OPENNESS**. We must become flexible with God because we cannot equate our thinking process with His. Here is what Isaiah 55:8-9 says about this matter: *"For My thoughts are not your thoughts, nor are your ways My ways, says the Lord. For as the heavens are higher than the earth, so are My ways higher than your ways, and My thoughts than your thoughts."* For this reason, James 1:22 tells us this: *"But be doers of the word, and not hearers only, deceiving yourselves."*

- [ ] Extract the **INSTRUCTIONS** out of everything and document them for personal use, later use, or the use of our brethren. Romans 15:4 says, *"For whatever was written in former days was written for our instruction, that through endurance and the encouragement of the Scriptures we might have hope."*

- [ ] Extract the **LESSON**. We must become willing to learn, grow, and sow back into the Kingdom when called upon. Proverbs 9:9 says, *"Give instruction to a wise man, and he will be still wiser; teach a just man, and he will increase in learning."*

- [ ] Extract the **WIN-WIN**, creating a positive out of everything and with everyone. 1 Corinthians 9:24 says, *"Do you not know that those who run in a race all run, but one receives the prize? Run in such a way that you may obtain it."*

Dualism

- Extract the **TESTIMONY**. We must live by example, sharing our experiences to build and feed God's sheep. Revelation 12:11 shares with us a snippet of *Heaven's Language* on how to overcome in the Eye of God: *"And they overcame him by the blood of the Lamb and by the word of their testimony, and they did not love their lives to the death."*

In my opinion, when life is pressing us to the max or the pressure is on, we may as well get something out of it, especially when we allow God's Divine Will to be done. If Jesus went through this in the Garden of Gethsemane, do we think we are exempt from pressure? Absolutely not! Here is an example of Jesus' moment of pressure in Matthew 26:39: *"He went a little farther and fell on His face, and prayed, saying, 'O My Father, if it is possible, let this cup pass from Me; nevertheless, not as I will, but as You will.'"*

When we operate *As It Pleases God* while using the Fruits of the Spirit under pressure, resilience has no other choice than to come forth. Really? Yes, really! Here is one of the Spiritual Seals we can use as Divine Leverage over the situation, circumstance, event, pressure, or oil: *"We are hard-pressed on every side, yet not crushed; we are perplexed, but not in despair; persecuted, but not forsaken; struck down, but not destroyed."* 2 Corinthians 4:8-9. If we repeat this over whatever with whomever, it will change a negative trajectory to a positive one when used with clean hands and a pure heart.

What do we do when people get a headache from our desire to press for more information? Do we subject ourselves to being more ignored, or do we leave the situation as is? Proverbs 16:7 says, *"When a man's ways please the Lord, he makes even his enemies to be at peace with him."* Simply put, remain peaceful!

Dualism

Thank God for my knucklehead brother for inspiring me to write this chapter, leading our culture to the Kingdom of God, and putting our *Delayed Silent Treatment* or cultured nature behind us. His self-created rules of his personal language blew me away...although working for him on varying levels, it had nothing to do with *Heaven's Language* whatsoever. Yet, he was convinced in his mind that he had it all together, and I really mean convinced! Of course, I was open to the experience, but he wanted me to stop asking questions. Still, his unwillingness and resistance spoke volumes, saying more with less about his intellectual reasoning or social constructs. And, now, here we are with Divine Understanding, *As It Pleases God*.

Clearly, *Heaven's Language* is not just about receiving messages; it is about transforming those silent messages into meaningful actions embodying love, mindfulness, connection, self-reflection, and purpose. And, "*Being confident of this very thing, that He who has begun a good work in you will complete it until the day of Jesus Christ.*" Philippians 1:6.

When crying out to a generation that will not listen and is unresponsive can become challenging, but if it were easy, everyone would be able to do it. When speaking *Heaven's Language*, we must be ready for the lonely path of obedience and being able to deal with rejection. If we cannot deal with them, then it is an indication that we are not ready for our Divine Purpose or Predestined Blueprint, *As It Pleases God*.

What do you do when someone wants you to do a little less speaking, especially when a conversation is desired or needed? Then again, what do you do when people do not want to hear what you have to say? To answer both questions at once, sometimes, we must put our message in story form or paint a picturesque view without pointing the finger directly at them. In the Eye of God, an indirect approach often does the trick of saying what needs to be said without directly saying it.

Dualism

For example, in 2 Samuel 12:1-15, Prophet Nathan confronts King David about the moral responsibilities of leadership after committing adultery with Bathsheba and arranging her husband, Uriah's death. Nathan, with wisdom, did not approach David with a direct accusation. His lead-in was through a parable.

Nathan told David a story about a rich man who took a poor man's only lamb despite having many sheep of his own. David perceived that an injustice had occurred and declared the rich man deserved to die for such a wrongdoing. In all simplicity, Nathan presented a scenario in a way that caused David to judge himself out of his own mouth. The bottom line is that we must become masters at painting picturesque pictures and telling great stories to avoid pointing the finger. Doing so allows people to hear us, even when positioned with deaf ears, designed to reject or silence us.

How do we handle a partner who does not communicate effectively or offers silent treatment but chooses to have conversations with others as if we do not exist? I can advise one to find their love language, but I will not. Why not? When God is not in it, it makes us feel like we are walking on eggshells or balancing on a tightrope! In this case, in the Eye of God, this will not be the wisest approach. We must tap into *Heaven's Language* instead.

When dealing with a partner who does not communicate effectively or resorts to silent treatment, we must find what makes their baby leap from within. Thus, we must engage in a *Spirit to Spirit* Relationship with our Heavenly Father to change ourselves for the better. As a forewarning, we cannot engage in violating the free will of another, so if we desire for this process to work, we must place the target on our backs first.

What does placing a target on our backs mean in layman's terms? You can only fix yourself...fixing them is out of the equation...that is God's job! Nevertheless, here is a list of things

Dualism

to begin the process of working on yourself, *As It Pleases God*, but not limited to such:

- ☐ Understand the underlying issues.
- ☐ Acknowledge the patterns in communication.
- ☐ Write down your thoughts.
- ☐ Capture all negative chatter or thoughts on paper.
- ☐ Pinpoint the form of emotional withdrawal.
- ☐ Determine the stress triggers.
- ☐ Analyze the hidden insecurities.
- ☐ Document the underlying fears associated.
- ☐ Target the seeds of rejection.
- ☐ Make a list of our positive and negative responses.
- ☐ Use 'I' statements to share how their behavior impacts you.
- ☐ Avoid using accusatory 'you' statements that may lead to defensiveness.
- ☐ Avoid bringing this issue up during moments of high tension or when preoccupied.

What can this list do for us? It subconsciously will prepare you for a constructive conversation with God, yourself, your partner, and others. Proverbs 25:11 says, "*A word fitly spoken is like apples of gold in pictures of silver.*" I once heard this Pastor say, 'Get your words up!' to his congregation, which is a rare occurrence in today's day and age, but very much needed.

I personally concur with proactively practicing on our words. In addition, it also gives us an opportunity to practice our conversational methods proactively with self-control instead of winging it. Above all, it keeps us from lying to ourselves about what is really going on between our two ears.

How do we get a person to talk? First, we must listen and speak without judgment, creating an atmosphere of love,

Dualism

warmth, and understanding while speaking with care and consideration. While at the same time, placing a Spiritual Demand on Ephesians 4:29 for uplifting and constructive communication, *"Let no corrupt communication proceed out of your mouth, but that which is good to the use of edifying, that it may minister grace unto the hearers."*

Secondly, we must ask the right fact-finding questions to gain understanding while actively listening more than we speak. Here is what James 1:19 shares, *"Wherefore, my beloved brethren, let every man be swift to hear, slow to speak, slow to wrath."*

Thirdly, we must exercise self-control without allowing our emotions to control the flow of our conversations or cause us to get out of character. As a Word to the Wise, Proverbs 21:23 says, *"Whoso keepeth his mouth and his tongue keepeth his soul from troubles."*

Fourthly, we should always speak calmly and softly without yelling, screaming, fussing, or fighting. In my opinion, when using caution and thoughtfulness in such a manner, it provides an opportunity to think before we speak. In addition, it gives us time to season our words with good flavor without running off at the mouth. Here is what Colossians 4:6 advises us to do: *"Let your speech be always with grace, seasoned with salt, that you may know how you ought to answer every man."*

Lastly, we must get them to laugh and relax with kind words and a positive tone. Let me say this: Proverbs 16:24 does not miss a beat when applying this to the *Delayed Silent Treatment*: *"Pleasant words are as a honeycomb, sweet to the soul, and health to the bones."*

According to our Genetic makeup containing specific instructions from the Heavenly of Heavens, when dealing with the human psyche of man, we need kindness, understanding, and respect. If a person does not feel safe or if they are on the defense, we cannot extract as much. Then again, they may only

Dualism

say what they think we want to hear instead of laying the cards on the table with trust, honesty, and transparency.

In the Eye of God, we should not enter a commitment without establishing healthy boundaries of communication in advance. If we do, we will spend a lot of unnecessary time playing clean-up or catch-up. Why would this happen? Unfortunately, when dealing with someone who struggles with effective communication, it can become challenging and emotionally taxing.

How do we avoid this? Both parties must come to a proactive agreement to effectively communicate before committing. Thus, if we do not get this agreement beforehand, we get what we get, especially if God is nowhere in the equation. Amos 3:3 has a question for us all: "*Do two walk together unless they have agreed to do so?*" If we agree to communicate, it is an agreement. If we do not come into an agreement, it is also an agreement not to agree as well.

In the *Delayed Silent Treatment*, it is only wise to add God into our equational efforts with any form of agreement to ensure we are operating *As It Pleases Him* and not to please ourselves. Here is the Spiritual Seal regarding this matter: Matthew 18:19-20 says, "*Again, truly I tell you that if two of you on earth agree about anything they ask for, it will be done for them by my Father in heaven.*"

What is the purpose of dual communication? In all simplicity, it is a two-way communication or exchange effort, enhancing our human interactions, be it personal, social, relational, professional, or Spiritual. For example, when operating with dual communication with the Holy Trinity, here is what it should look like according to Isaiah 30:21: "*Whether you turn to the right or to the left, your ears will hear a voice behind you, saying, 'This is the way; walk in it.'*"

When in a triple-braided cord relationship, *As It Pleases God*, our inner man should hear the voice of our mate speaking and

Dualism

guiding us in righteousness. If not, there is a disconnect somewhere, and it is our responsibility to find the break in the communicative efforts by engaging in asking fact-finding questions, getting feedback, formalizing an understanding, and initiating active collaboration to build trust and strength to resolve conflict. It does require a few things, such as, but not limited to:

- ☐ We need active participation.
- ☐ We need active listening.
- ☐ We must ask open-ended questions.
- ☐ We must provide and receive feedback.
- ☐ We must clarify and summarize.
- ☐ We must keep an open mind.
- ☐ We must show engagement with our body language.
- ☐ We must use 'I' statements.
- ☐ We must avoid negative distractions.
- ☐ We must allow free will to choose.

What is the purpose of doing all of these things? Without them, miscommunication is inevitable. As a result, someone may shut down, causing the *Delayed Silent Treatment*. Is this fair? Absolutely! If we do not prepare the foundation of our communicative efforts, *As It Pleases God*, then it is fair to say we are responsible.

What does the Bible say about relational communication? To answer this question, I must break this down: For husbands and wives in a nutshell, Ephesians 5:25 says, *"Husbands, love your wives, just as Christ also loved the church and gave Himself for her."* In addition, Colossians 3:19 advises, *"Husbands, love your wives and do not be bitter toward them."* 1 Peter 3:7 gives the wisdom of relational communication: *"Husbands, likewise, dwell with them with*

Dualism

understanding, giving honor to the wife, as to the weaker vessel, and as being heirs together of the grace of life, that your prayers may not be hindered."

For others in our everyday relations: Ephesians 4:32 says, "And be kind to one another, tenderhearted, forgiving one another, even as God in Christ forgave you." In addition, we should lift others up, building their esteem. Here is what Ecclesiastes 4:9-10 shares with us: "Two are better than one, Because they have a good reward for their labor. For if they fall, one will lift up his companion. But woe to him who is alone when he falls, For he has no one to help him up."

In communicating with ourselves, here is what we must know according to 1 Corinthians 13:4-7, "Love suffers long and is kind; love does not envy; love does not parade itself, is not puffed up; does not behave rudely, does not seek its own, is not provoked, thinks no evil; does not rejoice in iniquity, but rejoices in the truth; bears all things, believes all things, hopes all things, endures all things."

According to *Heaven's Language*, if we build a foundation on lust, we will contend with boredom in our relational efforts, especially when the newness wears off. In the realm of human relationships, we can tiptoe around this all we like, but God honors covenants for our sake. Why does He honor covenants over all else in relationships? If there is no covenantal agreement, then the lust of the eyes, the lust of the flesh, and the pride of life can indeed place a chokehold where there is zero agreement.

For instance, we would not buy a house, car, or anything of value without an agreement, right? We live our lives in such a manner with zero agreements from God, ourselves, and others. While in the erosion process, we do not give a rat's tail about our bodies, mindsets, thought processes, or relational bonds, letting it all hang out. And then have the nerve to get upset when things do not go as expected, we are exhausted with boredom, or when faced with *Delayed Silent Treatment*.

Dualism

The foundation we choose to build upon plays a fundamental role in determining the longevity, durability, and prosperity of our relational connections. Here is the deal with *Spiritual Dualism*:

- ☐ If we build our relations on sexual attraction, we will draw likewise.
- ☐ If we build our relations on purity and self-restraint, we will draw likewise.

- ☐ If we build our relations on lust-driven factors, we will draw likewise.
- ☐ If we build our relations on trust, mutual respect, shared experiences, and communication, we will draw likewise.

- ☐ If we build our relations on authentic love, we will draw likewise.
- ☐ If we build our relations on hatefulness or debauchery, we will draw likewise.

- ☐ If we build our relations on lies, we will draw likewise.
- ☐ If we build our relations on the truth, we will draw likewise.

- ☐ If we build our relations *As It Pleases God*, we will draw likewise.
- ☐ If we build our relations to please ourselves, we will draw likewise.

All in all, we determine our foundation by our choices. If we choose right, *As It Pleases God*, He is bound to take care of whatever with whomever. On the other hand, if we choose right or wrong without Him in the equation in a state of disobedience, we are on our own, having to deal with whatever, with whomever until we turn back to our Heavenly Father, *As It Pleases Him*.

Regardless of whether we are the giver or receiver of the *Delayed Silent Treatment*, we do not have to categorize or limit ourselves to a specific character trait, such as being an introvert or an extrovert. Why not? Are we not supposed to choose one or the other? If one desires to place themselves in a man-made box, then have at it.

Whereas, on the other hand, in the Kingdom of God, and when operating In Him, With Him, For Him, Through Him, and *As It Pleases Him*, with the Holy Trinity at the forefront, we are both in one. So, in my opinion, a Heavensvert (A Godly Convert) would be more fitting for us as Believers. Am I making up stuff? Maybe or maybe not; it may just be a play on words, but according to Acts 3:19, it clearly says, "*Repent therefore and be converted, that your sins may be blotted out, so that times of refreshing may come from the presence of the Lord.*" To take this a step further with the Heaven Factor in the Heavensvert Analogy: Matthew 18:3 says, "*Assuredly, I say to you, unless you are converted and become as little children, you will by no means enter the kingdom of heaven.*"

From a Spiritual Perspective, in the Kingdom of the Most High God, we do not limit ourselves to introversion, extroversion, or anything in between that is outside of the Word of God. We focus on Divine CONVERSION altogether, to build bridges and bridging gaps, *As It Pleases God*. The building and bridging process is designed for ourselves, our homes, workplaces, churches, social groups, communities, and most of all, the Kingdom of God, to avoid the *Delayed Silent Treatment* from creating avoidable chokeholds and divides among the brethren.

Dualism

According to the Heavenly of Heavens, we possess a blend of both traits of introversion and extroversion. As the Spirit of Duality allows us to thrive or adapt to both settings and anything outside of them, including the newfound and manmade ones as well, we have what it takes to thrive. All of which depends on what the situation or circumstances call for, or what our Spiritual Discerning faculties advise, require, or demand when using the Fruits of the Spirit and Christlike Character to cover all of our bases.

In a world with all types of personalities, with our people skills, we must remain flexible, balanced, adaptable, compassionate, understanding, relevant, relatable, and usable. What if we are not any of them? It is time to get to work on them, or it is time to *Place a Spiritual Demand* on them. Colossians 3:16-17 gives us a few instructions on how to *Place a Spiritual Demand* on our people skills, *"Let the word of Christ dwell in you richly, in all wisdom, teaching and admonishing one another in psalms and hymns and spiritual songs, singing with grace in your hearts to the Lord. And whatever you do in word or deed, do all in the name of the Lord Jesus, giving thanks to God the Father through Him."*

Placing a Spiritual Demand

According to the Heavenly of Heavens, *Placing a Spiritual Demand* does not mean we are the only ones who have first dibs on God, forcing Him to do what we want Him to do for selfish gain, selfish control, to show off, or for a sense of entitlement. Nor does it give us the right to attempt to pimp Him out, prostitute Him, or boss Him around as if we run the show like a demigod. Yes, I said it...as my ear has been to the ground with my eyes wide open, this is what I am hearing and seeing.

As Believers, we cannot undermine the Divine Sanctity of Spirituality. If we do, we will develop a superficial understanding of God, our faith, our reality, and our *Spirit to Spirit* Relations. In addition, the inherent dangers of Spiritual Pride lead to idolatry at its highest form with a form of godliness, but not Godly. The bottom line is that an ego-driven approach to our Heavenly Father can bring judgment, condemnation, emptiness, and a Spiritual Disconnect, causing us to make up stuff or lie on God.

The Divine Whispers of 2 Timothy 3:2-5 warns us about the signs of perilousness: *"For men will be lovers of themselves, lovers of money, boasters, proud, blasphemers, disobedient to parents, unthankful, unholy, unloving, unforgiving, slanderers, without self-control, brutal, despisers of good, traitors, headstrong, haughty, lovers of pleasure rather than lovers of God, having a form of godliness but denying its power. And from such people turn away!"* If we possess any of these character traits...all it means is that we have work to do.

For the record, there is no reason to think *Placing a Spiritual Demand* is anything spooky, manipulating Spiritual Means, or engaging on the dark side. It is our God-Given RIGHT to be fruitful and multiply, taking Spiritual Dominion and boldly affirming God's Divine Provisions and Blessings meant for His people. From a profound sense of responsibility, all this boils down to, is intentions, heart postures, mind postures, and integrity in regard to our Divine Mission or Predestined Blueprint.

Placing a Spiritual Demand is about using Biblical Scriptures, Requests, and Petitions as leverage in or out of the Kingdom of God for selfless gain and growth for the Greater Good regarding our wants, needs, and desires. Is this Biblical? Absolutely! 1 John 5:14-15 sums this up perfectly: *"Now this is the confidence that we have in Him, that if we ask anything according to His will, He hears us. And if we know that He hears us, whatever we ask, we know that we have the petitions that we have asked of Him."*

Dualism

Although *Spiritual Demands* are not spoken about much, they happened all throughout the Bible. It still slips under the radar for most Believers due to some form of doubt, fear, or lack of faith. In the Eye of God, when placing a *Spiritual Demand*, here are a few things it is comprised of, but not limited to such:

- ☐ A willingness to PLEASE God.
- ☐ Strong belief and faith.
- ☐ Courageous boldness.
- ☐ A heartfelt conviction.
- ☐ The approach of determination.
- ☐ A direct request: knowing what we want and why.
- ☐ Claiming the Promises of God found in Scripture.

In the same way, God will place a *Spiritual Demand* on us regarding our Divine Mission or Blueprinted Purpose; we also have the Divine Right to enforce Spiritual Laws, Principles, Guidelines, and Covenants that are associated. For this reason and for *Heaven's Language* to come forth, it is always wise to get in Purpose on purpose, *As It Pleases God*.

Why is it so wise for Believers to get in Purpose on purpose? By freely choosing our Predestined Blueprinted Mission, according to the Heavenly of Heavens, it comes with its own Spiritual Protection, Guidance, and Power. Now, with all due respect, if we do not know our Divine Purpose, *As It Pleases Him*, we have already lost ground in the Eye of God. It is our responsibility to gain it back by being about our Father's Business.

Picturesquely, and in all simplicity, in the Call of Abraham, in Genesis 12:1-4, *"Now the Lord had said to Abram: 'Get out of your country, from your family and from your father's house, to a land that I will show you. I will make you a great nation; I will bless you and make*

Dualism

your name great; and you shall be a blessing. I will bless those who bless you, and I will curse him who curses you; and in you all the families of the earth shall be blessed.' So Abram departed as the Lord had spoken to him, and Lot went with him. And Abram was seventy-five years old when he departed from Haran."

Abraham's Spiritual Journey begins with his Divine Call, which comes with *Spiritual Demands*, such as leaving his homeland, leaving his familiar surroundings, and trusting God by stepping into the great unknown. According to the Heavenly of Heavens, this *Spiritual Demand* comes with Promises, Protection, Guidance, and Blessings. Yet, it requires faith and obedience, setting a precedence for what we are still reaping the benefits of today. However, Abraham had to place a *Spiritual Demand* on the Divine Request for what he needed to complete his Divine Mission.

In the Teachings of Jesus in the New Testament, He articulates *Spiritual Demands* through parables, helping us to understand what is required of us. The Sermon on the Mount is perhaps the most profound, where Jesus upsets the law of the Old Testament, challenging his followers to cultivate inner righteousness rather than mere external compliance. When used *As It Pleases God*, we can then place a *Spiritual Demand* on the New Dispensation.

In the New Dispensation (a transitional period), we often become so caught up with status, titles, and prestige until we miss the fact that, in the same way Jesus placed *Spiritual Demands*, we can do likewise.

We cannot become so churchified until we miss the Divine Message of Christ Jesus. Before we go any further, let me get this out of the way: In the New Dispensation, when dealing with *Spiritual Demands*, we have:

- ☐ Grace over the Law.

Dualism

- ☐ The Fulfillment of the Law through Jesus.
- ☐ The Indwelling of the Holy Spirit.
- ☐ Divine Access to the Heavenly of Heavens.

The New Dispensation is nothing more than the Divine Privilege from the Heavenly of Heavens, meaning no man can do more than we are willing to do for ourselves. In the Kingdom, we have to want our Spiritual Embodiments for ourselves.

Can we really connect to God as Jesus did? Absolutely. Please allow me to Spiritually Align this matter: John 14:12 concurs, *"Most assuredly, I say to you, he who believes in Me, the works that I do he will do also; and greater works than these he will do, because I go to My Father."*

In doing the Greater Works of the Kingdom, we must obediently follow the Spiritual Protocols that Jesus left behind for us to glean. We must use the Helper (the Holy Spirit), we must use the Blood of Jesus as Spiritual Atonement, and we must use the Fruits of the Spirit to become more Christlike. Here is the Divine Promise: *"If you love Me, keep My commandments. And I will pray the Father, and He will give you another Helper, that He may abide with you forever—the Spirit of truth, whom the world cannot receive, because it neither sees Him nor knows Him; but you know Him, for He dwells with you and will be in you. I will not leave you orphans; I will come to you."*

In the same way, Jesus called forth Lazarus from the grave with a *Spiritual Demand* in John 11, saying, 'Lazarus, come forth!' We have the same right to place a *Spiritual Demand* to give life to the dead things in our lives and break yokes, As It Pleases God. When using *Heaven's Language* as a part of *Spiritual Dualism*, here is how to use it:

Dualism

- ☐ If something is bad, call forth the good.
- ☐ If something is unrighteous, call forth righteousness.
- ☐ If something is unjust, call forth the justness.
- ☐ If something is negative, call forth the positive.
- ☐ If something is a lose-lose, call forth the win-win.
- ☐ If something hurts, call forth healing.
- ☐ If something is dead, call forth new life.
- ☐ If something is confusing, call forth clarity.
- ☐ If something is unjustified, call forth justification.
- ☐ If something is unhealthy, call forth wellness.
- ☐ If something has a stench, call forth cleanliness.
- ☐ If something is fearful, call forth courage.

Once we call it forth, then we must boldly and faithfully back it up with the Word of God. Once again, we must do this for ourselves! If we opt to add doubt into the equation, we will begin to sink like Peter did when walking on water in Matthew 14:28-32.

We have the power to reverse the effects of Spiritual Dualism, positively or negatively. If we remain on the positive side, our *Spiritual Demands* will begin to serve us very, very well, *As It Pleases God*. On the other hand, if we do not exercise our Spiritual Authority, *As It Pleases Him*, or we choose to please ourselves to carry out our own agendas, then we cannot blame anyone for not showing up, right?

Picturesquely, here are a few characters placing a *Spiritual Demand* on God through prayer, supplication, unwavering confidence, and bold actions rooted in faith, but not limited to such:

- ☐ Abraham's Plea for Lot, in Genesis 18:16-33, with boldness and faith, he intercedes with God on behalf of

Dualism

his nephew Lot, who lives in the wicked cities of Sodom and Gomorrah, placing a *Spiritual Demand* on his safety.

- [ ] Moses, in Exodus 32, intercedes for the Israelites, pleading with God to spare them after they made a golden calf. He boldly placed a *Spiritual Demand*, asking God to turn away His anger and remember His Divine Promises.

- [ ] Hannah, in 1 Samuel 1, fervently prays for a son (Samuel), places a *Spiritual Demand*, and makes a vow to dedicate him to the Lord if her request is granted, demonstrating her deep faith, hope, desire, and reverence.

- [ ] Elijah, in 1 Kings 18, placed a *Spiritual Demand* upon God to send fire from Heaven to demonstrate His Divine Power against the prophets of Baal.

- [ ] David, in 1 Samuel 17, placed a *Spiritual Demand* upon God to empower his sling and stones when going into battle with Goliath, while declaring that he comes in the name of the Lord of Hosts.

- [ ] King Hezekiah, in 2 Kings 20, pleads with God for healing after receiving a death sentence from the prophet Isaiah, and God grants him an extension of life.

- [ ] Blind Bartimaeus, in Mark 10:46-52, calls out to Jesus for healing and places a *Spiritual Demand* for Jesus to restore his sight.

- [ ] The Woman with the Issue of Blood, in Mark 5:25-34, who had suffered for 12 years, placed a *Spiritual Demand*

Dualism

on her healing by touching the hem of Jesus' garment. Her faith made her well.

- [ ] In the Healing of the Paralytic, in Mark 2:1-12, four men lower their paralyzed friend through the roof to reach Jesus. They invoked a *Spiritual Demand* by doing what it takes to get their friend in front of Jesus. As a result, their faith leads to the man's healing and forgiveness of sins.

- [ ] In the Raising of Jairus' Daughter, in Mark 5:21-43, a synagogue leader seeks Jesus to heal his dying daughter. He places a Spiritual Demand on the Word of Jesus and, with faith, takes Him at His word, and his daughter is healed.

- [ ] In the Boy with an Unclean Spirit, in Mark 9:14-29, a father pleads by faithfully placing a *Spiritual Demand* on Jesus to heal his son, who is possessed.

Would God really respond to us? God responds to faith, trust, and understanding, and He will also wax cold on disobedience, pompousness, and idolatry. More importantly, in the same way that Cycles, Seasons, and Vicissitudes of Life will place a demand on us, we can do likewise.

Here is what Daniel 2:19-23 says, *"Then the secret was revealed to Daniel in a night vision. So Daniel blessed the God of heaven. Daniel answered and said: Blessed be the name of God forever and ever, For wisdom and might are His. And He changes the times and the seasons; He removes kings and raises up kings; He gives wisdom to the wise And knowledge to those who have understanding. He reveals deep and secret things; He knows what is in the darkness, And light dwells with Him. 'I*

Dualism

thank You and praise You, O God of my fathers; You have given me wisdom and might, And have now made known to me what we asked of You, For You have made known to us the king's demand.'"

When *Placing a Spiritual Demand*, it is nothing more than using the Bible to bring forth Spiritual Alignment in action form, *As It Pleases God*. Clearly, our 'Take Action' is not just Physical; it requires Mental, Emotional, and Spiritual Growth with a balanced approach. When we actively work toward our goals faithfully, and *As It Pleases God*, while demonstrating an understanding of what is required of us, He will come to see about us, even when feeling clueless or aloof. Here is what James 1:5 has to say about this matter: "*If any of you lacks wisdom, let him ask of God, who gives to all liberally and without reproach, and it will be given to him.*"

Why do we need faith when PLACING a Spiritual Demand? According to Hebrews 11:6, "*But without faith it is impossible to please Him, for he who comes to God must believe that He is, and that He is a rewarder of those who diligently seek Him.*"

As a matter of fact, 1 Thessalonians 2:1-8 has a message for us about our intentions and heart postures: "*For you yourselves know, brethren, that our coming to you was not in vain. But even after we had suffered before and were spitefully treated at Philippi, as you know, we were bold in our God to speak to you the gospel of God in much conflict. For our exhortation did not come from error or uncleanness, nor was it in deceit. But as we have been approved by God to be entrusted with the gospel, even so we speak, not as pleasing men, but God who tests our hearts. For neither at any time did we use flattering words, as you know, nor a cloak for covetousness—God is witness. Nor did we seek glory from men, either from you or from others, when we might have made demands as apostles of Christ. But we were gentle among you, just as a nursing mother cherishes her own children. So, affectionately longing for you, we were well*

Dualism

pleased to impart to you not only the gospel of God, but also our own lives, because you had become dear to us."

At its core, *Placing a Spiritual Demand* idea might seem unfamiliar or even unnerving to some. Fundamentally, it is a powerful process of aligning one's actions with Biblical Principles and Truths to bring forth the Spiritual Tilling Process to produce fruitfulness, positively.

According to the Heavenly of Heavens, we have the Divine Right to invoke God's Divine Promises and Divine Covenants while Spiritually Aligning our lives with His Divine Will, Ways, and Predestined Blueprint. More importantly, we have the Divine Right, according to the Heavenly of Heavens, to hold God to His Word.

Can we really hold God accountable? Absolutely. We must approach our lives or whatever, *As It Pleases Him*. On the other hand, if we are seeking to please ourselves, then disappointment may become our portion. Nevertheless, here is what Isaiah 55:11 shares with us: *"So shall My word be that goes forth from My mouth; It shall not return to Me void, but it shall accomplish what I please, and it shall prosper in the thing for which I sent it."*

From the Ancient of Days with uncertainty and change, He warns us about playing demigods, not trusting Him in His Divine Word. As we all know, He is reliable, unchanging, unwavering, unyielding, and not subjected to human error. For this reason, it is okay to quote the Word of God back to Him, standing on His Word. Here is what Numbers 23:19 says, *"God is not a man, that He should lie, nor a son of man, that He should repent. Has He said, and will He not do? Or has He spoken, and will He not make it good?"*

The Spiritual Key to *Placing Spiritual Demands* is PLEASING God. Where did I get this from? 2 Corinthians 5:9 says to us: *"Therefore we make it our aim, whether present or absent, to be well pleasing to Him."*

Dualism

To make this process extremely effective, we must develop a *Spirit to Spirit* Relationship with our Heavenly Father to ensure we are on one accord with Him. The direct line of communication of prayer and worship can facilitate a deeper understanding of what is expected of us. Who is responsible for setting expectations? Due to the free will engrafted into the DNA of mankind and according to our Divine Dominion, we are responsible for setting the expectations, *As It Pleases Him*, and according to the Word of God, our values, and integral belief system.

When intertwining free will and Spiritual Dominion, this expectational framework guides our actions, decisions, reactions, consequences, and our moral or immoral compass. Through the Divine lens of our Spiritual Dominion, whether on an individual basis, a relational basis, a familial basis, a community basis, a church basis, or a Kingdom Basis, accountability begins and ends with us, creating a ripple or calming effect.

Although the church does not like taking the heat for the training of certain principles; however, in the Eye of God, we are called into service. Without pointing the finger, somebody is dropping the ball in this area, and now is the time to pick it up and run with it, *As It Pleases God*. What do we need to pick up? Whatever needs to be done, especially in the areas of communication, in the Spirit of Submission and Faithfulness.

I had someone ask me, 'Why is the church always to blame for everything?' I cut straight to the chase, saying, 'We are REQUIRED to feed God's sheep.' Here is what Acts 20:28 says, *"Therefore take heed to yourselves and to all the flock, among which the Holy Spirit has made you overseers, to shepherd the church of God which He purchased with His own blood."*

For *Heaven's Language*, please allow me to take this a step further by counteracting this question with another…which church? Are we referring to the church with four walls or the church inside of us? For clarity in this matter, the church inside of us is responsible for doing our part in or out of the Kingdom, or within the four walls of a church. For this reason, it is always important to use the Fruits of the Spirit at all times, ensuring we are Kingdomly Usable at the drop of a dime. Ephesians 1:22-23 says, *"And He put all things under His feet, and gave Him to be head over all things to the church, which is His body, the fullness of Him who fills all in all."*

As we seek to align with God's Divine Purpose, everyone will appear right in their own eyes; therefore, we must align our personal actions, thoughts, words, biases, beliefs, desires, and decisions against His Divine Teachings. If we lack discernment in this area, it is possible to *Place a Spiritual Demand* on the wrong things. So, we must discern the difference between personal desires, pleasing ourselves, and God's Desires, pleasing Him.

Before moving on to *The Hole In Holiness*, when dealing with *Heaven's Language* and *Spiritual Demands* on church matters, here is what Revelation 2:7 declares: *"He who has an ear, let him hear what the Spirit says to the churches. To him who overcomes I will give to eat from the tree of life, which is in the midst of the Paradise of God."* Where is this paradise located? Unbeknown to most, it is hidden INSIDE of us!

In our quest to live our best lives, we often find ourselves busy searching for meaning, fulfillment, and connection in a physical person, place, thing, structure, or status. While looking outwardly, in our diligent pursuits, we inadvertently overlook what God has hidden within us. Please allow me to repeat myself, the Spiritual Paradise we are diligently searching for is within. Is this not why 2 Corinthians 13:5 says, *"Examine yourselves as to whether you are in the faith. Test yourselves. Do you not know yourselves, that Jesus Christ is in you?—unless indeed you are disqualified."*

Dualism

When we look outside of ourselves for joy, happiness, peace, and validation for something God has already placed on the inside of us, we end up missing the mark, searching or pursuing something or someone that is fleeting. Nor can we *Place a Spiritual Demand* on what does not belong to us or what does not facilitate the manifestation of our Predestined Blueprinted Purpose. Furthermore, we can forget the luxury of having our Internal Paradise with a treasure trove of wisdom, joy, or tranquility when engaging with people, places, and things, taking us out of the Will of God.

Why can we not have access to our Internal Paradise, especially when we are here to enjoy our lives? From the Garden of Eden until now, this is still a sore spot for God; therefore, when we operate in outright disobedience, the psyche becomes a bed of thorns and thistles, pricking us every chance it gets. The sad part about the pricking of the psyche is that we have the nerve to lie about it continually. How do I know? Well, I do not know, but let me unveil who knows:

- ☐ God knows what is pricking us.
- ☐ Our words unveil whether we are being pricked.
- ☐ Our thoughts unveil whether we are being pricked.
- ☐ Our beliefs unveil whether we are being pricked.
- ☐ Our desires unveil whether we are being pricked.
- ☐ Our lusts unveil whether we are being pricked.
- ☐ Our actions unveil whether we are being pricked.
- ☐ Our habits unveil whether we are being pricked.
- ☐ Our patterns unveil whether we are being pricked.
- ☐ Our attitudes unveil whether we are being pricked.
- ☐ Our fears unveil whether we are being pricked.
- ☐ Our triggers unveil whether we are being pricked.
- ☐ Our character unveils whether we are being pricked.

Dualism

The truth is that we will all be pricked by something or someone at some point in our lives through our conscience (our internal governing compass). In order to grow Spiritually, we will be pricked and pruned continually. Really? Yes, really! Here is what John 15:1-2 shares with us: *"I am the true vine, and My Father is the vinedresser. Every branch in Me that does not bear fruit He takes away; and every branch that bears fruit He prunes, that it may bear more fruit."*

    To gain Divine Access to our Internal Paradise, *As It Pleases God*, let us get a better understanding of the *Hole in Holiness* to ensure our i's are dotted, and our t's are crossed. When we pay attention to the Spiritual Details, *As It Pleases Him*, we can also *Place a Spiritual Demand* on 1 Corinthians 14:40: *"Let all things be done decently and in order."*

Dr. Y. Bur

www.DrYBur.com

Chapter Seven
The Hole In Holiness

Do you operate with a hole in your heart? Then again, are you leaving holes in the hearts of others? Do you know about the hole in HOLINESS and why it is there? If not, the goal is to break the psyche wide open to expose the truth about who you are and why you are in the Eye of God. At the same time, we do not talk about the hole from within. In order to go to the next level in life, *As It Pleases God*, we must place a Spiritual Plug to prevent the negative oozing of unresolved trauma, biases, insecurities, and issues from spilling on the innocent.

What if we do not have a hole from within? Clearly, no one is exempt from the hole in the core of their being, nor are we beyond reproach. Is this Biblical? I would have it no other way. *"As the deer pants for the water brooks, so pants my soul for You, O God. My soul thirsts for God, for the living God. When shall I come and appear before God?"* Psalm 42:1-2.

In the thirst of the soulish psyche, we need the Holy Spirit to fill, coax, or fix the hole in us with HOLINESS because *"Blessed are those who hunger and thirst for righteousness, for they shall be filled."* Matthew 5:6. In addition, we also need the Blood of Jesus to atone, cover, redeem, and cleanse us continuously. Why is this so crucial to our well-being? According to Colossians 2:10, we are COMPLETE IN HIM, who is the head

The Hole In Holiness

of all principality and power. Outside of Him, the thirst has no mercy with an unquenchable gully until we embrace the Fountain of Life. Here is the Spiritual Seal: *"And He said to me, 'It is done! I am the Alpha and the Omega, the Beginning and the End. I will give of the fountain of the water of life freely to him who thirsts.'"* Revelation 21:6.

The moment someone proclaims not to possess this hole, I do not believe or trust them. Why is caution required for this person? They are a liar possessing the Spirit of Deception. If the Earth has a core, it means that we are no different because we were created from the dust of the Earth. Genesis 3:19 says, *"In the sweat of your face you shall eat bread till you return to the ground, for out of it you were taken; for dust you are, and to dust you shall return."* *"Then the dust will return to the earth as it was, and the spirit will return to God who gave it."* Ecclesiastes 12:7.

According to the Heavenly of Heavens, it is through this hole that connects us back to God, to become ONE with Him and In Him, *Spirit to Spirit.* Be it through worship, prayer, meditation, or communion, it is what connects us to our Divine Purpose or Predestined Blueprint in Earthen Vessels for our Heaven on Earth Experiences.

Simply put, without God, there is a hole. Without Divine Purpose, there is a hole. Without our Divine Blueprint, there is a hole. Without knowing our reason for being, there is a hole. If we do not fill this hole with the right things, *As It Pleases God*, the hole becomes bigger, stronger, and more profound with a suction cup of lust, jealousy, envy, pride, greed, materialism, competitiveness, lies, and contention.

Whether we are serving God, serving ourselves, or serving others, there are Spiritual Laws governing our thoughts, words, actions, desires, feelings, emotions, senses, personal growth, and interpersonal relationships. Unless we use the Fruits of the Spirit in Galatians 5:22-23 (Love, Joy, Peace,

The Hole In Holiness

Patience, Kindness, Goodness, Faithfulness, Gentleness, and Self-Control) as a roadmap or to override the Spiritual Laws governing us, we will become bound to SEEDTIME and HARVEST of the seeds sown in or out of season. More importantly, they will all be reflected in our character traits, seasons, and vicissitudes of life.

The Apostle Paul, in his letter to the Galatians, offers profound insight into the nature of a life guided by the Spirit, letting us know that we have the Spiritual Tools needed to save or destroy ourselves, others, or the place in which we were given Divine Dominion to feed God's sheep. The fruits that we bear contain the interconnected or disconnecting elements that allow the Holy Spirit to flow, shaping our character. Then again, it also allows the Holy Spirit to go into a dormant state until we are willing to develop ourselves selflessly.

According to the Heavenly of Heavens, we only need to use our Spiritual Tools and Edifices for the GREATER GOOD to override the lesser. What if we do not use them? Still, we have free will to do whatever we like, whenever we like, how we like to do it, and with whom. But when the enemy places us or our loved ones in a chokehold, we cannot cry out to God, playing victim or blaming Him, especially when He has given us the TOOLS to reverse, takedown, overcome, or take authority.

In the same way that Moses used what was in his hand to part the Red Sea, you are no different! However, OBEDIENCE is required to keep the manipulative, egotistical, or controlling part of you at bay to feed God's sheep and to avoid becoming a wolf in sheep's clothing while appearing right in your own eyes.

For example, as I move in silence and unsuspecting, *As It Pleases God*, I sit back and watch those who proclaim HOLINESS miss the mark royally due to the Spirit of Judgment and Condemnation. I even hear them saying that God told them this or that about me with a negative connotation, or they know who I am without asking me one question. To much chagrin on their part, I allow them to convince themselves with their own biases while I chuckle from within with a smile on my face as they give me a side-eye. Why would I chuckle? While they think their Spiritual Eye is open and accurate, it only tells me that it is closed, blocked, or damaged.

How do I know when one's Spiritual Eye is blocked? In the Kingdom of God, Spirit knows Spirit! If someone disrespects someone who is HIGH-RANKING in the Kingdom of God, it means that their Spiritual Faculties are keeled and their fruits are mangled or mismanaged. Clearly, this does not make them a bad person; it only means that Kingdom Work and Spiritual Tilling are required to move forward in the Spirit of Excellence.

The Benefit
What can Divine Holiness from the Heavenly of Heavens do for us? It gives us a new heart with an upright posture, *As It Pleases God*. Is this Biblical? You know me; I do not play around like that...I come correct. It says, *"I will give you a new heart and put a new spirit within you; I will take the heart of stone out of your flesh and give you a heart of flesh."* Ezekiel 36:26. Can God really do this for us? I am living proof.

Here is what I know: A hardened, unyielding heart is often shaped by past experiences, thoughts, words, biases, beliefs, disappointments, traumas, conditioning, and struggles. This melting pot hidden within the psyche can make us defensive, resistant to change, trapped by emotions, and devoid of empathy if we allow it to trap us in a form of bondage, yokes, or strongholds.

Amid all, there is hope, lessons, and greatness woven into them all, especially if we dare to allow the Love of God to heal us, open us to new experiences, reverse the negatives into positives, and use the Fruits of the Spirit consistently. What

The Hole In Holiness

is *The Benefit* of using them in this manner? Your Predestined Blueprint.

Our life has a fingerprint that directly connects to our Divine Blueprint with instructions. If layers of debris cover the heart, we CANNOT maximize our full potential. Even if we are lying to ourselves or pretending we have it all together, the HOLE will remain until we approach this matter, *As It Pleases God*.

If you think you are great or have it going on now, rest assured, there is more untapped potential that will blow your mind. In the Eye of God, no matter how high you soar in your personal or professional life, there remains untapped potential waiting to be unveiled.

Divine Growth

In a world that constantly pushes our limits and boundaries of achievement, it is easy to fall into the trap of believing that we have reached our peak performance or cannot get any better. With a sense of accomplishment, they refuse to grow anymore, opting out of mastering their skills and going to the next level.

It is through our self-perception, self-sabotage, or self-comforting that we often create an illusion of limitations. Unfortunately, they blind us to our hidden innovations, skills, creativity, and capabilities lying just beyond our reach, making us codependent, depending on others to do what we are not willing to do for ourselves.

Instead, God wants us to become interdependent (team-oriented), learning, growing, and sowing back into the Kingdom with a mindset of continuous growth. Everything we do, say, become, or achieve is merely a stepping stone to our next. Is this being a little ungrateful for wanting more? Absolutely not! What is being ungrateful is NOT using our untapped potential to its maximum capacity and teaching the next in line. Matthew 13:31-32 says, *"The kingdom of heaven is like a mustard seed, which a man took and sowed in his field, which indeed is*

The Hole In Holiness

the least of all the seeds; but when it is grown, it is greater than the herbs and becomes a tree, so that the birds of the air come and nest in its branches."

When we deprive ourselves of our potentiality, we also deny others the benefit of reaping. For this reason, we can inadvertently stunt our own growth. So, it behooves us to continue to grow in the ways of the Lord. Here is a Spiritual Seal regarding this matter: *"The righteous shall flourish like a palm tree, he shall grow like a cedar in Lebanon. Those who are planted in the house of the Lord shall flourish in the courts of our God. They shall still bear fruit in old age; they shall be fresh and flourishing."* Psalm 92:12-14.

How do we fill the hole and continue to grow, *As It Pleases God*? First, you must agree with yourself that there is a well of untapped potential from within. Without this agreement, it will make the converting and extracting process difficult. Without an agreement, you will become prone to disagreeing with yourself on the basics.

Secondly, invite the Holy Trinity into the equation of this agreement to Spiritually Enforce this scripture of Divine Fulfillment: *"For assuredly, I say to you, till heaven and earth pass away, one jot or one tittle will by no means pass from the law till all is fulfilled."* Matthew 5:18.

Thirdly, follow this checklist for growth-filled experiences and read associated scriptures to invoke *Heaven's Language*:

- ☐ Develop a growth mindset. The *Heaven's Language* Scripture for this is: *"I planted, Apollos watered, but God gave the increase. So then neither he who plants is anything, nor he who waters, but God who gives the increase."* 1 Corinthians 3:6-7.

The Hole In Holiness

- ☐ Pray, repent, and forgive. The *Heaven's Language* Scriptures are: *"I will call upon the Lord, who is worthy to be praised; So shall I be saved from my enemies."* 2 Samuel 22:4. *"If we confess our sins, He is faithful and just to forgive us our sins and to cleanse us from all unrighteousness."* 1 John 1:9. *"And forgive us our debts, as we forgive our debtors."* Matthew 6:12.

- ☐ Ask for guidance, understanding, and wisdom. The *Heaven's Language* Scripture for this is: *"Every good gift and every perfect gift is from above, and comes down from the Father of lights, with whom there is no variation or shadow of turning."* Be willing to put in the necessary work." James 1:17.

- ☐ Use positive affirmations of growth. The *Heaven's Language* Scripture for this is: *"But those who wait on the Lord shall renew their strength; they shall mount up with wings like eagles, they shall run and not be weary, they shall walk and not faint."* Isaiah 40:31.

- ☐ View obstacles or roadblocks as opportunities. The *Heaven's Language* Scripture for this is: *"For we walk by faith, not by sight."* 2 Corinthians 5:7.

- ☐ Ask yourself: What can I learn from this? The *Heaven's Language* Scriptures for this are: *"That you may walk worthy of the Lord, fully pleasing Him, being fruitful in every good work and increasing in the knowledge of God."* Colossians 1:10. *"If any of you lacks wisdom, let him ask of God, who gives to all liberally and without reproach, and it will be given to him."* James 1:5.

The Hole In Holiness

- Ask yourself: What is the benefit? The *Heaven's Language* Scripture for this is: *"And whatever you do, do it heartily, as to the Lord and not to men, knowing that from the Lord you will receive the reward of the inheritance; for you serve the Lord Christ."* Colossians 3:23-24.

- Ask yourself: How can I create a win-win? The *Heaven's Language* Scripture for this is: *"But let each one examine his own work, and then he will have rejoicing in himself alone, and not in another. For each one shall bear his own load."* Galatians 6:4-5.

- Ask yourself: How can I become better, stronger, or wiser? The *Heaven's Language* Scripture for this is: *"Wisdom is the principal thing; Therefore get wisdom. And in all your getting, get understanding."* Proverbs 4:7.

- Ask yourself: How can this experience propel me forward? The *Heaven's Language* Scripture for this is: *"Therefore, my beloved brethren, be steadfast, immovable, always abounding in the work of the Lord, knowing that your labor is not in vain in the Lord."* 1 Corinthians 15:58.

- Question your skills, abilities, and creativity. The *Heaven's Language* Scripture for this is: *"He shall be like a tree planted by the rivers of water, that brings forth its fruit in its season, whose leaf also shall not wither; and whatever he does shall prosper."* Psalm 1:3.

- Ask your skills, abilities, and creativity to speak. The *Heaven's Language* Scripture for this is: *"I can do all things through Christ who strengthens me."* Philippians 4:13.

The Hole In Holiness

- ☐ Document what your skills, abilities, and creativity are saying to you. The *Heaven's Language* Scripture for this is: "Then the Lord answered me and said: 'Write the vision and make it plain on tablets, that he may run who reads it.'" Habakkuk 2:2.

- ☐ Spend time with your skills, abilities, and creativity. The *Heaven's Language* Scripture for this is: "Trust in the Lord with all your heart, and lean not on your own understanding; in all your ways acknowledge Him, and He shall direct your paths." Proverbs 3:5-6.

- ☐ Document your knowledge and understanding, as well as what you do not understand, then document the answer when given. The *Heaven's Language* Scripture for this is: "Thus speaks the Lord God of Israel, saying: 'Write in a book for yourself all the words that I have spoken to you.'" Jeremiah 30:2.

- ☐ Seek feedback from others. The *Heaven's Language* Scriptures for this are: "Where there is no counsel, the people fall; But in the multitude of counselors there is safety." Proverbs 11:14. "As iron sharpens iron, So a man sharpens the countenance of his friend." Proverbs 27:17.

- ☐ Accept constructive feedback with an open heart. The *Heaven's Language* Scripture for this is: "Let not mercy and truth forsake you; Bind them around your neck, Write them on the tablet of your heart." Proverbs 3:3.

The Hole In Holiness

- ☐ Leave room to grow relevantly. The *Heaven's Language* Scripture for this is: *"Having then gifts differing according to the grace that is given to us, let us use them: if prophecy, let us prophesy in proportion to our faith; or ministry, let us use it in our ministering; he who teaches, in teaching; he who exhorts, in exhortation; he who gives, with liberality; he who leads, with diligence; he who shows mercy, with cheerfulness."* Romans 12:6-8.

- ☐ Share what you know with others, activating the Law of Reciprocity. The *Heaven's Language* Scripture for this is: *"As each one has received a gift, minister it to one another, as good stewards of the manifold grace of God."* 1 Peter 4:10.

- ☐ Surround yourself with inspiring individuals. The *Heaven's Language* Scripture for this is: *"Listen to counsel and receive instruction, That you may be wise in your latter days."* Proverbs 19:20.

- ☐ Continually set new goals. The *Heaven's Language* Scriptures for this are: *"Being confident of this very thing, that He who has begun a good work in you will complete it until the day of Jesus Christ."* Philippians 1:6. *"Write the things which you have seen, and the things which are, and the things which will take place after this."* Revelation 1:19.

- ☐ Trust that God equips you to handle what comes your way. The *Heaven's Language* Scripture for this is: *"And God is able to make all grace abound toward you, that you, always having all sufficiency in all things, may have an abundance for every good work."* 2 Corinthians 9:8.

The Hole In Holiness

- ☐ Trust in God's provision with The-Lord-Will-Provide Mentality. The *Heaven's Language* Scripture for this is: *"And my God shall supply all your need according to His riches in glory by Christ Jesus."* Philippians 4:19.

- ☐ Remain at peace with your goals. The *Heaven's Language* Scripture for this is: *"For I know the thoughts that I think toward you, says the Lord, thoughts of peace and not of evil, to give you a future and a hope."* Jeremiah 29:11.

- ☐ Enjoy the process of growth, laugh, and have fun. The *Heaven's Language* Scriptures for this are: *"And also that every man should eat and drink and enjoy the good of all his labor—it is the gift of God."* Ecclesiastes 3:13. *"You will show me the path of life; In Your presence is fullness of joy; At Your right hand are pleasures forevermore."* Psalm 16:11.

- ☐ Give THANKS, becoming grateful in all things. The *Heaven's Language* Scripture for this is: *"Rejoice always, pray without ceasing, in everything give thanks; for this is the will of God in Christ Jesus for you."* 1 Thessalonians 5:16-18.

Spiritual Growth, Truth, Authenticity, Unity, and Maturity are required of us, especially when seeking to be Spiritually Rooted in Christ Jesus with *Kingdom Levels* on HIGH. What can this do for us? I am so glad you asked! Let us take it to scripture..."*That we should no longer be children, tossed to and fro and carried about with every wind of doctrine, by the trickery of men, in the cunning craftiness of deceitful plotting, but, speaking the truth in love, may grow up in all things into Him who is the head—Christ—from whom the whole body, joined and knit together by what every joint supplies, according to the effective working by which every part does its share, causes growth of the body for the edifying of itself in love."* Ephesians 4:14-16. On this note, it is only fair to share how *Stunted Growth* will cause us to get a Spiritual Side-Eye from our Heavenly Father.

Stunted Growth

I have a few questions for you: Do you feel stunted? Do you feel as if you are between a rock and a hard place? Do you feel as if you have lost all hope? Do you feel as if you cannot go on? Are you simply worn out and tired of trying? Although you just read about Divine Growth, let us break down *Stunted Growth* for a moment from a Divine Perspective.

Spiritual Growth is a profound journey that every Believer embarks on or runs from. Regardless of where we are on one or the other, the refusal to grow can not only hinder personal development but also impact one's Spiritual Development, particularly in the Eye of God.

All in all, stunted growth involves individuals not reaching their full potential or not living in alignment with their values, goals, desires, or aspirations. Then again, they could also lack the know-how, the how-to, the motivation, the stability, or the depth in their understanding. In addition, someone can appear very successful and still be stunted in the Eye of God. How do I know? I have seen it all!

What would cause a person to remain stagnant? There are many different reasons based on our thoughts, desires, mindsets, traumas, conditioning, negative self-talk, peer pressure, willpower, and so on. Nevertheless, there are a few common stagnations that zap our desire to grow, but not limited to such:

☐ Fear of the unknown.
☐ Fear of change.

The Hole In Holiness

- ☐ Fear of rejection.
- ☐ Fear of failure.
- ☐ Fear of embarrassment.
- ☐ Fear of exposure.
- ☐ Lack of faith.
- ☐ Wavering doubt or disbelief.
- ☐ Negative environment.
- ☐ Unresolved trauma.
- ☐ Loss of desire or purpose.
- ☐ Complacency.
- ☐ Toxic relationships.
- ☐ Lack of education.
- ☐ Addictions.
- ☐ Procrastination.
- ☐ Materialism.
- ☐ Coveting and competitiveness.
- ☐ Envy, jealousy, pride, and greed.
- ☐ Isolation.
- ☐ Unmet basic needs.

Clearly, no one is exempt from becoming stunted; it will happen to us all at some point in our lives. However, we cannot remain in this state.

Why can we not remain stunted as Believers? According to the Heavenly of Heavens, it subjects us either to the cutting or pruning process. Is this Biblical? Absolutely! *"He cuts off every branch in me that bears no fruit, while every branch that does bear fruit he prunes so that it will be even more fruitful."* John 15:2.

Refusing to evolve, *As It Pleases God*, places limits on our perspectives as we become narrow-minded, dull, lukewarm, or stiff-necked, leading to Spiritual Blindness, Deafness, or Muteness. Remaining stagnant will have a way of causing us to overlook lessons or ignore what we need to learn or understand. In addition, it also helps to erect walls around ourselves, preventing the light of knowledge, understanding, and wisdom from entering.

Once we become self-centeredly resistant to growth, it will hinder our Spiritual Walk with God, pumping the brakes on our Predestined Blueprint and veiling us from our Divine Purpose. Moreover, it will also cause our fruits to become rotten, mangled, and unpalatable.

According to the Heavenly of Heavens, God requires us to move beyond mere surface-level faith to embrace a more profound connection with Him, *Spirit to Spirit*. What is surface-level faith? It is wavering or superficial faith, saying God can do it but subconsciously not really believing He can, or outright faking the funk. Then again, it can appear when we try to do and fix things ourselves based on our understanding of how we think it should be done, leaving God out of the equation totally.

The most common example of surface-level faith that we can relate to is when we pray about something and give it to God. And then, go right back to pick it up again as if He is not moving fast enough for us. Unfortunately, this is how most of us get ourselves into a pickle. How do I know? I am speaking from experience, much experience, to be exact.

My faith was not built overnight. I had a Life of Hard Knocks, and I mean REAL HARD. It is only through my Spiritual Errors that I can effectively share this valuable information with Divine Conviction, Authority, Alignment, and Accuracy to make the lives of others easier and more understandable. When I was coming up, I did not have this information, and now that you do, make sure you do something with it. Please do not allow my Life of Hard Knocks to go in vain; use the roadmaps and checklists to your advantage.

When we are marked by stability and discernment, we position ourselves to avoid becoming deceived by false

The Hole In Holiness

teachings, manipulative ideologies, and surface-level faith designed to keep us stunted or in a box. However, it is our responsibility to confront our flaws, embrace the proper guidance from others, *As It Pleases God*, and seek accountability for our actions, thoughts, beliefs, words, desires, and the lack thereof. In addition, it is also our responsibility to align all of these with the Word of God, getting to know His Divine Perspective about us, about it, about them, or about that as we increase our *Divine Intelligence* and fill *The Hole in Holiness*.

Divine Intelligence

When dealing with *Divine Intelligence* in the Eye of God, we must understand that we all have weaknesses with the ability to recognize, understand, and manage our emotions, thoughts, beliefs, desires, and heart postures. All of which provide a catalyst for personal and Spiritual Growth and Development. If we fail to recognize our internal vulnerabilities, life as we see it, can become more challenging than it should be based upon our perceptions, expectations, or perspectives, real or imagined.

Conversely, suppose brokenness causes us to run from the Vicissitudes of Life with our tails in between our legs without acknowledging and addressing our weaknesses or issues. In this case, we can become prey due to the Cycle of Life. How do we make this make sense? For instance, the Animal Kingdom operates under a brutal, yet unrelenting set of rules, often targeting the weakest prey for the survival of their bloodline at any given opportunity! If we get in the way of any form of predator when in an instinctual survival mode, unequipped, we can subject ourselves to the same fate. Considering the Spiritual Cycle that we are grafted into, we are no different, even if we pretend we are.

When God is working on us or through us regarding the *Hole In Us*, we need to do two things:

The Hole In Holiness

1. We need to get out of His way.
2. We need to get out of our own way.

What about having free will? For the record, our free will does not stop God, the Creator of All, nor does it stop the Seasons, Cycles, and Vicissitudes of Life.

What do Seasons, Cycles, and Vicissitudes have to do with anything, especially when we have the right to live our lives the way we desire? First and foremost, we did not create ourselves. Secondly, this is a God-Ruled Nation, even if it does not appear as such to the naked eye. Thirdly, we are all children of God, even if we fail to admit it. Lastly, if everything in Heaven and on Earth obeys God, including the *Divine Intelligence* of Seasons, Cycles, and Vicissitudes, what makes us any different? Or do we think we get a FREE PASS?

Life is going to do what it does, with or without our permission; therefore, it behooves us to align the Mind, Body, Soul, and Spirit, *As It Pleases Him*. When dealing with *Heaven's Language*, we need a few things, but not limited to such:

- ☐ We need self-awareness.
- ☐ We need self-mirroring.
- ☐ We need self-control.
- ☐ We need self-motivation.
- ☐ We need the Fruits of the Spirit.
- ☐ We need people skills.
- ☐ We need proactiveness.
- ☐ We need a work-in-progress mentality.

What if we opt out of what is needed for our *Divine Intelligence* in the Eye of God? We have free will to opt out. Still, we will

The Hole In Holiness

subject ourselves to a slight twist with zero access to our *Heavenly Language*.

When dealing with *Divine Intelligence* from a Divine Perspective, a twist in the Mind, Body, and Soul makes us a predatorial target from the inside out, even when we think we have it going on. How so? Unawaringly, we will begin creating our own Spiritual Taboos, Yokes, or Demises through our character traits, responses, behaviors, attitudes, thoughts, words, arrogance, disobedience, dullness, lukewarmness, stiffneckness, and so on.

Once again, all of the twistedness happens without us realizing what is taking place as we become the enemy's laughingstock. To add insult to injury, with all of this junk in our trunks, we still think we are on top of our game, not realizing in the Eye of God that the game is on top of us with rotten fruits all over the place.

Why would our enemies laugh at us? They see our weaknesses a mile away. Meanwhile, we are up close and personal with ourselves, knowing nothing about who we really are. All in all, we are still in denial of our weak spots while appearing strong and lying to ourselves, knowing nothing about the *Hole in Holiness*. Then again, they see us blaming the Devil or others for self-induced or self-led issues while unawaringly giving him justifiable access to us through emotional unintelligence.

Clearly, I am not calling anyone emotionally unintelligent. I am only referring to a condition the enemy uses to gain access to cause us to turn on ourselves unawaringly by shattering the *Divine Intelligence* of the Kingdom of God.

Here is the deal: Emotional unintelligence refers to a lack of awareness and understanding of one's own emotions, as well as the emotions and well-being of others. Unfortunately, it can lead to inappropriate emotional responses, emotional meltdowns, emotional rollercoasters, difficulty in managing

The Hole In Holiness

emotions, a keeled Spiritual Compass, and a silencing of the conscience. Even if we do not want to talk about it, emotional unintelligence produces challenges in building, maintaining, and nurturing conducive relationships, erecting roadblocks and walls in effective communication and wise decision-making.

In developing *Divine Intelligence* to speak *Heaven's Language* involves recognizing and regulating one's own emotions. In addition, it also involves empathizing with and responding appropriately to the emotions of others with kindness, empathy, respect, and sincerity. According to our DNA, to accurately perceive and respond, the psyche must be put in check, *As It Pleases God,* to prevent our emotions from being all over the place due to our selfish wants, needs, and desires.

Through self-regulation of our sensory faculties and understanding of *Divine Intelligence,* we can monitor ourselves on a moment-by-moment basis to unlock our full potential and take charge of our lives. Furthermore, we must do this for ourselves; we cannot expect someone else to do this for us...God expects us to put in the necessary work to keep the enemy from gaining leverage over the psyche.

Why must we do this for ourselves, especially when help is available? Yes, help may be available, but in the Eye of God with *Divine Intelligence* of *Heaven's Language*, we must put in the work, Spiritually Tilling our own ground, using the Fruits of the Spirit, and behaving Christlike. If not, we can become a toxic cesspool with rotten fruit all over the place without realizing it. Then again, we may think we are the victim of our self-created mess.

For example, if our emotions are a negative cesspool, they will spill over into the lives of others, sucking them in by default. How is it possible to become a cesspool, especially as a Believer? Without pointing fingers, let us talk about a cesspool for a moment. Picture this: A cesspool is a sizeable

The Hole In Holiness

underground vessel that is used for the temporary storage of sewage and wastewater and is designed to be emptied periodically by a vacuum truck. If it is not vacuumed out, it will overflow its walls, contaminating the ground surrounding it and spreading disease with an unpleasant, putrid odor. Not only do cesspools pose serious health risks, but they also contribute to environmental pollution, and they are septic. In short, this is what negativity does to the human psyche, making it a dumping ground for toxicity, and this is NOT what God has in mind for us.

In desiring *Heaven's Language*, it is our responsibility to convert a negative cesspool into a stream of palatable, flowing water, quenching the thirst of all mankind for the GREATER GOOD. Is this water thing Biblical? I would have it no other way. *"But whoever drinks of the water that I shall give him will never thirst. But the water that I shall give him will become in him a fountain of water springing up into everlasting life."* John 4:14.

In the Eye of God, to be successful in personal, professional, and Spiritual settings, developing *Divine Intelligence* is crucial in perfecting the Fruits of the Spirit and being Christlike with self-awareness, self-regulation, self-mirroring, self-motivation, and self-correcting with a work-in-progress mentality. Once again, by opting out of this process, the enemy can gain leverage, causing us to forfeit *Heaven's Language*.

How is it possible to give the enemy accessible leverage in our lives? Does the enemy not already have access, especially if we behave like him, them, or that, indulging in unrighteousness without repentance? I am not here to pass judgment...so I will plead the 5th on this one.

Amid all, we should exercise extreme caution if we find ourselves running around playing pretend, becoming provoked or manipulated easily, compromising what the Word of God says, constantly stuck on negative, and indulging in all types of foolery. Why must we exhibit caution as Believers? Behaving

The Hole In Holiness

in such a manner gives our enemies leverage to use their strengths to pounce on, accuse, and manipulate what we are in denial of, breaking or oppressing us to the core to satiate their egos. Believe it or not, when we are broken to the core, it becomes difficult for a wounded person to fight back or take responsibility without Divine Intervention.

Regardless of how well we paint the picture of our lives, when we do not place God first, *As It Pleases Him*, it will result in some form of idolatry and selfishness, even if we are holier-than-thou. Knowingly or unknowingly engaging in idolatry causes us to become Spiritually Disarmed in areas where we need to be fully armed with the Weapons of Warfare. And once again, we need Divine Intervention to ward off the seeds of discord.

What is the purpose of Divine Intervention when embarking upon *Divine Intelligence*? We are Spiritual Beings having a human experience; therefore, we must selflessly connect back to the SOURCE, *As It Pleases God*, and not to selfishly please ourselves. If not, we will lose ground Mentally, Physically, and Emotionally until we come to ourselves, awakening from our slumber. In so many words, we must look toward Heaven from whence our strength cometh, cover ourselves with the Blood of Jesus, and invoke the Holy Spirit to help amid our weaknesses, frailties, mistakes, quirks, or whatever.

What can we do to preserve or protect our *Divine Intelligence*? We must exercise our God-Given rights to use our Spiritual Tools as leverage according to the Word of God to deliver, comfort, unite, and strengthen ourselves, others, and the Kingdom. According to *Heaven's Language*, in the same way, the enemy uses their worldly tools against us to oppress, torment, divide, uproot, conquer, and weaken us on their behalf, we can do likewise.

The Hole In Holiness

According to the Heavenly of Heavens, when we become transparent about our weaknesses, repenting and working on them consistently, *As It Pleases God*, using the Fruits of the Spirit, and exhibiting Christlike Character, we inadvertently build and strengthen our *Divine Intelligence* by default. In addition, it causes all things to work in our favor, sometimes turning our weaknesses into our greatest strengths. Here is the confirmation from Proverbs 2:6 about *Heaven's Language*, "*For the Lord gives wisdom; From His mouth come knowledge and understanding.*"

What if we are not there yet with *Divine Intelligence* or our *Heavenly Language*? It is okay; we are all a work-in-progress; however, if we desire both, then ask God for them. Here is what James 1:5 tells us to do: "*If any of you lacks wisdom, let him ask of God, who gives to all liberally and without reproach, and it will be given to him.*"

In a world filled with comparison and competition, we must remember that everyone is on a unique path that is designed just for them, containing a series of ups and downs, moments of reflection, times of pruning, and periods of stagnation or dead ends. All this means is that growth and evolution, whether Spiritual, professional, relational, or personal, take time, patience, intention, effort, and perseverance. In the same way that a seed takes time to germinate and grow into a tree, we too need time to develop our inner selves, *As It Pleases God*. So, what works for one person may not necessarily work for the next person or resonate with them.

Ultimately, when it comes down to real *Divine Intelligence*, if we rush the process, fast-track our developmental phase, fall for the okey doke, or give into instant gratification, we will encounter a lot of hiccups, form all types of unrealistic expectations, give into people pleasing, and make a lot of mistakes along the way. With all of the unforeseen consequences amid our eagerness to achieve the Intelligence of

The Hole In Holiness

the Divine, we will find ourselves having to constantly play clean up, while appearing not so intelligent to God, ourselves, and others.

For the record, and before ending this chapter, let me say this: *Divine Intelligence* is a STATE OF BEING that allows us to confront our own limitations, question our beliefs, words, thoughts, motives, or desires, and embrace the Great Unknown or our Spiritual Selves in Earthen Vessels to bring about Spiritual Alignment. It is amazing to see those pretending to operate in *Divine Intelligence* while screwing up everything they touch, with zero know-how of cleaning up the messes that they are making. When we are less informed or unprepared in such a manner, we must take this condition to God, *Spirit to Spirit*, bringing Him into the equation, *As It Pleases Him*. If not, folly and self-pleasure will follow us, putting *Holes In Our Holiness*, with yokes of bondage, chains of limitations, and a cat-o'-nine tails beating us down from within to AWAKEN us from our slumbering.

Can a Spiritual Beatdown really happen to Believers? To say the least, it is happening right now! As we continue to lie to ourselves about what is taking place from within the psyche, the adversary is doing a number on us, getting into our heads. While we claim *Divine Intelligence*, we behave like little minions with zero Spiritual Power, Dominion, and Authority.

When it comes to *Divine Intelligence*, whether we are Believers, holier-than-thou, humbly serving the Kingdom, a hellion on wheels, a Spiritual Outlaw, or however we classify ourselves, we must all walk in the Spirit, *As It Pleases God*.

As we move on to *Kingdom Levels*, regardless of how you feel about yourself or what you have been through, God will use anything or anyone to accomplish His Divine Will. All He needs is a WILLING and OBEDIENT vessel to PLEASE Him. So, it may as well be you, right? If it is so, let us go deeper!

Chapter Eight
Kingdom Levels

Do you know what level you are on in the Realm of the Spirit? Has your Spiritual Level made you pompous? Do you think you are better than others? Better yet, has your level caused you to think you are the best thing since sliced bread? Then again, is your sliced bread crumbling, camouflaging your levels, preventing you from elevating to the next level, *As It Pleases God*?

According to the Heavenly of Heavens, even if we lack understanding in the Realm of the Spirit, there are LEVELS in the same way we have an age barometer to determine our level of maturity. With this measurement, it is not always accurate if we do not learn, develop, grow, and share. Still, it is available to anyone breathing the Breath of Life.

What is the purpose of Kingdom Levels? In the Eye of God, it is used to determine our level of usability. For example, God would not use a baby to build a Spiritual Ark, because they are Spiritually Premature in the worldly and Spiritual Realm, with little or no training at all.

On the other hand, He would not use a Spiritual High Ranker to bark like a dog unless they step outside of their Spiritual Ranking with willful acts of disobedience, forfeiting their Divine Status in the Kingdom. Although I am using this example as a symbolic analogy; however, an animalistic nature

Kingdom Levels

will come forth with a yoke, making us want to put a howl in our howling (Crying out to God).

Why would we become consumed with an animalistic nature as Believers in or out of the Kingdom? When operating with a stiff neck, dullness, lukewarmness, unforgiveness, hatefulness, disrespectfulness, or lack of humility, to name a few negative attributes, we will get a Spiritual Side-Eye based upon our degree of Divine Connection and Understanding.

Advantageously, God will allow our animalistic nature to TEACH us in ways that supersede human reasoning. Here is what Job 12:7-10 shares with us: *"But now ask the beasts, and they will teach you; And the birds of the air, and they will tell you; Or speak to the earth, and it will teach you; And the fish of the sea will explain to you. Who among all these does not know that the hand of the Lord has done this, in whose hand is the life of every living thing, and the breath of all mankind?"*

When our flesh is out of control, rest assured, there is disobedience present. So, do not be confused with the fast-talkers, pretenders, or liars. As a side note, Romans 1:24 says, *"Therefore God also gave them up to uncleanness, in the lusts of their hearts, to dishonor their bodies among themselves."* If this is your battle or someone's stronghold, beware! From me to you, do not fall for the okey doke. Back up and take this situation to God in prayer.

What if we do not take it to God and continue in our folly? We can be given over to a reprobate mind, melting our Spiritual Barometer into an emotional melting pot. What does this mean? We will become wishy-washy, jumping from one thing or person to the next, not knowing if we are coming or going. Then again, we may have our hearts oozing all over the place and on everyone we come in contact with. For this reason, I need you to remember two things:

Kingdom Levels

1. A reprobate mind is a consequence of turning away from God.
2. *"A double-minded man is unstable in all his ways."* James 1:8.

Will God really allow us to become unstable as Believers? Absolutely! Here is why: *"And even as they did not like to retain God in their knowledge, God gave them over to a debased mind, to do those things which are not fitting."* Romans 1:28. *"They profess to know God, but in works they deny Him, being abominable, disobedient, and disqualified for every good work."* Titus 1:16.

When dealing with our real Spiritual Barometers, if we know better, we are required to do better. Why are we held to a higher standard? God's sheep are watching us, and if we think they are not, then think again. For this reason, when dealing with *Kingdom Levels* from the Heavenly of Heavens, we must put the body under the subjection of the Holy Spirit, period. Here is what 1 Corinthians 9:27 tells us: *"But I discipline my body and bring it into subjection, lest, when I have preached to others, I myself should become disqualified."*

Seal of Guarantee

Why should we VALUE our *Kingdom Levels*? First, to avoid becoming disqualified. Secondly, it contains a Spiritual Promise and Seal of Guarantee. Here is what we must know: *"For all the promises of God in Him are Yes, and in Him Amen, to the glory of God through us. Now He who establishes us with you in Christ and has anointed us is God, who also has sealed us and given us the Spirit in our hearts as a guarantee. Moreover I call God as witness against my soul, that to spare you I came no more to Corinth. Not that we have dominion over your faith, but are fellow workers for your joy; for by faith you stand."* 2 Corinthians 1:20-24.

Kingdom Levels

Even if one is not a Believer, their Spirit Man will naturally respect a Spiritual High Ranker by default. If a Believer or non-believer does not extend respect to a Spiritual High Ranker, it means that the hole from within is a sinkhole in the Eye of God. Is this not judging? Absolutely not! It is called Divinely Assessing what is sent into my camp. I have the Spiritual Right to Divinely Assess their character the moment they open their mouth in my direction.

In the Eye of God, as Believers, it is extremely important to keep our mouths closed, mind our business, stay in our lanes, and only allow words of grace and goodness to spew from our lips. Doing so ensures we do not get negative spit on the ONE who has Divine Authority to PROMOTE or DEMOTE our Spiritual Status. Is this not a little arrogant, especially when God is the only one who can demote or promote? Unfortunately, this is where we are deceived.

Once again, we have Divine Dominion and Authority for our Heaven on Earth Experiences. When we are TRULY walking in the Power of God from the Heavenly of Heavens and are in Purpose on purpose, we have Divine Authority over our stomping ground. In addition, we have the Spiritual Right to reverse any negativity, ill will, or debauchery when we are in the RIGHT STANDING with God.

What if we are NOT in the right standing, *As It Pleases God*? First, if we are in the wrong standing, we must be very careful about what we do, say, and become. Secondly, we must become cautious about who we engage with during our folly, our carelessness, or our antics. Why must we be careful? Some Spiritual Elites, like myself, are not down with the okey doke, especially if it is negative, demeaning, rude, unjustified, hurtful, or downright evil.

Regardless of our standing in or out of the Kingdom, we should never enter another man's territory unequipped, ill-

Kingdom Levels

prepared, uncharted, disrespectfully, or out of character. I was taught two things 'not to do' at a very young age:

1. I was taught 'NOT TO' go to someone's house and misbehave.

2. I was taught 'NOT TO' disrespect my elders in front of them or behind their backs.

The same applies in the Kingdom of God, and if this Divine Principle is not upheld, a Spiritual Demotion is imminent.

What is the big deal here about another man's territory? If the territory or person is Spiritually Guarded, *As It Pleases God*, we can get into trouble quickly. Unfortunately, this is one of the reasons why stray sheep get lost in the hustle and bustle of life, saying what God said when He did not say, following the negative crowds just to fit in, or unjustifiably shunning others out of spite while thinking it is funny. Frankly, I have ZERO TOLERANCE for this sort of behavior, especially when dealing with lost and wandering sheep who need a little guidance.

Why do I have zero tolerance for the mistreatment of stray, lost, or wandering sheep? It evokes jealousy over what belongs to us, envy over what does not belong to us, coveting other people's stuff, and competitiveness to become better than someone else, like no other. While inadvertently forgetting to feed God's sheep, *As It Pleases Him*.

Why are we responsible for stray sheep as Believers, primarily when we all have free will? In all simplicity, we are a walking BILLBOARD for the Kingdom of God. If we are not representing Kingdom Ethics and Behaviors when we have the opportunity to do so...then, we are accountable. Nor do we get a free pass on folly or loose lips, specifically when proclaiming the Holy Spirit said this or that, or when we proclaim to have a Spiritual Eye but not seeing correctly! Is this fair? Of course, it is fair, especially when we have mercy, forgiveness, repentance, the Fruits of the Spirit, the Holy Spirit, and the Blood of Jesus at our beck and call. If we choose not to use them, opting for our feelings, agenda, and biases, we have made a free-will choice of our level of accountability or the lack thereof. Matthew 12:36-37 says, *"But I say to you that for every idle word men may speak, they will give account of it in the day of judgment. For by your words you will be justified, and by your words you will be condemned."*

The Mission

God's Divine Mission for us has not changed...He wants us to feed His sheep, *As It Pleases Him*! If we do not know what to do...then it is time to ask Him, *Spirit to Spirit*. However, we can begin feeding His sheep by simply using the Fruits of the Spirit to pour into the lives of others. Besides, it does not take a rocket scientist to exhibit KINDNESS and LOVE. We are born with this innate ability that is willing and able to do what it is designed to do. Really? Yes, really.

Jeremiah 31:3 says, *"The Lord has appeared of old to me, saying: 'Yes, I have loved you with an everlasting love; therefore with lovingkindness I have drawn you.'"* Whatever you need to bring these qualities forth is already within you. Here are a few ways to show Love and Kindness, but not limited to such:

- ☐ Smile at people you pass by.
- ☐ Hold the door open for someone.
- ☐ Offer a genuine compliment.
- ☐ Listen attentively when someone is speaking.
- ☐ Volunteer your time to help others.
- ☐ Send a thoughtful text or email to a friend or family member.

Kingdom Levels

- ☐ Offer to help someone with their tasks or errands.
- ☐ Say 'thank you' often and show appreciation.
- ☐ Share your knowledge or skills with others.
- ☐ Offer words of encouragement to someone in need.
- ☐ Donate to a charitable cause.
- ☐ Be patient and understanding with others.
- ☐ Show empathy and compassion.
- ☐ Give someone a genuine hug.
- ☐ Share a meal or snack with someone.
- ☐ Surprise someone with a small gift or gesture.
- ☐ Offer to mentor or support someone who needs guidance.
- ☐ Show respect and kindness to everyone you meet.
- ☐ Help someone in need without expecting anything in return.
- ☐ Spread positivity and kindness wherever you go.

Above all, *"Let your speech always be with grace, seasoned with salt, that you may know how you ought to answer each one."* Colossians 4:6. Now, on the other hand, if you need a questionable format, here is what you should ask yourself, but once again, not limited to such:

- ☐ Are you Compassionate?
- ☐ Are you Empathetic?
- ☐ Are you Generous?
- ☐ Are you Caring?
- ☐ Are you Thoughtful?
- ☐ Are you Considerate?
- ☐ Are you Helpful?
- ☐ Are you Sympathetic?
- ☐ Are you Gracious?
- ☐ Are you Polite?

HEAVEN'S LANGUAGE: AIPG

Kingdom Levels

- ☐ Are you Supportive?
- ☐ Are you Understanding?
- ☐ Are you Patient?
- ☐ Are you Charitable?
- ☐ Are you Loving?
- ☐ Are you Accountable?
- ☐ Are you Tenderhearted?
- ☐ Are you Friendly?
- ☐ Are you Selfless?
- ☐ Are you Consistent?

What is the purpose of questioning ourselves? In the Eye of God, we must use a Spiritual Mirror to give ourselves a checkup from the neck up for self-reflection and growth, recognizing our strengths and weaknesses, and examining our values, priorities, thoughts, words, beliefs, and actions. All of these assist us in servicing the Kingdom of God and elevating our Spiritual Status through the Divine Interconnectedness of being all ONE with a UNIFIED mindset, *As It Pleases God*.

Once again, the Divine Mission has not changed. Now the question is, have you changed? Wait, wait, wait, do not answer this yet. Let me make a statement before you answer this: Before you were conceived in your mother's womb, God's sheep were waiting for the Spiritual Essence of Love that you already possess.

As the intertwining of Divine Love patiently awaits you in the Sacred Waiting Room, here is the final question in this chapter: 'Are you ready for the unconditional *Encryption of Love*?' If so, let us break down these barriers together, *Spirit to Spirit*, in the next chapter to understand *Heaven's Language* about Love from a Kingdom Perspective.

Chapter Nine
The Encryption of Love

Are you patiently awaiting the LOVE of your life? Are you diligently preparing for them? Have you become a little impatient and testy lately because of them? Then again, is life testing your patience before their arrival? Are you to the point where you are ready to drop everything or everyone who comes against your Divine Bond with them?

When dealing with or waiting on the person who makes your baby leap, it will test you to see what you are made of, as your life becomes filled with twists, turns, and dead ends. Whereas, in the Eye of God, it is an awesome way to prepare, mold, prune, and position you for what is already with the Spiritual Encryption of Love from the Heavenly of Heavens.

The valuable lessons about our desires, boundaries, and values are hidden within the crevices of the Cycle of Love in ways that would cause us to shake in our boots. Why would we shake in our boots on this matter? Most often, God will make us wait...and it is through the waiting process that most of us give up, settle, compromise, or become consumed with our lusts.

On the other hand, if we endure the waiting process, the mockery will weigh on us heavily to invoke doubt, causing us to second-guess ourselves. Amid the waiting process, I advise everyone to work on themselves from the inside out, building a *Spirit to Spirit* Relationship with God, developing Christlike

The Encryption of Love

Character, mastering the Fruits of the Spirit, healing past wounds or traumas, and learning about *Heaven's Language* on LOVE.

What is LOVE designed to do? Love is designed to penetrate the psyche of mankind, even if it is not wanted, rejected, overlooked, or abused. In the same way that the lack of Love hurts, sharing it heals us in ways that science has yet to discover.

Why has science not discovered the Spiritual Power of Love? Love is a Spiritual Aspect of our genetic makeup that is ENCRYPTED with what we need to SOAR or HEAL beyond our wildest dreams. If we do not use the Fruits of the Spirit to tap into the Spiritual Elements of Love, *As It Pleases God*, our Spiritual Growth can become stunted, or the encrypted code cannot be released. Why? It is embedded with layers of Divine Meaning and Purpose within its essence that is INTERTWINED with the Nature of God.

The Choice

How do we make *The Encryption of Love* make sense when love is an emotion? In the Eye of God, love does affect and weigh on our emotions, but love is a CHOICE! Once we willfully make this choice, it transcends into a GIFT with a capital L. Unfortunately, holding on to love as an emotion is how most of us get caught up in matters of the heart, while becoming emotional and sensitive when we do not get our way. How is this possible? We must connect Love back to the Creator of it...If we selfishly hoard it, we lose its Divine Sacredness.

The Encryption of Love is like a unique fingerprint, footprint, eyeprint, or branding for each person that contains the Spiritual Remedy hidden within the Fruits of the Spirit. Unbeknown to most, this is what actually makes our baby leap from within, communicating without having to say one word. How is this humanly possible? It is not humanly possible; it is

The Encryption of Love

Spiritually Possible and Probable! In so many words, the Spirit Man does the communicating for us, often unveiling the wants, needs, and desires of the person who is Divinely Encrypted for us.

For example, if the Holy Spirit has not prepared my SOULMATE with the hidden or encrypted information about me, then I know that they are not the ONE. If he cannot Spiritually Decode Messages, he is not the ONE. Based on the Blueprinted Power Team Unveiling, he must be proactively prepared and equipped for my Predestined Blueprint, and I for him. If he is not, or I am not, it means he is a distraction, or there is something that I need to learn to feed God's sheep. For this reason, we should never get the two confused or become reactive. Instead, it should always make us Spiritually Proactive as a strategic approach to enhance our lives for the better with knowledge, wisdom, and understanding about what is next. Doing so helps us to take charge of a situation, circumstance, or event to create a win-win regardless.

I always advise that if the individual we have taken a liking to does not make our baby leap, then we should exercise extreme caution. Why should we exercise caution? More than likely, they are not the ones for us; they are a counterfeit, or it is a red flag. We should pay attention, learn what God is teaching us, understand the situation or what needs healing, and keep it moving in the Spirit of Excellence to perfect the use of the Fruits of the Spirit. Why the Fruits of the Spirit? These are the qualities that are needed for the Mate of our Soul (Destiny Partner) or to sustain our current commitments.

All that we learn, endure, or go through prepares us to identify our soulmates or profound connections at the right time. In addition, it can also help us to sustain what we already possess. So, it behooves us to MASTER using the Fruits of the Spirit to ensure we do not fumble what was designed to be a touchdown. Can we recover in this zone? Absolutely. It is

The Encryption of Love

possible to recover in the end zone if we use the Fruits of the Spirit; still, it is not guaranteed. All in all, do not fumble the ball!

The Bypass of Fruits

What if we bypass using the Fruits of the Spirit? We have free will to use them or avoid them; it does not hinder our relationship with God. It only hinders our relationship with Destiny, our Divine Blueprint, the flow of Divine Wisdom, the recognition of our Destiny Partner, and downloading from the Heavenly of Heavens. Unfortunately, this is one of the reasons He thoroughly TESTS us with all things Spiritual. If we cannot pass the test, then the Spiritual Mantle is held up while we are in a cycle of déjà vu.

Why would God place us in a cycle of déjà vu? It is a Spiritual Checkpoint designed to test our heart and mind posture, our intentions, our level of obedience or disobedience, and our level of teachability. More importantly, it also prompts us to access or see ourselves for who we are, and not for what we proclaim to be, while giving us time to reflect on our actions, thoughts, beliefs, desires, and motivations to align them accordingly.

God, our Heavenly Father, is not going to allow the Divine Secrets, Wisdom, and Treasures of the Kingdom to get into the hands of those who will misuse the Divine Gifts to please themselves, like King Saul once did. Did God not know King Saul's potential beforehand? Of course, He did! In the same way that He knows our proclivities as well.

In *The Encryption of Love*, God knows all things, even when we attempt to hide things from Him, as if He were blind. As I take another dig, even when we think He is boo boo the fool, with zero Spiritual Power or Authority, He still has us pegged. The Creator of it all knows our potential, and He will always give

The Encryption of Love

us a choice to do right or wrong based on the free will Genetic Code built into all of mankind.

For the record, the Spiritual Law of Duality is not a flaw as most would think. Based on the Blood of Jesus, this fundamental aspect helps us make choices, whether wise or unwise. Before we think we are holier-than-thou or goody two-shoes, we all possess good and evil intentions, even if we pretend we do not. Even though King Saul was chosen by God and Divinely Anointed as the first King of Israel, it did not mean that he was beyond reproach. As we all know, he ultimately succumbed to his personal desires and ambitions, leading to his downfall, but it was not like he did not know it was coming. He was warned, and he continued in his folly.

To be crystal clear, if we are granted Divine Power and then abuse our Divine Mantle or veer toward self-interest instead of Kingdom Interests, God will raise a David on the back side of the field to replace us. How does mismanagement happen? In the Eye of God, we somehow begin consuming our own fruits, or we allow our human ambitions to cloud our sense of good judgment. In *The Encryption of Love*, mismanagement will always become tied to some form of disobedience, rebellion, or lack of humility, affecting our personal, familial, work, business, community, and church relations.

The deeply intertwined connection between mismanagement and disobedience, rebellion, or lack of humility, cannot be overlooked. It has been our whitewashed downfall with a sense of superiority or an overestimation of one's capabilities since the Beginning. While at the same time, from generation to generation, we carry on with these same antics: Lying on God, manipulating the Gospel for our benefit, or leaving Him out of the equation altogether.

What is the big deal, especially when having free will to live our lives as we please? The deal is that cluelessness leads to recklessness, complacency, and blind spots in or out of the

The Encryption of Love

Kingdom of God. How do I know? Proverbs 14:15 says, *"The simple believes every word, but the prudent considers well his steps."* As a result, we become ill-prepared, similar to what happened to the Ten Virgins in Matthew 25:1-13, where five Virgins were wisely prepared, and the other five were unwise and unprepared, making their best attempts to selfishly bamboozle the prepared ones.

Whether we are awaiting the Bridegroom or not, or when diligently preparing for the Wedding Banquet, we are designed to share and receive Love. The moment we become knowingly or unknowingly selfish or pompous, it sucks the life out of our Spirit Man, affecting our Divine Connection to the Heavenly of Heavens, God Almighty, the Holy Spirit, and our innate people skills. Here is a list of what to do to keep an open line of communication with the appropriate limits and boundaries, but not limited to such:

- ☐ Communicate with positive words and compliments.
- ☐ Engage in attentive listening and hearing.
- ☐ Give mindful attention through positive gestures.
- ☐ Give direct eye contact.
- ☐ Develop a mindset of receptiveness.
- ☐ Exhibit responsive acknowledgment of what is being heard, understood, or conveyed.
- ☐ Share thoughtful gestures of affection and attentiveness.
- ☐ Intentionally spend quality time together.
- ☐ Engage in doing proactive favors.
- ☐ Offer helpful assistance.
- ☐ Be fully willing and able to fulfill a need, want, or desire proactively.
- ☐ Be willing to go above and beyond proactively.
- ☐ Follow through with supportive and caring actions.
- ☐ Extend genuine concern and compassion.

The Encryption of Love

- ☐ Engage in thoughtful deeds and positive actions.
- ☐ Document and reflect.
- ☐ Give gifts.
- ☐ Engage in physical affection, gestures, or body language.
- ☐ Offer genuine encouragement and support.
- ☐ Express gratitude, humility, and contentment.
- ☐ Share experiences and memories to become better, wiser, and stronger.
- ☐ Be attentive and present regardless of interests.
- ☐ Communicate openly and honestly, choosing positive words.
- ☐ Be empathetic and understanding in the ups, downs, and woes.
- ☐ Show respect and admiration without shaming them.
- ☐ Remember important dates and events.
- ☐ Surprise them with small acts of kindness.
- ☐ Write love notes or letters.
- ☐ Make an effort to understand their perspective.
- ☐ Engage in meaningful conversations with positive energy.
- ☐ Be forgiving and let go of grudges.
- ☐ Be patient and understanding in challenging situations.
- ☐ Be generous with your time, resources, and affection.
- ☐ Always practice self-love and self-care to be able to selflessly love others fully.
- ☐ Be considerate of others' feelings and boundaries.
- ☐ Celebrate the successes and achievements of others.
- ☐ Be loyal and trustworthy in your interactions with others.
- ☐ Practice acceptance and embrace diversity in all forms.
- ☐ Be willing to negotiate, compromise, and find solutions to conflicts.
- ☐ Continuously work on personal growth and emotional intelligence.

The Encryption of Love

- ☐ Create a win-win out of everything and with everyone.
- ☐ Avoid becoming reactive.
- ☐ Be willfully proactive with integrity.

What if we opt out of these items? Most often, if we opt out, we will begin playing mind games or cat-and-mouse games, causing us to miss the mark on *The Encryption of Love*. The bottom line is that we must learn how to Spiritually Decode Divine Encryptions, understand the meaning of what is what and who is whom, and share its power of Divine Illumination when granted Spiritual Access.

Now, one would ask, 'How do we get to this point?' It is through prayer, repenting, forgiving, meditation (sitting still and calming the mind), fasting, and consciously reflecting on the Word of God to Spiritually Align it with our lives, *Spirit to Spirit*. While at the same time, using the Fruits of the Spirit and behaving Christlike, allowing the Holy Spirit to guide, and the Blood of Jesus to cover us as Spiritual Atonement.

I understand this seems like a lot to do, but it gets easier once we get started with this transformative journey into Divine Greatness. Nevertheless, being that we are all different, we must also understand *Soul Ties*; it will help us navigate through the matters of the heart better.

Soul Ties

Are soul ties real? Yes, soul ties and yokes are real, relevant, and enforceable under the correct conditions. Is this Biblical? Absolutely. 1 Corinthians 6:16 says, *"Or do you not know that he who is joined to a harlot is one body with her? For 'the two,' He says, 'shall become one flesh.'"* To be clear, if one desires this type of connective soul tie, then have at it. We are all entitled to our free will. Conversely, if this is not what we are looking

The Encryption of Love

for...then the 'hit it and quit it' mindset must come to a complete halt.

According to the Ancient of Days, a soul tie is not easy to get rid of, especially if we have multiple soul ties. For this reason, 2 Corinthians 6:14 says, *"Do not be unequally yoked together with unbelievers. For what fellowship has righteousness with lawlessness? And what communion has light with darkness?"*

What is a soul tie? In the realm of human connection, it is a deep connection binding individuals together, shaping our experiences, feelings, mindsets, heart postures, people skills, and overall well-being. In *Heaven's Language*, we have four types of soul ties:

- ☐ Healthy Soul Ties.
- ☐ Unhealthy or Toxic Soul Ties.
- ☐ Demonic Soul Ties.
- ☐ Divine Soul Ties.

For the sake of *Heaven's Language*, we are referring to intimate relationships of bonding through shared experiences and intimacy. From a psychological perspective, an unhealthy, toxic, negative, or demonic soul tie can mess us up Mentally, Physically, Emotionally, Spiritually, and Financially. Even if we pretend to be strong, the strain still impacts the psyche through oppression, suppression, or succession, manifesting as fear, confusion, anxiety, depression, anger, or chronic stress. Unfortunately, this is why some people just click, losing their cool when triggered.

If we open ourselves up, it is beneficial to know what we are dealing with. What is the purpose of knowing? There are consequences and repercussions to dealing with toxic, negative, or demonic soul ties. For this reason, the Bible

The Encryption of Love

advises us to inspect the fruits to determine if they are good or rotten.

In real-time, we have all experienced hurt at some point in our lives, even if we were not trying to get hurt. One would ask, 'If love is so encrypted, why does it hurt so bad?' Unfortunately, there is no cookie-cutter answer to this question, especially when it comes to the emotional connections associated.

Nevertheless, to deal with the matters of the heart, we must understand that we were all created differently with a unique Predestined Blueprint and varying personalities. In addition, we must also be honest with ourselves about our feelings, the contributions we added to the heartbreak, and the false expectations associated.

One thing is for sure: The duality of love can feel puzzling at times. Even if we make our best attempts to hide it from ourselves, it does not negate the missing pieces. Still, underneath the layers of what we are going through, there are often unresolved issues, unexpressed feelings, fears, lies, and expectations we have suppressed that the illusion of love camouflaged. With any heartbreak, we must deal with our issues, pray, repent, and forgive to get rid of the feelings of betrayal and hurt.

What if we are still struggling? Love influenced by past experiences and traumas, or to get over someone else, usually causes more mental and emotional pain. Why do we have more to deal with after the fact? In all simplicity, first, when we settle, we feel more like boo boo the fool loving beneath our standards.

Secondly, if we enter a relationship with ongoing and unresolved feelings of low self-worth, jealousy, envy, greed, pompousness, coveting, competitiveness, and insecurity from toxic, negative, or demonic soul ties, do we think it will get better? Unfortunately, things get worse due to unresolved and

The Encryption of Love

compounded issues, leading to significant psychological distress, faith crisis, emptiness, and bad decision-making.

By using love as an emotion and not a choice, we tend to find ourselves becoming resistant to conflict, loss, and change, which leads us to running from our issues or pretending as if they do not exist.

Above all, lying to ourselves is one of the biggest self-induced soul ties known to mankind, causing us to buy love, have sex for love and control, or prostitute ourselves for the illusion of love. Power, money, and sex are our kryptonite for a reason, leading all of our issues back to the lust of the eyes, the lust of the flesh, and the pride of life. All for what? Unresolved soul ties.

In the Eye of God, we must allow love the freedom to flow to us and through us, without restricting it. Now, our job is to set boundaries and put love into the correct category or zone to avoid unnecessary soul ties. What does this mean? If we are having premarital sex, shacking up, or cheating, the heart becomes open to a soul tie or yoke, leading to confusion, distress, frustration, and pain.

If God is nowhere in the equation, and we are swinging it high and low, a soul tie will form, making it harder to break, especially when all we have to do is place Him first, choosing not to swing at all. Swing what? You know what I am talking about...but, if I must say it, then let's do it. If we are sleeping around without a marital covenant, rest assured, there will be a negative influence on our thoughts, feelings, and behaviors, with lingering effects of toxicity.

There is a Spiritual Transfer occurring with every person we 'do the do' with, leaving room for unwise emotional dependency, persistent thoughts, intense feelings, mood swings, stunted growth, and difficulty letting go. How do we make this make sense? For example, if we have five partners, we will have five different Spiritual Transfers. Whatever

The Encryption of Love

Spiritual Issues, demons, or attachments they have, we now have deposited into our souls' reservoir, waiting for the right time to manifest. Is this real? It is as real as the air we are breathing!

Unfortunately, it is this invisible connection that links individuals on a deeper level, where they think it is love, but it is an unhealthy soul tie, yoke, or bondage of the psyche. The try it before you buy it mindset is a no-go in the Kingdom. Yes, mistakes happen, but with multiple partners—that is not a mistake!

On the other hand, if we kept our legs closed or our britches up, we would have less pain and heartache and zero Spiritual Transfers. There is a reason why the divorce rate is at an 80% failure rate, and unaddressed soul ties are the underlying reason.

In *Heaven's Language*, a CLARION CALL has been made for us to put a complete halt to the cluelessness of soul ties. As these connections can have both positive and negative implications, we must know or become aware of what they are and their true nature, prior to engaging or disengaging.

Why must we remain in the know about soul ties? When one person's soul is tied to another, the soul tie will sometimes fight back, positively or negatively, especially if we are clueless about what is taking place. For instance, a father will fight for the soul ties of his family, in the same way that a cheating man would fight to avoid losing soul ties to the woman he truly loves.

To counteract the misconceptions about soul ties, we must know that there is a difference between positive and negative soul ties. Given their dual nature, we must also know about willfully engaging in soul-tied behaviors with an understanding, as opposed to engaging without knowing anything whatsoever. What is the difference? It is awareness versus cluelessness. They both change the trajectory or impact

The Encryption of Love

of soul ties. In my opinion, this is similar to knowing what we have and dealing with it accordingly. Whereas, not knowing what we have and being dumbfounded about what to do and why things are happening can make us helpless.

Engaging in such bonding and yoking soul ties with the potential to zap our innocence deserves our attention. Just keep in mind that the Law of Spiritual Dualism applies to soul ties as well. How so? There is a good and a bad side to soul ties, even if they often fall on the negative side of the totem pole. For instance:

- ☐ Soul ties are not always toxic or detrimental.
- ☐ Soul ties are not always healthy or unhealthy.
- ☐ Soul ties are not always permanent or reversible.
- ☐ Soul ties are not always transferred or blocked.
- ☐ Soul ties are not always limited to fear and paranoia.
- ☐ Soul ties are not always due to irresponsibility.
- ☐ Soul ties are not always hidden or exposed.
- ☐ Soul ties are not always our fault.
- ☐ Soul ties are not always in our control.
- ☐ Soul ties are not always limited to sexual transfers.
- ☐ Soul Ties do not always have Spiritual Taboos associated.

It does not matter what the soul tie is or is not; we must pinpoint the point of origin to untie it. What does this mean? Any soul tie has a seed or root, and if we find one or both of them, our issues are half solved. Also, it can determine healthy and toxic soul ties as well. In the movement toward understanding these truths, toxic soul ties bind individuals in unhealthy patterns of behavior or emotional dependency, leading to pain and distress, perpetuating a negative cycle and falsehood. Conversely, healthy soul ties will create healthy

The Encryption of Love

patterns of behaviors for the Greater Good, with minimal chaos, confusion, pain, or resistance and emotional strife with positive clarity, truth, understanding, and with good-willed intentions.

How do we remain on the positive side of the Dualism of Soul Ties? First, we must add the Holy Trinity into the equation, *As It Pleases God*. Secondly, we must get out of our own way. Thirdly, we must pray, repent, fast, forgive, use the Fruits of the Spirit, and behave Christlike. Lastly, we must become a work-in-progress, with a sincere desire to do the Will of God and align our lives with the Word of God. Once the foundation is set in such a manner, there are a few other things we must do, but not limited to such:

- ☐ We must engage in open communication.
- ☐ We must ask fact-finding and open-ended questions.
- ☐ We must set boundaries and limits.
- ☐ We must avoid destructive relationships.
- ☐ We must work on our character traits continuously.
- ☐ We must take responsibility for our condition.
- ☐ We must remove false expectations.
- ☐ We must use a healthy approach in all things.
- ☐ We must avoid and dispel all the lies.
- ☐ We must remain authentic and truthful.
- ☐ We must remain humble, loving, and teachable.
- ☐ We must not become combative, hateful, or abusive.
- ☐ We must focus on remaining informed and balanced.

Does this list really work? Absolutely! It works for me, and it will work for you, guaranteed! I am *The WHY Doctor* for a reason, and by far, you are it. You are the reason. With this being said, let us pinpoint *What We Are Missing Here*.

Chapter Ten
What Are We Missing Here?

Do you miss me, or do you miss me not? The missing part of our being is crying out, but how can we soothe the internal crying when we do not understand the problem, the cause of it, or what is wrong? As a matter of fact, the subject of 'MISSING' was very rarely spoken about until my niece, who is a Gen Zer, brought it to my attention. So, thanks to her, my precious Zoomer, I told her that I would do this chapter justice on her behalf.

Here is what happened: I asked my niece, 'Do you miss me?' I was wholeheartedly expecting her to give me a loving and smug 'yes' like she normally gave me as a young child. But to my chagrin, I received the shock of my life. She responded, 'I will not allow myself to miss anyone because it is an indication to her that they would not return. So, she opts not to miss anyone.' I advised her to define the word missing, and she declined to do so. However, she stated that it was her interpretation, and her perception helped her cope with someone or something never returning to her. At that moment, I made a VOW to dedicate this chapter to her because I would have never associated the word 'Missing' with her point of view.

Why would I not know, especially when I consider myself The WHY Doctor? What is normal for one person may not be normal for the next. Plus, I am not characterized as a Gen Zer,

What Are We Missing Here?

so our characteristics, views, and social statuses varied on a sliding scale. For this reason, it is important to ask fact-finding questions to understand another person's perspective without judgment, contempt, or malice. As she opened up, I listened, learned, and fervently thanked her for opening my eyes to this matter. And now, here we are with the Power of TOGETHERNESS. Without her input, this chapter would not exist, nor would I have noticed that her heart was bleeding profusely.

The *Power of Missing* out, missing the mark, and missing someone are all associated with the underlying fear of abandonment, fear of rejection, fear of not being heard, fear of loss, or used as a preventative method of protecting one's heart.

What are we missing when we avoid missing others? Unfortunately, there is some form of underlying trauma that must be dealt with. The psyche has a lot of unresolved stuff that it tends to hide from us. And, being that we do not have a full understanding of what is taking place, we find our way through life the best way we know how...be it right, wrong, or indifferent.

Being that we are Spiritual Beings having a human experience, we must approach the psyche with relevant questions to extract the information. And, yes, we can pray about it all day long until we are blue in the face, but until we admit whatever it is or is not, we cannot properly dissect and heal, *As It Pleases God*.

For example, in order to hit the bullseye, we need a target, right? The issues, qualms, and traumas hidden within the psyche of man are no different. We must call that thing out for what it is, get rid of it, and back it up with the Word of God. Really? Yes, really. The Bible says, *"Confess your trespasses to one another, and pray for one another, that you may be healed. The effective, fervent prayer of a righteous man avails much."* James 5:16.

What Are We Missing Here?

Clearly, we do not have to do a PSA (Public Service Announcement); we can get into our prayer closet and take it to God without lying to ourselves or sugarcoating the truth. What if we have not done anything to warrant the pain? If repentance, unforgiveness, hatefulness, resentment, or any negative seed that we have not uprooted or laid on the Divine Altar of God, then we cannot fully say we have not done anything. Listen, if we do not come clean with what is going on from within the psyche, sin is waiting for its moment to capitalize on our weaknesses, insecurities, frailties, and what we ignore.

Fortunately, this is why Psalm 51:3 says, *"For I acknowledge my transgressions, and my sin is always before me."* It is important for us to call that thing or issue out, cover it with the Blood of Jesus, allow the Holy Spirit to guide us, and align it with the Word of God. Of course, we can do all of this mentally, but I advise everyone to document it to ensure that a paper trail is left behind.

Why must we leave a paper trail? We have a natural tendency to forget what God is doing, what He has done, and how far we have come with our Spiritual Walk. More importantly, for me, I use it as Spiritual Leverage with God based on Proverbs 3:5-6. *"Trust in the Lord with all your heart, and lean not on your own understanding; in all your ways acknowledge Him, and He shall direct your paths."*

Why am I bargaining with God, especially if I proclaim to trust Him? He does not mind us negotiating with Him to get an UNDERSTANDING of what we are missing. Is this Biblical? Once again, I would have it no other way. *"Wisdom is the principal thing; therefore get wisdom: and with all thy getting get understanding."* Proverbs 4:7.

According to the Heavenly of Heavens, God does not mind us engaging in Spiritual Bargaining with Him to prevent

What Are We Missing Here?

ourselves from missing the mark or to coax the longing from within. Before I go any further, please allow me to back this up with scripture: *"Blessed are those who hunger and thirst for righteousness, for they shall be filled."* Matthew 5:6. Simply put, we cannot be filled if we do not open our mouths, right? Where I am from, it is said, 'Closed mouths do not get fed!' If I take this one step further, James 1:5 says, *"If any of you lacks wisdom, let him ask of God, who gives to all liberally and without reproach, and it will be given to him."*

So, do you think for a minute that you should sit on your hands or twiddle your thumbs when it comes down to all things Spiritual or when dealing with God Almighty? Even if we do not know the Word of God by memory, we can Google it! Therefore, the MISSING component of whatever we need is at our fingertips, and if we opt for the excuse, then have at it!

On the opposite side of the coin. God does have a problem with us using or pimping Him out for selfish reasons or gain. In addition, He also has a problem with us oppressing His sheep through massive manipulation.

In all simplicity with Spiritual Bargaining, I use Spiritual Laws, Principles, Concepts, Tools, and Precepts found in the Word of God, letting Him know that I am fully aware of His Promises and I know exactly what I am talking about. How do we make this make sense in reality as Believers? I humbly approach Spiritual Bargaining, *As It Pleases Him*, using the Fruits of the Spirit, behaving Christlike, and being in Purpose on purpose, doing what I am called to do without allowing my idiosyncrasies to stop me.

Being that I am not a one-man show, I have to pass the MANTLE of Divine Wisdom, Information, and Understanding to the younger sheep, *As It Pleases Him*. How is this carried out as a Believer? I am so glad you asked! Here is an example of why Spiritual Bargaining is necessary at times: *"One man plants,*

What Are We Missing Here?

another waters, but God gives the increase." 1 Corinthians 3:6. Here is how I would use Spiritual Leverage with this scripture, *Spirit to Spirit*, when faced with opposition or a MISSING component of the equation: *'God, I have planted the seeds that You have required of me, As It Pleased You. I need the strength to help Your sheep provide water to the other sheep; thus, I place a Spiritual Demand on the increase and the missing components needed to complete my Predestined Assignment, in the Name of Jesus. Amen.'* Does it work? For the most part, I will allow you to be the judge of that!

How can we pinpoint what is missing from within? Once again, we must begin asking fact-finding questions. To make it easier for you, here are a few questions to ask yourself about what is missing, but not limited to such:

- ☐ Are you missing Truthfulness?
- ☐ Are you missing Respect?
- ☐ Are you missing Honesty?
- ☐ Are you missing Accountability?
- ☐ Are you missing Commitment?
- ☐ Are you missing Privacy?
- ☐ Are you missing Fairness?
- ☐ Are you missing Empathy?
- ☐ Are you missing Obedience?
- ☐ Are you missing Responsibility?
- ☐ Are you missing Inclusiveness?
- ☐ Are you missing Reliability?
- ☐ Are you missing Discretion?
- ☐ Are you missing Openness?
- ☐ Are you missing a Contribution?
- ☐ Are you missing Equality?
- ☐ Are you missing Astuteness?
- ☐ Are you missing Awareness?
- ☐ Are you missing Trustworthiness?

What Are We Missing Here?

☐ Are you missing Integrity?
☐ Are you missing Respect?

What Are We Missing Here? And what does all of this have to do with the longing from within? In the Eye of God, they are all connected. How so? In order to avoid or coax the missing element of whatever with whomever, there is a reason. If we do not pinpoint the reason, according to our Predestined Blueprint or Divine Makeup, it will remain. Most often, it will appear as charactorial flaws or rotten fruits in a vicious cycle of déjà vu or generational curses that you have the power to bring to a complete halt.

Do we really have the power to bring negative cycles to an end? Absolutely! If you do not do this for yourself, then who will do it for you? No one can do this outside of you!

How is it possible to break negative cycles? Change your mindset, words, thoughts, behaviors, biases, beliefs, and actions from negative to positive. Is it that simple? If you are willing, it is. However, if you are unwilling or disobedient, it can become challenging. You decide! Keep in mind that downloading and uploading *Heaven's Language* depends on you as well as *God's Promises* to you and your Forefathers.

God's Promises

The timeless truths of our Forefathers exist in our present day and beyond. Many Believers view the Biblical Stories as mere fairytales. But I must advise those with a willing ear to hear that they indeed hold Spiritual Covenants, Promises, Principles, Instructions, and a *Heavenly Language* impacting us and our NEXT, connecting us in unexpected and unique ways.

In a world brimming with possibilities, variables, and uncertainties, our next whatever with whomever may vary due to the fluidity and unpredictability of our relationships and

What Are We Missing Here?

experiences. It is only the Holy Trinity that possesses the intricate details of Divine Knowledge, requiring a *Spirit to Spirit* Connection for the Heavenly Code, Information, Insight, Guidance, Protection, or Access to *God's Promises*. In addition, it also helps us to understand the complex interplay between our earthly experiences and the Spiritual Decoding of Divine Wisdom from the Heavenly of Heavens.

Herein lies the exquisiteness of this Promise: In Genesis 12:1-3, God calls Abraham to leave his homeland and people, pledging to make him a GREAT NATION. He also promised him He would BLESS HIM and make his name GREAT. In *God's Promises*, the Spiritual Contingency requires Faith and Obedience with a *Spirit to Spirit* Connection.

Why do we need to have a *Spirit to Spirit* Connection to obtain the Promises of God? In order to possess the Promises of God, there is a *Heavenly Language* or *Mystery* involved. Is this Biblical? I would have it no other way: *"For he who speaks in a tongue does not speak to men but to God, for no one understands him; however, in the Spirit he speaks mysteries."* 1 Corinthians 14:2.

I must admit that stepping out in faith, leaving everything familiar behind, and trusting in God's Divine Word is not for the faint of heart. Nor is it for the people-pleasers or the player-haters. Why not? The Spiritual Classroom of Faith and Obedience will require us to deal with rejection. If we cannot handle rejection in its rawest form, then our Faith and Obedience in God will waver, causing us to become wishy-washy, listening to negative voices from within and from others.

How do we make negative voices and the Promises make sense? In the same way that Adam and Eve were deceived in the Garden of Eden by the deceptive voice of the enemy, we are no different. If we proclaim we do not hear a negative, condescending voice speaking to us, we are definitely lying to

What Are We Missing Here?

ourselves. For the record, it is lying and deceiving ourselves that causes most of us to 'get got' when dealing with the Greatness hidden within our soulish being.

How do I know if someone is lying or not? First and foremost, Jeremiah 17:9 says, *"The heart is deceitful above all things, and desperately wicked; who can know it?"* Secondly, the enemy is going to shoot its shot, and it is our responsibility to cast it down or reverse it into a positive win-win. If we do not know anything about Spiritual Dualism or Spiritual Counterbalancing, if we are not using the Word of God to counteract, or if we are doing nothing at all, then it is fair to say that we are all shot up, wounded, traumatized, and abused by the enemy from within, the enemies of life, or the enemies assigned to block our Divine Blueprints or Promises from coming forth, *As It Pleases God.*

The bottom line is that we need to use our Spiritual Weapons to pull and cast down all negativity, evil, and debauchery. Here is what 2 Corinthians 10:4-5 says about this matter: *"For the weapons of our warfare are not carnal, but mighty in God for pulling down strongholds, casting down arguments and every high thing that exalts itself against the knowledge of God, bringing every thought into captivity to the obedience of Christ."*

Can the enemy really abort our Divine Blueprints or Promises? No. He only plants seeds or words of deceit, and we abort or forfeit our own Blueprints, Missions, or Promises through acts of disobedience, negative complaints, idolatry, lying, ungratefulness, pompousness, stunted growth, and lack of faith. Simply put, the enemy gets us to self-sabotage ourselves through rationalizing or justifying our negative actions, thoughts, desires, beliefs, or unrighteousness in the Eye of God. For this reason, James 4:7 advises: *"Therefore submit to God. Resist the devil and he will flee from you."*

What Are We Missing Here?

Here is the deal: In moments of doubt and uncertainty, or when life is lifing, recalling the Divine Promises made to Abraham, Isaac, Jacob, and Moses can instill Divine Confidence on our Journey of Faith, Restoration, or Redemption. Amid all this, we can repeat Jeremiah 29:11 back to God daily, which says, *"For I know the plans I have for you, declares the Lord, plans to prosper you and not to harm you, plans to give you hope and a future."*

According to the Heavenly of Heavens, the psyche of man needs discipline and Spiritual Home Training! If we do not tame the psyche with the Fruits of the Spirit, where there is no law against their usage, we will become out of control in the Eye of God. While inadvertently thinking we are in control, with rotten and mangled fruits all over the place.

In reality, for our Heaven on Earth Experiences, we must Spiritually Align ourselves with the Word and Will of God. If not, we can turn against ourselves with good intentions. Really? Yes, really! Proverbs 14:12 says, *"There is a way that seems right to a man, but its end is the way of death."* Let me say this before moving on: There is nothing worse than dying a slow death from the inside out with mental and emotional torment; therefore, it behooves us to get the psyche in check, *As It Pleases God* and not to please ourselves selfishly.

What is the purpose of getting rid of selfishness when dealing with the psyche? Unfortunately, bad, disobedient, or negative seeds mockingly corrupt the Mind, Body, and Soul. It is always best to sow good and positive seeds in our actions, thoughts, beliefs, desires, words, and so on. According to Galatians 6:7-8, here is what we must know: *"Do not be deceived, God is not mocked; for whatever a man sows, that he will also reap. For he who sows to his flesh will of the flesh reap corruption, but he who sows to the Spirit will of the Spirit reap everlasting life."*

What Are We Missing Here?

Without faith and when operating in the Spirit of Disobedience, we can inadvertently void our Spiritual Birthrights until repentance occurs. Why are they voided? First, God does not force a Spiritual Covenant on us—it is a Free Will Offering based upon the Spiritual Atonement from Christ Jesus. Secondly, we also have the Spiritual Right to freely serve Him or make a demigod out of ourselves or others through acts of idolatry. Thirdly, He will not uphold a Spiritual Contract when we lack faith, becoming stiff-necked, dull, lukewarm, pompous, or rebellious. Lastly, we must want it for ourselves, Spiritually Tilling our own grounds. If this is the case, then repeat Romans 8:28 daily: *"And we know that all things work together for good to those who love God, to those who are the called according to His purpose."*

In moments of uncertainty and aloofness, it becomes really easy to feel lost, get blocked, invoke confusion, and question our path in life. Clearly, God does not renege on His Promises, but He will surely veil us from seeing what is in plain sight. Then again, we may see men walking as trees while not seeing people, places, and things correctly, or *As It Pleases Him*.

If we want *Heaven's Language* to come forth or to determine *What We Are Missing*, repeat this: *"No weapon formed against you shall prosper, and every tongue which rises against you in judgment you shall condemn. This is the heritage of the servants of the Lord, and their righteousness is from Me, says the Lord."* Isaiah 54:17.

Can God really block us as Believers? Absolutely! It happens all the time, even when we think we have it going on or when we feel like we are living our best lives. However, suppose we do not know our reason for being, living in frustration, confusion, doubt, jealousy, envy, pride, greed, coveting, competitiveness, and hatefulness. In this case, it is indeed an indication of being Spiritually Veiled. More importantly, when Spiritually Veiled in the Eye of God, we will

What Are We Missing Here?

not know we are in this state unless the Holy Spirit reveals it or the Fruits of the Spirit expose it.

In Spiritually Weighing your heart and mind and examining yourself, I have a few questions for you: Do you know God's Promises to you? Do you understand the promises to yourself? Do you feel delayed or denied? Then again, let me ask this: Are you slacking or lacking while facing trials and tribulations? Here is my last question: Are you committed to God, yourself, or others in the Spirit of Obedience?

In God's Divine Nature, He requires faith, hope, patience, understanding, and astuteness for the fulfillment of His Divine Promises or perfect timing. Here is what 2 Peter 3:8-9 says, *"But, beloved, do not forget this one thing, that with the Lord one day is as a thousand years, and a thousand years as one day. The Lord is not slack concerning His promise, as some count slackness, but is longsuffering toward us, not willing that any should perish but that all should come to repentance."*

When dealing with the Promises of God, Deuteronomy 31:6 says, *"Be strong and of good courage, do not fear nor be afraid of them; for the Lord your God, He is the One who goes with you. He will not leave you nor forsake you."*

When we are in Purpose on purpose, *As It Pleases God*, and when dealing with *Heaven's Language*, Psalm 91:7 says, *"A thousand may fall at your side, and ten thousand at your right hand; but it shall not come near you."* Believe this, repeat this, and use the Fruits of the Spirit, and nothing can stop you! More importantly, even when faced with *The Missing Reasons* in life, Philippians 4:6-7 tells us exactly what to do: *"Be anxious for nothing, but in everything by prayer and supplication, with thanksgiving, let your requests be made known to God; and the peace of God, which surpasses all understanding, will guard your hearts and minds through Christ Jesus."*

What Are We Missing Here?

The Missing Reasons

We often hear the adage saying people, places, and things enter our lives for a reason, season, or lifetime. Even though this concept encourages self-reflection, according to the Heavenly of Heavens, we must know the difference between them all. If not, the joke will be on us while running around looking like boo boo the fool, turning on ourselves.

Is calling someone 'boo boo the fool' not a little insensitive? Maybe or maybe not, but I am not calling anyone names, dehumanizing them, or dismissing their experiences. I am speaking about the ongoing human condition of mankind that we are ignoring or placating.

I am not pointing the finger here. I was once naive, foolish, and easily misled by vultures swooping in for the kill, capitalizing where I fell short. If I knew back then what I know now, I would not be able to write with such great compassion and understanding. Nor would I possess the Profound Wisdom to feed God's sheep with Spiritual Sound and Accurate Wisdom from the Heavens Above.

As my Predestined Blueprint would have it, by far, my experiences in my school of real hard knocks, and I mean real Hard, make me who I am today. In all humility, I am a straight shooter, saying what must be said, *As It Pleases God*. More importantly, I am Spiritually Qualified and Anointed to write *The Missing Reasons* on behalf of the Kingdom of God. In addition, for a time such as this, with Divine Permission, I am unveiling, unpacking, and exposing the hidden truths about what is really happening to us from the inside out.

In taking this a step further, when shame has a chokehold on us, our future, our relationships, our families, or our children, then what shall we do? Will we bring our emotions, feelings, or a negative mindset to a Spiritual Battle? Or will we subject them to the Holy Spirit, refusing to wear our emotions, feelings, or a negative mindset on our shoulders?

What Are We Missing Here?

When developing *Heaven's Language* in the Eye of God, we must understand *The Missing Reasons* from a Divine Perspective. *What Are We Missing Here?* As life would have it, we are missing the deeper meanings of our connections in life. Once we understand the WHY of our connections, *As It Pleases God*, we will become wiser by default through Divine Exhortation. Here is what Hebrews 10:24-25 shares with us: *"And let us consider one another in order to stir up love and good works, not forsaking the assembling of ourselves together, as is the manner of some, but exhorting one another, and so much the more as you see the Day approaching."*

Why are we not already wise, especially as Believers serving God faithfully? Man's wisdom can never equate to Divine Wisdom. For the record, God does not make mistakes...if He allows a connection, rest assured there is a reason. We can allow selfishness to blind us from the reason, or we can allow selflessness to help us out. If we glean nothing whatsoever, it is an indication of some form of misalignment Mentally, Physically, Emotionally, or Spiritually.

According to the Ancient of Days, it is our responsibility to understand the reason and glean accordingly. Unfortunately, this is why we make a lot of mistakes without learning the lessons hidden within them, opting to become dull in the Eye of God.

How does God see us as being dull? Matthew 13:15 gives us a bird's-eye view of dullness from a Divine Perspective: *"For the hearts of this people have grown dull. Their ears are hard of hearing, and their eyes they have closed, lest they should see with their eyes and hear with their ears, lest they should understand with their hearts and turn, so that I should heal them."*

In my opinion, there is no reason to drop the valued lesson, understanding, information, or teaching on the ground. Why not, especially if there is no use for it? It is indeed a positive or

What Are We Missing Here?

negative seed, making us wiser if we reverse engineer it. Conversely, if we opt to become foolish by choice, the Seasons, Vicissitudes, and Cycles of Life will do what they are designed to do. What is that? Shake us to the core of our being for deceiving ourselves. Then again, they may place us in a pruning cycle or a cycle of déjà vu. For this reason, James 1:22-24 says to us: *"But be doers of the word, and not hearers only, deceiving yourselves. For if anyone is a hearer of the word and not a doer, he is like a man observing his natural face in a mirror; for he observes himself, goes away, and immediately forgets what kind of man he was."*

It is in our DNA structure to miss out on the reasons for whatever with whomever due to our mindsets, conditioning, perceptions, biases, traumas, and so on. In highlighting the dangers of becoming dull and our forgetfulness during self-mirroring, it is my reasonable service to provide a checklist of why people enter and exit our lives. Although these reasons are not set in stone, nevertheless, it is only wise to seek God, *Spirit to Spirit*, when narrowing down the reasons.

Based on the timeless wisdom encapsulated in Proverbs 27:17, *"As iron sharpens iron, so a man sharpens the countenance of his friend."* Please allow me to sharpen those who have a willing ear to hear about pinpointing *The Missing Reasons* to enhance their people skills, perspectives, wisdom, know-how, and overall character. In striving to grow and improve, *As It Pleases God*, people enter and exit our lives for the following positive and negative reasons, but not limited to such:

- ☐ For Spiritual Training, Testing, or Understanding.
- ☐ To Spiritually Prepare us for what is NEXT.
- ☐ To help facilitate our Predestined Blueprint.
- ☐ To put a thorn in our flesh or irritate us.
- ☐ It is according to God's Divine Plan.
- ☐ For the interconnection of a Shared Purpose or Goal.

What Are We Missing Here?

- [ ] For Personal and Spiritual Growth or Support.
- [ ] To help us heal from wounds and traumas.
- [ ] To inflict or expose wounds and traumas.
- [ ] To provide motivation and encouragement.
- [ ] To inspire us to pursue our dreams or aspirations.
- [ ] To kill or stifle us in varying aspects of life.
- [ ] To block us from moving forward.
- [ ] To love us unconditionally.
- [ ] To provide conditions and hatefulness.
- [ ] To provide a sense of belonging.
- [ ] To reject or traumatize us.
- [ ] To provide opportunities or hinder us.
- [ ] To assist in confronting our fears and weaknesses.
- [ ] To provide guidance and wisdom.
- [ ] To offer a mirrored reflection of themselves.
- [ ] To illuminate or dim our paths.
- [ ] To bring joy and laughter into our lives.
- [ ] To bring chaos, confusion, and turmoil into our lives.
- [ ] To bring peace, understanding, and calmness.
- [ ] To expand or destroy our territories.
- [ ] To understand or misunderstand us.
- [ ] To relate to us or discriminate against us.
- [ ] To help us become fruitful in multiplying or dividing.
- [ ] To lead us to or away from the Kingdom of God.
- [ ] To mentor or manipulate us.
- [ ] To build or destroy trust.
- [ ] To bring truth or lies into our lives.
- [ ] To inspire or disrupt our creativity.
- [ ] To share the Fruits of the Spirit or Rotten Fruits.
- [ ] To provide navigation or break our Spiritual Compass.
- [ ] To ignite or smother our Divine Passions.
- [ ] To build or destroy our hope and faith.
- [ ] To exemplify or zap our integrity.
- [ ] To share or scatter cherished memories.

What Are We Missing Here?

- ☐ To teach us how to let go and move on.
- ☐ To teach us how to stand strong amid adversity.
- ☐ To help or hinder us with our Spiritual Gifts.
- ☐ To help or destroy our self-control.
- ☐ To promote or block our free will to choose.

What can this list do for us? In the variation of our unique experiences, it helps us to pinpoint what and with whom we are dealing with. While simultaneously developing our Spiritual Dualism skills to understand right and wrong, good and evil, just and unjust, positive and negative, and so on.

Clearly, this is not done to judge; instead, it is designed to make us Spiritually Wise in discerning people, places, and things properly, *As It Pleases God*, and to know when *Heaven's Language* is being peaceably spoken. What does peace have to do with anything? Once again, according to Philippians 4:7, it states: *"And the peace of God, which surpasses all understanding, will guard your hearts and minds through Christ Jesus."*

If we use the Fruits of the Spirit while behaving Christlike, *As It Pleases God*, we can use peace as our Spiritual Gauge. How so? When speaking *Heaven's Language*, peacefulness speaks loudly to the psyche of mankind. Conversely, the lack of it puts the psyche in a state of unrest. Our bodies and senses tell us everything we need to know; we just need to get ourselves out of the way and listen to them as Spiritual Beings and not as human beings. I must admit, *The Missing Reasons* are not really missing; they are just hidden or ignored! So, my question is, 'What are you going to do about it?'

Out of Service

To Spiritually Absorb all God has for us, we must be willing to open the Gateway of Wisdom, allowing the Heavenly Oil to

What Are We Missing Here?

flow to and through us, reaching the intended targets or feeding God's sheep, *As It Pleases Him*. Unfortunately, the moment we become closed-minded, resistant, or disobedient, we cut our Spiritual Flow or our *Heavenly Language*. As a result, we become temporarily unusable in the Eye of God with a big symbolic *Out of Service* sign on our foreheads, hidden from our natural eyes.

When disconnected from our Heavenly Father, we then rely on ourselves as demigods to do what is intended to be Divine. Once this happens, the ego takes over, causing us to engage when we should be disengaging.

How do we recognize when we are becoming self-reliant, pompous, or a self-created demigod with a Spiritual *Out of Service* sign on our foreheads? There is no foolproof way because we are all different in the Eye of God. Listed below is a checklist of things that will cause us to straddle the Spiritual *Out of Service* fence.

- ☐ We must take note of our motives, whether they are good, positive, bad, indifferent, idolatrous, or self-seeking. If we are on the bad, negative, idolatrous, or self-seeking side, the straddle is apparent.

- ☐ We must determine if we have prayed, repented, forgiven, or given thanks. If not, the straddle will become evident in due season.

- ☐ We must decide if we have asked for Divine Intervention from the Holy Spirit and covered ourselves with the Blood of Jesus as Spiritual Atonement. If not, we are left to our own devices with a straddle or yoke attached.

What Are We Missing Here?

- ☐ We must take into account how we are going about doing what we are doing. Are we deceitful, sneaky, vindictive, conniving, envious, devious, and the list goes on with negative character traits? If so, the straddle has a stronghold on the psyche.

- ☐ We must search the heart for the secret elements of jealousy, envy, pride, greed, coveting, competitiveness, or contention. If we possess any one of these characteristics, a straddle is imminent.

- ☐ We must decide if we are using the Fruits of the Spirit and exhibiting Christlike Character in our endeavors. If we are not using them or behaving Christlike, the straddle has us in a secret chokehold.

- ☐ We must consider whether we are acting in humility or outright pompousness. If we are behaving in such a manner, the straddle has targeted our self-esteem with an arrow targeting our hearts.

- ☐ We must become aware of how we respond or react, determining if we are respectful or disrespectful in our approach. If there is any form of disrespectfulness without corrective measures, the straddle has targeted our people skills.

- ☐ We must determine if we are genuinely helping others or using, abusing, or mistreating them for selfish gain. If we are selfish in any way, the straddle will aim for our emotional intelligence to affect our relationships.

- ☐ We must become aware of whether or not we create an environment of non-stressing harmony or a chaotic,

What Are We Missing Here?

stressful, and confusing one. If we lack peace on our behalf, the straddle will cause us to become hellions on wheels, where people hate to see us coming.

- ☐ We must know if we are leading by example positively or if we are leading people astray. If we are misleading others, their straddle will become ours in due season when the tables turn.

- ☐ We must be honest about whether or not we truly love ourselves from the inside out. If we do not love ourselves, the straddle will cause us to project our issues onto others or play the blaming game.

What is the purpose of knowing this information? Our unification process begins when we can ask fact-finding questions while honestly answering them to keep us in a Spiritual Wave of Learning. If not, we become prone to self-instigated biases and irrelevant conditioning, affecting those we come in contact with, similar to having a contagious virus or cold. As a result, the Seasons, Cycles, and Vicissitudes of Life will read us as a virus or canker sore in our Heaven on Earth Experience, with an *Out of Service* green light to take us out of here from the inside out.

If our Spiritual Immune System is not strong enough to fight off viruses or germs, we inadvertently become affected and infected. Without realizing it, we may repeat the same pattern with others or even infect ourselves and our Bloodline repeatedly, banning us from *Heaven's Language* until we awaken from our slumber.

Why are Believers banned from *Heaven's Language*? We are Representatives of the Kingdom of Heaven, who are required to '*Give-Back*' to others positively, consistently, and faithfully

What Are We Missing Here?

with the Fruits of the Spirit and Christlike Character while developing our Astuteness of Divine Wisdom, *As It Pleases God*.

If we are Spiritually Labeled as *Out of Service*, and being that God loves us so much, we are banned from *Heaven's Language* for our safety. In all simplicity, we cannot contend with the enemy behaving like them, engaging in all types of underhanded debauchery. For the record, just because we seemingly get away with doing bad or negative things does not mean we are Kingdomly Usable or trusted with Heavenly Secrets, even if we pretend we are.

What if we already speak in tongues and are still straddling the fence? Speaking in tongues and *Heaven's Language* contribute to our ONENESS, but they are not the same. Tongues are used for us to connect to God, *Spirit to Spirit*, with or without the Fruits of the Spirit or without knowing our reason for being. Unfortunately, this is why we have a lot of Believers who do not know their Divine Purpose. Then again, they are clueless about their Predestined Blueprint from within, with a fallback on prophesying.

For the record, it does not take a rocket scientist to read people, but it does take the Spiritual Scientist from within to truly read our very own psyche, *As It Pleases God*. For example, I have seen many debate the Bible about who is right and who is wrong. Still, those same people who proclaim to know the Bible better than the next man are clueless about Titus 3:9, telling us to: "*Avoid foolish disputes, genealogies, contentions, and strivings about the law; for they are unprofitable and useless.*" To add insult to injury, they know absolutely nothing about the Supernatural Power hidden in using the Fruits of the Spirit in Galatians 5:22-23 from that same Bible.

What is so Supernatural about the Fruits of the Spirit? There is no law against their use, but there are Spiritual Laws against engaging in foolery, error, and greed. "*If anyone teaches*

What Are We Missing Here?

otherwise and does not consent to wholesome words, even the words of our Lord Jesus Christ, and to the doctrine which accords with godliness, he is proud, knowing nothing, but is obsessed with disputes and arguments over words, from which come envy, strife, reviling, evil suspicions, useless wranglings of men of corrupt minds and destitute of the truth, who suppose that godliness is a means of gain. From such withdraw yourself." 1 Timothy 6:3-5.

According to the Heavenly of Heavens, we can quote scriptures until we are blue in the face, becoming a great scholar. Still, if we behave like hellions on wheels behind closed doors with fits of rage, anger, revenge, and debauchery, then we already know there is an *Out of Service* stamp on our foreheads. Who am I to judge, right? No judgment intended. I have had my share of *Out of Service* stamps on my forehead; therefore, I know about this all too well, so I am speaking from experience. Here is what Galatians 5:13 taught me: *"For you, brethren, have been called to liberty; only do not use liberty as an opportunity for the flesh, but through love serve one another."*

In the Eye of God, the ultimate TEST is being able to read ourselves like a playbook and the Divine Blueprint written on the Tablet of the Heart to unite, not divide. Here is what we overlook in 1 Peter 4:10, *"As each one has received a gift, minister it to one another, as good stewards of the manifold grace of God."*

So, with our Spiritual Gifts, this is where *Heaven's Language* comes into play, helping us to Spiritually Decode and Unveil our very own Spiritual Matrix and then conveying, converting, and relaying Divine Information. For this reason, with *Heaven's Language*, we are held at an extremely HIGHER ACCOUNTABILITY because we are downloading from the Heavenly Realm.

In the Spiritual Realm of the Heavenly of Heavens, the Fruits of the Spirit with self-corrective measures are needed, and behaving Christlike is a must. Although perfection is not

What Are We Missing Here?

required, a humble work-in-progress mentality and correct heart posture are indeed required for the *In-Service* Spiritual Branding. Here is what Matthew 20:26-28 wants us to know about this matter: *"Yet it shall not be so among you; but whoever desires to become great among you, let him be your servant. And whoever desires to be first among you, let him be your slave—just as the Son of Man did not come to be served, but to serve, and to give His life a ransom for many."*

In Service

To be *In Service* according to Kingdom Standards, *As It Pleases God*, we are called to internally examine ourselves before presenting ourselves in a Kingdomly Image, especially when we are secretly or openly yoked, soul-tied, oppressed, stressed, or traumatized.

What is the purpose of exercising extreme caution when *In Service* or *Out of Service*? If the Fruits of the Spirit and Christlike Character are not used, we will transfer negative energy into the lives of others without realizing what we are doing or with seemingly good intentions. Furthermore, this is why we must convert negatives into positives instantly, preventing the transfer of negativity. Is this real? Absolutely...it is as real as the air you are breathing right now.

As a Word to the Wise, according to the Heavenly of Heavens, when *In Service*, we should extend peacefulness and harmony everywhere we place the soles of our feet. Why is this so important? We are a mirror, causing others to secretly or openly emulate us. If we are sharing fakeness, superficialities, or cliffhangers, others will follow suit based on their perception of our untruths. So, it behooves us to up the ante in this area, ensuring our *A-Game* does not become our *B-Game* or the *End-Game*. With all of this game language, *What Are We Missing Here?* In all simplicity, without playing games or game

What Are We Missing Here?

talk, here are a few pointers on remaining *In Service* to the Kingdom of God, but not limited to such:

- ☐ To remain *In Service*, we must become a work-in-progress, *As It Pleases God*, in the Spirit of Diligence and Obedience, to remain Spiritually Fruitful with multiplying factors. With an *In-Service* Stamp, 2 Peter 1:5-8 says, *"But also for this very reason, giving all diligence, add to your faith virtue, to virtue knowledge, to knowledge self-control, to self-control perseverance, to perseverance godliness, to godliness brotherly kindness, and to brotherly kindness love. For if these things are yours and abound, you will be neither barren nor unfruitful in the knowledge of our Lord Jesus Christ."*

- ☐ To remain *In Service*, we must serve our Heavenly Father with zero idolatrous efforts. With an *In-Service* Stamp, Colossians 3:23-24 says, *"And whatever you do, do it heartily, as to the Lord and not to men, knowing that from the Lord you will receive the reward of the inheritance; for you serve the Lord Christ."*

- ☐ To remain *In Service*, we must know and understand 'Who' is in charge of our lives and 'Why,' as well as 'What' we believe. With an *In-Service* Stamp, Proverbs 3:5-6 says, *"Trust in the Lord with all your heart, and lean not on your own understanding; in all your ways acknowledge Him, and He shall direct your paths."*

- ☐ To remain *In Service*, we must own our truth, debunking all forms of deception with the Word of God. With an *In-Service* Stamp, Romans 12:1-2 says, *"I beseech you therefore, brethren, by the mercies of God, that you present your*

What Are We Missing Here?

bodies a living sacrifice, holy, acceptable to God, which is your reasonable service. And do not be conformed to this world, but be transformed by the renewing of your mind, that you may prove what is that good and acceptable and perfect will of God."

- ☐ To remain *In Service*, we must be gentle with our words. With an *In-Service* Stamp, Proverbs 15:1 says, *"A gentle answer turns away wrath, but a harsh word stirs up anger."*

- ☐ To remain *In Service*, we must allow our words to become our bonds while setting a guard over our tongues. With an *In-Service* Stamp, James 1:26 says, *"If anyone among you thinks he is religious, and does not bridle his tongue but deceives his own heart, this one's religion is useless."*

- ☐ To remain *In Service*, we must become humble, kind, forgiving, and respectful to all. With an *In-Service* Stamp, Ephesians 4:32 says, *"Be kind and compassionate to one another, forgiving each other, just as in Christ God forgave you."*

- ☐ To remain *In Service*, we must become consciously transparent, clothing ourselves with good character. With an *In-Service* Stamp, Colossians 3:12-13 says, *"Therefore, as God's chosen people, holy and dearly loved, clothe yourselves with compassion, kindness, humility, gentleness and patience. Bear with each other and forgive one another if any of you has a grievance against someone. Forgive as the Lord forgave you."*

- ☐ To remain *In Service*, we must hone in on being peacefully patient and calm. With an *In-Service* Stamp,

What Are We Missing Here?

Proverbs 29:11 says, *"Fools give full vent to their rage, but the wise bring calm in the end."*

☐ To remain *In Service*, we must learn to love without conditions or biased favoritism. With an *In-Service* Stamp, 1 Peter 4:8 says, *"Above all, love each other deeply, because love covers over a multitude of sins."*

☐ To remain *In Service*, we must use the Fruits of the Spirit, exhibiting Christlike Character without giving it a second thought. With an *In-Service* Stamp, Galatians 5:22-23 says, *"But the fruit of the Spirit is love, joy, peace, longsuffering(patience), kindness, goodness, faithfulness, gentleness, self-control. Against such there is no law."*

☐ To remain *In Service*, we must speak life into another without putting them in the grave Mentally, Physically, Emotionally, or Spiritually. With an *In-Service* Stamp, James 4:11 says, *"Brothers and sisters, do not slander one another. Anyone who speaks against a brother or sister or judges them speaks against the law and judges it."*

☐ To remain *In Service*, we must become astute in the Spirit of Oneness, treating others like we want to be treated. With an *In-Service* Stamp, Luke 6:31 says, *"Do to others as you would have them do to you."*

☐ To remain *In Service*, we must pride ourselves on becoming obedient, knowledgeable, trainable, understanding, and commissionable. With an *In-Service* Stamp, Colossians 1:10 says, *"That you may walk worthy of*

What Are We Missing Here?

the Lord, fully pleasing Him, being fruitful in every good work and increasing in the knowledge of God."

- ☐ To remain *In Service*, we must avoid blasphemingly or biasedly judging others, especially out of jealousy, envy, pride, greed, coveting, or competitiveness. With an *In-Service* Stamp, Matthew 7:1-2 says, *"Do not judge, or you too will be judged. For in the same way you judge others, you will be judged, and with the measure you use, it will be measured to you."*

- ☐ To remain *In Service*, we must not publicly humiliate or dehumanize someone for making a mistake or falling short. With an *In-Service* Stamp, Galatians 6:1 says, *"Brothers and sisters, if someone is caught in a sin, you who live by the Spirit should restore that person gently. But watch yourselves, or you also may be tempted."*

- ☐ To remain *In Service*, we must live by example, feeding God's sheep. With an *In-Service* Stamp, 1 Peter 5:2-3 says, *"Shepherd the flock of God which is among you, serving as overseers, not by compulsion but willingly, not for dishonest gain but eagerly; nor as being lords over those entrusted to you, but being examples to the flock."*

- ☐ To remain *In Service*, we must take action according to the Will of God. With an *In-Service* Stamp, James 1:22 says, *"But be doers of the word, and not hearers only, deceiving yourselves."*

- ☐ To remain *In Service*, we must become committed to doing good deeds. With an *In-Service* Stamp, Ephesians 6:7-8 says, *"With goodwill doing service, as to the Lord, and not*

What Are We Missing Here?

to men, knowing that whatever good anyone does, he will receive the same from the Lord, whether he is a slave or free."

☐ To remain *In Service*, we must know, according to our Predestined Blueprint, that we were CHOSEN to do what we do. With an *In-Service* Stamp, John 15:16 says, "*You did not choose Me, but I chose you and appointed you that you should go and bear fruit, and that your fruit should remain, that whatever you ask the Father in My name He may give you.*"

When dealing with *Heaven's Language*, we must remain in the *In-Service* Status to ensure we are in the Spiritual Number, especially in the Eye of God. Picturesquely, if our Spiritual Lamps do not have oil when the Bridegroom comes for the profound moment of celebration and fulfillment of the Divine Union, we will get left behind. For this reason, in our uptime, downtime, or no time, we must prepare for Spiritual Readiness accordingly and *As It Pleases God*.

What is the big deal about the Bridegroom? The Wedding Feast or the Wedding of the Lamb is readily upon us. Regardless of whether or not we believe, understand, or prepare, the Divine Show of the Promise of a New Creation must go on, as the Spiritual Table is being Divinely Seated. We either prepare to take a seat, *As It Pleases God*, or step aside for the NEXT in line.

As we all know, timing is everything. The Divine Union between Christ and the Church is not something we want to miss the mark on. This transformative process requires us to make sure our charactorial qualities are up to par. If not, we have time to work on them to become better, stronger, and wiser, *As It Pleases God*. How do we know this is required of us? If we are God's Elect, here is what Colossians 3:12 says,

What Are We Missing Here?

"Therefore, as the elect of God, holy and beloved, put on tender mercies, kindness, humility, meekness, longsuffering."

The bottom line is that we still have time to practice lovingkindness. What if we do not have lovingkindness in our loins? According to the Ancient of Days, we all have it. The Wealth of Emotional and Spiritual Depth may be hidden under layers of something else, but it is there. Here is the Divine Confirmation from Jeremiah 31:3, *"The LORD has appeared of old to me, saying: 'Yes, I have loved you with an everlasting love; Therefore with lovingkindness I have drawn you.'"*

God's love for us is second to none; He is consistent and unwavering. As a matter of fact, His love for us is not as fleeting or conditional as ours.

In a world where relationships may fade or fail, and trust can be easily broken, it costs us nothing to be loving and kind. However, the lack of it could cost us everything, including our Spiritual Rights to *Heaven's Language* or to be *In Service*.

Can we really forfeit our Spiritual Rights as Believers? We do it all the time while pretending we are not. The truth is, when we are pretending, the psyche knows it...We know who we are and what we are working with. If not, there would be no need for pretense. For this reason, *Heaven's Language* requires more from us, especially when it comes to our people skills and charactorial traits.

Chapter Eleven
Heaven's Language

What are you talking about? Is it good, bad, productive, unproductive, fruitful, or unfruitful? Do you account for what is coming out of your mouth? Are you aware of *Heaven's Language*? Do you know the Spiritual Impact of using our *Heavenly Language*? Well, in this chapter, we are going to open the Floodgates of Heaven on this matter to ensure you fully understand what you are working with and how to work it, *As It Pleases God*.

From the Tower of Babel to now, our Spiritual Language can vary from our *Heavenly Language*. How so? Spiritual Language deals with you connecting to you and the Holy Trinity, *Spirit to Spirit*. This conveyance process is often associated with some form of communion, prayer, or worship that may or may not incorporate words that address the quest for meaning, purpose, and connection. Then again, it can also be voiced or heard by others at will, depending on our free will decision to share or not to share.

Simply put, we can operate our Spiritual Language without knowing or engaging in our Divine Mission or Predestined Blueprint. As a matter of fact, we do not even have to know our reason for being to use what we already are, which is Spiritual Beings in Earthen Vessels. We can indeed take our Spiritual Language to the dark side, but one thing is for sure

Heaven's Language

that the Holy Spirit must lie dormant, and we cannot use the Blood of Jesus.

Why are we not able to use the Holy Spirit and the Blood of Jesus on the dark side? In the LIGHT of things, they are reserved for RIGHTEOUSNESS and FREE WILL, not ill will, debauchery, manipulation, or violating the free will of another. How do I know? With our Heavenly Father, there will always be a Strong Tower and Secret Place reserved for us due to the Blood of Jesus. With the Spiritual Atonement associated, it behooves us not to misuse it. Please allow me to Spiritually Align: *"The name of the Lord is a strong tower; the righteous run to it and are safe."* Proverbs 18:10. To take this a step further, *"He who dwells in the secret place of the Most High shall abide under the shadow of the Almighty. I will say of the Lord, 'He is my refuge and my fortress, my God, in Him I will trust.'"* Psalm 91:1-2.

In contrast, your *Heavenly Language* selflessly aligns you directly with the WILL and DESIRES of God, *As It Pleases Him*. In this place, you are held to a HIGHER ACCOUNTABILITY than most. But in my opinion, it is well worth the Divine Connection that is desired by all and only obtained by a few.

Unbeknown to most, your *Heavenly Language* incorporates you connecting to God, yourself, and others, *Spirit to Spirit*, bringing forth Heaven to Earth, and downloading Divine Information, Insights, Concepts, Precepts, and Wisdom that is associated with your Divine Purpose, Predestined Blueprint, Spiritual Gifts, Creativity, Passion, or a Greater Good. All of these are predicated on using the Fruits of the Spirit and behaving Christlike with a positive mindset. More importantly, no one is exempt as long as they do what is required of them from the Heavenly of Heavens and participate, *As It Pleases God*.

Heaven's Language

Why must we remain positive when utilizing our *Heavenly Language*? Negativity cancels our Divine Connection, similar to switching off a light switch. Therefore, we must approach our *Heavenly Language* with outright positivity while self-correcting, repenting, forgiving, or reversing any negative seeds.

The unconfined whispers of our *Heavenly Language* are not something we should take for granted. Why not? It encompasses feelings, senses, thoughts, desires, intentions, and a deep connection to our inner voice. We must keep the negative chatter at bay and stop drowning out our inside voice with music and television. The bottom line is that there must be limits placed on any distractions interfering with the flow of Divine Wisdom, Thoughts, Ideas, Concepts, Information, Principles, Warnings, and so on. If we do not become disciplined in this area, it can render us Kingdomly Unusable.

Why would we become unusable for enjoying life? Enjoying life does not make us unusable; it is overindulging in life that makes us unusable. There must be discipline and balance in what we enjoy and with whom.

When it comes to *Heaven's Language*, please allow me to pose a few questions:

- ☐ Do we think for a minute we can exhibit wretchedness without reaping the *Seeds* sown into our animosity with others, and keep our *Heavenly Language*?

- ☐ Do we think we can behave like a hellion on wheels without reaping the *Seeds* sown into having a hell-on-earth experience and keep our *Heavenly Language*?

- ☐ Do we think we can beat people down Mentally, Physically, Emotionally, and Spiritually without

Heaven's Language

reaping the *Seeds* of a beat down within our human psyche and keep our *Heavenly Language*?

- ☐ Do we think it is conducive to use, abuse, mistreat, and deceive others without reaping the *Seeds* of betrayal and keep our *Heavenly Language*?

- ☐ Do we think we can pilfer from others without reaping the *Seeds* of debauchery and keep our *Heavenly Language*?

- ☐ Do we think we can disrespect others without reaping the *Seeds* of degradation and keep our *Heavenly Language*?

- ☐ Do we think we can put down, oppress others, or treat them like a junkyard dog without reaping the *Seeds* of shamefulness and keep our *Heavenly Language*?

- ☐ Do we think we can kill the dream of another without reaping the *Seeds* of failure and keep our *Heavenly Language*?

- ☐ Do we think we can carelessly break the heart of another without reaping the *Seeds* of brokenness and keep our *Heavenly Language*?

- ☐ Do we think we can make excuses without reaping the *Seeds* of deprivation and keep our *Heavenly Language*?

- ☐ Do we think we can loom curses upon another without reaping the *Seeds* of waywardness and keep our *Heavenly Language*?

Heaven's Language

- ☐ Do we think we can run away from the Mission of God without reaping the *Seeds* of missed opportunities and keep our *Heavenly Language*?

According to the Kingdom of Heaven, our Seeds of Character are more potent than we can ever imagine, especially when we are sowing them cluelessly, expecting *Heaven's Language* to endorse us.

Why would *Heaven's Language* not endorse us, especially when we are under the Grace Dispensation? In the Eye of God, grace is our REFINEMENT PROCESS, which means we cannot become content with behaving badly. We must develop a work-in-progress mentality, making our best attempts to self-correct.

Ungoverned Seeds have a way of spreading all over the place, in places they do not belong, and into the hidden crevices without a targeted mission, springing up when we least expect them. Conversely, when our Seeds of Character are governed, we can better determine if they are Godly or ungodly, altering the trajectory accordingly. For this reason, it is essential to exhibit respectful self-control, especially when dealing with the germination of our Charactorial Seeds.

The Difference In Languages

Is our Spiritual Language and *Heavenly Language* not one and the same? Yes, they are ONE, but not the same as most would think. In order to get to a Spiritual Elite Status in the Kingdom of God, we must know when our Spirit is speaking, when the Holy Spirit is speaking, and when the Heavenly of Heavens is speaking.

How do we determine the difference? If we are NOT operating with the Fruits of the Spirit, the lines of

Heaven's Language

communication can get really foggy and blurred. Unfortunately, this is where we get God all wrong and do things to please ourselves with insurmountable jealousy, envy, pride, greed, coveting, unforgiveness, abrasiveness, and competitiveness.

Whereas, on the other hand, when using the Fruits of the Spirit and behaving Christlike, we can easily determine Godly Communication from ungodly rhetoric. Plus, there will be zero feelings of jealousy, envy, pride, greed, coveting, and competitiveness. Instead, there will be humility, selflessness, helpfulness, understanding, mercifulness, forgiveness, repentance, and gratefulness. How do we truly get to this point? It takes work, *As It Pleases God*, with a whole lot of LOVE and COMPASSION.

When it comes to Spirituality, *As It Pleases God*, there is no one-and-done approach to Him due to our varying differences, backgrounds, traumas, desires, wants, and needs. Actually, there are many different approaches to CONNECTING to Him *Spirit to Spirit*, so we must find what works for us according to our Predestined Blueprint.

In the *Heaven's Language* Spiritual Approach, I emphasize developing our *Spiritual Language* that is PLEASING to God, bridging the gap between our Heaven on Earth Experiences of righteousness and trustworthiness. Meanwhile, connecting with our innermost being and listening to the silent whispers from our Heavenly Father. In doing so, *As It Pleases Him*, it allows our *Heavenly Language* to remain on automatic or autopilot.

Picturesquely, our *Spiritual Language* can be invoked at the drop of a dime and is available to all. Whereas our *Heavenly Language* may require patience, time, preparation, and readiness, and is only used by a few. If someone tells me that

Heaven's Language

their *Heavenly Language* is pumping information 24/7, I already know they are lying, and the Spirit of Deception is at its best.

How do I know, especially when I do not know who God is using? For the record, I know Spiritual Principles, and so should you! Silence is one of the ways that God trains the human psyche. If we want to see what a person is working with, put them in a time-out or a zone of silence, and see what happens. With all due respect, they will either produce, *As It Pleases God*, or blow smoke (faking the funk or making up stuff), pleasing themselves, putting on a show, pleasing others in a state of idolatry, or they will outright turn on themselves.

Can we really develop our *Spiritual and Heavenly Language* simultaneously? Absolutely. We must pay close attention to our thoughts, feelings, senses, conscience, nudges, red flags, words, desires, mental chatter, and actions. Why must we pay attention to them, especially when communing with our Heavenly Father, *Spirit to Spirit*? Our *Spiritual or Heavenly Language* from our Heavenly Father may not be spoken; it may be a feeling, sensation, nudge, dream, or whatever. We must notice when anything is out of alignment to perfect the conscience, developing our instincts, Spiritual Compass, and Spiritual Discernment, *As It Pleases God*.

How do we know the difference? We must perfect the art of asking fact-finding questions. Our *Spiritual Language* from the Heavenly of Heavens is a powerful Spiritual Tool that is misunderstood by most, and is only used by a few in the way God rightfully intended. Our unique Spiritual Dialogue with God, *Spirit to Spirit*, can help us navigate through challenges and protect us from harm by using our conscience to set rules, boundaries, or guidelines for us. However, we must use it *As It Pleases Him* without becoming blinded by our emotions and unable to see the bigger picture.

Heaven's Language

For the record, if we cannot perfect our *Spiritual Language* in our Heaven on Earth Experiences, *As It Pleases Him*, then our *Heavenly Language* is Spiritually Veiled. Why are we Spiritually Veiled as faithful Believers? If we are not Spiritually Prepared in Earthen Vessels, it will shake us to the core, scaring or traumatizing us. Then again, it will make us think we are losing our marbles.

Listen, the affairs of the heart can become tricky because they can become powerful and all-consuming. Whether it is the excitement of a new relationship, heartbreak from a breakup, or complex emotions of a long-term relationship, the matters of the heart can leave us feeling vulnerable and exposed. However, it is essential not to let these affairs block out the *Spiritual Language* designed to protect us.

In spite of everything life presents us, it helps us to fine-tune the *Spiritual Language* needed to ALIGN ourselves *Spirit to Spirit* with the Will of God, gleaning the Divine Wisdom needed to think on our feet. Along with the ability to know beyond a shadow of a doubt who is speaking. For example, listed below are a few Voices that we will encounter daily, but not limited to such:

- ☐ We have the Voice of God.
- ☐ We have the Voice of the Holy Spirit.
- ☐ We have the Voice of the Conscience or Instincts.
- ☐ We have the Voice of Man (opinions).
- ☐ We have the Inside Voice (peacemaker, baby talk, or sweet mouth).
- ☐ We have the Voice of the Critic.
- ☐ We have the Voice of the Enemy.
- ☐ We have the Voice of Reasoning or Justification.
- ☐ We have the Voice of Common Sense.
- ☐ We have the Voice of Experience.
- ☐ We have the Voice of our Past.

Heaven's Language

- ☐ We have the Voice of Trauma.
- ☐ We have the Voice of Fear.
- ☐ We have the Voice of Hope and Faith.
- ☐ We have the Voice of Foolery.
- ☐ We have the Voice of the Ego.
- ☐ We have the Voice of Hatefulness.
- ☐ We have the Voice of the Psyche.
- ☐ We have the Voice of Forgiveness or Unforgiveness.
- ☐ We have the Voice of Jealousy, Envy, Pride, and Greed.
- ☐ We have the Voice of Coveting and Competitiveness.
- ☐ We have the Voice of Deception or the Hellion.

As a whole, we have a lot of Mental, Physical, Emotional, and Spiritual Balancing going on simultaneously. We can easily become confused about who is speaking because the human psyche (the flesh) aims for control, setting the pace for all else. With this being said, we are often in denial about these back-and-forth conversations we have with ourselves, as if they will not become evident in our actions, reactions, beliefs, words, character, or demeanor.

Having unrestrained, unqueried, misaligned, ungoverned, and unpleasing conversations or negative chatter will cause problems for us. Why will we become problematic as Believers? Dialogue contradicting the Word of God or the Fruits of the Spirit leaves room for deceitful matters of the heart or ulterior motives to fester.

Even when having adult conversations, we must know when to draw the line to redirect the conversation or set the appropriate boundaries of comfortability and righteousness. As a Vessel of the Most High God, we must be willing to have those hard conversations to interject the Word of God, or that 'aha moment,' getting others to think about what they are doing, saying, or becoming, and the reasons why.

Heaven's Language

For example, as one can see, I think and speak differently than the average person by Divine Design. Amid entertaining a conversation with someone to build them positively, they claimed I said something negative, degrading them. To add insult to injury, what they claimed I said was out of character for me, nor do I speak rudely or derogatively to people in such a manner. And here I am asking myself, 'How did they extract that out of what I said?' Therefore, I responded, 'I did not say that!' And their response was, 'Well, that is what I heard.'

Regardless of what they heard or their internal dialog, whether fact or fiction, they did not seek clarity before falsely accusing me of a mental playback they constructed on their own, based upon the voice of deception they entertained without correction. For this reason, we must become ever so cautious about what we are hearing and the inner chatter we are entertaining, slandering others without just cause.

With this Spiritual Approach in determining the different voices speaking, here is what we must know: *"Therefore do not be unwise, but understand what the will of the Lord is. And do not be drunk with wine, in which is dissipation; but be filled with the Spirit, speaking to one another in psalms and hymns and spiritual songs, singing and making melody in your heart to the Lord, giving thanks always for all things to God the Father in the name of our Lord Jesus Christ, submitting to one another in the fear of God.* Ephesians 5:17-21.

People will hear what they want to hear and say what they desire. By aligning what we are saying with the pleasantness of the scriptures, with the fear of God inside of us, with the Holy Spirit at the forefront, we can better govern the voices from within and interpret what is conveyed without offense.

When we are in Purpose on purpose, it comes with many fringe benefits from the Kingdom, but we must know how to treat others, especially when no one is looking. We must also become cautious about how we allow others to treat us in public and private.

Heaven's Language

According to the Heavenly of Heavens, God did not create us as doormats; He created us as Vessels of the Kingdom for His use. Not only do we need to respect others, but we must also respect ourselves.

How do we go about respecting ourselves, especially when having free will with a different perception? First, with or without free will, we must UNDERSTAND who we are in and out of the Kingdom of God. Secondly, we must KNOW how His System works on our behalf. Thirdly, we must MASTER how to approach Him and keep from boiling over when we are misunderstood, misused, mistreated, misquoted, or considered a mistake, especially when we all have an innate desire to be accepted. Plus, the worldly approach is not going to get it.

When dealing with our *Spiritual or Heaven's Language*, here are a few pointers we must know, *As It Pleases God*, but not limited to such:

- ☐ He desires a *Spirit to Spirit* Relationship with us. *"Exalt the LORD our God, And worship at His footstool—He is holy."* Psalm 99:5.

- ☐ He wants us to recognize He is the Creator, and we are the sheep in need of nurturing, *As It Pleases Him*. *"Know that the LORD, He is God; It is He who has made us, and not we ourselves; We are His people and the sheep of His pasture."* Psalm 100:3.

- ☐ He wants us to happily and willingly serve Him. *"Serve the LORD with gladness; Come before His presence with singing."* Psalm 100:2.

Heaven's Language

- [ ] He wants us to exhibit festive illumination when we speak about Him. *"Make a joyful shout to the LORD, all you lands!"* Psalm 100:1.

- [ ] He wants us to give THANKS in all things, regardless of how it appears. *"Enter into His gates with thanksgiving, And into His courts with praise. Be thankful to Him, and bless His name."* Psalm 100:4.

- [ ] He wants us to recognize His mercifulness, extending it outwardly to others for His Name's Sake. *"For the LORD is good; His mercy is everlasting, And His truth endures to all generations."* Psalm 100:5.

- [ ] He does not want us to become deceived through our acts of disobedience. *"Let no one deceive you with empty words, for because of these things the wrath of God comes upon the sons of disobedience. Therefore do not be partakers with them."* Ephesians 5:6-7.

- [ ] He wants us to remain in the LIGHT, *As It Pleases Him*, once we are removed from the darkness. *"For you were once darkness, but now you are light in the Lord. Walk as children of light (for the fruit of the Spirit is in all goodness, righteousness, and truth), finding out what is acceptable to the Lord."* Ephesians 5:8-10.

- [ ] He wants us to walk in love in the pleasantness of the Kingdom. *"And walk in love, as Christ also has loved us and given Himself for us, an offering and a sacrifice to God for a sweet-smelling aroma."* Ephesians 5:2.

Heaven's Language

- ☐ He wants us to remove ourselves or quickly repent of negative, destructive, or debauched character traits to protect our Kingdomly Treasures. *"But fornication and all uncleanness or covetousness, let it not even be named among you, as is fitting for saints; neither filthiness, nor foolish talking, nor coarse jesting, which are not fitting, but rather giving of thanks. For this you know, that no fornicator, unclean person, nor covetous man, who is an idolater, has any inheritance in the kingdom of Christ and God."* Ephesians 5:3-5.

- ☐ He wants us to put on the Whole Armor of God, knowing what to do when our Mind, Body, or Soul has seemingly jumped the track. *"Put on the whole armor of God, that you may be able to stand against the wiles of the devil."* Ephesians 6:11.

- ☐ He wants us to become Spiritual Ambassadors for the Kingdom of Heaven. *"For which I am an ambassador in chains; that in it I may speak boldly, as I ought to speak."* Ephesians 6:20.

When using this Divine Approach to our *Spiritual or Heaven's Language*, the Divine Seals will reside in our ability to remain in a State of Peace with an excellent *Heart Posture*, helping us think on our feet, *As It Pleases God*.

Heart Posture

Once we possess the work-in-progress mentality, we can remain in an ongoing classroom of teachability to ensure we can self-correct at the drop of a dime. All this means is that we are not perfect in the Eye of God, but USABLE based upon our

Heaven's Language

HEART POSTURES. Here is a hidden Spiritual Seal: *"Whoever offers praise glorifies Me; And to him who orders his conduct aright I will show the salvation of God."* Psalm 50:23.

How do we develop a good heart posture, *As It Pleases God*? There is no cookie-cutter way because we are all different, having varying experiences, traumas, biases, conditioning, and so on. With the faithful use of the Fruits of the Spirit, the Holy Spirit can tailor-make what is needed to get us from point A to Z as long as we are WILLING and OBEDIENT, knowing this: *"Violence shall no longer be heard in your land, neither wasting nor destruction within your borders; but you shall call your walls Salvation, and your gates Praise."* Isaiah 60:18.

In perfecting our Spiritual and *Heavenly Language* in the Eye of God, here are a few items to use to break the bonds of dullness, lukewarmness, and stiff-neckedness to develop a much-desired heart posture, *As It Pleases Him*, but not limited to such:

- ☐ Always tell the truth, even when it is difficult.
- ☐ Treat others with respect and kindness.
- ☐ Be honest and transparent.
- ☐ Take responsibility for your actions and decisions.
- ☐ Follow through on your commitments and promises.
- ☐ Respect the privacy and confidentiality of others.
- ☐ Avoid conflicts of interest and be fair in your dealings.
- ☐ Be a good listener and show empathy towards others.
- ☐ Follow laws and regulations in all your activities.
- ☐ Be accountable for your mistakes and learn from them.
- ☐ Respect diversity and be inclusive in your interactions.
- ☐ Be reliable, relatable, and dependable in your work and relationships.
- ☐ Avoid gossip and harmful rumors about others.

Heaven's Language

- ☐ Be open to feedback and willing to learn and grow.
- ☐ Contribute positively to your community and environment.
- ☐ Avoid discrimination and treat everyone equally.
- ☐ Use resources responsibly and avoid waste.
- ☐ Be mindful of your impact on others and the environment.
- ☐ Act with integrity and be trustworthy in all your interactions.
- ☐ Strive to do the right thing, even when it is challenging.
- ☐ Connect to nature.

What can this list do for us? Zechariah 2:4-5 says it best on how the Divine Protection and Assurance of God's Holy Presence with a Wall of Fire transcends physical boundaries for those who are in Purpose on purpose. *"And said to him, 'Run, speak to this young man, saying: 'Jerusalem shall be inhabited as towns without walls, because of the multitude of men and livestock in it. For I,' says the Lord, 'will be a wall of fire all around her, and I will be the glory in her midst.'"*

What if we are still not sure about our heart postures? It is okay to be unsure about something or someone. All we need to do is seek clarity by asking fact-finding questions. Here are a few questions I need to ask, testing our heart postures:

- ☐ When we are wronged, do we have the courage to do the right thing without seeking revenge?

- ☐ When we are rejected, do we have the tenacity to be kind, loving, respectful, and compassionate anyway?

Heaven's Language

- ☐ When we are falsely accused, do we have the courage to walk with our truth confidently?

- ☐ When we are mocked, do we have the esteem to understand who we are and who we were created to be, especially in the Eye of God?

- ☐ When we are used, do we have the know-how to unselfishly lend a helping hand?

- ☐ When we suffer a setback or setup, do we know how to look for a win-win?

- ☐ When we make a mistake, do we understand how to take responsibility and self-correct simultaneously?

- ☐ When we are victims, do we understand how to seek victory in seeming defeat?

- ☐ When we are faced with the negative, do we know how to convert it into a positive?

- ☐ When we are behind closed doors, do we have the willpower to do the right thing regardless?

- ☐ When we are unloved, do we have the heart to love others unconditionally?

- ☐ When we are treated like a junkyard dog, do we have enough self-control and discipline to flip the script, extending kindness and goodness?

Heaven's Language

In or out of the Kingdom of God or when dealing with *Heaven's Language*, we must have the maturity to look for the Big Picture without pointing the finger, becoming emotionally mushy, losing our common sense, or outright getting out of character with profound, ungodly foolery.

As a Word to the Wise, whenever we are close to our breakthrough, God will allow our enemies to push our weak buttons or dig into our wounds to test us or provoke us to err. Why would He allow this to happen to us? Once again, God keeps a close eye on our integrity, mindsets, and heart postures. When we become unrighteous or lack integrity amid whatever or whomever, it is back to the Spiritual Classroom or Drawing Board for us.

To The Letter

When we can follow instructions to the LETTER, *As It Pleases God*, we will find Him shaking up Heaven and Earth for us. If this is not happening right now, then it is an indication that we must fine-tune our *Spirit to Spirit* Communication Skills.

What is the LETTER considered in the Eye of God? It is an indication that He is watching the details of our lives to ensure we are worthy of possessing *Heaven's Language*. If we can get the LETTER right, *As It Pleases Him*, then rest assured that *Heaven's Language* will seek us out.

To be clear, we are not serving the Letter of the Law; we are the LETTER. Really? Yes, really! Please allow me to Spiritually Align: *"And we have such trust through Christ toward God. Not that we are sufficient of ourselves to think of anything as being from ourselves, but our sufficiency is from God, who also made us sufficient as ministers of the new covenant, not of the letter but of the Spirit; for the letter kills, but the Spirit gives life."* 2 Corinthians 3:4-6.

Heaven's Language

Everything we need is written on the Tablet of the Heart—all we need to do is search it out and read it, *As It Pleases God*. Why must we examine our hearts for the LETTER? There is a GIFT behind it. Here is your Spiritual Leverage: *"And when I come, whomever you approve by your letters I will send to bear your gift to Jerusalem. But if it is fitting that I go also, they will go with me."* 1 Corinthians 16:3-4. It behooves us to pay attention to the details of our lives to ensure we are not overlooking the people, places, things, issues, lessons, or behaviors that will cause us to get a Spiritual Side-Eye. Here are a few things to do, but not limited to such:

- ☐ We must APPROACH our actions, thoughts, beliefs, and intentions from a Divine Perspective, adding God into the equation. Doing so, *"You will receive an inheritance from the Lord as a reward.* Colossians 3:24.

- ☐ We must ALIGN everything in our lives with the Word of God without becoming over-religious or condescending with a one-pony rodeo mentality or faking the funk. So, *"Be strong, all you people of the land, declares the Lord, and work. For I am with you."* Haggai 2:4.

- ☐ We must EXUDE integrity in all things. God is scouting for sincerity, transparency, and authenticity in our actions, thoughts, words, beliefs, desires, and intentions. *"Therefore do not be unwise, but understand what the will of the Lord is."* Ephesians 5:17.

- ☐ We must COMMUNICATE with God, *Spirit to Spirit*, for Divine Revelation through speaking to Him, scriptures, events, thoughts, people, or personal revelations to become Spirit Minded. *"For those who live according to the flesh set their minds on the things of the flesh, but those who live according to the Spirit, the things of the Spirit."* Romans 8:5.

- ☐ We must REFLECT on the GOODNESS of God while becoming THANKFUL in all things, regardless of how people, places, and things appear to the naked eye. Remember, there is a lesson hidden in everything; extract the lesson, document it, and share it, *As It Pleases Him*, and be about His Business. I promise that Divine Wisdom will become our portion. *"For we walk by faith, not by sight. We are confident, yes, well pleased rather to be absent from the body and to be present with the Lord. Therefore we make it our aim, whether present or absent, to be well pleasing to Him."* 2 Corinthians 5:7-9.

- ☐ We must DECLINE to brag, boast, or compare ourselves with others. In this day and age, we are required to focus, reflect, and work on ourselves to become better, stronger, and wiser, *As It Pleases God*. If we have time to be envious, jealous, covetous, or competitive, we have too much time on our hands. *"For we dare not class ourselves or compare ourselves with those who commend themselves. But they, measuring themselves by themselves, and comparing themselves among themselves, are not wise. We, however, will not boast beyond measure, but within the limits of the sphere which God appointed us—a sphere which especially includes you."* 2 Corinthians 10:12-13.

Heaven's Language

Regardless of how we view the LETTER or our lives, it is imperative to engage in *Divine Communication* with our Heavenly Father to gain Spiritual Insight and Revelation on our next.

Divine Communication

When dealing with *Heaven's Language*, it is not for the faint of heart. Nor should it be something we play around with if we are NOT ready, willing, and able to open ourselves up to the Realm of the Spirit, *As It Pleases God*. What does this mean in layman's terms? Playing around in the Realm of the Spirit and lying on God with a debauched, negative, or selfish heart, mindset, or belief system can cause an evil possession. Is this real? It is as real as the air we breathe. For this reason, I advise those who are Spiritually Weak not to play around with things or areas they do not understand.

Divine Messages, Downloads, or Insights come with a great weight of responsibility, and if we attempt to abuse *Heaven's Language*, we should go ahead and prepare ourselves to be outsmarted. The Divine Prophecies, Visions, Manifestations, or Inspirations are now being called to the forefront, exposing the falsities of the clickbait prophets.

As my ear has been to the ground, I am flabbergasted by those proclaiming the Holy Spirit is saying this and that, while exhibiting zero Spiritual Fruits. In addition, they are doing the things that God hates, according to Proverbs 6:16-19, just to rack up followers as if this is a game with recycled information.

How do I know they are reverberating recycled information? It is like they are speaking with two mouths...they will say one thing and contradict what they just said with another, unlike the Divine Presence or Characteristics of the Holy Spirit. In my opinion, this is similar to what Psalm 78:36-27 says, *"They flattered Him with their mouth, And they lied to Him with their tongue. For their heart was not steadfast with Him, Nor were they faithful in His covenant."*

Do we think the Holy Spirit is contradictory? For the record, He is not! He is consistent, on point, and accurate. Once again, when dealing with *Heaven's Language*, James 1:26 says, *"If anyone among you thinks he is religious, and does not bridle his tongue but deceives his own heart, this one's religion is useless."*

When we attempt to abuse *Heaven's Language* to manipulate and deceive, we are viewed as conspiring thieves. Blasphemy, right? Wrong. Let me break this down scripturally: *"But to the wicked, God says: 'What right have you to declare My statutes, Or take My covenant in your mouth, Seeing you hate instruction And cast My words behind you? When you saw a thief, you consented with him, And have been a partaker with adulterers. You give your mouth to evil, And your tongue frames deceit. You sit and speak against your brother; You slander your own mother's son. These things you have done, and I kept silent; You thought that I was altogether like you; But I will rebuke you, And set them in order before your eyes."* Psalm 50:16-21.

With Divine Communication, *As It Pleases God*, we must do a few things, but not limited to such:

- ☐ We must place our TRUST in God.
- ☐ We must DEVELOP an intimate *Spirit to Spirit* Relationship with Him.
- ☐ We must SEEK and involve Him in all we do, say, and become.
- ☐ We must PRAISE and WORSHIP Him.
- ☐ We must openly DECLARE His good deeds through the power of our Testimony or Testament.

- ☐ We must SURRENDER all things to Him, placing Him at the forefront of our lives.
- ☐ We must EXPECT Him to work all things together for our good, regardless of how it appears to the naked eye.

Why is this necessary? In the Eye of God, in order to usher in the Divine Presence of the Holy Spirit, we must know what moves us IN HIM. Who is In Him? In Him is in Jesus. 1 John 4:15 emphasizes how this process works: *"Whoever confesses that Jesus is the Son of God, God abides in him, and he in God."*

If we take this a step further, Colossians 2:10 says, *"And you are complete in Him, who is the head of all principality and power."* In addition, Ephesians 1:7 wants us to know: *"In Him we have redemption through His blood, the forgiveness of sins, according to the riches of His grace."*

The most familiar passage we are accustomed to is in Acts 17:28. *"For in Him we live and move and have our being, as also some of your own poets have said, 'For we are also His offspring.'"* Above all, our Divine Tapestry weaves us together as ONE with our Divine Purpose and Spiritual Identity on ready. All we need to do is invite the Holy Spirit in to AWAKEN us from our slumber.

The Holy Spirit

If we do not know anything about the Holy Spirit, it is still best not to grieve Him. Why should we not grieve the Holy Spirit? We do not want Him to perceive us as an enemy. Can this really happen? Absolutely. The consequences of rebellion and disobedience are no joke, as they are greatly frowned upon in or out of the Kingdom of God. Here is what can happen to us:

Heaven's Language

"But they rebelled and grieved His Holy Spirit; So He turned Himself against them as an enemy, And He fought against them." Isaiah 63:10.

Despite God's unwavering faithfulness to us, if we turn away from Him, the Holy Spirit, or reject the Blood of Jesus as our Spiritual Atonement to do our own thing, He views this as a breach in our COVENANT RELATIONSHIP. How so? Suppose we choose to follow our selfish desires, engage in our untamed lust, inflict harm on the innocent, or engage in rebellion rather than adhering to His commands. In this case, He will put our *Heaven's Language* on lockdown, leading us straight into Mental, Physical, Emotional, and Spiritual turmoil. In all simplicity, we will turn on ourselves!

If repentance, obedience, or uprightness does not occur, *As It Pleases God*, we will remain in this state until we return to our FIRST LOVE. Is it by force? Absolutely not. It is based on a Spiritual Covenant. Here is what we must know: *"But this I have against you, that you have forsaken your first love. Remember then from where you have fallen. Repent and do the deeds you did at first. If not, I will come to you and remove your lampstand from its place—unless you repent."* Revelation 2:4-5.

What if we are under grace? Grace has nothing to do with our return. Grace is a GIFT of Refinement, and our return is an ACTION of Restoration. Please do not confuse the two because accountability and repentance are a must to restore the foundation of our faith, our Divine Light, and a loving relationship with the Holy Trinity.

When dealing with *Heaven's Language*, we must know a few things about the Holy Spirit, but not limited to such:

- ☐ The Holy Spirit has a Divine Presence. *"And I will pray the Father, and He will give you another Helper, that He may abide with you forever, the Spirit of truth, whom the world cannot*

Heaven's Language

receive, because it neither sees Him nor knows Him; but you know Him, for He dwells with you and will be in you." John 14:16-17.

- [ ] He is a Comforter, Helper, and Guarantee. *"In Him you also trusted, after you heard the word of truth, the gospel of your salvation; in whom also, having believed, you were sealed with the Holy Spirit of promise, who is the guarantee of our inheritance until the redemption of the purchased possession, to the praise of His glory."* Ephesians 1:13-14.

- [ ] The Holy Spirit is a Counselor, providing Divine Guidance. *"The Spirit of the Lord shall rest upon Him, the Spirit of wisdom and understanding, the Spirit of counsel and might, the Spirit of knowledge and of the fear of the Lord."* Isaiah 11:2.

- [ ] He is a Teacher, helping us understand and apply scripture. *"But the Helper, the Holy Spirit, whom the Father will send in My name, He will teach you all things, and bring to your remembrance all things that I said to you."* John 14:26.

- [ ] The Holy Spirit will CONVICT us with TRUTH. *"However, when He, the Spirit of truth, has come, He will guide you into all truth; for He will not speak on His own authority, but whatever He hears He will speak; and He will tell you things to come."* John 16:13.

- [ ] He will EMPOWER us to fulfill our Greater Calling. *"There are diversities of gifts, but the same Spirit. There are differences of ministries, but the same Lord. And there are diversities of activities, but it is the same God who works all in all.*

But the manifestation of the Spirit is given to each one for the profit of all." 1 Corinthians 12:4-7.

- ☐ The Holy Spirit has Instructions for our Predestined Blueprint. *"If we live in the Spirit, let us also walk in the Spirit."* Galatians 5:25.

- ☐ He is an Intercessor, praying on our behalf. *"Likewise the Spirit also helps in our weaknesses. For we do not know what we should pray for as we ought, but the Spirit Himself makes intercession for us with groanings which cannot be uttered."* Romans 8:26.

- ☐ The Holy Spirit provides Guidance. *"I will instruct you and teach you in the way you should go; I will guide you with My eye."* Psalm 32:8.

- ☐ He is our Consuming Fire, purifying our impurities. *"Each one's work will become clear; for the Day will declare it, because it will be revealed by fire; and the fire will test each one's work, of what sort it is. If anyone's work which he has built on it endures, he will receive a reward. If anyone's work is burned, he will suffer loss; but he himself will be saved, yet so as through fire."* 1 Corinthians 3:13-15.

- ☐ The Holy Spirit is Indwelling, granting us Spiritual Knowledge and Wisdom. *"Now we have received, not the spirit of the world, but the Spirit who is from God, that we might know the things freely given to us by God. These things we also speak, not in words which man's wisdom teaches but which the*

Heaven's Language

Holy Spirit teaches, comparing spiritual things with spiritual." 1 Corinthians 2:12-13.

- ☐ He is our Power Source, helping to perfect *Heaven's Language* within us. *"But you shall receive power when the Holy Spirit has come upon you; and you shall be witnesses to Me in Jerusalem, and in all Judea and Samaria, and to the end of the earth."* Acts 1:8.

- ☐ The Holy Spirit has On-The-Spot Training. *"For the Holy Spirit will teach you in that very hour what you ought to say."* Luke 12:12.

When *Heaven's Language* is on the line, God's purifying nature will come forth, testing the fibers of our being. Really? Yes, really.

According to the Heavenly of Heavens, He uses the issues, cycles, and vicissitudes of life to refine us. Is this Biblical? Absolutely. *"But who can endure the day of His coming? And who can stand when He appears? For He is like a refiner's fire and like launderers' soap. He will sit as a refiner and purifier of silver; He will purify the sons of Levi and purge them as gold and silver, that they may offer to the Lord an offering in righteousness."* Malachi 3:2-3.

Why are we tested when wanting to receive *Heaven's Language?* God wants to see what we are working with, and He wants us to see ourselves authentically. 1 Peter 1:7 says, *"That the genuineness of your faith, being much more precious than gold that perishes, though it is tested by fire, may be found to praise, honor, and glory at the revelation of Jesus Christ."*

Heaven's Language

As my ear has been to the ground, I find that we often reject God's way of testing us but become complacent with not testing our own character, biases, thoughts, beliefs, desires, habits, and convictions. So my question is, how can we expect to grow Mentally, Physically, Emotionally, and Spiritually if we do not actively engage in self-testing, self-examination, self-reflection, self-analysis, self-control, and self-abstinence?

Even if we think we have it going on at our current state of being, there is always more. For this reason, in our self-discovery phase, we need the Divine Assistance of the Holy Spirit to help unveil more.

What is the big deal about this self-discovery stuff? According to the Ancient of Days, we cannot really know Him or others without truly knowing ourselves from the inside out, including our hidden propensities. When navigating life, if we do not truly know who we are or have to hide who we are, then *Heaven's Language* will be withheld.

Why is *Heaven's Language* withheld from us when we are serving God with all our hearts? According to the Heavenly of Heavens, first and foremost, if we lie to ourselves or about ourselves, we will lie to God, and we will lie on Him! Secondly, if we serve God to please ourselves and others for a show, *Heaven's Language* will be withheld as well.

Heaven's Language is not for showboating; it is designed for Divine Revolutions or Revelations, making a profound worldly impact for the Greater Good. When we attempt to use it for our four and no more, or as a tool for narcissism or self-promotion, the Heavenly of Heavens will stop us dead in our tracks.

According to the Heavenly of Heavens, we must look beyond our immediate concerns, needs, or issues to become effective and usable for the Kingdom of God. For this reason, He will most often test us in the area of our finances and relationships. If we cannot survive these two without selling our souls for power, money, and sex, then *Heaven's Language* is withheld, even if we can speak in tongues.

The moment I see someone pimping God, I already know who is speaking. Selling the love of God, selling healing, selling hope, selling the Kingdom, or selling whatever pertains to God for power, money, sex, influence, or likes is an atrocity in the Kingdom. In the Eye of God, SALVATION is FREE…the price has already been paid through the Blood of Jesus. Matthew 25:40 says, *"Assuredly, I say to you, inasmuch as you did it to one of the least of these My brethren, you did it to Me."*

When dealing with *Heaven's Language* for real, for real, we must share love, hope, and healing because it is the right thing to do, regardless of whether or not we are compensated. When we do what is right, God will always provide Divine Provisions for us, like Supernatural Manna from the Heavens Above. Proverbs 19:17 says, *"He who has pity on the poor lends to the Lord, and He will pay back what he has given."*

When we can successfully and fluently speak *Heaven's Language* without reservation and *As It Pleases God*, with love, faith, purpose, humility, and compassion, we will not have a problem with establishing or creating *The Triple-Braided Cord* Mindset. For sure, this Divine Language transcends beyond our earthly limitations, connecting us with the necessary intimate *Spirit to Spirit* Communion that will nourish the soul, and genuinely make our baby leap from within, GUARANTEED. Without further ado, let us *Braid* this *Triple Cord*, as ONE.

Chapter Twelve
The Triple-Braided Cord

The Spiritual Twining process is no joke, especially when adding God into the equation, *As It Pleases Him.* With the proper maintenance and care, *"Though one may be overpowered, two can defend themselves. A threefold cord is not quickly broken."* Ecclesiastes 4:12. With the profound strength and resilience found in relationships, unity, and community, it can change the trajectory of someone's life, especially if they have been rejected, considered a loner, or have to overcome challenges alone to become resilient in their Spiritual Journey.

The strength found in unity or togetherness is a sought-after commodity by most. But the truth is that they are rarely attained because there are Spiritual Prerequisites involved. Although some proclaim they are tight and thick as thieves, I do not discount anyone's bond or connection. In the Eye of God, a tightly woven *Triple-Braided Cord* requires the use of the Fruits of the Spirit and behaving Christlike to ensure its staying power. Why is this necessary, especially when having free will? *"Whoever has no rule over his own spirit is like a city broken down, without walls."* Proverbs 25:28.

More importantly, it also requires willful participation to make the necessary adjustments to secure the Spiritual Anchor from the Heavenly of Heavens with Spiritual Glue. What does this mean? When the Heavens are backing a relationship, no

The Triple-Braided Cord

one or nothing can stop them or break their Divine Connection. Really? Yes, really! Know this: *"Unless the Lord builds the house, they labor in vain who build it; unless the Lord guards the city, the watchman stays awake in vain."* Psalm 127:1.

What makes this type of connection rock solid? Divine Purpose makes them a CORNERSTONE if they use the stepping stones presented to learn, understand, correct, grow, and give back to the Kingdom of God. If He trusts them to give back to build others in such a manner, it will open the Floodgates of Heaven on their behalf. For example, as my give back to the Kingdom, I share information with those who have a willing ear to hear. As a result, I am granted more Divine Wisdom to keep the Spiritual Cycle of Information flowing with zero shame attached.

With *The Triple-Braided Cord* Mindset from the Heavens Above, together, we can do more, achieve more, endure more, share more, help more, build more, and grow more without compromise. While at the same time flourishing beyond measure, while withstanding the Vicissitudes and Cycles of Life.

Here is what we need for *The Triple-Braided Cord* Mindset, but not limited to such:

- ☐ We need PATIENCE in dealing with challenging situations.
- ☐ We need the WILLPOWER to resist temptations and impulses.
- ☐ We need EMOTIONAL REGULATION in managing our feelings and reactions.
- ☐ We need IMPULSE CONTROL to think before acting.
- ☐ We need DELAYED GRATIFICATION in pursuing long-term goals.
- ☐ We need RESTRAINT to control our behaviors and desires.

The Triple-Braided Cord

- ☐ We need SELF-DISCIPLINE to adhere to personal standards and values.
- ☐ We need THOUGHTFULNESS in making deliberate choices.
- ☐ We need CALMNESS in stressful or provoking circumstances.
- ☐ We need MODERATION in consuming and indulging.
- ☐ We need CONSISTENCY in maintaining healthy habits and routines.
- ☐ We need ACCOUNTABILITY for our actions, thoughts, beliefs, habits, and decisions.
- ☐ We need FLEXIBILITY to adapt to changing situations.
- ☐ We need ADAPTABILITY in adjusting to unexpected challenges.
- ☐ We need MINDFULNESS to stay present, committed, and focused.
- ☐ We need INTEGRITY to uphold ethical principles and commitments.
- ☐ We need BALANCE in managing conflicting priorities.
- ☐ We need CONFIDENCE in handling adversity in a timely manner.
- ☐ We need SERENITY to maintain peace.
- ☐ We need ASSERTIVENESS in expressing needs and boundaries while respecting each other.
- ☐ We must want the BEST for each other.
- ☐ We must remain THOUGHTFULLY honest and faithful with ourselves and others.

Why must we become aware of what we need, especially when we are all different? Yes, we are all different, but we are cut from the SAME Spiritual Cloth. If we get the Spiritual Compilation right, our uniqueness can be placated. All this

The Triple-Braided Cord

means is that our Spirit Man can be satisfied based on our Spiritual DNA and *Heaven's Language*, even if we play pretend.

We are Spiritually Prewired to consciously or unconsciously respond to certain characteristics, qualities, actions, reactions, demeanors, words, and responses through the senses. For this reason, we must become cautious about the lust of the eyes, the lust of the flesh, and the pride of life.

The sensory realm is real, and we do not want to operate recklessly in it. For example, we say that we are operating in unconditional love when we know there are conditions governing our heart postures. Sadly, this is why disappointment from false expectations has become kryptonite to the psyche of mankind.

The only way to break the negative pattern of false expectations appearing real is to endorse free will, use the Fruits of the Spirit, and behave Christlike. What about God or the Holy Trinity? We should always add Him as a part of the Holy Trinity into the equation, but we can do this without Him because, once again, we have free will to choose Him, the Holy Spirit, for Spiritual Guidance, and the Blood of Jesus for Spiritual Atonement.

Nevertheless, if we choose not to do so, we still have the Spiritual Tools due to the fact that we are Spiritual Beings having a human experience. But we WILL NOT possess *Heaven's Language* to endorse what we do, how we do it, where we do it, when we do it, and with whom. Why not? *Heaven's Language* is reserved for our Heaven on Earth Experiences and UNITY. It is NOT for the use in our worldly or selfish experiences, the unraveling of a *Triple-Braided Cord*, or causing division amongst the brethren.

The Golden Rule

Some do not like rules, and some live by them. Here is one of my favorites...*The Golden Rule*: "*And just as you want men to do to you,*

The Triple-Braided Cord

you also do to them likewise." Luke 6:31. Treating others with the same kindness and respect that one desires for oneself is by far the way to move in the Spirit of Excellence.

At its core, *The Golden Rule* presents the Law of Reciprocity at its finest. In my opinion, this reflective method helps us in conflict resolution, de-escalating tension to bring forth understanding, respect, and resolve while thinking on our feet. Furthermore, when we put ourselves in someone's shoes temporarily, it will help us better relate to them with compassion, mercy, and relevance.

What does relevance have to do with anything? For example, we cannot relate to a Gen Zer with a Baby Boomer's understanding. Therefore, in creating a *Triple-Braided Cord*, we must ask fact-finding questions to master our approach. Ephesians 4:1-3 says, *"I, therefore, the prisoner of the Lord, beseech you to walk worthy of the calling with which you were called, with all lowliness and gentleness, with longsuffering, bearing with one another in love, endeavoring to keep the unity of the Spirit in the bond of peace."*

The Mindset

With an unwavering and *Triple-Braided Cord* Mindset, *As It Pleases God*, we can add Spiritual Glue to this Divine Cord, producing a BOND that is SUPERNATURAL. How is this done? It is accomplished by using the Word of God to FOOLPROOF whatever with whomever.

With a *Triple-Braided Cord* Mindset, *As It Pleases God*, serves as a foundation for not only surviving in the real world but thriving in our relationships. This Spiritual Mindset focuses on resilience, understanding, and adaptability, promoting healthier dynamics between mates, partners, friends, co-workers, and family members while embracing a positive outlook.

The Triple-Braided Cord

This concept does not mean ignoring flaws or challenges, but rather choosing to focus on the strengths each person brings to the table to create a win-win. It DOES promote clear communication, asking the right fact-finding questions, taking the appropriate actions necessary to bring a positive resolve, and expressing gratefulness for the good, bad, or indifferent. Although this seems like a lot of work, it gets easier when put into action, *As It Pleases God*, allowing our conscience to kick in to regulate our Spiritual Compass and our levels of empathy.

Why would empathy have levels? We were all created differently. Some of us require a little empathy, and then some require more. Therefore, we must develop the ability to understand and share the feelings of others and foster deeper connections on their level. How is this conveyed? Most often, it is through understanding, thoughtfulness, genuine support, body language, and tone of voice.

With a *Triple-Braided Cord* Mindset, it is not about being right or wrong; it means being available to navigate through challenges TOGETHER with realistic expectations, boundaries, and respect. Of course, we may not get it right all the time, but it provides opportunities for meaningful conversations, brainstorming, and shared laughter without creating a hostile environment. As Proverbs 21:19 tells us, "*Better to dwell in the wilderness, Than with a contentious and angry woman.*" This is so important that Proverbs 25:24 repeats this same scenario, "*It is better to dwell in a corner of a housetop, Than in a house shared with a contentious woman.*"

Why are the above scriptures focused on women? Unfortunately, contention creates an imbalance on the earth due to the lack of respect. Is this Biblical? Here is what Proverbs 30:21-23 says, "*For three things the earth is perturbed, Yes, for four it cannot bear up: For a servant when he reigns, A fool when he is*

The Triple-Braided Cord

filled with food, A hateful woman when she is married, And a maidservant who succeeds her mistress."

With *The Mindset* of PLEASING God, it will provide a way of escape if we know about this scripture and use it as Spiritual Leverage: *"And I find more bitter than death The woman whose heart is snares and nets, Whose hands are fetters. He who pleases God shall escape from her, But the sinner shall be trapped by her."* Ecclesiastes 7:26.

I am not targeting or putting down women, but for the *Triple-Braided Cord* Mindset, Proverbs 14:1 tells us: *"The wise woman builds her house, But the foolish pulls it down with her hands."* However, Titus 2:5 gives women specific instructions on how a woman can build her house: *"To be discreet, chaste, homemakers, good, obedient to their own husbands, that the word of God may not be blasphemed."* Without this, we can indeed untie our own cords while thinking we have it going on. So, beware.

Here are a few tips to build our houses in UNITY, *As It Pleases God*, and how to walk worthy of the calling with which you were called with a *Triple-Braided Cord* Mindset, but not limited to such:

- ☐ We need LOVE.
- ☐ We need HUMILITY.
- ☐ We need UNDERSTANDING.
- ☐ We need PATIENCE.
- ☐ We need KINDNESS.
- ☐ We need GENTLENESS.
- ☐ We need ONENESS.
- ☐ We need HOPE.
- ☐ We need PURPOSE.
- ☐ We need to be on ONE ACCORD.
- ☐ We need to place God FIRST.

The Triple-Braided Cord

Please allow me to Spiritually Align this *Triple-Braided Cord* Mindset Checklist so that you and I can come into Divine Agreement and Alignment, *Spirit to Spirit*: *"I therefore, the prisoner of the Lord, beseech you to walk worthy of the calling with which you were called, with all lowliness and gentleness, with long-suffering, bearing with one another in love, endeavoring to keep the unity of the Spirit in the bond of peace. There is one body and one Spirit, just as you were called in one hope of your calling; one Lord, one faith, one baptism; one God and Father of all, who is above all, and through all, and in you all."* Ephesians 4:1-6.

Why is Ephesians 4:1-6 so important to the *Triple-Braided Cord* Mindset? It helps to place a Spiritual Seal on our Spiritual Gifts and Divine Blueprint to build a strong POWER TEAM that makes a profound impact on the NATIONS in the Spirit of Oneness. Really? Yes, really!

The Apostle Paul, in his letter to the Ephesians, emphasizes a profound message about unity and beautifully outlines the foundation of this unity by mentioning the SEVEN ONES. He states:

- ☐ One Body.
- ☐ One Spirit.
- ☐ One Hope.
- ☐ One Lord.
- ☐ One Faith.
- ☐ One Baptism.
- ☐ One God and Father Of All.

These Spiritual Elements of ONENESS serve to remind us of their common identity in Christ Jesus. Each category signifies a vital aspect of our faith and underscores that, despite individual differences, there is a GREATER CALLING that

The Triple-Braided Cord

brings us together while fulfilling unique roles for the GREATER GOOD.

The truth is that no one likes the behavior of those who are unkind, unloving, impatient, mean, unforgiving, spiteful, hateful, or angry all the time. In addition, people also do not like the character of those who lack understanding, compassion, and gentleness. Even though they may pretend to like them, the CRINGE is evident. Whereas, in the Eye of God, we should never allow the cringe to come from the above factors, especially when we have the Fruits of the Spirit to convert a negative cringe into a positive one.

Joined and Knitted Together

In the process of becoming *Joined and Knitted Together*, with confidence, purpose, and love, we must understand this: "*I am the vine, you are the branches. He who abides in Me, and I in him, bears much fruit; for without Me you can do nothing.*" John 15:5. In the same way that a vine, its branches, and its fruit are connected together to produce and multiply, so are we.

Regardless of how we feel or think, in the Eye of God, we are a Tree of Life, in need of regular prayer, repentance, forgiveness, mercy, fasting, meditation, and worship, *As It Pleases Him*. While simultaneously allowing the Holy Spirit to guide our actions, thoughts, words, beliefs, desires, and decisions. In addition, if we cover ourselves with the Blood of Jesus as Spiritual Atonement, we are given another chance to get it right or work on ourselves to become better, stronger, and wiser without having to settle for mediocrity or defeat.

Suppose we do not subscribe to the Tree of Life, we are clueless about the Spiritual Laws of living real life, or we decline to remain connected to our SOURCE of Spiritual Sustenance for strength, guidance, and nourishment. In this case, it will become difficult to connect to God, *Spirit to Spirit*.

The Triple-Braided Cord

When we are unable to tap into God, *Spirit to Spirit* and *As It Pleases Him*, we will remain in the milking stages (the baby phases) of Spirituality with little or no discernment, while becoming easily manipulated, used, abused, or provoked. Conversely, if a *Spirit to Spirit* Relationship is established *As It Pleases Him*, we can graduate to digest Spiritual Meat with an accurate Spiritual Compass with PRECISE DISCERNMENT.

Painstakingly, if an authentic *Spirit to Spirit* Relationship does not occur, it will become harder to connect to ourselves, *self to self*, due to the lack of understanding. As a result, it will become extremely challenging to connect to others, *one to another*, without becoming underlyingly jealous, envious, prideful, greedy, covetous, or competitive. Lastly, it will become impossible to truly connect to our Predestined Blueprint, going from *passion to purpose*, without the above trifecta of connecting to God, ourselves, and others first.

Does a Divine Connection really make a difference when being *Joined and Knitted Together*, one to another? Absolutely! At the core of our existence lies Divine Order, regardless of whether we understand it or not, while exempting no one. This Divine Order is hidden within our DNA, and it fights us back tooth and nail from within with mental, emotional, or downright soulish struggles, especially when we are in some form of defiance. Furthermore, this is also applicable when we defy our inner truths or amid our external pretenses and masks, which manifests as anxiety, guilt, hatefulness, fear, or confusion.

In all simplicity, internal rebellion is nothing more than a disconnect between our thoughts, actions, words, desires, and inner convictions from within. Unbeknown to most, the discomfort we experience within the psyche is a hidden catalyst prompting introspection. When dealing with *Heaven's Language*, this urges us to examine our internal and external

The Triple-Braided Cord

motivations or heart and mind postures, paying close attention to our thoughts, words, biases, and desires.

For instance, on the surface, someone may appear to have it going on with a well-paying job, a stable family, and an eventful social life. Yet, underneath the façade and behind closed doors, they feel deeply unfulfilled, lost, and disconnected from their true purpose, as they are obviously out of the Will of God. This type of misalignment will cause anyone to feel fragmented, confused, unfulfilled, restless, insecure, and disconnected while continuing to pretend, lie, and deceive God, themselves, and others. In this state of being, they project an image of confidence or success, all while overlooking the negative self-talk or mental chatter and waywardness taking place, particularly when they do not get what they want or what they think they need. Ultimately, in the Eye of God, the goal is to move away from the realm of deception and pretense toward one of honesty, fulfillment, authenticity, and peace.

When being *Joined and Knitted Together*, by embracing the fundamental truth of our Divine Expectations, *As It Pleases God*, here is what James 4:10 advises: "*Humble yourselves in the sight of the Lord, and He will lift you up.*" Now, if you can do this on your own, then have at it! But let me say this: Humbleness is easier with God, when covered by the Blood of Jesus, and when guided by the Holy Spirit with no need to pretend. More importantly, when developing authenticity as such, here is the Spiritual Seal from John 12:32: "*And I, if I am lifted up from the earth, will draw all peoples to Myself.*" And yes, this includes you, it includes them, and it includes that!

When dealing with a *Triple-Braided Cord* Mindset, we must understand that we are all in a work-in-progress status, and we must stay in constant relations with our Heavenly Father, *Spirit to Spirit*. Doing so helps us to self-correct from worldly to Spiritual when negatively triggered, tempted, or provoked.

The Triple-Braided Cord

In the intricate tapestry of our Spiritual Lives and maintaining strong and cohesive faith, *As It Pleases God*, we have two options:

- ☐ We can add the Holy Trinity to our Spiritual Knit to build our faith, peace, unity, and oneness through the development of our Godly character traits, acts of service, and the proclamation of the Gospel, *As It Pleases God*.

- ☐ We can avoid the Holy Trinity altogether, allowing life to unravel us and our faith over time with doubt, fear, confusion, and Spiritual Voids. All of which are accomplished by exhibiting atrocious character traits, selfish acts of engagement, and partaking in all types of idolatry, lusts, and fleshly desires with zero self-control or discernment, to please ourselves or an agenda.

We may attempt to achieve things on our own without the Holy Trinity, but the cohesiveness of it will fade over time, and lies will form to cover up the voids or pits within the psyche. Even if we are bona fide go-getters, there is still Divine Order in doing what we do, saying what we say, becoming who we already are, and being GREAT in the Eye of God and man.

Why are we Spiritually Bound to Divine Order, especially when we have free will? First, God did not create us as robots; therefore, we have free will to choose our way, the right way, the wrong way, their ways, or His Divine Way. Secondly, our free will does not defy the Spiritual Laws and Principles set in motion, nor does it endorse compromise. In doing what we do, based on the Spiritual Law of Duality, whatever is attached to our choices, we will have to deal with them on a conscious or unconscious level. Really? Yes, really.

The Triple-Braided Cord

According to our DNA, when *Joined and Knitted Together* on a conscious or unconscious level, every human breathing the Breath of Life has a conscience. This complex tapestry is woven through evolution, history, and shared experiences and is strategically hidden by God within the psyche. Regardless of whether we acknowledge or believe this or not, the essence of our conscience influences our actions, thoughts, words, beliefs, emotions, and interactions.

If we use the conscience, *As It Pleases God*, to steer our choices and shape our identities, it becomes a GIFT that will help us navigate life in Earthen Vessels. Also, it will fine-tune our human interactions and assist in developing remarkable people skills on behalf of the Kingdom to feed His precious sheep. By operating in such a manner, as a Kingdom Servant, the conscience will begin to serve as a Guiding Light or Divine Illumination for those who use it properly.

Conversely, as life is filled with moral ambiguity and constant ethical dilemmas, the misuse of the conscience has dire consequences. Suppose we fail to use the conscience the way God intended. In this case, if we use it to please ourselves and to manipulate others with unethical behaviors, or if we ignore the needs of others, it will work against us with its self-contained pruning shears. The shears of pruning will most often operate through our psychological and relational currents, severing ties connecting us to God, ourselves, and others. When it gets to this point, it will begin distorting our reality, leading to excessive stress, imposter syndrome, and total dissatisfaction with living life, or better yet, hating our lives.

How can we pinpoint when a distorted reality is happening to us? When living real life, it is easy to slip into a distorted perception of reality, especially when we do not do a checkup from the neck up or when we are deadset on pleasing ourselves with God nowhere in the equation. Nevertheless, here is how to pinpoint internal or external distortions, but not limited to such. First, we can pinpoint a distorted reality when we think or feel as if everyone else is the problem, while not realizing we are the culprits.

Secondly, we can pinpoint a distorted reality when we have a trail of rotten fruit while thinking they are good, but they are totally contradicting the Word of God and His Divine Expectations. As a result of this silent or hidden distortion, we will frequently find ourselves in bad, toxic, or negative situations or relationships that feed into our habits, traumas, or weaknesses.

Thirdly, the bull's eye on a distorted reality is when our character sucks, and we do not realize it, or we downplay our selfish or unkind behaviors. Still, when the same issues keep arising, we find a way to blame others for our frustrations, insecurities, or challenges. All of which prevents our personal growth process from occurring, *As It Pleases God*. Plus, it also contributes to our Spiritual Blindness, Deafness, Muteness, and the lack of self-awareness.

Lastly, a distorted reality is when we are shady or mean as heck without understanding the impact of our actions. When we cannot see the forest for the trees, we can lose sight of the big picture and what is expected of us, *As It Pleases God*. Unawaringly impacting the conscience and its *Spirit to Spirit* Connection with our Heavenly Father.

Why would the conscience work against us as Believers? It is designed to be used as a part of our Spiritual Compass and as a Spiritual Tool for Divine Discernment on behalf of our interconnectedness. If we opt out of using it in such a manner or betray our conscience, planting seeds of discord among the brethren, it unravels *The Triple-Braided Cord*, with an anything goes mindset and demeanor. Then again, the conscience may stop responding to us altogether, making us hard as a rock, cold as ice, lukewarm, or wishy-washy.

The Triple-Braided Cord

How long must we deal with our bad choices? God decides on this matter based on our heart and mind postures or our Divine Missions, as well as our teachability and lessons learned, or the lack thereof. If we decide this for ourselves, we will get it wrong every single time, leading to less-than-ideal outcomes or less than God's best for us. All of which leads to regret, self-pity, lies, and prolongs our discomfort, causing us to misstep, misalign, or misuse whatever with whomever.

As we navigate through various paths, here is what I can say as a Divine Messenger of the Most High God: When we step into the Spiritual Classroom, open to growth and change, *As It Pleases Him*, with a *Triple-Braided Cord* Mindset, it can speed up our Spiritual Recovery and Training Process. In addition, it can also enhance our Spiritual Covering as well.

Why do we need Spiritual Training, Recovery, or a Spiritual Covering, *As It Pleases God*, especially when we are faithful Believers with Divine Favor? Without them, *As It Pleases Him*, we become weak, delusional, selfish, and susceptible to the wiles of the enemy while appearing right in our own eyes, becoming victims or creating them. It is not until we begin making the right choices, *As It Pleases Him*, with a collective understanding between right and wrong, love and hate, compassion and unkindness, justice and injustice, good and evil, and so on, that things change on our behalf with Divine Alignment, Wisdom, and Access.

Once we are Divinely Aligned with Divine Access and Supernatural Wisdom, *As It Pleases Him*, it ushers us into our Predestined Blueprint or being in Purpose on purpose in our Heaven on Earth Experiences. Furthermore, in Earthen Vessels, when using the Fruits of the Spirit and exhibiting Christlike Character Traits with Kingdomly Usable people skills, it will also determine our Spiritual Levels, Movement, and Notches. And yes, in the Kingdom, we have LEVELS.

The Triple-Braided Cord

Moreover, being *Joined and Knitted Together* as a Divine Backbone of Spirituality, by no means should we think we are above reproach or above our Creator. Nor should we exclude Him from the equation of our lives. If we do, we will become unravelled at the seams, creating dangerous, unwise, or misguided illusions due to missed lessons, traumatizing experiences, and outright disobedience. All of these will secretly introduce waywardness and debauchery into our lives with chaos, strife, discontentment, hatefulness, wrong decisions, aloofness, unstructuredness, and boobytraps.

How can we become *Joined and Knitted Together* in real-time, *As It Pleases God*? For Divine Purpose and Clarity, several knits must be joined together; listed below are a few, but not limited to such:

- ☐ We need God first in our lives.
- ☐ We need the Holy Spirit to guide us.
- ☐ We need the Blood of Jesus to cover us.
- ☐ We need the Mindset of Unity.
- ☐ We need the Mindset of Forgiveness.
- ☐ We need the Mindset and Heart Posture of Love.
- ☐ We need fellowship.
- ☐ We need shared experiences.
- ☐ We need honest dialogue.
- ☐ We need free will and trust.
- ☐ We need collective praise and worship.
- ☐ We need meaningful and purposeful bonds.
- ☐ We need shared thoughts, goals, and desires.
- ☐ We need opportunities to learn, grow, and sow.
- ☐ We need authentic, positive encouragement.
- ☐ We need to live by example.
- ☐ We are the beacon of hope for others.
- ☐ We need to fulfill the great commission to share the Gospel.

The Triple-Braided Cord

- ☐ We need to know that we are better together.
- ☐ We need reinforced support from the Heavenly of Heavens.
- ☐ We do not compromise with the Fruits of the Spirit.
- ☐ We are committed to behaving Christlike.

Why do we need all these things? We are human. Although we may not have them all, with a *Triple-Braided Cord* Relationship, we need at least 80% and leave the remaining 20% in the work-in-progress category. Without them, we may fall into the unequally yoked category, tipping the Spiritual Scale based on a *Triple-Braided Cord* Mindset or being *Joined and Knitted Together*. Why does this pose a problem for us? Too many gaps leave too much room for unnecessary negative movement. In addition, it also leads to having toxicity in our thoughts, beliefs, relations, and adaptations, leading to all types of boobytraps, detours, and distractions.

In the complexity of living real life, when there are clueless gaps in our relationships without Godly cohesion, we inadvertently leave room for the enemy to build a nest, waiting for the right time to conquer, divide, or scatter. By negating a sense of positive stability, purpose, and unity, we will become vulnerable to the wiles of the enemy, causing us to disconnect instead of remaining connected, *As It Pleases God*.

How would a disconnection occur, especially if we are on top of our game, living our best lives, and serving God Almighty faithfully? First, serving God does not exempt us from disconnections, gaps, and sinkholes in the psyche. Nor does it force us to have good character and Christlike People Skills. In the ramifications of this hidden truth, we will come across faithful Believers that are mean and hateful as junkyard dogs, biting everyone's head off when provoked. While at the same time, thinking they are right in their own eyes and believing

The Triple-Braided Cord

they are doing the Will of God, without ever conducting a self-analysis or a checkup from the neck up.

Secondly, we can appear to be on top of our game publicly, and have our game put us in a chokehold behind closed doors. To add insult to injury, when secretly yoked in such a manner, we cannot tell anyone that we are pitifully unravelling from the seams. Instead, we create our own way of coping and pretending that all is well, when indeed, all is not well. The internal and external pressures of our inauthentic facades are doing a number on us, royally. Without imploding or exploding for all to see, the games we are playing are causing us to veer off course privately. As we spiral into doubt, unrest, and fear, picking up negative habits, unhealthy lusts, and atrocious character traits, we are hoping no one will find out about our state of being.

Whereas, according to the Heavenly of Heavens, being on top of our game begins with authentic self-awareness and humility. Here is what James 1:23-24 says about this matter: *"For if anyone is a hearer of the word and not a doer, he is like a man observing his natural face in a mirror; for he observes himself, goes away, and immediately forgets what kind of man he was."*

Whether we believe in self-awareness and humility or not, they are designed to help us reframe our thinking to dismantle our harmful beliefs, behaviors, and character traits. They also help to cultivate a more positive mindset with a work-in-progress demeanor. Here is what Romans 12:2 advises on what to do: *"And do not be conformed to this world, but be transformed by the renewing of your mind, that you may prove what is that good and acceptable and perfect will of God."*

Thirdly, living our best lives is based on opinion, especially when dealing with Kingdom Measures. Although we are all entitled to our opinions about the type of lives we are living, keep in mind that God is still watching us more closely now than ever. Really? Yes, He is watching us really, really close!

The Triple-Braided Cord

Why is God watching us with His Divine Eye in such a manner? We have somehow become unravelled and falling asleep on ourselves without realizing that we are in a state of comatose slumber. What does this mean? Picturesquely, we are Spiritually Sleepwalking, bumping into ourselves and others as if we have it going on. To add insult to injury, in this state, we are using Him as a crutch, while outright pimping and prostituting Him and His Divine Word.

As one of the biggest marketing schemes known to man, we are capitalizing on people's issues and pains with glitz and glamour. Plus, we cannot hit a lick at a crooked stick or solve real problems, *As It Pleases God*. What is the big deal here? We are unawaringly creating *Spiritual Boobytraps* for ourselves and others, while trying to tag Him into our debauched carousing. Here is what Luke 21:34 advises: *"But take heed to yourselves, lest your hearts be weighed down with carousing, drunkenness, and cares of this life, and that Day come on you unexpectedly."* As a preventative method, when using *Heaven's Language*, let us talk about it in the next section.

Understanding Spiritual Boobytraps

Our Spiritual Knit represents the interconnectedness of our beliefs, values, thoughts, desires, actions, reactions, and practices that shape our relationship with God, *Spirit to Spirit*. Without reconnecting to Him, *As It Pleases Him*, we unawaringly create *Spiritual Boobytraps* for ourselves and others. Are *Spiritual Boobytraps* real? Absolutely!

Unbeknown to most, *Spiritual Boobytraps* are indeed a real phenomenon, especially when we are out of the Will of God, when we are operating in total disobedience, and when we are operating in outright selfishness or debauchery. For example, suppose someone is well-to-do and finds themselves intentionally starving the innocent to pad their pockets, to

The Triple-Braided Cord

steal from them underhandedly, or to control them. In this case, it creates a *Spiritual Boobytrap* that will find its way back to them in due time.

With God Almighty, there are certain lines we must never cross, and this is one of them...we must FEED His sheep, not starve, deprive, or steal from them! If we do, we set our own *Spiritual Boobytrap* that has a mind of its own. This *Spiritual Boobytrap* will also affect everyone associated with the elements of willful debauchery, especially if repentance does not occur. Is this Biblical? I would have it no other way. Here is the Divinely Enforceable Decree from Proverbs 22:22-23: *"Do not rob the poor because he is poor, nor oppress the afflicted at the gate; For the Lord will plead their cause, and plunder the soul of those who plunder them."* Unfortunately, this means that a Spiritual Arrow from the Heavenly of Heavens will TARGET the psyche of those who engage in such behaviors. Really? Yes, really!

If one thinks they are above or exempt from the Spiritual Laws of God, breaking His Divine Knits to exert their authority of unrighteousness over His Righteousness, they are no match. As a result of stepping out of bounds in such a manner, the Holy Ghost FIRE is added to their equational efforts, similar to adding fuel to a fire, but from within the human psyche. Here is what Isaiah 10:1-2 says to us: *"Woe to those who decree unrighteous decrees, who write misfortune, which they have prescribed to rob the needy of justice and to take what is right from the poor of My people, that widows may be their prey, and that they may rob the fatherless."*

Here is the deal: We unconsciously create negative manifestations through our harmful patterns, thoughts, behaviors, ego-driven desires, and fears, even if we do not understand them. But Zechariah 7:10 clearly advises: *"Do not oppress the widow or the fatherless, the alien or the poor. Let none of you plan evil in his heart against his brother."* Therefore, as Believers of

The Triple-Braided Cord

the Most High God, it is wise to remain on the positive side of the spectrum, *As It Pleases Him*. Plus, we must proactively speak *Heaven's Language* to contend with the wiles of the enemy and to reverse the traps designed to trip, starve, or oppress us or our fellow brethren.

Our Spiritual Journey is not solely about us or an individual pursuit; it is our responsibility to care for the innocent and marginalized, standing against injustice, especially in our prayers. Can our prayers really help us or them? Absolutely! When we are *Joined and Knitted Together* in our prayers, *Spirit to Spirit*, we can move Heaven and Earth on our behalf and for God's precious sheep. It is our collective experiences influenced by every action, thought, belief, desire, and intention, which develop our heart and mind postures to PREPARE us now for our next. And when we place God at the forefront, we invoke our Spiritual Navigational Tools to facilitate our paths to Divinely Illuminate the paths of others.

On the other hand, if we are not preparing, *As It Pleases God*, then what are we doing? We are here for a reason...Whether positive or negative, we are here to influence the people around us. If we do not know our reason for being, then it is time to get in God's face, *Spirit to Spirit*. Above all, we must know whether or not we are a positive or negative influence, according to Kingdom Standards and not our own.

Regardless of whether we are slumbering or watching others become victims of it, walking around with our eyes closed or sealed shut is not what God has in mind for us. What does this mean for Believers? Healing is FREE. Why would we charge someone to Spiritually Heal them if it is within our power to do so? Why would we not help those in need when it is within our power to do so? Why would we turn up our noses at those who need a helping hand? Why would we avoid hugging or loving on someone who is in desperate need of one or both of them? Why would we shun someone who has had

The Triple-Braided Cord

a checkered past or is considered to be a little off? Why, why, why?

The truth is that we all have issues, we all have a checkered past, and we are all a little cray cray when triggered, and we are all in need of love, especially in the House of God. As Believers, all we need to do is speak healing, share love, and usher in prosperity over the lives of others. For the record, it does not cost a dime; it only costs us time...Besides, it is our BIRTHRIGHT for FREE, and it helps to unravel boobytraps!

How do we make this FREE stuff make sense? Salvation is FREE. Why would we bamboozle someone regarding their salvation when Jesus paid the ultimate cost for it? And now, due to our slumber, we have the nerve to withhold information if someone does not have the money to pay for the knowledge that we received freely. Selling the Blood of Jesus is not wise, and I do not care how we monetize it...He is not an animal. He is by far our REDEEMER. Selling the Gospel is by far an abomination in the Eye of God, creating all types of *Spiritual Boobytraps*. And still, we cannot see the forest for the trees. The more we justify our money lines, making those who do not have money feel rejected and ashamed, it is not Kingdomly, even if we pretend it is. What is the big deal here? People, especially God's sheep, will opt out of coming to the House of God to worship because they do not have money.

On this note, my heart is deeply grieved because I met this young lady who really needed the Hand of God over her life. Yes, she had a hard life, and so have I, but mine was a lot tougher and more refining than hers; therefore, I felt her pain. The difference between us is that I keep going regardless of what anyone thinks, says, or believes about me. Yet, she opted not to go back to church because she did not feel welcomed, and they were asking for the little money that she had.

How do I know what was in her pocket? They were asking for no less than $52.00, and when she checked her account, she

The Triple-Braided Cord

only had $41.00. So, she decided not to give anything. Of course, some would say it was a matter of her perception, but I witnessed firsthand what was occurring without her voicing her grievances. But of course, I asked questions regarding why she did not want to go back to church. She stated that she was the topic of everyone's conversation based on her past experiences, interpersonal conflicts, and internal struggles.

In addition, she also said that it was time for her to move on because strangers were kinder and more helpful to her than the members. It was in this moment that I felt compelled to advise her on the importance of addressing the root causes of her discontentment before embarking on a new Spiritual Journey.

As a Messenger of the Most High God, I believe it is crucial to understand that unresolved issues do not simply vanish into thin air by changing our environments or church. In fact, our unresolved issues are like a shadow accompanying us everywhere we go, waiting to manifest or resurface with the right amount of light in our new relationships, settings, and environments until we face them. Unfortunately, this is how we get a lot of church hurt individuals who are clueless about the healing process that must occur regarding their painful experiences or traumas. Nor do they know anything about facing their challenges head-on with the feelings associated with betrayal, disappointment, manipulation, abuse, judgment, or rejection after their negative encounters.

Life's unpredictability often leads us into unforeseen struggles, where we may find ourselves deeply hurt or traumatized. These experiences can seep into our lives, leaving enduring scars in the most unexpected places. The truth is that no one escapes the Vicissitudes and Cycles of Life. Still, in the Kingdom of God, we are here to help, uplift, unite, and support each other. Even if we do not agree with them, their lifestyle, or their condition, we are required to lead by example and proactively educate them on what to do, how to do so, why they should, when to do so, where to do so, and with whom. Above all, we dare not thumb our noses at people who appear less than us. If we do, it secretly unravels *The Triple-Braided Cord* Mindset and Heart Posture.

As Servants of the Kingdom, we should be proactively meeting or fulfilling the needs of God's sheep based on grace alone. Why? Grace is FREE. Had it not been for the Divine Grace of God refining us, where would we be? Grace and mercy should not come with a tangible cost on our behalf. If it does, it is called a Spiritual Bribe.

All in all, the Word of God is FREE. Divine Revelation is FREE. Lovingkindness is FREE. I heard this one Pastor say, and he knows who he is...'Giving to get is a problem. In the Kingdom, we get to GIVE!' In being *Joined and Knitted Together*, here is what 1 Thessalonians 5:6 says: *"Therefore let us not sleep, as others do, but let us watch and be sober."*

With all due respect, if our lives contradict the Word of God, then it is not our best. Who am I to judge, right? No judgment intended, but James 1:22 says, *"But be doers of the word, and not hearers only, deceiving yourselves."* In Romans 8:28, it clearly states: *"And we know that all things work together for good to those who love God, to those who are the called according to His purpose."* Our Divine Purpose has the Divine Good and the Provisional Goods hidden within it, so we should never deceive ourselves about being in or out of the Will of God. He knows when our lives do not align with the Word of God, and so do we!

How do we know if we are deceiving ourselves? Our inner chatter or self-talk is the first indicator of our self-fulfilling deceptive measures. The second sign indicating that deception is upon us will appear when our lives are comprised of double-mindedness, cluelessness, self-sabotage, stiffneckness, rebellion, disobedience, emptiness, dullness, lukewarmness, and pompousness. All of which leads to emotional responses

The Triple-Braided Cord

associated with all forms of selfishness and self-deception, with the desire to point the finger or pass the blame. In my opinion, this is similar to Adam blaming Eve and Eve blaming the serpent in the Book of Genesis.

Moreover, with the deflecting complex, the known or unknown psychological phenomenon of self-pleasure, self-understanding, people-pleasing, and decision-making do not hide their hand, making us our worst critics, though justifying and rationalizing. The moment we encounter cognitive dissonance (a disconnect between our actions and beliefs), we will have an internal battle with jealousy, envy, pride, greed, coveting, hatefulness, unforgiveness, or competitiveness. When this occurs, it means deception has a secret or open chokehold on us. Really? Yes, really!

If we check our released words, thought patterns, heart postures, actionable decisions, carried out behaviors, unhealthy habits, hidden lusts, and unaddressed anxieties, we will recognize the inconsistencies in the free will choices of the psyche. The cycle of avoidance and complicity is real, and we must point it out for what it is, because the propensity to pass the buck is ready to yoke or unravel us to the core.

In establishing *The Triple-Braided Cord* relationship with God, ourselves, and others, with the social pressures of today, if we are living OUT of Purpose on purpose, then we are really deceiving ourselves with lies. As Spiritual Beings having a human experience, we are here for a reason, and if we do not seek this reason, the longing will remain, blocking our *Divine Provisions*, even if we pretend they do not exist.

Divine Provisions

In *Heaven's Language*, our Divine Purpose is hidden within a thirst, weakness, or hunger. For those proclaiming they do not have them or have never experienced them, it is an automatic indication that they are NOT in purpose. Why not? God is not going to make it easy to obtain Heavenly Benefits because we would lack the appreciation of them. These sentiments are not merely signs of vulnerability; they are a part of our Divine Evolutionary or Enlightenment Process for seeking our Heavenly Father, *Spirit to Spirit*.

Now, before moving on, know this: God must provide PROVISION for His VISION. Not your vision, not their vision, or not a vision...His VISION! When God imparts a Divine Vision, He simultaneously ensures that the necessary PROVISIONS are readily available to us with Divine Directions.

To be clear with this sensitive approach, I am not saying that God will not assist you with your vision, their vision, or a vision. He can and will help you with what you set your mind to do, with or without Him, along with corrective measures to get you properly positioned, *As It Pleases Him*. Plus, you may not know what He is using to train, guide, or provide. Just remember what Isaiah 55:8-9 points out: " *'For My thoughts are not your thoughts, Nor are your ways My ways,' says the Lord. 'For as the heavens are higher than the earth, So are My ways higher than your ways, And My thoughts than your thoughts.'* "

In a world filled with varying opinions, thoughts, beliefs, ambitions, and visions, it can become extremely easy to lose sight of our reason for being or the Greater Vision for the Greater Good of mankind. Amidst the noise, when it comes to *Divine Provisions*, we must operate *As It Pleases God*, according to His Divine Will, His Vision, His Word, and our Predestined Blueprint. As Believers, when we do not operate in such a manner, thirsts, weaknesses, or hungers will come upon us to realign our heart and mind postures.

Suppose we pretend as if our thirsts, weaknesses, or hungers do not exist. In this case, we may miss out on the vital lessons associated with Spiritually Tilling (Cultivating) our own ground that encompasses hope, redemption, and the

The Triple-Braided Cord

PROMISE. Can this really happen to us? It is happening in real time, in plain sight. Here is what Psalm 42:1-2 shares with us: *"As the deer pants for streams of water, so my soul pants for you, my God. My soul thirsts for God, for the living God."* Also, without seeking Him, *Spirit to Spirit*, we will overlook the training, preparation, and testing associated with developing a *Triple-Braided Cord* Mindset or gaining access to our *Divine Provisions*.

In seeking comfort and ease in Earthen Vessels, the absence of these experiences can indicate a disconnection or misalignment with God's Divine Design or our reason for being. Even Romans 5:3-4 says, *"And not only that, but we also glory in tribulations, knowing that tribulation produces perseverance; and perseverance, character; and character, hope."* Simply put, the easy life does not build strength, develop our character, or fortify our Spirit, *As It Pleases God*. Instead, it makes us weak, spoiled, unprepared, complacent, and reckless by default, causing us to become displeasing or unusable in the Eye of God.

Where is the proof of *Divine Provisions*, especially when taking the time to put in the work, *As It Pleases God*? In the Spiritual Refining Process based on GRACE, here is what Matthew 5:6 states as our Spiritual Proof and Divine Seal: *"Blessed are those who hunger and thirst for righteousness, for they shall be filled."*

Just as gold is purified through fire to remove impurities, so are we, especially when dealing with courage, endurance, faith, and *Divine Provisions!* When dealing with *Heaven's Language*, we can repeat Psalm 51:10 over and over until something breaks. In addition, we can also repeat this over our decisions, or we can repeat it until the purification occurs within the psyche. It says, *"Create in me a clean heart, O God, and renew a steadfast spirit within me."*

Can repeating Psalm 51:10 really work for Believers? Absolutely. However, based on the Law of Spiritual Duality,

The Triple-Braided Cord

once again, we must MASTER the difference between good and bad, right and wrong, just and unjust, righteousness and unrighteousness, and so on. Once done, we should willfully remain on the righteous side of the spectrum while casting down, counteracting, or reversing unrighteousness.

For instance, if someone proclaims that you are bad, evil, or debaucherous, you have the Spiritual Right to decline the negative projection, replace it with something positive, and back it up with the Word of God, even if you are not there yet or are a work-in-progress. This example is the same way that you can lock in on or place a Spiritual Demand on your *Divine Provisions* once you align yourself with your Blueprinted Purpose. What does this mean in layman's terms? Even if you are not perfect, if you operate *As It Pleases God* to accomplish His Divine Will, for real, the Heavenly of Heavens must PROTECT and GUIDE you! On the other hand, if you pretend, lie, or prostitute this method, the Rod of Correction will target the psyche, piercing you in more ways than one.

You see, most people immediately associate *Divine Provisions* with financial wealth or material abundance. But in the Eye of God, it transcends the mere accumulation of money; although it is a part of it from time to time, it is not always the case, depending upon the Divine Mission. At its core, it is about having what you need to become or evolve into who you already are, according to your Predestined Blueprinted Purpose.

As we embrace the truth that God really provides *Divine Provisions* for His Vision, here is what the Divine RESOURCES look like in the Eye of God, but not limited to such:

- ☐ Authentic Wisdom.
- ☐ Real Understanding.
- ☐ Divine Contentment.
- ☐ Divine Training.
- ☐ Divine Opportunities.
- ☐ Emotional Support.
- ☐ Monetary Support.
- ☐ Increasing Knowledge.

The Triple-Braided Cord

- ☐ Unconditional Love.
- ☐ Internal Joy.
- ☐ Unexplainable Peace.
- ☐ Unfailing Patience.
- ☐ Memorable Kindness.
- ☐ Real Gentleness.
- ☐ Treasured Faithfulness.
- ☐ Remarkable Goodness.
- ☐ Willful Self-Control.
- ☐ Pliable Correction.
- ☐ Divine Guidance.
- ☐ Supernatural Favor.
- ☐ Divine Validation.
- ☐ Heavenly Attention.
- ☐ Divine Etiquette.
- ☐ Holy Poshness.
- ☐ Divine Humility.
- ☐ Divine Growth.
- ☐ Flexible Readiness.
- ☐ Flawless Teachability.
- ☐ Awesome People Skills.
- ☐ Great Communication.
- ☐ Prestine Focus.
- ☐ Divinely Usability.
- ☐ Feeding God's sheep.
- ☐ Usable Skills.
- ☐ Blissful Creativity.
- ☐ Personal Development.
- ☐ Spiritual Development.
- ☐ Financial Development.
- ☐ Mental Development.
- ☐ Emotional Intelligence.
- ☐ Real Servanthood.

When dealing with *Divine Provisions* in the Eye of God, regarding righteousness and unrighteousness, most people think they already know the difference between the two. But, unfortunately, and with all due respect, their knowing is usually from their own selfish perspective, and not from a Divine Perspective or *As It Pleases God*. How do I know? I pay attention to the fruit! Our positive fruits must align with our thoughts, words, desires, actions, reactions, habits, or whatever. If not, negativity has a way of creeping in to contaminate them unawaringly.

Always keep in mind when dealing with *Divine Provisions* that no one is exempt from the positive and negative, or the good and bad elements of life. Why not, especially when being a faithful Believer? For our Heaven on Earth Experiences, they are a part of the Cycle of Life, preparing us with *Divine Provisions* for our next SEASON. So, as we get off our soap boxes to proactively understand our now for our next, we must know

The Triple-Braided Cord

what to do, when to do so, where to do it, why we need to do it, with whom, and while documenting our findings as points of reference.

The key is to know what the Word of God is saying about a matter, and if we are interjecting worldliness into Kingdom Measures, we may have issues with God. Furthermore, if we fail to document, we may have another issue with Him as well.

Why would we have issues with God, especially when doing and following His Divine Will? First, it is in our nature to forget. This forgetfulness can manifest in various ways, such as getting sleepy, tired, or bored when praying. Moreover, we will also encounter our minds wandering off without realizing it. If one has not experienced this yet, then live a little longer! To say the least, it is common to lose focus during Spiritual Matters, just take a look at how many people are sleep or dozing off during church service. Besides, even when we think we were fully alert or fully engaged during a sermon, we will always hear something that we did not hear the first time when we relisten to it.

Secondly, in Earthen Vessels, we unawaringly suffer from Spiritual Amnesia if we do not document our Spiritual Lessons, Instructions, Wisdom, or Blessings. Therefore, when dealing with *Divine Provisions*, it is wise to put pen to paper to open up the Floodgates of Heaven on our behalf. Please do not forget that Habakkuk 2:2 says, *"Write the vision and make it plain on tablets, that he may run who reads it."*

When moving in the Spirit of Excellence or with Divine Vision, future generations can indeed follow along with what we document without us being present. No pun intended, but they cannot do so if our lessons, thoughts, or paper trail of wisdom remain locked in our heads or die with us. As we all know, positive knowledge and wisdom become truly powerful only when it is shared. But they become detrimental when

The Triple-Braided Cord

withheld from those who need them, who are intentionally deprived of them, or who can benefit from them.

For me, it is heart-wrenching to want people to suffer intentionally, just because we suffered, instead of teaching them what we have learned through or from our suffering. What is the big deal here, especially when trying to deal with our own issues? Helping others through our struggles paves the way for our healing and theirs as well, with a righteous two-for-one approach.

Of course, with the two-for-one approach, we cannot save the world or change anyone. Why not? They have free will; therefore, they must want whatever it is for themselves. If we force anything on them to violate their free will, it can easily veer into forms of witchcraft, which can hinder our *Divine Provisions* until we self-correct this behavior. To avoid tipping the scale in such a manner, we can surely do our part in planting good seeds for the Greater Good, *As It Pleases God*.

In addition, we can also use the Fruits of the Spirit with Christlike Character Traits to keep our hands clean with the right heart and mind posture that PLEASES God. When we adopt this primitive mindset, dealing with the basics, it breaks the cycle of unnecessary suffering, especially for those who are open to transforming their pain into POWER. Simply put, God does not need a lot from us; He just needs us to be WILLING to use the basic Spiritual Principles, Laws, and Protocols, *As It Pleases Him*.

The essence of our righteous legacy in the Eye of God is to positively influence, inspire, and guide others, even in our absence. More importantly, feeding God's sheep in such a manner is a great way to usher in *Divine Provisions*, like having MANNA in the wilderness. Listen, when feeding God's sheep, *As It Pleases Him* and in the Spirit of Righteousness, He MUST provide for us to do what we do. Plus, this is how to OVERCOME whatever we are going through. Once again,

The Triple-Braided Cord

Revelation 12:11 states: *"And they overcame him by the blood of the Lamb and by the word of their testimony, and they did not love their lives to the death."*

When submitting to the Spirit of Righteousness, the indwelling of the Holy Spirit can fill us with the *Divine Provisions* from the Heavenly of Heavens if we are prepared and ready to receive. Are *Divine Provisions* real? Absolutely. *Divine Provisions* is definitely NOT a figment of our imagination; it is a real occurrence that can happen, that is often viewed as unexpected BLESSINGS or GIFTS, big or small. Whether we give God the glory or glorify ourselves, it does not negate that the Provisions were Divine in nature, such as breathing the Breath of Life as we are doing right now.

Here is what Jesus says about *Divine Provisions* in John 6:35: *"I am the bread of life. He who comes to Me shall never hunger, and he who believes in Me shall never thirst."* If that is not convincing enough, let us take this up a notch with Revelation 21:6: *"It is done! I am the Alpha and the Omega, the Beginning and the End. I will give of the fountain of the water of life freely to him who thirsts."*

In conclusion, with *The Triple-Braided Cord*, we cannot lose when we become *Joined and Knitted Together* through the aim to PLEASE God, *Spirit to Spirit*. You and I, as the WE Factor, have enough STRENGTH and POWER to move real mountains. Even Jesus said in Matthew 17:20, *"If you have faith as a mustard seed, you will say to this mountain, 'Move from here to there,' and it will move; and nothing will be impossible for you."* I believe it, you believe it, and we believe it TOGETHER as *The Triple-Braided Cord*; therefore, nothing can stop us as we AGREE as ONE, *As It Pleases God*. Assuredly, for the PROMISE from back then to now, *"For we walk by faith, not by sight."* 2 Corinthians 5:7.

Spirit to Spirit, and one to another, as we agree to JOIN FORCES in Earthen Vessels, *Cracking Heaven's Code* to free His

The Triple-Braided Cord

precious sheep from bondage, I, as the Divine Messenger of the Most High God, INVOKE Isaiah 54:17, stating: " 'No weapon formed against you shall prosper, and every tongue which rises against you in judgment you shall condemn. This is the heritage of the servants of the Lord, and their righteousness is from Me,' says the Lord." And for a time such as this, I also INVOKE the Spiritual Seal from Psalm 91:7: "A thousand may fall at your side, and ten thousand at your right hand; but it shall not come near you."

As I Divinely Cover *Heaven's Language* and the Spiritual Codes with the Blood of Jesus, I also place a Spiritual Demand for the Holy Spirit to do a clean sweep to HEAL and RESTORE the Nations, *As It Pleases God*. In this Divine Alignment Process, as we move in the Spirit of ONENESS, I usher in Divine Protection, Holy Encounters, and Divine Interventions from the Heavens Above, unleashing the Supernatural Power of God to transcend borders and touch hearts.

I pray this book, *Heaven's Language*, has truly BLESSED you beyond measure, breaking every chain and yoke holding you back from exposing the GREATNESS and CREATIVITY from within. With an open mind and heart, *As It Pleases God*, you are now properly prepared with enough information to experience and unlock the Secrets of Heaven on a Supernatural Level with no shame attached.

From me to you, as a beacon of hope, this book is tailored just for you. Yes, you! Whenever you are in doubt about anything, remember that you already have what it takes to transcend barriers. KNOW it, BELIEVE it, USE it, and KEEP it moving in the Spirit of Excellence without giving up on yourself. Be Blessed and Grow Great...You Got This!

Dr. Y. Bur

www.ingramcontent.com/pod-product-compliance
Lightning Source LLC
Chambersburg PA
CBHW071656160426
43195CB00012B/1489